武汉大学国际法博士文库

Series of Doctoral Thesis on
International Law
of Wuhan University

论发展权在国际投资
协定中的实现

Research on the Realization of the Right to Development
in International Investment Agreements

刘　艳 / 著

WUHAN UNIVERSITY PRESS
武汉大学出版社

图书在版编目(CIP)数据

论发展权在国际投资协定中的实现/刘艳著. —武汉：武汉大学出版社,2016.11
武汉大学国际法博士文库
ISBN 978-7-307-18745-0

Ⅰ.论…　Ⅱ.刘…　Ⅲ.国际投资—国际经济法—研究　Ⅳ.D996.4

中国版本图书馆 CIP 数据核字(2016)第 238408 号

责任编辑：林　莉　辛　凯　　责任校对：李孟潇　　版式设计：马　佳

出版发行：**武汉大学出版社**　　(430072　武昌　珞珈山)
　　　　　(电子邮件：cbs22@ whu.edu.cn　网址：www.wdp.com.cn)
印刷：虎彩印艺股份有限公司
开本：720×1000　1/16　印张：19.25　字数：344 千字　插页：1
版次：2016 年 11 月第 1 版　　2016 年 11 月第 1 次印刷
ISBN 978-7-307-18745-0　　定价：45.00 元

序　言

发展权作为一项发展中国家向国际社会提出的人权，已经发展为一项国际法基本原则。这一原则的内涵包括发展中国家在国际经济交往中有权利要求承担与其能力相适应的义务，发达国家承担较多的义务，在国际贸易和投资法律机制中实行非互惠待遇，从国际经济规则的权利和义务方面具体地实现发展权。国际投资作为推进世界经济发展的引擎之一，在提升发展中国家能力中发挥着积极作用，但是，当前的投资条约体制并未充分反映出发展中国家发展权诉求，尚未建立系统的有益于实现发展权的机制。

国际投资规则正经历着重大的变革与发展，以大型区域协定 TPP 和 TTIP 为引领的新一代贸易投资规则正在发生着重构，影响着世界经济秩序和地缘格局。以国际投资协定为载体的投资规则借此历史契机，从实体规则到投资者——国家争端解决和程序性规则也在进行调整，投资规则逐渐摒弃了原有的偏重投资利益保护的理念，以促进可持续发展投资为目标，在提升对投资利益保护的同时，注重环境、人权和社会利益的平衡保护。然而，将发展权纳入向来强调投资者利益保护的国际投资协定，在理论上存在着诸多难点。例如，在以双边关系为主的投资条约体制中如何纳入特殊和差别待遇？在投资双向流动不对称的情况下，发展权保障所需要的权利让渡成本和负担如何分配？投资仲裁庭在适用法律时，国际法的统一化的高标准如何与国内法的差异化相协调？用何种法律工具为东道国保留必要的发展政策空间？这些问题的探讨是从投资法领域对国际发展法的推进，无疑具有十分重要的意义。

在国际投资规则发生重大变革与重构的历史时刻，如果能从发展中国家的集体权——发展权保障的视角，提出有益的理论和规则制定方案，那么，所实现的将不仅是中国在规则制定话语权方面的提升，而且更重要的是，将会极大地推进国际经济秩序向着更加公正合理的方向发展。

呈现在读者面前的《论发展权在国际投资协定中的实现》一书，是作者刘艳在其博士论文基础上修订而成的。该书较为系统地阐述了发展权原则的理论，对国际投资协定中纳入发展权的必要性和总体实现路径作了详尽的分析，又分别从规则设计和法律解释层面，对投资准入制度、公平公正待遇、征收制度中如何实现发展权作了分析，特别是用利益分析法，对国际投资协定中的诸多需要平衡的利益进行了分类梳理，探究了国家利益、公共利益和发展利益与纷繁复杂的利益之间的内在联系。书中作者对发展权如何适用的很多理论难点所作的探讨，虽然有些方面还不够成熟，但已是难能可贵的了。

作为她的博士生导师，我很高兴看到这一富有创新性的成果出版，并相信本书对我国积极参与国际经贸规则重构，推进可持续发展投资规则的形成与完善具有一定的参考价值。

张庆麟

2016 年 7 月

目　录

内容提要 ……………………………………………………………… 1

Abstract …………………………………………………………… 1

缩略语 ………………………………………………………………… 1

绪论 …………………………………………………………………… 1

　　一、问题的提出 …………………………………………………… 1

　　二、国际投资中的发展权议题是对国际发展法的推进 …………… 5

　　三、研究思路与研究方法 ………………………………………… 8

第一章　发展权原则在国际投资协定中的确立 ………………… 10

　第一节　发展权原则在国际投资协定中的法律含义 ……………… 10

　　一、发展权的演进 ………………………………………………… 10

　　二、发展权在推进国际经济发展中的价值 ……………………… 12

　　三、发展权的含义界定 …………………………………………… 18

　　四、发展权的实施和障碍 ………………………………………… 24

　　五、有待纳入国际经贸规则的五大发展权内涵要素 …………… 30

　　六、IIAs 中的发展权的含义界定 ………………………………… 33

　第二节　国际投资保护中发展权制度安排的必要性 ……………… 36

　　一、发展权原则纳入 IIAs 是 FDI 作用机理的客观要求 ………… 36

　　二、发展权原则纳入 IIAs 是其法律关系的内在要求 …………… 39

　　三、发展权原则纳入 IIAs 是发展中国家获得发展补偿的又一阵地 … 40

　　四、发展权原则纳入 IIAs 是区域性经贸合作深入开展的关键 … 41

　第三节　IIAs 中发展权原则缺失引发的投资治理困境 …………… 42

　　一、投资自由化的一元高标准与差异化的发展水平不适应 …… 42

　　二、国家对 IIAs 承诺的稳定性与国家发展政策变化之冲突 …… 45

　　三、片面保护投资者财产利益与忽略东道国重大利益之冲突 … 47

　本章小结 …………………………………………………………… 51

第二章　发展权原则在国际投资协定中的适用 ……………………… 53

　第一节　发展权原则在 IIAs 中适用的法理基础 ………………… 53

　　一、发展权的整体观需要国际合作 ………………………………… 54

　　二、发展权保障有序发展的价值观需要公平互利 ……………… 59

　　三、发展权原则差异中谋求共进的发展观需要非互惠的制度安排 …… 61

　第二节　发展权原则在 IIAs 中适用的总路径 …………………… 72

　　一、在 IIAs 中对发展中国家实施特殊和差别待遇 …………… 72

　　二、在 IIAs 中为东道国提供发展权政策空间 ………………… 80

　　三、在 IIAs 的解释中对国内治理与国际法标准综合考量 …… 86

　第三节　发展权原则在投资协定中适用的具体制度安排 ……… 89

　　一、IIAs 投资定义中纳入"促进东道国发展"要件 ………… 90

　　二、IIAs 中增进发展中国家的发展能力的规定 ……………… 97

　　三、在 IIAs 中增加旨在扩大发展中国家发展政策空间的规定 …… 98

　　四、在 IIAs 中对母国和投资者增加提高发展能力的义务性规定 … 101

　本章小结 …………………………………………………………………… 108

第三章　国际投资准入制度中的发展权 ……………………………… 110

　第一节　IIAs 准入阶段发展问题概述 …………………………… 110

　　一、发展中国家的投资准入 ……………………………………… 110

　　二、投资准入中可供选择的灵活立法模式 ……………………… 114

　第二节　发展中国家对投资准入国民待遇的选择 …………… 117

　　一、外资准入制度中的国民待遇 ………………………………… 117

　　二、IIAs 准入前的国民待遇的适用 …………………………… 119

　　三、灵活适度地引入准入前国民待遇 …………………………… 124

　　四、关于发展中国家引入准入前国民待遇的评析 …………… 129

　第三节　发展权视角下的履行要求条款构建 ………………… 130

　　一、IIAs 中履行要求规制分析 ………………………………… 131

　　二、发展权视角下履行要求规制的再审视 …………………… 137

　　三、发展权视角下对"履行要求"的分类探析 …………… 142

　　四、"发展例外"在履行要求条款中的嵌入 ………………… 148

　本章小结 …………………………………………………………………… 151

第四章　国际投资协定中公平公正待遇的发展权 ………………… 152

　第一节　FET 法律问题概述 ……………………………………… 153

一、关于 FET 标准自治性的论争 ･･････････････････････ 153

二、FET 在国际投资协定中的价值 ･･･････････････････ 157

三、考察国内法对发展权实现的作用 ･･････････････････ 160

第二节　建立兼顾国内法和国际法的 FET 标准 ･･････････ 161

一、从横向和纵向维度对 FET 本质的考察 ･･････････････ 161

二、兼顾国内法的温和二元主义 ･･･････････････････････ 162

第三节　国内法治理标准与最低待遇标准的关系 ･･･････････ 164

一、国内法治理标准低于最低待遇标准的案例评析 ･･･････ 165

二、对不合法武断的认定 ･･････････････････････････････ 169

三、对不合理武断的认定 ･･････････････････････････････ 174

第四节　FET 对发展权实现的解释与适用 ･･････････････ 185

一、社会改革背景下 FET 合理期待的认定 ･･････････････ 185

二、FET 合法性与合理性判断中的发展权考虑 ･･････････ 186

本章小结 ･･･ 186

第五章　国际投资协定例外体系中的发展权 ･･･････････････ 189

第一节　IIAs 中例外条款概述 ･････････････････････････ 189

一、IIAs 中例外条款的作用 ･･･････････････････････････ 189

二、IIAs 中例外所保护的重大利益价值体系 ･･･････････ 192

三、"重大利益"与其他各类利益的对比研究 ･･････････ 192

四、重大利益的具体内容 ･････････････････････････････ 194

五、IIAs 中以"重大利益"为核心概念之例外体系 ･････ 202

第二节　IIAs 中的一般例外 ･･･････････････････････････ 203

一、IIAs 中一般例外的立法实践 ･･････････････････････ 203

二、IIAs 中一般例外法理基础 ････････････････････････ 205

三、IIAs 中一般例外的解释 ･･････････････････････････ 206

四、一般例外的适用范围 ･････････････････････････････ 209

第三节　IIAs 中的重大安全例外 ･･････････････････････ 212

一、采取的措施属于国家安全的范围 ･･･････････････････ 212

二、重大安全例外与习惯国际法中的"危急情况" ･･････ 218

三、重大安全例外条款的性质：自裁决的选择 ･･････････ 225

第四节　IIAs 中的发展例外构建 ･･････････････････････ 227

一、IIAs 中已有例外对发展中国家发展权保障的不足 ･･･ 227

二、发展例外对发展中国家发展权实现的法律意义 ･･････ 229

　　三、发展例外的法律界定 ……………………………………… 230

　　四、对已有的国际立法实践及评析 …………………………… 231

　本章小结 ………………………………………………………… 233

第六章　国际投资征收制度中的发展权 …………………………… 234

　第一节　征收制度是国家基于公共利益对私人财产权的限制……… 235

　　一、从私有财产的绝对保护到"财产社会化"的相对保护 ……… 235

　　二、国家行使征收权的限制 …………………………………… 238

　第二节　国际投资协定对间接征收的规定 …………………………… 242

　　一、IIAs 对征收的规定 ………………………………………… 242

　　二、管理型国家的新特征及征收分类的困境 ………………… 243

　第三节　不予补偿的国家管理行为范围的扩大化 ………………… 245

　　一、IIAs 中对管理行为的规定 ………………………………… 245

　　二、间接征收与管理行为的界分 ……………………………… 245

　第四节　间接征收认定的阻却因素 ………………………………… 252

　　一、治安权例外 ………………………………………………… 253

　　二、合理期待的认定对征收的阻却 …………………………… 261

　第五节　有利于发展权的选择：扩大对治安权的解释抑或援引

　　　　　例外条款 …………………………………………………… 266

　　一、治安权例外的局限 ………………………………………… 266

　　二、一般例外和国家安全例外条款的局限性 ………………… 267

　　三、例外条款与征收解释性条款的衔接 ……………………… 268

　本章小结 ………………………………………………………… 268

结论 ………………………………………………………………… 270

　一、发展权在国际投资协定中的实现是从规则层面构筑"互利共赢"

　　　国际投资合作的新体制 ……………………………………… 270

　二、发展权在国际投资协定中的具体化 ……………………… 271

　三、中国投资条约增加关于发展权的立法建议 ……………… 272

中外文参考文献 …………………………………………………… 276

后记 ………………………………………………………………… 289

内 容 提 要

南方国家的崛起对传统的贸易、投资制度的格局提出了调整要求，其调整路径之一是通过修订传统的法律规则体系以反映其发展的利益诉求，因此，国际经济法律体制及其部门法正酝酿着从追求一元化标准的体制向着满足多元化利益诉求的方向变革。在众多诉求中，基于历史旧债和现实的发展差距，发展中国家一直致力于构建公正、合理的国际秩序和规则，以求在国际经济交往中获得快速发展，缩小与发达国家的差距，共享经济一体化的成果。然而，除了个别发展中国家如"金砖五国"获得令人瞩目的发展外，广大发展中国家的发展仍然缓慢，很多国家的生存权和发展权保障仍面临着巨大困难，成为国际人权保障中的薄弱环节。

国际投资作为推进世界经济发展的引擎之一，在提升发展中国家能力中发挥着积极作用，但是，当前的投资条约体制并未充分反映出发展中国家发展权诉求，尚未建立系统的有益于实现发展权的机制。发展权作为一项发展中国家向国际社会提出的人权，已经发展为一项国际法基本原则。这一原则的内涵包括发展中国家在国际经济交往中有权利要求承担与其能力相适应的义务，发达国家承担较多的义务，在国际贸易和投资法律机制中实行非互惠待遇，从国际经济规则的权利和义务方面具体地实现发展权。因此，本书以发展权为切入点，试图将发展权实现的考虑因素纳入追求一元高标准的投资自由化、保护投资者私人利益的投资体制中，并在国际投资协定中设置能够实现发展权原则的规则以及相关的制度安排，将抽象的发展权原则在国际投资实践中予以具体化，以此矫正现有投资条约机制的不平衡，推进国际经济向着和谐共进的方向发展。

除了序言之外，本书主体部分共分六章进行论述。

第一章是发展权原则在国际投资协定中的确立。本章从发展权的法律含义界定切入，论述了发展权的演进、实施障碍、内涵及推进国际经济和谐共进的价值，进而对国际投资协定中的发展权原则进行了界定，由此得出发展权是一项保障个人、国家基本生存和发展的权利，在国际投资协定中发达国家负有国际合作的责任。然而，国际投资协定缺少对发展权实现相关规定，在规则层面引发了多重法律冲突协调的障碍，在现实中给发展中国家实施投资协定带来了种种困难。因此，国际投资法律体制有必要将发展权实现因素纳入其中，在促进国际资本流动的同时，将发展中国家的发展目标和发展进程融入国际投资法律体制保护的价值之中。

第二章研究发展权原则在国际投资协定中的适用。这一章的论述建立在第一章阐明的发展权赋予发达国家国际合作责任的理论基础上，本章从三个方面进一步提出促进发展权在国际协定中实现的总路径：在国际投资协定中引入差别待遇、为东道国提供发展政策空间，以及在公平公正待遇的解释中对国内治理与国际法标准综合考量。这三个法律机制将协调第一章提及的国际投资协定中的三对法律冲突。这些关系的协调贯穿在如何实现发展权的条款的设计中。此外，本章还简要阐述了投资法律制度中实现发展权需要完善的诸方面。

第三章到第六章分别对投资准入阶段发展权的保障机制、公平公正待遇中的发展权、国际投资条约例外体系中的发展权、国际投资征收制度中的发展权这四个方面的法律问题，围绕第二章提出的差别待遇、发展政策空间，以及国内法国际法综合考虑的问题，进一步从规则的权利、义务的层面来具体实现发展权。

第三章是国际投资准入制度中的发展权，这是考虑到发展中国家承担义务的能力不足，在准入阶段设定的差别性的义务承诺和过渡期制度安排。本章分为两个问题来探析：第一个问题探讨投资准入差别待遇，运用列表清单的方法，依据国家的发展水平和实际需要、东道国享有裁量空间的不同，可以选取不同的方法来控制投资进入的部门、领域，以及在本国投资中所占的比例，即通过控制权给予发展中国家更多的优惠。第二个问题关于履行要求的规制，一项履行要求在经济发展水平不同的国家会产生认识和作用上的差异，在履行要求制度设计中，可以通过三分法对履行要求的内容进行分类，并引入履行要求条款下的发展例外来满足发展中国家对某些外资管制措施的需要。

第四章论述国际投资中公平公正待遇的发展权，是从条约解释和适用此待遇的角度，提出公平公正待遇的认定要考虑发展中国家的现实发展水平，投资仲裁应当结合国内法和国际法综合考察国家行为的合法性与合理性。公平公正待遇是衡量国家治理水平的一则标准，此标准内涵的不确定性使国际投资仲裁庭不断提高国家"治理良好"的解释标准，本书不提倡用明确的语言列举公平公正待遇的内容，建议从其适用的角度，将公平公正待遇作为仲裁庭对国家行为进行审查的一项标准，这项标准要对国家行为合法性和合理性的区分，分别用国内法和国际法最低待遇标准进行判断，在对投资者合理期待的认定中考虑一国的发展阶段和水平，合理地确定最低国际标准的水平，用此种细分的方法控制仲裁庭的任意解释。

第五章研究国际投资协定例外体系中的发展权，这是从协调投资协定承诺的稳定性与国家管理的变动性之冲突角度展开的。不论在发达国家还是在发展中国家，重大利益的冲突与协调都不可避免，而发展中国家在某些利益协调环节由于发展能力不足，更需要予以重视和协助。例外条款这种法律机制为利益协调提供了有益的方法，本书以利益主体为标准，围绕国家主体、社会公众主体、个人主体三分法进行了划分，进而对纷繁复杂的"利益"归类梳理，在此基础上提出了建立由一般例外、国家安全例外和发展例外构成的例外体系，由此来全面协调国际投资协定中的利益冲突。

第六章探讨国际投资征收制度的发展权，这是围绕如何给予发展中国家发展政策空间而展开的。随着国家干预社会事务范围的扩展，正当的国家管理行为被认定为征收的可能性增大，征收条款对征收种类和范围的界定仍然不明晰，现实中，发展中国家发展变革的频繁度超过发达国家，已有征收条款在间接征收的认定虽然排除了安全、健康和环境管理措施，但是这些排除事项仍不能满足发展中国家管理社会事务的需要。本章对国家管理行为展开全面分析，认为有必要将发展中国家基于发展权实现的管理行为也从间接征收中予以排除，增加发展权实现的政策空间。

Abstract

The rise of the South makes requirement of changing the traditional order of world trade and investment, one way is to make adjustment of the traditional legal system to reflect the interests of its national development. Therefore, the international economic law system and its department laws are brewing a revolution from the unified standard system to a system that meets diverse interests of all member states. In light of the history debts and reality of the development gap between developing countries and developed countries, developing countries have committed to building a just and rational international order and rules to realize rapid development in international economic cooperation, narrow the gap with the developed countries, and share the fruits of economic integration. However, in addition to a small group of development countries, such as BRICS who have gained remarkable development, the development of majority of the developing countries are still slow, the right to survival and development of them are still face enormous difficulties, which is vulnerable in the protection of international human rights.

International investment is the engine of economic development of the world, which plays an important role in capacity building for developing countries. However, current international investment legal system does not reflect their development right, and a system which is liable to realize the development right has not been established within IIAs. As a collective right which is claimed from international community, the right to development has become one fundamental principles of international law. The contents of this principle includes: the developing countries have right to undertake obligations within their ability, accordingly, the developed countries shall take more obligations, and implementing non-reciprocity treatment in international trade and investment legal system, realizing the right to development by allocating right and obligations. Therefore, this book is begin with the principle of right to development, trying to incorporate the right to development into international investment legal system, the supreme goal of which is liberalization of investment and protection of private property. Then make the abstract principles into concrete legal arrangement and rules so that the international economic go towards harmonious and integral.

Besides the preface and conclusion, this book consists of six chapters:

Chapter I explors the establishment of the right to development in international investment agreement. This chapter Begins with the legal definition of the right to development, which include evolution of the right to development, the barrier to its implementation, the connotation and the value of promoting the harmonious development of the international economic, then this section discusses the principle of the right of development in the context of international investment legal regim. It con clues that the right to development could safeguard the basic right of survival and the development of the private person, as well as the sovereign nation, so the developed countries is responsible to cooperate with the developing countries to get the ability to develop in International investment. however, the lack of the related rules on behalf of the right of development in international investment development brings about bittacles of coordinating the conflicts in legal system, as far as the implementation of the international investment treaty in developing countries is concerned, the developing countries and lest developing countries facing great difficulties in implementing the rules at the expense of sacrificing their development. So it is concludes that the international investment legal regime should incorporate the right to development into it, realizing the multifunction and goals of IIAs, which is not only promoting the world capital flow, but also accelerating the development of less developed countries.

Chapter II discuss the application of principle of the right to development in IIAs, The discussion of this chapter established on the bases of the responsibility to cooperate of the developed countries which originated from the right to development. Accordingly, it adresses the general paths of realizing the right to development in international investment agreement including the following three aspects: introducing discriminating treatment in international investment agreements, providing enough policy space for the developing host country, making the comprehensive considerations of the domestic governance and international standard when interpreting rules of justice and equity. The three legal mechanism will give better method to coordinate the three pairs of conflict of laws in international investment treaties which was mentioned in the Chapter I. The three issues run throughout the perfection of specific treaty rules. At last, this chapter also gives a brief overview of several aspects in realizing right of development in IIAs.

From Chapter III to Chapter VI, respectively, the book is focused on the following four topics: the access mechanism to safeguard the right to development, the exception system, the identifications of expropriation and compensation, and the domestic law considerations in fair and equitable treatment by investment tribunals, all the four topics are developed from the perspective of specific rights and obligations of rules in IIAs in which runs throughout the three key issues raised in chapter II.

Chapter III probes into the right to development rights of international investment access regime. Considering the weak ability of developing countries to assume obligations, every party of IIAs has right to commit different obligations and transition period in access stage. For the regulation of access, there are two important issues to discuss, the first one is the different treatment in investment access by way of list of inventory (positive listings and negative listings) based on the level and the actual needs of developing countries, a country has discretion to control investment from the perspective of sectors, business field and voting power in investment, so that the developing countries got different obligations. The second issue on access is the regulatory of performance requirements. As for one regulatory measure, countries of different level of development will have different attitude, this paper will use trichotomy to sort out the dozens of performance requirements, and proposed development exception in designing this clause so that the use of some of the prohibited regulatory measures could be justified for less developed countries.

Chapter IV discusses the right to development in fair and equitable treatment during international investment arbitration. Considering the real development level of developing countries, the interpretation and application of fair and equitable treatment by the arbitral tribunal should take the domestic law into consideration, and make a comprehensive survey of domestic and international law in judging the legality and rationality of an act of government. In fact, fair and equitable treatment sets up a standard that measure the level of regulation of one state, the uncertainty of this standard gave the chance of improving the regulatory standard to a fairly high level that almost no state could reach. This book does not propose to exemplified the content of fair and equitable treatment in the treaty, but use it as a standard of reviewing the property of state action, e. i. judging the legality and rationality of an act of government by the tribunal. It is necessary to make distinction of legitimacy and rationality of state acts, measure it by domestic law and international minimum standard respectively. In addition, the identification of reasonable and legitimate expectations of investors should take the development level of one state into consideration. Above all, preventing the arbitrary expanding the discretion of the tribunal by setting proper level of international minimum standard.

Chapter V discusses the right to development into the exceptions system in IIAs, this issue is discussed from the perspective of coordinating the conflict between the stability of treaty commitment and variability of regulatory measures of host state. It is worthy of paying attention to the conflicts and coordination of essential interests both in developed and developing countries, especially for developing countries, they are not able to coup with conflicts and difficulties, so they needs aids and ability establishing from developed countries, exception clause provide the helpful legal mechanism to make coordination of sorts of conflicts. This book studies different kinds of essential interests of international investment according to the subjects of interests into national interest, public interest and private interest, this book proposed that IIAs should establishing exception system which constitutes of national security exception, general exception, development exception as well as other specific exceptions. The exception system will play a great important role in coordinate the justifiable conflicts in IIAs.

Chapter VI explores the right to development in international expropriation regime, which is developed from the perspective of reserving development policy space for less developed countries. With the expansion of government intervention in social affairs, the possibility of attribute the legitimate regulatory action to indirect expropriation has greatly increased, however, the present expropriation clause are ambiguous to the scope and sorts of expropriation. In practice, the frequency of social revolution and change in developing countries is much higher than developed countries. At present, it commonly excludes the regulatory measures related to safety, health and the environment from indirect expropriation. As for the developing countries, the exclusion of the three kinds measures actually not enough for their regulatory needs. After a comprehensive and deep analysis of the regulatory

4

actions of the government, it is found that necessary to exclude the government actions related to the development strategy of the state from indirect expropriation, which will give wide policy space to realize the right to survive and development.

缩　略　语

BIT	Bilateral Investment Treaty
CARICOM	Caribbean Community
UNDRD	Declaration on the Right to Development
ECT	Energy Charter Treaty
EPA	Economic Partnership Agreement
FCT	Friendship, Commerce Treaties
FDI	Foreign Direct Investment
FET	Fair and Equitable Treatment
GATS	General Agreement on Trade in Services
GATT	General Agreement on Tariffs & Trade
ICSID	International Centre for Settlement of Investment Disputes
MAI	Multilateral Agreement of Investment
NAFTA	North America Free Trade Agreement
SDT	Special and Differential Treatment
TRIMs	Trade Related investment Measures
TPP	Tans-Pacific Parternership Agreement
UNCTAD	United Nations Conference on Trade and Development
WTO	World Trade Organization

绪　　论

> "正是由于我们每个人只图自己的安逸，这个世界才会动荡不安。"
>
> Dag Hammarskjold

一、问题的提出

南方国家的经济地位和政治影响力正在不断上升，成为全球决策过程中的一支越来越重要的力量。伴随着跨境交往的增加，人类共同面对的危机使决策过程比以往任何时候都需要南北各方更加紧密联系和相互合作，南北方的合作致力于寻找共识，有效推进全球性紧迫问题的解决。① 面对援助、债务、人权、健康和气候变化等全球问题，人类发展的基本原则都一如既往地发挥着重要作用，无论其生活在何处，所有的人都拥有扩展选择权和选择能力的自由和权力，促进人权保障水平不断提升。消除贫困不仅是人权保障的要义，更是实现代际公平和可持续发展的关键，可持续发展为当代人们发展的选择施加了义务，当代人的选择不得损害子孙后代的选择能力，因此，当代人不论南北，应当联合起来提高当代人在发展中的选择能力，尤其是提升生活在贫困状态人群的能力。因为这不仅事关人类基本权利，更是生活普遍性原则的重要内容。② 在有效解决以上国际社会问题，满足人类共同发展的诉求中，发展权——作为可持续发展的实现机制的一部分，将不同国家和族群的人联系起来，为世界解决各种危机、寻求发展共识提供了结合点。

南方国家的崛起对传统的贸易、投资制度格局提出了调整要求，调整方

---

① 当今日益崛起的南方国家参与政府间合作，带来了大量资金和人力资源，有助于解决全球面临的重大问题，是世界发展权提升不可或缺的力量和持续的动力。

② 1994 年人类发展报告所述，尽管在文明社会，每个人的基本生活最低收入都应得到保障，但生活普遍性原则倡导的却是机会平等，而非收入平等。

式之一便是通过修正传统的法律规则体系以反映其发展的利益诉求，因此，国际经济法律体制及其部门法，正酝酿着一场从追求一元化标准向着满足多元化利益诉求的变革。当今国际经济合作体系中新旧制度并存，今后会变得更加多元化，国际合作将涉及更加复杂的局面，继续交织着双边、区域和多边的合作方式。现有的国际合作机制和国际治理方式已经不能适应形势所需，发展中国家作为一个群体，将冲破已有的藩篱，就所关注的发展问题在全球治理平台上进行协商和解决，就国际经济协定的谈判而言，更加注重将国家发展权实现和国际竞争力的提升作为国际谈判的重点。在国际投资领域，以下这些问题，对发展权如何有效地纳入到国际投资体制中提出了迫切要求。

第一，过去10年，全球投资环境已经发生了剧烈的变化，如今的条件更加有利于构建为发展中国家创造更多收益的多边投资协定。2014年发展中国家经济体在全球FDI流动格局中的地位进一步增强，占全球FDI流量的55%，发达国家FDI流入额为4990亿美元，发展中国家流入额为6810美元，首次超过发达国家。在2014年FDI流出方面，尽管发展中国家还有很大差距（发达国家占FDI流出的60.8%，发展中国家占34.6%，转型经济体等其他占4.6%），但是增长有压倒之势，发达国家从2013年的8340亿美元，降至8230亿美元，下降1.3%，而发展中国家FDI流出额在2014年达到4680亿美元，较2013年上升22.8%。① 发展中国家成为对外直接投资增长的最重要驱动力。其中，亚洲发展中经济体首次超过北美和非洲，成为全球最大的对外投资方。全球20大对外投资来源地中，9个发展中国家及转型经济体，包括中国大陆、中国香港、俄罗斯、新加坡、韩国、马来西亚、科威特，智利以及中国台湾。2014年，中国大陆对外直接投资增长15%，达到1160亿美元，仅次于美国和中国香港，居全球第三位。国际直接投资的物质基础和力量对比对投资规则提出了新的要求，启动以发展为目标的多边投资框架成为时代的紧迫需求。②

第二，资本流动的悖论迫使我们积极采取行动推进资本向正确的方向流动，推动落后国家的发展。持续不断的技术进步推动着经济增长和就业，这

---

① UNCTAD database.

② 中国将在2016年轮任G20主席，中国将这一契机进一步推动发展议程。G20成员将成立一个工作框架，确定实现这个多边协定的原则和时间表。参见林毅夫：《中国的G20议程：呼吁一个以发展为目标的多边投资框架》，国际贸易与可持续发展中心，2015年5月19日"2016年的G20议程"高级专家会议。

个过程不仅要求创新，还要有足够的人力和物力资本投入，完善的基础设施可以减少交易成本和提高效率。但是，发展中国家在人力资本和金融资本方面存在很大缺口，形成发展的制约。外汇缺乏限制了它们进口原材料和设备的能力，而这些资本要素正是经济转型和升级所必不可少的。向资本充裕的国家和地区引入 FDI，是发展中国家的最佳选择。一方面，发展中国家可以获得缩小发展差距所需的人力资本、金融资本和外汇；另一方面，资本相对于劳动力更加稀缺的发展中国家，资本收益率很高。然而，国际资本流动的现实状况是，资本不是从发达国家流向发展中国家，而是从发展中国家向发达国家倒流。这被称为"国际资本流动悖论"。① 这一现实消耗了发展中国家所能获得的大量资本，制约了发展前景，导致全球收入差距的扩大。这种资本倒流的原因之一是发展中国家尚缺乏有利的投资促进支持，这显示出全球对某种多边投资协定的需求，这种投资协定体制不仅促进资本向正确的方向流动，而且会加强发展中国家的发展基础。

第三，国际投资在提升发展中国家能力中发挥着积极作用，但是当前的投资条约体制并未反映出发展中国家发展权实现的诉求，尚未系统地建立有益于实现发展的机制。国际直接投资是海外投资者在东道国建立商业存在，从生产、销售到消费持续地在一个地区进行的经济活动，除了可以为投资者带来利用东道国比较优势、避免税收，降低生产成本的经济效益，不可忽视的是国际直接投资可以为东道国带来优质的项目，通过雇用当地民众，实施先进的产生技术、管理体系，带给当地劳动力水平提升等社会外溢效应，这一当地化的过程对落后的国家和地区提升发展能力具有国际贸易所不能替代的作用。东道国政府都必然会充分利用吸引国际直接投资的这些有利因素，引导外资流向符合国家战略和发展目标的领域。然而，而调整国际投资关系的国际投资保护机制——国际投资协定，其优先目标和制度安排日益向着片面追求投资自由化、一元化高标准的方向发展，而众多发展中国家发展水平差异巨大、利用外资追求政策目标迥异的现实，与一元高标准、条约承诺僵化的诸多投资规则体制不协调，与日益崛起的发展中国家在规则诉求中寻求实质性公平、共同发展的需求不相符，一元标准、缺乏灵活性的投资体制将

---

① 这一悖论首先是在 1990 年罗伯特·卢卡斯（Robert Lucas）在一篇论文中提出来的。从经验数据来看，1980—1998 年，资本输出的人均收入水平高于资本输出国，这表明资本的确是从富国流向穷国，但是规模大大低于新古典经济增长理论的预期；从1999—2008 年，资本输出国的人均相对收入水平持续低于资本输入国，这说明资本出现了从穷国向富国的"倒流"。Lucas, R., Why Doesn't Capital Flow from Rich to Poor Countries?, The American Economic Review, 1990, Vol. 80, No. 2, pp. 92-96.

阻碍国际资本向着有益于发展的方向流动。

第四，WTO 平台将发展议题扩展到国际投资机制的力量不足，迫使发展权议题纳入日益勃兴的 BITs 和区域协定框架下探讨。贸易与投资关系紧密，WTO 框架下发展议程停滞不前，美国正在推进的高标准 TPP 和 TTIP 谈判对发展议题置若罔闻，双边和区域性 FTA 所包含的国际投资协定仍然不断增长，2013 年底，已有 2,857 项 BITs 条约，截至 2014 年底，国际投资协定共有 3,271 项，其中 BITs 为 2,926 项，其他国际投资协定为 345 项 ① 事实上，在国际经济法律体制中，国际投资决策亦处于转型时期。各国的投资决策日益着眼于新的发展战略，多数政府都希望吸引和便利外国投资，以建立生产能力和进行可持续发展。当下，越来越多的国家依据国际投资法的新发展审查已经签订的 IIA 以及本国的投资协定范本，世界范围内 50 多个国家和地区正在修改或者已经修改了本国的投资协定范本，其中包括不发达的 12 个非洲国家，欧盟成员国和北美的 10 个发达国家，8 个拉丁美洲国家，7 个亚洲国家和 6 个转型经济体。② 此外，2015 年 2 月联合国贸易与发展委员会（UNCTAD）召开"国际投资体制的变革"大会。③ 2015 年 5 月欧盟发布了关于"TTIP 投资及相关问题——改革之路"的报告，德国联邦经济事务与能源部发布了"发达国家投资保护协定范本"。2014 年 5 月，非洲区域组织也发起了"南部投资监测委员会"，2014 年 6 月联合国第 26 届联合国人权大会，在 20 个国家的支持下，④ 通过了号召"建立开放的跨国合作小组，任务是为形成关于人权的跨国公司和其他商业组织具有国际法令约束力的工具"的决议，决定在 2015 年召开第一次会议。这些关于国际投资法制的立法实践，促使条约进入"随时可能终止阶段"，这将提供一个机会，处理涉及多方面和多层面的国际投资协定中的不一致性和重叠问题，⑤ 以发展权实现为核心内容、增加发展权实现的考虑因素在国际法律文件和国际立法实践中都已经初见端倪，酝酿着由一元高标准向具有适度弹性和灵活性机制的变革。

① UNCTAD, World Investment Report, 2015, p. 106.

② UNCTAD：World Investment Report 2015, p. 108.

③ UNCTAD：Transformation of the IIA Regim, Feburuary 2015, availible at, http：// unctad-worldinvestmentforum. org/followup-events/media-center/, visited on Auguest 10, 2015.

④ 安哥拉、贝宁、布基纳法索、中国、刚果、科特迪瓦、古巴、埃塞俄比亚、印度、印度尼西亚、哈萨克斯坦、肯尼亚、摩洛哥、纳米比亚、巴基斯坦、菲律宾、俄国、南非、委内瑞拉、越南。

⑤ UNCTAD, World Investment Report, 2013, p. 4.

WTO 框架下一直都酝酿着在与贸易有关的投资措施的协定中的发展议题。① 20 世纪 90 年代 MAI 草案中就有关于发展条款的论争，在 2012 年投资报告中就对投资体制改革提出了三个部分的框架性构建建议，第三部分提出了给予特殊和差别待遇的框架，一方面，是"不平衡的义务"，即让不发达协定方承担相对轻的义务；另一方面，"附加工具"，即让发达协定方作出积极的贡献。② 在双边投资条约实践意大利——摩洛哥 BITs 已经采用了发展例外。这些迹象表面，在国际投资国协调中对发展中国家利益的关注已经酝酿了很久，有必要对这一问题予以梳理、深入研究并在国际投资协定中做出法律确认。发展议题之所以在国际投资法制中一直难以落实，一方面，与国际谈判力量对比和投资条约的发展主导权有关；另一方面，发展权议题在国际投资协定中的法定化存在若干难以解决的问题。

国际投资机制与国际贸易法律关系的差异对国家主权提出了更高的挑战：从边境措施渐入到边境内措施；促进实质性公平的差别待遇在投资协定中适用，对发展成本的分摊提出了挑战。同时，一系列法律冲突更加凸显：由于考虑到发展水平的差异，规制的一体化高标准与各国行使管理权的多样化需求冲突；投资自由化的一元高标准与差异化的发展水平之间固有的冲突；国家对国际投资承诺稳定性的需求与国家为了发展而发生政策调整之间的冲突；投资者财产利益的最大化与东道国重大利益之间的冲突。这些挑战和冲突如何有效应对与协调，如何通过权利和义务规则在国家——投资者法律关系为中心的国家投资协定中予以规制，一系列的法律问题均构成了本篇论文将发展权议题在国际投资协定中进行法制化构建的难点。

二、国际投资中的发展权议题是对国际发展法的推进

发展权是个人、民族和国家积极、自由和有意义地参与政治、经济、社会和文化的发展并公平享有发展所带来利益的权利，是发展中国家为谋求发展而要求变革国际发展秩序的一种人权诉求。国际贸易、国际金融、国际投资、环境保护、海洋资源开发均与发展有着密切联系，因此，国际发展法的长足发展还有赖于国际法的各个部门分支法在规则层面推进实施，将经济增

---

① See Investment Rules for Developing Polices, Communication from Japan, June12, 2001, WT/WGTI/W/104, para. 13, also see Multilateral Framwork for Investment; an Approach to Development Provisions, Communication from Swizerland, May 16, 2002, WT/WGTI/W, para. 19-20.

② UNCTAD, World Investment Report, 2012.

长、社会进步和发展权提升三者统一起来。

发展权不仅仅是一项抽象的人权，而且，发展权在国际经济法律体制中，作为一项基本原则，还指引着国际经济法律体制各部门法分支的变革。在南北经济、社会发展不平衡的背景下，非互惠待遇是对于国际贸易的基石——非歧视待遇的突破，是对追求实质性公平的国际法理论的发展，在多边投资体制中给予发展中国家更多的优惠待遇和作出相应的让步，普惠制以及特殊和差别待遇在国际贸易体中已经得到了落实，而在由双边迈向区域性合作之路的今天，在投资自由化规则中增加有利于相对落后国家的机制，将会促进多边谈判达成一致。已经形成的国际投资条约网络，一直难以达成统一的国际多边投资协定，冲突聚焦点之一就在于南北利益的协调，而非互惠的制度安排是解决这一问题的关键所在，这一议题的探讨有利于推进国际投资条约体制向着公平正义的方向发展。

在国际经济体法律体制中，以 WTO 为中心的国际贸易法律体制正进行着变革，并已经取得了成效。发展中国家，这一国际法中的弱势群体在贸易自由化、经济利益最大化奉为圭臬的贸易体制中，不断为其发展诉求摇旗呐喊，在国际舞台上进行着不屈不挠的利益争取，推动着国际贸易体制向着公平、正义的方向变革。"南方国家人类发展的责任与承诺必须与其经济实力的增强相匹配，帮助贫困人口，参与市场活动并拓展其发展能力。"[①] 从"二战"后国际秩序重建开始，布雷顿森林体系增加对发展中国家的扶持和援助，国际贸易组织（ITO）建立过程中的《哈瓦那宪章》对发展中国家特殊发展情况的关注，GATT1947 中第 18 条保护幼稚工业条款，1955 年对第 18 条修订丰富发展为 4 款，在 1964 年第一届联合国贸易与发展会议上，对推行了几十年的《关税与贸易总协定》，对关于"互惠、最惠国、无差别"的原则展开论争，会议最终通过了给予发展中国家"非互惠、普遍的、无差别"原则的决定，接下来启动了对 GATT1947 的修订，增加第四部分"贸易与发展"，1979 年通过"授权条款"，对给予发展中国家的优惠性协议安排，奠定了利于发展的永久化法律基础。[②]

南北方国家真正找到利益的契合点、展开国际发展合作始于联合国人类环境会议。环境保护将一个全新的、真正意义上的全球性议题提上了国际日

---

① 2013 年《世界人类发展报告》，中文版，Published for the United Nations Development Programme，第 8 页。

② 关于国际贸易领域对国际发展法的论述，参见黄志雄：《WTO 体制内的发展问题与国际发展法的研究》，武汉大学出版社 2005 年版。

程，在环境法领域提出"共同但有区别的责任原则"，展开南北合作共同面对经济、环境和社会协调可持续发展问题。2000 年的《千年宣言》宣告了对 21 世纪国际关系中关于发展的价值和目标，2002 年联合国召开的《蒙特雷发展筹资共识》旨在对实现千年目标进行筹资，达成了实现发展的共同责任，并重申发达国家 GDP 的 0.7%作为政府发展援助标准。2002 年约翰内斯堡可持续发展首脑峰会，发布的政治宣言《约翰内斯堡可持续发展声明》和《约翰内斯堡行动计划》，汇聚了关于发展思想的各种要素，并倡导实施一体化措施。2005 年联合国大会成立 60 周年之际，召开了各国政府首脑会议，其成果文件被称为"综合及协调实施和贯彻经济、社会和相关领域内联合国主要会议和世界首脑会议的政策"，2006 年联合国经济与社会发展理事会发起了"国际发展合作论坛"作为常规性会议，每两年举行一次，探讨和促进南北合作、南南合作以及三方合作，推进世界作为一个整体共同发展。

在国际金融法领域，虽然很多国际协调文件被视为没有强制约束力的软法，但是这些指引规则确实已经在推进了落后国家经济、社会等各方面的发展。对发展中国家提供资金支持和援助对发展权的实现是关键环节。目前国际社会为发展中国家提供贷款的开发性金融机构主要有世界银行、国际开发协会、国际金融公司、亚洲开发银行等，这些机构的宗旨以及贷款条件和种类，充分体现了发展权因素。例如，《国际复兴开发银行贷款协定和担保通则》规定的投资贷款和发展政策贷款两种融资工具，支持了世界扶贫与经济发展事业。①

相行之下，在国际投资法领域和国际投资协定中没有看到 WTO 体制中"考虑发展中国家成员的经济发展目的及财政和贸易需要"，"需要作出积极努力，以保证发展中成员，特别是其中的最不发达成员，在国际贸易增长中获得与其经济发展需要相适应的份额和利益"等表述和制度设计，仲裁庭在裁决中难以依据国际投资协定的原则以及规则，对发展中国家发展过程中的特殊需求背离条约义务而裁定免除国家责任，已有国际投资体制所确立的利益保护体制之不完善及其制度设计的缺失，由此引发的投资仲裁泛滥，给发展中国家发展带来了沉重的负担，已经在一定程度上成为国际投资法律体制发挥积极作用的障碍。

增加发展权的考虑因素是第三代投资协定变革的内容之一。迄今为止，

---

① 徐崇利：《国际发展法》章节，载左海聪主编：《国际经济法》（第二版），武汉大学出版社 2014 年版。

投资协定已经经历了三代不同的条约模式。第一代投资协定属于传统类型，主要强调投资保护，第二代投资协定强调市场中心主义的经济自由，强调投资促进、投资便利、自由化，规定了投资设立阶段的国民待遇，规定了东道国法律、法规、规章和措施的透明度条款，禁止某些履行要求的条款，给予投资者更高的保护。然而，传统的投资协定和第二代投资协定在其投资者——国家争端解决的仲裁实践中越来越表现出投资者与东道国义务的失衡，因此，各国纷纷修改投资条约范本，更新投资条约。第三代投资条约更强调国家、市场和社会之间在政府规制、市场自由和社会正义之间的合理平衡，强调东道国的合理规制和仲裁程序的公开透明。具体来说，第三代投资条约通常规定如下重要条款：投资便利条款；例外条款；社会责任条款；引入发展合作条款，旨在特别考虑投资条约中发展中国家的发展问题，给予发展中国家更多的灵活例外、能力建设和技术援助。本书正是对国际投资协定变革中的发展合作问题展开的研究。

在国际投资领域探讨发展问题，是对国际发展法的进一步发展。国际发展法成为国际法的一个分支方兴未艾，是发展中国家争取发展和构建国际经济新秩序的理论体系，不仅发展中国家将其作为主张话语权的国际平台，而且国际发展问题已经为国际组织和众多发达国家的学者关注并予以深入研究的领域。

发展中国家利用国际投资实现国内经济发展，培养重点产业，是实现宏观发展目标的有效途径，力图将投资政策目标的制定和对外资的管理融入到国家的发展战略之中。在国际层面有条件地、依据本国承担义务的能力签订和遵守国际承诺，有利于实现国际投资政策的国际协调，增强国际投资体制的稳定度、透明化，促进国际资本流动。在发展权原则的指导下，对当前的国际投资协定进行完善，特别是对具体的规则进行修订，或者尝试增加一些新的规则，促进国际投资规则向着富有弹性、更加公平正义的方面发展，在投资协定中体现出发展中国家发展这一主题，为区域化自由贸易协定制度设计奠定基础，为不同发展水平国家的多元化利益诉求提供合理的制度安排，推进经济新秩序的重建，打开国际投资治理的新格局。

三、研究思路与研究方法

（一）研究思路

本书的研究思路是，第一章探讨发展权原则在国际投资条约中的确立，对发展权原则的产生、内涵及推进国际经济和谐共进的价值为切入点，论述了国际直接投资在推动东道国经济增长和现代化过程中发挥的巨大作用，当前国际投资法制的缺陷为发展中国家执行投资条约带来了种种困难，发展权的考虑因素有纳入国际投资法律体制的必要。第二章在发展权原则适用的法理基础上，提出了在国际投资法制中给予发展中国家非互惠待遇，同时要协调好的几对法律关系，这些关系的协调贯穿在国际投资协定的条款设计中，并简要地评述了需要完善的投资法律制度。第三章到第六章分别对投资准入制度中的发展权、公平公正待遇中的发展权、国际投资条约例外体系中的发展权、国际投资征收制度中的发展权这四个方面的法律问题，围绕第二章提出的几对法律关系，进一步探讨如何从规则的权利、义务的层面来具体实现发展权。

第三章到第六章分别围绕给予发展中国家特殊和差别待遇，对东道国外资管理权保留政策空间、投资仲裁中的国内法和国际法的协调，以及投资协定承诺的稳定性与国家发展管理的变动性冲突之解决，从实体到程序，从规则的权利、义务设置到仲裁庭的解释和适用，从现有规则的运用到未来规则完善等角度，来审视现有的投资条约规则，试图在投资条约体制中融入有利于发展权的考虑因素，设置具有灵活性、满足多元化发展水平和需求的规则和机制，使发展权原则从实体权利和义务的国际法层面，将抽象的发展权原则在国际经济协定中予以具体的贯彻落实。

（二）研究方法

本书主要采取判例和案例法、历史研究、跨学科等研究方法。判例和案例法：国际法院以及国际仲裁庭对具体案件在判决书或裁决书中的解释以及推理，是国际投资法基本理论发展的重要渊源，而且通过对判决或裁决结果的研究对于把握隐藏在法律规则背后价值取向提供了样本，对于发现投资条约体制的发展趋势也具有重要意义。历史研究方法主要体现在探求国际投资协定追求投资保护单一目标的原因和发展轨迹上，沿着法律体制的历史脉络可以对未来法律体制的发展方向作出科学预测；鉴于研究涉及的是人类发展和国际经济的主题，本书也采用了跨学科研究方法，包括法学、发展经济学和政治经济学等研究方法。

第一章　发展权原则在国际投资协定中的确立

第一节　发展权原则在国际投资协定中的法律含义

发展权是个人、民族和国家积极、自由和有意义地参与政治、经济、社会和文化的发展并公平享有发展所带来利益的权利，是发展中国家为谋求发展而要求变革国际社会中存在的国际发展秩序的一种人权诉求，经过发展中国家人民的不懈努力，如国际社会今已经普遍认为发展权是一项不可剥夺的人权，虽然对发展权的主体、其内容的范围、实现途径存在一定的争议，但是已经被国际法确认为一项国际法的基本原则，指导着国际立法和实践。

一、发展权的演进

发展权的提出有特定的历史背景。20世纪六七十年代，许多亚非拉国家纷纷挣脱了帝国主义和殖民主义的枷锁，走上独立发展的道路，但是，由于帝国主义和殖民主义的侵略和经济掠夺以及不公正、不合理的国际经济秩序的存在，发展中国家在实现经济自主方面依然面临着艰巨的任务，经济发展缓慢，甚至停滞，南北差距不断扩大，人民生活困苦。因此，争取平等的发展机会和发展权利就成为了新兴发展中国家的诉求。① 发展权的提出与确认是在国际层面完成的。最先将谋求自身的发展上升为权利要求的是发展最慢的非洲人民，1969年阿尔及利亚的正义与和平委员会发表了一份题为《不发达国家发展的权利》报告，该报告首次使用了发展权的概念，真正讨论这一概念自1972年塞内加尔最高法院院长 Keba M'Baye 在斯特拉斯堡人权国际研究所作出的题为"作为一项人权的发展权"演说中将发展权定义为一项人权。"所有的基本权利和自由必然与生存权、不断提高生活水平权

---

① Philip Alston, Peoples' Rights, Oxford University Press, 2001, p. 12.

相联系，也就是与发展权相联系。"① 此后发展权引起了国际社会的重视。1977 年，联合国人权委员会对发展权概念展开了讨论，并通过第 4 号决议要求联合国秘书长将发展权作为一项人权，与其他基于国际合作的各项人权包括和平权结合起来，对其国际方面加以研究，同时要求研究中应考虑到国际经济新秩序和人的基本需求。② 1979 年，联合国人权委员会通过第 5 号决议，重申发展权是一项人权，平等的发展机会既是各国的特权，也是各国国内个人的特权。

随着影响的扩大，发展权概念在有关地区性组织和国际性法律文件中得到了确认，在国际文件编纂中，将发展权列为一项国际法基本原则。1981 年非洲统一组织的成员国在内罗毕召开的会议上通过了具有法律约束力的《非洲人权和民族权力宪章》，发展权在该份宪章中得到了确认。③ 同年，联合国经济社会理事会授权联合国人权理事会设立由 15 国政府专家组成的工作组，负责研究发展权的范围、内容及实现的障碍。④ 1986 年 8 月，国际法协会在汉城召开了第 62 届大会，一致通过了《有关国际经济新秩序的国际公法原则的发展宣言》（以下称《汉城宣言》）。该宣言将发展权作为有关国际经济新秩序的国际法原则之一，并认为发展权是国际法的一般原则，尤其是人权法的原则，其基础是民族自决权。⑤ 1986 年 12 月，联合国大会通过了《发展权利宣言》，就发展权的含义作出了系统而又全面的阐述，认为发展权是一项不可剥夺的人权，发展机会均等是国家和组成国家的个人一项特有的权利，每个人和各国人民均有权参与、促进并享受经济、社会、文化和政治发展，在这种发展中，所有人权和基本自由都能得以充分实现，人是发展的中心主体，应当是发展权的积极参与者和受益者。⑥ 发展权引入了集体权利保障的理念，打破了西方发达国家传统认知中的以个人为中

---

① 【南斯拉夫】米兰·不拉伊奇：《国际发展法原则》，陶德海等译，中国对外翻译出版公司 1989 年版，第 160 页。

② 【南斯拉夫】米兰·不拉伊奇：《国际发展法原则》，陶德海等译，中国对外翻译出版公司 1989 年版，第 365 页。

③ 《非洲人权和民族权力宪章》第 22 条第 1 款规定："所有各国人民均享有经济、社会和文化的发展权，并要适当注意到他们的自由和特性，以及平等地享受人类的共同财产。"

④ 该工作组根据经社理事会第 1981/149 号决议成立，并由以下国家的政府专家组成：阿尔及利亚、古巴、埃塞俄比亚、法国、印度、伊拉克、荷兰、巴拿马、秘鲁、波兰、塞内加尔、叙利亚、苏联、美国和南斯拉夫。该工作组起草了《发展权宣言》。

⑤ 《汉城宣言》第 6 条第 1 款。

⑥ 《发展权宣言》第 1 条。

心的公民、政治人权观念的支配地位，强调发展中国家作为一个集体在经济、社会和文化权利方面获得平等的发展机会，对西方发达国家施加了维护国际社会共同发展的义务。因此，发展权概念的提出遭到了发达国家的干扰和抵制。在《发展权宣言》的制定和通过的过程中，发达国家和发展中国家之间的分歧再次显现，以致该宣言虽然未能协商一致通过，但是宣言最终以压倒性多数表决通过。

《维也纳宣言和行动纲领》在发展权历经多年的争议之后，终于在《发展权利宣言》的基础上对发展权的概念达成一致。1993 年 6 月维也纳世界人权大会一致通过《维也纳宣言和行动纲领》，各国一致认可了《发展权宣言》所阐明的发展权是一项普遍的、不可分割的权利，也是基本人权的一个组成部分。① 对发展权概念的一致认可弥补了《发展权宣言》未能在发达国家和发展中国家之间达成一致留下的缺憾，实现了对发展权内容的"法律确信"，由此将《汉城宣言》所确立的发展权国际法基本原则得到了进一步的发展。

二、发展权在推进国际经济发展中的价值

（一）发展权原则体现了人类利益共同体的整体观

在分散的、主权林立的国际体制之下，各国按照国家的发展目标，在主权范围内最大限度地使国家利益的最大化，是推动国际社会进步的根本动力，由于国家资源禀赋、历史、文化传统的差异，发展的不平衡也是客观必然的结果。国家之间在发展的过程中进行协调，不仅仅是由于全球化进程中由于科技进步、信息化加深了彼此之间的联系，而且更深一层次的还在于人之同构性，以及在此基础上的全人类共同利益的存在。

全人类共同利益的含义有一般和特殊之分，从一般意义上来讲，所有人追求的美好事物，如和平、安全、自由、平等、生命、健康、发展等，其实质是把全人类利益作为人生存与发展的代名词，由于他所包含的内容过于宽泛使其不再成为一个特殊的概念。"从国际法的价值角度来讲，可以将其特定为：人类整体的生存发展而不是单个人或民族、种族、国家的生存与发展所必须的利益。"② 国家主权原则依然是处理国际关系的基本原则，主权原则具有对外独立的效力，可以屏障外部力量对国家内政的干涉作用，这种屏障作用可以成为抵制全人类共同利益的理由，在联系日益紧密的今天，开始

---

① 庞森：《发展权问题初探》，载《国际问题研究》1997 年第 1 期，第 35 页。

② 高岚君著：《国际法的价值论》，武汉大学出版社 2006 年版，第 128 页。

将国际社会作为一个整体对待，各国为了更好地实现各国的根本利益开始对话、合作协调，乃至作出必要的让步或牺牲一定的自我利益，以欧洲一体化为例，"虽然欧盟成员国之间存在着差异、矛盾甚至冲突，欧盟各国相互依赖不断加深，仅仅依靠各国的力量已经难以应付他们各自所面临的挑战和竞争，实行更高层次的联合或行动成为各国的共同需要，以致为此不惜做出一些让步和牺牲"。① 国际社会中表现出的"合群性"，所指向的正是全人类共同利益，全人类共同利益不是各国家利益的简单相加，"人类社会有着高于各自国家利益的更抽象利益，关于人类社会的利益可能高于各国利益之和的信念，已得到越来越广泛的传播"。② 对全人类的共同利益的认识是很多国际问题得到解决的前提，如外层空间和海洋的和平利用、生态保护、非殖民化、穷国的发展等，如果离开全人类的共同利益，这些问题无法得到解决。

对全人类共同利益认同，就是将国家整体视为"国际共同体"（international community），与"国际社会"相区别。国际共同体是从一个新的视角来看待国际体系，将焦点从国家转向全人类，把人类作为一个整体看待，将国家视为有着千丝万缕联系的相互依存之人类整体之下的子系统。这一观念有利于处理国家间、民族间、种族间以及人与自然间的各种复杂关系，为国家合作奠定了良好的基础。共同发展也是立足于国际共同体这一整体观，某个国家、局部地区的发展繁荣只是整体发展的先锋，是整体发展的一个子系统的协调运作，由于整体利益的存在和实现，局部的发展应当兼顾整体的利益，作出必要的让步，甚至牺牲，共同发展体现了全人类共同利益的整体观，反映了国际法的本位观。

（二）发展权原则体现了保障国际社会和平有序的价值观

秩序得以形成的原因很多，有的秩序是在漫长的历史过程中由风俗、习惯等自发演进形成的，有的秩序是依靠外力强制或者人为调控而产生的。依据秩序的来源又可以分为自然的秩序、人为的秩序、"人之行动而非人之意图或设计的结果"等。③ 发展权原则追求的是第三种，是作为全球行动共同结果的秩序，理性国际秩序的维持需要各种主体的利益诉求得到回应和满

① 郭玉军：《把握 21 世纪国际司法的发展趋势——评〈国际民商新秩序的理论构建〉》，载《法学研究》1999 年第 3 期，第 140 页。

② 【美】熊介著，余逊达、张铁军译：《无政府状态与世界秩序》，浙江人民出版社 2001 年版，第 187 页。

③ 【英】哈耶克：《法律、立法与自由》（第 1 卷），邓正来译，中国大百科全书出版社 2000 年版，译者序第 21 页。

足，不论是强国、弱国，在国际秩序中都要发展自己的声音，满足自身的生存和发展，不断走向自由。全球秩序是横跨众多民族国家的国际社会秩序，通过国家的自我发展，实力的增强和利益的寻求会通过干预他国主权和内政中得到满足，受到抑制的国家会实施报复行为，国家使社会的冲突与无序难以避免。

共同发展最终保障世界在有序的环境中向前发展，促进理性的全球秩序形成。南北差异扩大所带来的对立冲突，历史一再证明，先发展起来的国家和地区往往利用其领先优势，垄断发展机会，抢夺发展资源，使欠发达地区处于非常不利的地位，不同主体争夺发展收益，甚至动用各种不正当的竞争手段，使社会环境和国际交往的竞争环境不断恶化，造成以邻为壑混乱的状态，引发局部和大规模的动荡不安，在国际政治关系、国际贸易政策、金融政策发展的历史中，不难看到无序的混乱状态的结果是零和效应或者各方利益受损；相反，国家和世界的发展处在有序的环境之中，相对落后方获得了发展机会，相对先进方才可以在一定的规则范围内稳定地提升收益，因此，秩序不仅是发展的目标也是发展的前提。"理性的全球秩序的形成要求国家之间加强沟通与合作，并在共识的基础上采取全球联合行动。"防止发展过程中的无序局面，世界只有在有序的规则下发展运行，发达国家和发展中国家才能共赢，保持相对和平的状体而实现持续发展。

（三）发展权原则体现了差异中谋求共同进步的发展观

南北发展不平衡的现实。据世界银行报告，在20世纪60年代，全世界20%最发达国家的人均国民生产总值是相同比例最不发达国家的30倍；而在20世纪90年代，这一差距不仅没有缩小，反而扩大成为60倍。全球的不发达国家数由20世纪70年代的25个增为20世纪90年代中的48个。目前，发达国家人均国内生产总值最高的达4万多美元，而发展中国家人均国内生产总值最低的只有100美元左右（莫桑比克）；发展中国家和地区内部经济发展也不平衡，如人均国内生产总值新加坡和香港高达2万多美元，而多数国家的这一指标只有几百美元。这种经济发展不平衡和不平等现象的存在和加剧，不仅增加了发展中国家的不稳定因素，极大地削弱了发展中国家自身的发展能力，而且还会直接影响全世界经济发展和社会进步，包括会使发达国家经济的进一步发展受限制。

发展中的差距不会自动消除。各国和各地区经济之间差距总是存在的，由于范围比较小，人们会普遍相信不利者会尽快赶上领先者，但是在世界范围内，资本的扩张性和经济差异形成了不平衡的经济结构，这种差距就难以在短时间内消弭。历史上有一段时期，"西方资本主义经济体的工业革命不但加强了滞后，事实上把工业经济体和非工业化经济体推向被背道而驰的道路"。① 结果，在较长的时期里，工业经济体持续的增长率大大高于世界上任何地方过去的增长率，高科技不断加快财富积累，经过200多年的工业增长和积累，工业化和非工业化国家出现了巨大差距，更重要的是，在经济上的差距之外，主导工业革命的资本主义在扩散资本的同时，建立起一种帝国主义和非工业化国家对峙的经济关系，强国利用其经济实力和议价能力对弱小国家强加不平等的交换规则和体系。事实上，发达国家在非工业化地区不仅仅是获取利润，重在培植其国内工业体系发展的"伙伴"，既作为原料供应国，又作为半成品和成品的出口地。少数发达国家主宰的经济改变了弱小"伙伴"的经济结构，成为强大伙伴发展的需求国和供应国。绝大多数发展中国家依然是发达国家的原料产地、销售市场和投资市场而已，虽有互利的一面，但却包含着极不平等的性质。

发展中国家是国际发展中的弱势群体。国际法是构建在主权平等的基础上的，"主权平等"指在国际社会中，国家不分大小强弱，具有平等的国际人格，享有平等的法律地位，不存在统治与被统治的关系，任何国家都不享有特权，这种平等侧重于国与国之间的政治关系。在殖民主义盛行的时代，全球众多的殖民地、附属国不具备独立的国际法主体的身份，缺乏独立的国际法律人格，没有主权，也就没有平等可言。第二次世界大战以后，殖民地、附属国众多弱小民族挣脱殖民枷锁，建立了独立的国家，具备了独立法律人格，成为国际社会的正式成员，并且与一切强国、大国、富国一起享有平等的法律地位，《联合国宪章》第2条第1款规定的"所有会员国的主权平等"就以国际法的形式确认了这一伟大的历史进步。但是由于种种历史原因和现实原因，这些弱小民族建立的新兴发展中国家由于其脆弱性，往往遭到强权政治和实质性不平等规则的侵害，长期以来的脆弱让不发达的南方国家难以在国际交往中实现实质性的平等。

不发达是和脆弱性紧密相联的。从词源学上看，"脆弱性"是无力保护自己免受伤害。当一个人面临伤害而没有回应能力就表现为脆弱；当一个社会难以实施适当的防护措施防止社会陷入不利时就是脆弱的，那个群体就是弱势群体。"不发达的条件总体上是意识到一种被剥夺，获知其他社会的发

---

① 【美】德尼·古莱著：《残酷的选择——发展理念与伦理价值》，高铦、高戈译，社会科学文献出版社2008年版，第35页。

展和消除困苦的技术手段的信息而感到难以忍受。"① 不发达并不仅仅是贫困、需求得不到满足或者机遇不足，而且，首先是这些社会面对命运、自然、机器、科学技术等在现代化进程中的无能为力的状态。发达国家拥有应对自然问题所必要的知识、财富和经验，更有应对未来发展困难的自信心，但在不发达的社会，人们则会感到它们总是面对着无法控制的力量。例如，玻利维亚对世界市场上锡的价格波动来说就是"脆弱的"，因为它从锡交易所得的外汇收益与其出口数量相比少得不成比例，该国的印第安地区的农民也无力改善他们的生活境况，因为他们缺乏知识和改变的力量：他们没有知识和技术来改善贫瘠的土质来获得更多的粮食，他们面对改变让"第一批劳动果实归于别人"的分配机制也无能为力。

此外，在国际谈判中软弱的议价能力也是脆弱性的表现之一。不发达国家为了换取依附性的一些利益，只能被迫接受发达国家制定的一元的高标准的经济交往规则，遵从一系列形式公平的竞争规则，在规则的适用中牺牲巨大，最终导致实质的不公正，进一步加剧了依附性和贫富差距。政治的脆弱性表现为弱国无法避开地缘政治的战略后果，在国际政治关系中，在形式上居于平等地位的不发达国家虽然掌握有政治投票权和影响力，但是终究会在大国的政治利益面前而缩小，只要本国的发展活动威胁到富国的贸易、投资利益或者意识形态利益，就会受到制裁，还会运用其政治经济影响力干预国内发展政策。经济的脆弱性伴随政治的脆弱性而来，例如，阿尔及利亚不得不对法国技术人员做出让步，甚至允许法国设立军事基地，换取能把在法国工作的 50 万阿尔及利亚人工资汇回国内的保证。不发达国家在文化上也表现出脆弱性，面对发达国家文化和意识形态的传播正在逐渐放弃自己民族的传统文化，盲目地追捧外来文化，传统文化的价值已经被稀释，内容在被"西化"。

贫富差距的扩大不仅增加南北的对立，而且产生的冲突会突破一国的界限向周边地区蔓延，进一步增加发展的困难。任何一个社会，如果贫富差距问题过于严重，则都会导致怨恨和仇视的积累，蕴涵着不安定因素。社会仇视的恐怖主义，加勒比海盗的泛滥，这些贫富差距扩大带来的社会危险已经不可小觑。较低的人均 GDP 在很大程度上与大规模的政治冲突以及高发的凶杀犯罪有联系，暴力和冲突频繁发生在贫困和脆弱地区，而冲突又会增加国家发展的负担，"冲突又导致死亡、破坏和发展的延迟，对受冲突的国家

---

① 【美】德尼·古莱著：《残酷的选择——发展理念与伦理价值》，高铦、高戈译，社会科学文献出版社 2008 年版，第 78 页。

影响极其不利，而且它们还会波及其他地区，甚至是全球。坦桑尼亚这样在发展方面取得进展的国家，每年会因为邻国陷入冲突而损失其 GDP 的 0.7%，过去 30 年中难民和流离失所的人增加了 3 倍"。① 冲突和暴力对当地以及周边国家会造成人力、社会和经济成本的巨大消耗。

南北国家之间相互依存，南北的均衡发展才能实现共同发展，共同发展才是全球化背景下实现各国永续发展的唯一途径。经济全球化的背景下，世界上任何一国都不能脱离世界经济和世界市场而独立发展，每个国家都是全球经济链条上不可缺少的一个重要环节，各国在经济上互相合作、互相渗透、互相依赖，南北经济的发展紧密联系，一方的存在和发展，要以另一方的存在和发展为条件或前提。出于各自资源要素禀赋、生产力发展水平、市场发育程度等诸方面原因存在的经济上的互补性，在经济交往方面存在很大的依存性。发达国家需要从发展中国家进口原材料和农产品等初级产品，更需要发展中国家的廉价劳动力这一重要的生产要素，同时发达国家生产的工业制成品和高科技产品等也需要发展中国家这些庞大的消费市场；而发展中国家，虽然在政治上已经取得了独立，但在经济上的很多方面仍严重依赖于发达国家，发展中国家的发展离不开发达国家提供的资金，需要引进发达国家的新产品、新技术，借鉴发达国家先进的管理经验和管理办法。而现代科技革命及国际分工的快速发展，以及由此而引致的经济的全球化、一体化，更是成为这种交往、合作的凝聚力，国际分工越高级、分工越精细，这种需求就越显著、越突出。与此同时，产生的很多问题单靠一国的力量或者发达国家、发展中国家一方的力量是无法解决的，需要双方的通力合作。

随着经济发展的加速，大部分能源和资源面临着日益增大的压力，需要各国联合开发和利用新能源及可再生资源，以实现世界经济的可持续发展。此外，由于各国在发展时产生的环境问题，需要不同发展水平的国家之间通力合作，在环境保护和促进经济发展之间寻找平衡点。南北国家之间的相互依存，决定了国家之间的发展具有整体性，"南方国家的贫穷将成为发达国家发展的严重障碍，发达国家努力帮助欠发达国家，不仅是出于利他主义的原因，而且是如卡特所说的'我们全都在一条船上'"。② "合则两利，离则两伤"真是这种相互依赖的现实写照，南北问题不仅是落后国家的发展问题，而且实际上是整个人类的发展问题。

---

① 世界银行：《2011 年世界发展报告——冲突、安全与发展》，清华大学出版社，第 5 页。

② 高岚君著：《国际法的价值论》，武汉大学出版社 2006 年版，第 126 页。

全球经济的发展不能长久地建立在少数国家发达、多数国家落后的基础上，世界经济需要新的动力，广大发展中国家的兴盛，是世界经济的希望所在。"发展需要全球团结，发展是一种所有人和所有社会的整体提升，这是文化的、精神的、审美的成熟典范，也是经济和社会改善的典范，但是发展的好处必须惠及所有的社会和社会中的所有的人，若团结是限制性的，那就没有意义了。"① 正如《建立国际经济新秩序宣言》第4条声明："发达国家的利益同发展中国家的利益，彼此再也不能分开；发达国家的兴旺发达，同发展中国家的成长进步息息相关；整个国际社会的繁荣昌盛，取决于它的各个组成部分的繁荣昌盛；开展国际合作以某共同发展进步是一切国家义不容辞的目标和共同的责任。"

三、发展权的含义界定

生存和发展是人类的两大主题，人与动物之区别在于人类不仅仅企求生存和继续生存，而且还要探求生存的意义和价值，把生存变为丰富的生活。对发展权的追求体现了人类存在的意义。按照联合国教科文组织前法律顾问卡莱尔·瓦萨克（Karel Vasak）人权代际理论，发展权属于第三代社会连带权利。② 与第一代人权的自由精神和第二代人权注重平等精神不同，发展权更注"团结观念"，是社会连带权利，因为离开社会，个人不能生存与繁荣，因此，《发展权宣言》指出，"所有的人单独地和集体地都对发展负有责任"。

发展权反映了一种新型人权理念，主体超出了个人乃至国家为单位的界限，将一个主权国家之内的公民以及以民族国家为单位的不同单元连接起来，形成新的国际社会单位，不同于一个国家内部的成员与其政府之间关系的传统人权概念，如个人的政治、公民权利或社会经济文化权利等。

发展权的内容与发展的内涵密切相关，现代意义上的发展已经由单纯的经济增长转变到以人类社会全面发展为宗旨的层面，发展权是物质发展权与精神发展权的有机统一，包括了政治、经济、文化和社会发展权以及由此分化出的生存发展权等五个方面。③ 1998年阿马蒂亚·森发展了狭义的发展

① 【美】德尼·古莱著：《残酷的选择——发展理念与伦理价值》，高铦、高戈译，社会科学文献出版社2008年版，第231页。

② 白桂梅：《国际法中的人权分等级吗？》，载刘楠来主编：《人权的普遍性与特殊性》，社会科学文献出版社1996年版，第152~155页。

③ 汪习根：《法制社会的基本人权——发展权法律制度研究》，中国人民公安大学出版社2002年版，第88页。

观，阐述人的实质是自由，是发展的起点和归宿，既是实现人权的手段，也是实现人权的目的。他指出，狭义的发展观包括 GDP 增长、个人收入提高、工业化和技术进步，但是居于发展中心地位的是自由，前述要素只不过是扩展人类实质自由的手段，评价自由的标准是一个人的"能力"（Capability），即人可能实现的、各种可能的功能型活动组合。①

发展权旨在摆脱客观外在约束，国际社会发展中的弱势群体，发展中国家最重要的外在约束仍然是社会发展水平和社会现实条件，发展中国家基于近代被殖民化和侵略，基于恶劣的自然条件，在现代化进程中失去发展的良机，处于社会发展的落后阶段。作为国际社会中发展的落后群体，人类社会各民族尤其是发展中国家的人民为实现国家发展、改变贫穷落后命运，而在人权保护领域向国际社会提出的新的权利而艰苦努力，突破了国家宪法层面对本国政府的要求，在国际层面提出了权利诉求，要求在国际发展与合作中给予发展中国家特别的关注，在制度安排上给予实现的保障，在实施中给予优惠安排，获得实质上公平发展的机会。

从理论层面来讲，构成一项有法律效力的权利必须具备法律的基本要素。从《发展权宣言》来看，发展权理念的综合性以及内容的宣示性一直使这项权利富有争议性，反对的学者指出，发展权的表述与道德性要求相混淆，《发展权宣言》并未明确界定权利的所有者和义务的承担者，不具有一般国际条约的约束力。② 联合国 1986 决议③对以上问题作出了回应，该决议指出，"新的人权若要成为一项法律工具，必须达到足以辨别的准确程度，构成一项可以实施的权利和义务，就要具有适当的、现实的和有效的实施机制，包括报告体系"。由此可见，决议对发展权提出了两项的要求，第一是权利内容的特定性，可以清晰地阐述，符合规则的规范性和准确性要求。第二项要求是关于权利的实施机制问题。下面对两个问题进行辨析，第一是发展权的主体和责任承担者；第二是发展权的实现机制。这些问题的澄

---

① 【印】阿马蒂亚·森著：《以自由看待发展》，任赜，于真译，中国人民大学出版社 2002 年版，第 62 页。

② See Donnelly：In search of the unicorn：The jurisprudence and politics of the right to development，California Western International Law journal，1985，vol. 15 p. 475. Llrish：The right to development versus a human rights-based approach to development，International Law Journal of Civil Society（2005）No. 3，p. 6.

③ GA Res 41/120，para. 4（d），41 UN GAOR Suppl（No 53），UN Doc A/41/53（1986）.

清将对国际经济法的理念与政策带来多层面的影响。

（一）发展权的权利享有者与责任承担者具有混同性

发展权来源于个人的经济、社会和文化基本需要，将人之为人的基本需求上升为一项集体性权利，在国际法层面得以确认。个体是发展权的最基本承载单元，但是这一权利主张不是个人提出来并将其法定化的，而是战后国际秩序重构中的国际社会弱势群体——发展中国家，作为一个整体向国际社会提出的权利诉求，这项个体享有的权利只有通过国家、国际社会的共同合作才有可能得到实现和保障。"发展权并不否认个人主义法律价值观合理的一面，但是更加侧重于人这一社会集合体普遍存在的价值，将单个人看做是社会关系链条中一个不可分拆的统一体，内含着团结主义的价值观。"① 并按照《发展权宣言》的规定，发展权有多个责任主体，宣言主要从国内法和国际法两个层面指向主权国家。然而，个人视角的分析也应当同样得到重视。"人类负有责任——个人的和集体的，为了发展，促进和保护适当的政治、社会和经济秩序。"②《人权宣言》和《发展权利宣言》（UNDRD）的序言都对个人负有责任有所表述。

首先，个人作为人权的责任主体。从个人角度而言，作为发展权的主体，有责任"为了发展而促进和保护适当的政治、经济和社会秩序"，③《发展权宣言》规定，"人是发展的主体，因此，人应成为发展权利的积极参与者和受益者"。④ 依据不同的背景，不同的实体都可以成为发展权的主体，包括个人、民族和国家。每个人都有权利发展其人格，有价值和有尊严地生活。每个人也就有责任帮助他的家庭，乃至更大范围的共同体实现发展。因此，个人就有义务积极地参与到关于发展的计划和实施过程中来。在一国之内，公民个体是发展权的主体，公民与政府之间的关系构成了人权法的基本法律关系。

其次，主权国家是发展权最重要的责任主体。国家是传统的包括发展权在内的人权法的责任主体。《发展权宣言》明确了国家有权利和义务制定适当的国家发展政策，其目的是促进全体人民和所有个人都积极、自由和有意义地参与发展及其带来的利益公平分配的基础上，不断改善全体人民和所有

---

① 汪习根：《论发展权与宪法发展》，载《政治与法律》2002 年第 1 期，第 15 页。

② Declaration on the Right to Development, Article 2 (2).

③ Declaration on the Right to Development, Article 2 (2).

④ Declaration on the Right to Development, Article 2 (1).

个人的福利。① 国家有义务采取所有对实现发展权的有利措施。② 因此，推动发展权实现的主要力量是发展中国家。③ 联合国大会通过《经济权利和国家责任宪章》，进一步确认了每一主权国家负有促进本国国民和发展中国家在经济、社会和文化发展方面的义务。发展中国家政府相对于本国人民是义务主体，放眼到国际社会中，发展中国家作为国际法的弱势群体，成为需要获得有待的发展权的权利主体。

最后，国际社会成为发展权实现的辅助责任主体，发展权是一种向国际社会提出的人权。发展权属于第三代人权，具有社会连带权利，"凭借着固有的传统、习惯、文化和发展程度形成共同利益……在很大范围内集合了某一共同历史传统和现实习性的人群"。④ 将一个主权国家之内的公民以及以民族国家为单位的不同单元联结起来，形成了新的国际社会单位，打破了西方个人主义原则为基础的立论基础，发展中国家作为国际社会的弱势群体，从整体上集体地享有发展权，是对国际社会提出的一种补偿性权利。政府间国际组织，非政府组织（NGO）均为国际社会的组成部分。国际机构等政府间国际组织对政府行为所起的作用，不仅是抽象的指引，而是落实在各个政府间合作项目，例如银团贷款、投资争端解决等，决定大型跨国交易活动的收益和声誉。NGO 在国际规则制定和国际经贸活动中的活跃举措也会对国际经济的进程产生决定性的影响。国际社会增强了发展权的实施和监督作用，补充了国家和个人力量的不足。

（二）发展权的责任承担者负有集体的合作义务

集体义务要通过国际合作的方式实现，国际合作构成了发展权责任承担者的核心义务。《发展权宣言》强调国际合作的至关重要性，《发展权宣言》第 3 条和第 4 条集中规定了合作的义务，指出，"国家之间要彼此合作，确保发展权的实现和减少发展权实现的障碍。⑤ "各国有义务单独地和集体地

---

① Declaration on the Right to Development, Article 2 (3).

② Arts 2, 3, 7, 10 of the Declaration on the Right to Development.

③ Report of the Secretary-General on the International Dimensions of the Right to Development, as a Human Right UN ESCOR 35th session paras 152-159, UN Doc *E*/CN. 4/1334 (1979). Also See the Report of the Open-Ended Working Group of Governmental Experts on the Right to Development UN ESCOR 45th session Para. 25 UN Doc E/CN. 4/1989/10 (1989).

④ 汪习根：《发展权主体的法哲学探析》，载《现代法学》2002 年第 1 期，第 44 页。

⑤ Declaration on the Right to Development, Article 3 (3).

采取步骤，制定国际发展政策，以促进发展权的充分实现。"① 合作的责任在国际人权条约中被普遍确认。对于经济和社会权利，《经济、社会、文化权利公约》(ICESCR)《民事和政治权利公约》(ICCPR) 规定了国家负有集体性的责任，有义务促进社会和经济权利的实现，要最大限度地利用可获取的资源，包括国家现有的资源和从国际社会获取的。这也明确表明以政府间国际组织为代表的国际共同体，特别是发达国家负有合作的责任。"为促进发展中国家更迅速地发展，需采取持久的行动。作为发展中国家努力的一种补充，在向这些国家提供促进全面发展的适当手段和便利时，进行有效的国际合作是至关紧要的。"② 从实体内容来看，国家负有的国际合作义务，涉及军事、裁军、资源利用、国内立法协调、消除侵犯人权的行为等广泛领域。③ 尽管《发展权宣言》纲领性地指出在诸多领域开展国家合作以实现发展权，但是并没有指出国际合作的具体路径。

（三）国际合作是发展权实现的必要方式

发展权构成一项权利，但是其实施机制具有其特殊性。发展权是一项具有法律实施性质的人权，已经在《发展权宣言》、联合国的系列宣言及其附属机构的决议中得到了确认。由于发展权是一项由民事、政治和社会经济构成的混合性权利，从传统可诉性权利的标准来衡量，用一种形式化的、刚性或者准司法机制来实施发展权的所有权利内容是缺乏适当性的，同时人权所要求的平等保护与正当程序，都是难以精确界定的。从人权实施的一般特征来看，人权的实施更在于监督机制而不是司法机制，依据发展权的性质及其义务的性质，不应苛求将发展权的执行方式和司法救济作为发展权实现的唯一途径。发展权的实施也可以纳入人权的监督机制中。除此之外，也并不是说不需要上升到国际条约层面，形成发展权实现的系统的、法律性的实施机制，只要存在政治意愿，约束性发展权在内的人权条约就可以在人权法的框架下设计形成。

发展权实施内容的综合性、实施主体的多重性决定了实施机制的包容性。除了政府国内立法、政府间国际组织协调，国际共同体之间的国际合

---

① Declaration on the Right to Development, Article 4 (1).

② Declaration on the Right to Development, Article 4 (2).

③ 《宣言》第 5 条规定消除种族隔离、种族主义、殖民主义和阻碍民族自决的合作义务；第 (3) 2 规定尊重有关各国依照《联合国宪章》建立友好关系与合作的国际法原则；第 6 (1) 规定合作以促进普遍尊重和遵守人权和基本自由；第 4 条规定国家采取步骤和制定国际发展政策，促成发展权。第 10 条规定通过国内法各个层级规定发展权的合作。第 6 (1) 裁军以便将资源用于发展中国家的发展。

作也构成发展权义务履行的基本方式。联合国内设的各种论坛、组织和特定的机构，将自己视为宣言的缔约方一般实施人权机制。此外，越来越多的非政府组织 NGO 也将履行发展权相关的义务作为自己的使命。虽然在《发展权宣言》中没有任何措辞明确对 NGO 作义务性的要求，但是 NGO 被联合国法律文件中确认为，"在国家、区域和国际各个层面，实现发展权的催化剂"①，联合国大会决议多次提到 NGO，"认识到《发展权宣言》的实施必须得到有效的发展政策和国际层面的支持，包括从……以及 NGO 在这一领域积极而有力的贡献"。② 与世界范围内的国家、政府间机构、国家机构、学术以及 NGO 紧密合作。当下对跨国公司社会责任投资施加的国际义务，进一步推进了发展权的保障。"促进发展权实现的责任得到了广泛的执行，适用的主体扩大到如扩大公司、生产商、协会、贸易团体等。"③ 此外，人权的合作责任成为在商业、学术和政策制定领域一项最受关注的论题。④ 跨国公司的成功投资越来越受到社会责任的挑战，这些发展均有力地推动着发展权的实施。

（四）经济发展是发展权实现的关键所在

发展权作为一项人权的诸多因素中，包括经济发展权、政治发展权、社会发展权、文化发展权。⑤ 但其最终的目标是提高人类的生活质量，在贫困的所有成因中，经济因素起着基础性的作用。经济发展是减少收入贫困和健康教育等非收入贫困的强大动力。因此，经济发展在发展权的实现进程中居于核心的地位，经济发展是其他方面发展的前提条件，是实现发展权最为重要的条件，所有基本权利和自由以及国家权利的实现，必须以经济的发展作

---

① U. N. ESCOR, 50th Sess., 21st mtg. para. 38, U. N. Doc. E/CN. 4/1994/21 (1994).

② See G. A. Reslution155, U. N. GAOR, 53d Sess., at 4, U. N. Doc. Also see A/RES ′53/155 (1999), G. A. Reslution144, U. N. GAOR, 53d Sess., 主要探讨人权责任机构范围的扩大，包括个人和机构。

③ Report of the Secretar-General on the International Dimensions of the Right to Development as a Hunan Right. U. N. ESCOR. 35th Sess., para. 109.

④ Human Rights Standards and the Responsibility of Transnational Coorperations, Michael K. Addo ed., 1999; Barbara A. Frey, The Legal and Ethical Responsibilities of Transnational Corporations in the protection of International Human Rights, 6 MINN. J. Global Trade, Vol. 153, 1997.

⑤ 参见汪习根著：《法制社会的基本人权——发展权法律制度研究》，中国人民公安大学出版社 2002 年版，第 83~89 页。

为其坚实的基础，没有经济的充分发展，要实现国际人权公约中所规定的基本权利和自由就是一句空话。① 就某个特定的主权国家而言，促进发展权实现而作出努力的各项政策，不仅仅为了促进和落实政治、社会和文化权利，保证人民有均等的机会获得基本资源，消除社会的非正义，而且还包括诸如工作权利、享受公正合理就业条件，享受较高物质和精神健康标准的权利，从科学、贸易、技术和经济进步中获得的权利，为经济和社会发展而使用财政资源、制定人口政策和保护环境的权利等。② 显然，如果抽去经济发展这一精髓，那么发展权也就失去了其本身存在的意义，因此，经济发展是发展权的核心。

四、发展权的实施和障碍

(一) 发展权实施的国际实践

《非洲宪章》对人权司法和监督实践丰富发展权的内涵，联合国一直致力于推动发展权的实现，发展权实现的目标已不限于一种终极权利状态，也不止于一种被强制实施的机制，越来越将发展权的实现视为国际体系的运作方式不断完善的过程，在这一进程中，发展权和人权相互融合，从整体上提升个体的、族群的和国家的生存和发展水平，从而不断地提升弱势群体的发展能力。

1.《非洲宪章》对发展权实施机制的发展

《非洲宪章》是明确认可发展权具有法律约束力的超国家人权机制。《非洲宪章》前言就强调要特别关注发展权与各项人权之间的紧密联系，民事、政治权利、社会、经济和文化权利彼此不能割裂。③《非洲宪章》的这一条规定丰富了发展权的内容和法理。首先表现在司法机制方面，《非洲宪章》第22条规定："所有的民族都自由、同等地拥有经济、政治和文化的发展权，平等地享有人类的共同遗产。国家有责任以个人或集体的名义，确保这些发展权的实现。"非洲人权委员会依据该条规定，对两个土地划界的案件作了裁决。在"奥干尼族土地案"中，裁决认为尼日利亚政府未能保

---

① 朱炎生：《发展权的演变与实现途径》，载于《厦门大学学报》（哲学社会科学版），2001年第3期，第115页。

② S. R. Chowdhunry et al.（eds.）, The Right to Development in International Law, Martinus Nijhoff Publishers, 1992, p.31.

③ African Charter, Preamble, para. 9.

护奥干尼族人民，侵犯了他们"食物权"。① 在 DRC② 和 Endorois③ 案件中，非洲委员会指出，Endorois 共同体第 22 条规定的权利受到了侵害，被告国政府未能按照第 22 条规定的要求给予权利人被咨询和参与协商的权利，这是发展权所包含的程序性权利的重要组成部分。④ 委员会还进一步强调了作为手段和目的，违反了发展权的程序和实体性要素，都将视为违反了《非洲宪章》的第 22 条，因为发展权具有价值性和工具性功能。平等、非歧视、参与、可以被解释、透明度，其中平等与选择是发展权最重要的主题。⑤ 条约实践表明，非洲国家在发展权领域作出的政治性承诺，在《非洲宪章》的超国家人权体系下运作良好，并取得了人权保障的积极效果。

非洲委员会土地划界裁决充分表明，发展权的司法机制可以在法律体制中运行，除此之外，《非洲宪章》的监督机制也运行良好。每个成员国都确保宪法与各项权利相符，将发展权纳入非洲国家的宪法之中。非洲各个国家按期提交的人权报告，实现了非洲委员会对成员遵守情况的监督，确保发展权的实现。《埃塞俄比亚联邦民主共和国在宪法》规定，"作为一个整体，作为一个国家和一个民族，有责任提高生活标准和可持续发展"。⑥ 宪法的规定直接涉及了发展权的基本要素，《肯尼亚宪法》规定，"国民有义务参与到国家的发展中来，特别是有权参与对共同体有影响的项目、政策制定的咨询和磋商"。⑦ 乌拉圭和马拉维在宪法中也直接对发展权作出了规定，可见发展权确实可以在国家、区域和国际组织不同层面形成有约束力的机制。非洲委员会和非洲人权法院对发展权的发展作了重要贡献，国际、区域和国家层面的人权体系互相影响，互授精华，提升了人权的整体水平。

2. 联合国及其机构对发展权的实施

---

① Social and Economic Rights Action Centre （SERAC） &Another v Nigeria （2001） AHRLR 60 （ACHPR 2001） para 64.

② Communication 276, Centre for Minority Rights Development （Kenya） and Minority Rights Group International on behalf of Endorois Welfare Council v Kenya （2003） 27th Activity Report of the African Commission.

③ Democratic Republic of the Congo v Burundi, Rwanda and Uganda （2004） AHRLR 19 （ACHPR 2004）.

④ Democratic Republic of the Congo v Burundi, Rwanda and Uganda （2004） AHRLR 19 （ACHPR 2004） para. 297, 298.

⑤ Democratic Republic of the Congo v Burundi, Rwanda and Uganda （2004） AHRLR 19 （ACHPR 2004） para 277.

⑥ Ethiopian Constitution, Art 43 （1）.

⑦ Ethiopian Constitution, Art 43 （2）.

　　联合国层面采取了多种机制来促进发展权的实施。首先，成立了发展权工作组，以专案工作组（Special Task Force）的方式对不同人权主体实施监督，包括发达国家、国际金融机构以及其他跨国机构是否遵守了发展权原则。在过去 20 年中，联合国为促进发展权的实现作出了巨大的努力，采取了一系列措施，实施了诸多计划。联合国秘书长安南的机构改革就强调，人权机制在联合国内所有改革中处于中心地位，致力于和平与安全、提供人道主义救济，促进发展，充分考虑到人权的综合性。联合国大会反复强调采取发展权行动。① 其行动主要体现在对四个专家工作组组成"联合国高级人权理事会"的授权，② 此外还有各种联合国的世界性大会，包括 1993 年维也纳人权大会，其中授权的"联合国发展计划"再次强调了《联合国宪章》的三个目标——和平、发展与人权，"联合国发展计划"列出了三个层面对人权实现的承诺：（1）为充分实现发展权而努力，特别是消除贫穷；（2）人权作为可持续发展的一部分；（3）促进善治；（4）总体的方法是，发展权与人权相互补充，互相依存。③ 虽然很多行动尚未冠以发展权的名义，但是对发展权的实现产生了直接影响。例如，债务救济和结构性调整政策、对现有经济秩序的调整、保护环境和可持续发展，人口计划，以及裁军，等等。联合国又建立了发展权后续机制，由独立专家组成开放性工作组。④ 该专家组致力于研究发展权的理论，对《发展权宣言》进行修订、扩展和再构建，以便于发展权执行和实施。⑤ 联合国将在理论和实施层面继续加强发展权的法律基础。

　　其他与发展相关的机构也在实施发展权领域发挥了作用。包括联合国工业发展组织，联合国贸易与发展委员会，联合国妇女发展基金。联合国发展工作组促进这些机构之间的协调。联合国的特别机构，如国际劳工组织、世界财富组织也参与到发展权实现的行动中，在联合国之外为发展权实现作力所能及的努力。政府间国际组织，如欧盟，经济合作组织、世界银行也组建

---

① See G. A. Res. 136, U. N. GAOR 3d Comm., 52d Sess., para. 8, U. N. Doc. A/RES/52/136（1998）.

② See Global Consultation on the Realization of the Right to Development as Human Right, U. N. Commission on Human Rights, 46th Sess., Agenda Item 8, U. N. Doc. EJCN. 4/1990f91Rev. I, at 39（1990）.

③ See United Nations Development Program, Ittegrating Human Rights with Sustainable Human Development pp. 14-16.

④ U. N. ESCOR, 269th Sess., 46th mtg., U. N. Doc. E´1998/269（1998）.

⑤ U. N. ESCOR, 55th Sess., 118th mtg. at 2. U. N. Doc. E/CN. 4/1999/118（1999）.

了各种工作组，很多 NGOs 也努力对发展权的实现作出贡献，多层面，多种主体的参与充分反映了人权和发展范围的扩大化和多样性。

（二）发展权实施的物质和制度制约

发展权的实现存在着主客观条件的限制，全球化的负面影响、现实的物质制约、结构性差异下的制度制约、发达国家在规则制定中有意制造的不公平等。联合国报告指出，"国际社会面临的最大和最深入的挑战是：社会经济的内在力量和经济全球化的负面效果，在满足人类需要的同时，如何有效地应对不断恶化的后果"。① 发展权的反对者指出，发展权不可能为所有的人所拥有，完全地享有社会、经济文化的权利是不可能的，特别是发展中国家存在着令人畏惧的资源障碍。这种观念将发展权和人权最重要的部分——社会、经济权利割裂开来，置于人权之外。然而，不论当下条件是否具备让所有主体享有发展权的条件，不能否认这项权利客观存在的事实。"发展权扩大其实现的覆盖面时，可行性不能成为界定这项人权存在的正当性的有力证据。"② 联合国一直致力于设计发展权实现和实施的各种行动计划，这些努力都为了确认和消除发展权实现的障碍。

发展权实施的障碍包括广义的问题，除了对消除贸易壁垒、增加技术转移等特定问题"政治意愿不足"，更突出的是包括裁军在内的政治问题，裁军义务与发展权之间密切联系在《发展权宣言》中已经有所确认，"竭尽全力实现在有效国际监督下的全面彻底裁军，并确保将裁军腾出的资源有效地用于发展，特别是发展中国家的发展"。③ 裁军义务在国际经济中的表现是限制对国际武器的贸易，这对国际经济政策和规则制定影响深远。以下将从四个方面探讨发展权实现的障碍，每一项都与国际经济政策和规则重构有着密切的联系。

1. 对外援助的不足和繁重的债务负担

外国援助的不足构成了发展权实现的障碍之一。《发展权宣言》中没有明确地将提供援助包括在内，但直接规定了国家负有与其他国家合作以保障发展的责任。规定"为促进发展中国家更迅速的发展，需采取持久的行动。作为发展中国家努力的一种补充，在向这些国家提供促进全面发展的适当手

---

① See Kofi A. Annan, Partinerships for a Global Community, U. N. Sales No. E. 99. I. 3 (1998), p. 29.

② BA Andreassen & S Marks (eds): Development as a human right: Legal, political andeconomic dimensions Cambridge Press, 2006, p. 241.

③ Declaration on the Right to Development, Article7.

段和便利时，进行有效的国际合作是至关紧要的"。①发展权奠定了国际援助的法律基础。"将发展上升到权利的层面，其所暗含的不限于人类的生存和发展的需要，而是人之为人所享有的不可分割权利的一项社会权利，一项可以要求公正一种权利，而不是一种仁慈和施舍，发展权构成了向国际共同体寻求国际援助的道德基础。"②

官方发展援助是国际合作的途径之一，联合国大会人权委员会咨询报告指出，"对弱势群体有利的积极行动，增加对弱势国家的援助"扭转发达国家和发展中国家不平等的扩大。③ 在《建立国际经济新秩序宣言》中规定发达国家将 GDP 的 0.7% 作为官方发展援助。④ 从 20 世纪 90 年代以来，对发展中国家外部发展援助的规模就在不断下降，平均达不到工业化国家GDP 总值 0.3%。除了数额不足，更重要的是赠予国对援助有极强的目的性，附加条件的政治动机不言而喻，援助国将援助与防止核武器扩散等对外政治目标挂钩，而将发展经济的需求抛之脑后。

除了援助不足，主权债务问题也掣肘发展权的实现。债务的数量和与债务偿还的经济要求都非常繁重，往往最穷的国家负担着最重的债务，"近 20年的结构性调整无效的项目经验充分表明，严重损害了第三世界国家数以千万的穷人的社会福利，无视他们的经济、社会和文化权利"。⑤ 很多债务国家拒绝和国际金融机构进行磋商，因为他们觉得这些大国主导的金融机构是问题的制造者，并不解决问题。1996 年实现了第一次突破，世界银行和国际货币基金组织实行了第一次对最穷国家的全面债务减免计划——"重债穷国行动"，即便如此，很多联合国文件对此的评价是"太晚了也太少了"。

2. 跨国公司对经济利益的片面追求

---

① Declaration on the Right to Development, Article 4.2.

② See Kofi A. Annan, Partnerships for a Global Community, U. N. Sales No. E. 99. I. 3 (1998), p. 62.

③ See Global Consultation on the Realization of the Right to Development asa Human Right, U. N. Commission on Human Rights, 46th Sess., Agenda Item 8, U. N. Doc. EJCN. 4/1990f91Rev. I, at 45 (1990).

④ Declaration on the Establishment of a New International Economic Order, G. A. Res. 3201 (S-VI), U. N. GAOR, 6th Special Sess., Agenda Item 6, 2229ᵗʰ plen. mtg. at 1, U. N. Doc. AIRES/3201 (S-VI) (1974).

⑤ Report of the Independent Expert on the Effects of Structural Adjustment Policies on the Full Enjoyment of Human Rights, Comm. on Human Rights, 55ᵗʰ Sess., Prov. Agenda Item 10, para. 28, E/CN. 4/1999/50 (1999).

长久以来，跨国公司的片面的逐利行为和投资保护机制的不完善，经济和政策权力不当使用成为发展权实现的一种障碍。有效的国际机构和国际法制对跨国公司和银行进行管理迫在眉睫。OCED《跨国公司行动指南》、国际投资条约体制的修订，逐渐将投资者纳入到法律规则的范围内，联合国"防止歧视与保护少数民族"工作组发布的工作报告直接指向跨国公司履行人权义务的责任，以确保母国管理跨国公司要符合东道国的经济和社会目标。① 工作组报告还指出，国际投资协定限制了国家采取措施确保其国民享有的经济、社会和文化权利的管制空间，这样的协定实施将会带来不平等加剧和社会关系的紧张。建议未来的投资协定要置于人权的框架下进行协调。② 发展权需要在未来对跨国公司活动的管理、国际投资保护机制方面进一步得到阐释和发展，多边国际协定也必然要考察对发展中国家的影响，纳入对人权的尊重的原则。

3. 不公平的贸易规则

贸易规则不公平的原因主要在于，用一元化标准的规则适用于收入水平和发展水平存在巨大差距的国家。1965 年，GATT 增加了"贸易与发展"新的一节。20 世纪 80 年代更多的发展中国家加入到多边贸易体制之中，鉴于这种新的贸易结构，WTO 在前言部分增加了"对发展中国家特别是最不发达国家作出积极努力，确保他们与其经济发展需求相应的国际贸易增长份额"。以"社会条款"为例，为了提高劳工条件，采用国际认可的工人权利标准，在货物贸易中表现为允许国家对没有达到一定劳动标准生产出来的产品承担国际责任，制裁这种"社会倾销"行为。发展中国家自然会坚决反对这一规则，认为这一条款将消除他们的劳动力成本国际比较优势，如果发展中国家缺少资金，就难以承担实质性提高劳工标准的义务。发达国家就会援引社会条款作为保护主义手段，关闭进口市场。美国是该条款的最大支持者，发展中国家不断的抵制导致在发展回合难以推进谈判，这些社会条款问题处理不当将影响国际贸易的公平性。WTO 也在改变其实现发展权的方法。1995 年，联合国让 GATT 对实现社会、经济和文化权利有所作为，其中包括外国债务和发展权问题。③ 1995 年，WTO 总干事的回应是，GATT 与以上主题无关，而在 1998 年，总干事 Mike Moore 宣布了对西雅图部长会议的

---

① See E/CN. 4/SUB. 2IRES/1998/8, para. 4.

② See E/CN. 4/SUB. 2/RES/1998/12, para. 8.

③ See Report of the Secretar General in the Pursuance of Commission on Human Rights Resolution 1994/11, U. N. ESCOR, 51st Sess., at 3, U. N. Doe. E/CN. 4/1995/25.

优先协商事项，在其任期内他将对最脆弱经济体提高条件和机会。① 这引发了新一轮谈判将倾听欠发达国家的声音和诉求。

4. 单边强制措施

国家的单边经济措施和国内法管辖权的域外适用都可能对国际经济产生影响，会阻碍贸易自由化和他国发展权的实现。人权委员会和联合国大会均多次提到这一观点。联合国大会决议号召所有的国家限制采取不符合国际法的单边措施，因为这些不当措施对个人和国家发展权的实现形成障碍，禁止这些措施成为对一国施加政治和经济压力的工具，特别是对发展中国家发展权会造成了重大的负面影响。② 这些措施指的是迫使某些国家改变政治立场或者政治意愿的经济制裁和单边措施，不包括联合国授权或者多边制裁措施。③ 有的经济限制措施是符合国际法的，国家可以采取单边措施来保障他国遵守国际协定的规则和义务。联合国限制对人权和发展产生负面影响的单边措施，特别是避免不合法的单边强制措施，因为单边措施一般都难以实现预期的目标，对其结果难以做出准确的估量，特别是负面效应。在发展权的视野下，国家有义务在采取经济强制措施的时候进行评价，这些措施对目标国往往会造成失业、消费品价格上升、经济停滞，更极端的情况下可能造成一国的贫穷化，给很多无辜的民众带来了灾难。如果贸易报复逐步升级到贸易战，进一步牵涉别的国家，则终将导致经济困难和国际社会不稳定，因此，单边措施的不当使用会对发展权的实现造成障碍。

五、有待纳入国际经贸规则的五大发展权内涵要素

(一) 尊重人权

国际经济新秩序的构建和国际经贸规则重构不能忽视人权的保障，经济、社会、文化权利的保障在发展中国家比较薄弱，人权保护与社会发展之间相互作用。人权保护与经济自由化之交叉学科的方法是克服多元利益冲突的唯一途径，联合国人权部官员指出，"最大的挑战是如何有效地抚平人权

---

① See Moore Spells Out Priorities. for Seattle Ministerial ConIfrence (WTO Press Release, Sept. 2, 1999).

② See G. A. Res. 141, U. N. GAOR, 53th Sess. , 85th mtg. , U. N. Doe. AIRES/53/141 (1999), see also G. A. Res. 11, U. N. GAOR, Hum. Rts. Comm. , 38th mtg.

at 1, U. N. Doc. EICN. 4/RES/1998/11 (1998). G. A. Res. 21, U. N. GAOR, Hum. Rts. Comm. , 52d mtg. at 1, U. N. Doc. E/CN. 4/RES/1999/21 (1999).

③ 《联合国宪章》第 39 条规定了可以实施经济措施的条件，要通过联合国安理会的决定，前提是对和平威胁，违反了和平或者实施了侵略行为。

领域和我们冒险追求的经济发展之间鸿沟，国际经济新秩序构建如果忽视了深层次的、结构性不公正背景下的人权保护，这些方法都将是肤浅的，将是对人权粗野的践踏的征兆"。① 发展权就是应对这一挑战的重要步骤，这对国际经济法律与政策具有根本性的启示。发展权问题的纳入，将在国际贸易、投资和金融法体系及其规则的重构中产生理念、方法论层面的影响，在这些部门法框架下都将考虑如何减少对人权的消极影响，消除对实现发展权的障碍。

（二）注重参与

发展权视角下的第二项重要的内容是参与。每个人和所有各国人民均有权参与、促进并享受经济、社会、文化和政治发展的权利，在这种发展中，所有人权和基本自由都能获得充分实现。② 国家有权利和义务制定适当的国家发展政策，但决策要建立在全体人民积极、自由地参与，并享受发展带给其公平利益的基础上，不断改善全体人民和所有个人的福利。③ 各国应鼓励民众在各个领域的参与，这是发展和充分实现所有人权的重要因素。④ 发展权的实现机制是一项在国家、区域乃至全球层面持续进行的过程，促进人权活动和文化价值相互兼容，参与是一项评价指标，考虑政策制定和实施中主体是否享有了参与权。参与权增加了发展权的包容性，将越来越多的社会群体纳入到这一权利的实施机制中，机会平等是参与的延伸，不因种族、性别、语言和宗教而有差异。更进一步而言，民主是参与的另一种表述，《发展权宣言》中没有明确提及民主，但是在实施中，未能尊重民主政策原则就是对发展权的实现设置障碍。⑤ 在国际经贸规则制定中，让民众参与到发展进程对政府间金融组织、贸易机构在内的政府间主体提出了挑战，更多的参与意味着机构运行的平等和民主。

（三）保障主体机会平等

发展的均等机会，不仅包括一代人内的机会平等，而且也包括了当代对

① The New International Economic Order and the Promotion of Human Rights, Study of the Special Rapporteur of the Sub-Commission on Prevention of Discrimination and Protection of Minorities, E/CN. 4/Sub. 2/1983/24/Rev. I.

② Declaration on the Right to Development, Article 1.

③ Declaration on the Right to Development, Article 2. 3.

④ Declaration on the Right to Development, Article 8. 2.

⑤ See Global Consultation on the Realization of the Right to Development as a Human Right, U. N. Commission on Human Rights, 46th Sess., Agenda Item 8, U. N. Doc. EJCN. 4/1990/91Rev. I, at 39（1990）.

下一代的可持续发展责任。《发展权宣言》指出，"国家有权利和义务制定适当的国家发展政策，不断改善全体人民和所有个人的福利。国家有合作的义务，所有国家应合作以促进、鼓励并加强普遍尊重和遵守全体人类的所有人权和基本自由，而不分种族、性别、语言或宗教等任何区别"。① 各国应在国家层面采取一切必要措施实现发展权利，并确保除其他事项外所有人在获得基本资源、教育、保健服务、粮食、住房、就业、收入公平分配等方面机会均等。② 对社会的被歧视的弱势个体和少数民族"应进行适当的经济和社会改革以根除所有的社会不公正现象"。③ 虽然整个宣言仅在第 8 条提及了"不公平"，然而国际社会和经济的不公平一直是国际经济法发展的议题，发展权为国际经贸规则重构提供了指引原则，为国际秩序的构建提供了新的视角。这一权利涉及国家间、社会族群间复杂的平等、公平、收益与负担的分配问题，同时这一权利聚焦于发展与压迫问题，满足人的基本需求问题，保障对所有人的尊重。

（四）对发展中国家的差别待遇

《发展权宣言》规定所有的国家都既是发展权的主体又是责任的承担者，但是没有明确规定要依据国家的不同发展水平而给予差别待遇。然而，仔细研读宣言可以发现，宣言的不少规定强调了发展中国家的特殊地位。尽管发展中国家政府有义务采取措施自我实现发展，单重要的是对国际社会提出了国际合作的义务，必须通过有效的国际合作，提供适当的措施培育综合的发展能力。《发展权宣言》第 7 条规定，"所有国家应促进建立、维护并加强国际和平与安全，并要为此目的竭尽全力，在有效国际监督下的全面彻底裁军，并确保将有效的裁军措施腾出的资源用于发展，特别是发展中国家的发展。④ 首先，差别性优惠待遇是基于发展合作的责任和数十年来的国家的实践。1945 年以来，国际组织的行动和项目将援助发展中国家作为集体努力的目标，联合国工业发展组织把国际发展合作规定为所有国家共享的目标（shared goal）和共通（common obligation）的义务。⑤ 其次，发展中国家在国际社会被视为特殊的国际法主体来对待。虽然对发展中国家的定义还不够明确，但是在国际法中对其进行了区分，作为制度设计的基础，在此基

---

① Declaration on the Right to Development, Article 6. 1.

② Declaration on the Right to Development, Article 8. 1.

③ Declaration on the Right to Development, Article 8. 1.

④ Declaration on the Right to Development, Article 7.

⑤ See U. N. I. D. O. CONST. preamble，宣称联合国成员国和联合国工业发展组织所共享的目标是通过技术提升、建立新经济秩序来培育工业化。

础上，环境保护、海洋资源开发、国际贸易等领域均得到了深远的发展。最后，对发展中国家与工业化国家实质性平等的法律确认。① 在国内法中对弱势群体有《平权法案》，在国际法体系中应该相应地形成对发展中国家这一弱势群体的规则体系。

（五）负责任的行为

虽然《发展权宣言》中没有明确提及这个术语，但是后来联合国大会指出，在促进发展权的实现方面，负责任的行为具有重大的潜在意义，实际上，负责任的行为所指向的是对问题的回应能力。反腐败、社会责任投资和政府的善治是责任的三个主要内容。腐败不能给投资和贸易带来良好公平的商业环境，浪费发展资源，腐败在对外援助、投资、贸易、金融等多个领域都可能存在，在履行发展权的义务时，政府有义务在国内、区域和国际层面对腐败问题高度重视并展开合作，OECD《商业活动外国公共机构反贿赂公约》就是一例。"发展权的实施和保障对国家政府和国际机构有义务将其治理上升到善治，杜绝贫穷、促进发展最重要的因素是善治。"② "善治意味着构建良好的功能和负责任的机制——政治性、司法性和行政性的治理中，公民参与到对其生活有影响的决策中，因为他们被赋予了这些权利。"③ 在各种政治和商业背景下对法治理念的讨论都是善治的初级阶段，逐步推进发展权的实现。

六、IIAs 中的发展权的含义界定

为了消除南北国家之间发展的不平衡，发展中国家作为一个整体，提出了在国际事务和国家发展中，保障国家、民族和个人基本生存和发展的权利，对国家和国际社会提出了法律性的权利要求，发展权是对人权的"社会连带"的实现方式，这一权利本位旨在抚平历史条件差异造成的发展能力不足，使每个人都获得人之为人的尊严和发展。各国虽然都以发展问题为中心，促进本国人民不断摆脱客观的外在束缚，但是处于不同发展水平的国家所面临的发展问题存在一定的差别。各个国家在保障生存的基础上，寻求国家的各个层面获得发展的更佳途径，稳定的 GDP 增长，适度的通货膨胀，

① See Roland Rich, The Right to Development: A Right of Peoples? . In The Right of Peoples, James Crawford ed. , Cambridge, 1998, p. 48.

② See KOFI A. ANNAN, Partnership for Global Community, at 39, U. N. Sales No. E. 99. I. 3 (1998).

③ See KOFI A. ANNAN, Partnership for Global Community, at 39, U. N. Sales No. E. 99. I. 3 (1998).

除了经济增长还促进文化、社会以及环境和谐发展。

然而，由于发展水平不同，不同国家关注的发展权重点有所差异。对于发展中国家而言，由于国内经济社会条件相对落后，发展问题主要体现为如何实现工业化、现代化，从而在当前的国际环境下取得国际竞争力。而对于发达国家而言，由于这些国家的国内经济社会发展水平较高，这些国际已经走过了工业化和现代化的阶段，当前所面临的发展问题主要表现为如何在当前的国际竞争中保持自己的竞争优势。其中，发展中国家提出的人权层面的最基本的发展要求，"因为一个社会若没有相当程度的发展，就不可能为其成员实现自己的社会和经济权利提供条件或给予保障，即为社会成员提供积极的公共服务，并保障其达到最低生活标准"。① 因此，各种利益追求在发展权面前，基本生存和发展的人权利益诉求具有根本重要性，在国际投资层面，当国家承诺的投资者利益保护与发展权实现相互冲突时，国家发展权的实现具有优先性。本书中的国际投资协定（Internationa Investment Agreements，IIAs），除了双边和区域性投资保护协定外，还包括如 WTO 协定中的与《贸易有关的投资措施的协定》（TRIMs）以及世界复兴开发银行的《多边投资担保机构公约》（MIGA）等多边投资协定。包含了国家内部不同的经济区域之间、国家之间、国家与地区之间所达成的双边、区域性以及多边性质的投资合作协定，下面以 IIAs 代替。

国际经济协定最终还是通过国内法制来实现的，IIAs 中的缔约国往往经济、社会发展程度不同，商业环境、投资便利性、基础设施、行政效率、法律环境、市场潜力以及由此潜藏的风险均有不同。IIAs 是国家之间签订的调整投资者—东道国之间法律关系的国家契约，进一步而言，国家契约对东道国的外国投资管理权形成了约束，国家以事先对投资者的承诺吸引投资者的长期投资。IIAs 质言之，是对发展水平具有差异性的行政管理关系的约束和协调，是国家的一项概括性承诺。当前，不同民主制度下的国家政府，对经济失灵采用宏观调控的力度不断加强，对公共事务干预的范围不断扩大，IIA 所约束的很多政府行为，对于本国利用外资获得发展具有决定性的作用，如履行要求禁止条款中不断扩大的限制措施，发展水平高、对投资自由化要求强烈的国家所要纳入的规制措施，这种制度安排对及其落后国家获得发展十分不利。将促进发展纳入 IIAs 是国际投资法制是对现实的法律确认，发展权原则正是在差异中协调国际投资法律关系一项国际法原则。

---

① 国际人权法教程项目组编：《国际人权法教程》（第 1 卷），中国政法大学出版社 2002 年版，第 464 页。

通过 IIAs 来满足各种发展水平的国家利益主体的诉求是维持条约效力的关键。目前，几乎所有的 IIAs，特别是 BITs，将投资协定的目标集中在投资促进和投资保护，以期对缔约国的经济繁荣带来积极的影响。发展中国家最关注的发展权问题，期望在国际投资体制中得以体现，成为其签订投资协定的考虑重点问题之一。但是，从 FCN 演进到当前的 IIAs 条约的结构来看，高标准的一元保护和自由化模式，与发展中国家差异性的发展水平和对条约的发展需求之间存在鸿沟，为了保护投资环境稳定的约束性承诺与发展中国家在发展过程中频繁的改革与法律法规变化之间存在冲突不断，条款结构的设计对投资者的权利、投资者义务与东道履行管理性权利的分布并不均衡，过分强调投资自由化和投资保护的立法宗旨与实现发展中国家发展权的目标不相容。IIAs 要考虑到不同发展水平参与国的利益诉求，而发展阶段不同将引起的政策目标差异，要求 IIAs 关注到这些差异性的诉求，设置具有一定灵活性机制，从指导原则、规则制定以及投资仲裁等方面着手，并在条约的适用和解释中，对当前一元化、高标准的投资保护体制做出相应的调整，确保协定目标实现，这样在促进投资自由化、投资保护的同时推进落后国家实现发展权。

本书所探讨的 IIAs 中的发展权是指，东道国在利用 FDI 的过程中，基于国家最基本的生存和发展需要，有权采取必要的管理措施，只要此措施对实现发展战略目标有益则具有正当性，这种权利是经济发展相对滞后的国家在国际投资体制中获得优先发展的权利，充分利用 FDI 实现本国的发展。国际投资协定中的发展权原则指在国际投资协定中，基于发展中国家和发达国家之间经济发展水平不对称的现实，发展中国家履行国际投资协议的能力有限，制定和履行协议时需要考虑成员国的特殊条件，给予发展中国家一定的灵活性、非互惠的制度安排和优惠的指导原则。在发展权原则的指导下，如何将发展目标融入 IIAs，构建为经济落后国家提供提升发展能力，促进其实现发展目标的机制就显得尤为重要，这样，国际投资保护机制将从单一的促进本流动，投资利益最大化，向着同时促进资本输入国发展利益保护的综合效应最大化方向发展的方向发展。

本章将从国际投资体制本身对发展权原则实现中存在的缺陷的角度，①对发展水平差异的发达国家和发展中国家在适用当前 IIAs 时的困境展开论述，然后提出构建融入发展权目标的 IIAs 体制要所处理好的三对关系，这

---

① 第一章从正面谈论了发展权纳入国际投资保护体制的必要性，本章第二部分将从反面，对当前投资体制对发展权实现存在的问题为视角展开论证。

三对关系将成为发展权原则在国际投资条约体制具体化的灵魂，对投资条约体制走向综合化、公平公正化提供指引，在此基础上对如何在国际投资条约的核心条款中予以具体化提出了初步的构建方案，其详细内容将在第三章到第六章从国际投资准入制度中的发展权（第三章）、国际投资公平公正待遇中的发展权（第三章）、国际投资协定例外体系中的发展权（第五章）、国际投资征收制度中的发展权（第六章）四个方面予以阐述。

第二节　国际投资保护中发展权制度安排的必要性

国际经济法制，是连接国际间经济协调体制与国内经济法律体制的重要环节，其是否包含发展权理念和相应的制度安排，关系到发展权能否最终落到实处。经济发展作为发展权实现的核心，国际经济规则也有必要在其制度安排和实施中体现发展权原则。FDI 在国际经济发展中将不发达经济体快速有效地纳入国际产业链，带动落后国家和地区参与经济全球化、分享经济一体化的成果，国际投资保护机制在刺激 FDI 流动和增长、引导跨国公司行为中发挥着不可低估的作用，因此，国际投资保护机制中引入发展权实现的理念，在基础设施建设、产能合作方面，提供一定的保障发展权实现的制度安排，设置一定原则和规则，在规则中通过义务性规定、禁止性规定、权利性规定，对投资者和东道国的行为提供指引，通过具有约束力或者倡议性的等多种多样约束性强度不同的规则，通过国际经济条约的软约束与条约保留，① 在国际投资条约的结构和条款设计中落实发展权原则，实现发展水平不同的缔约方的发展诉求。

一、发展权原则纳入 IIAs 是 FDI 作用机理的客观要求

FDI 已经成为和贸易并驾齐驱来推动世界经济发展的引擎之一，并且 FDI 数规模过贸易额，FDI 有不同于国际贸易的特征和社会作用。而国际投资是通过投资者到东道国建立商业存在，产品或服务从生产、交换和消费都发生在东道国，稳定、持久、深入地对当生产、生活方式产生影响，其产生

---

① 国际经济条约的软约束与条约保留不同。条约保留实质国际条约法中的一项确定的法律制度，其目的在于排除条约中的某些规则或制度对特定缔约国的约束力；而国际经济条约的软约束是国际条约实践中存在的一种现象，是条约所规定的规则或制度在适用方面由于例外条款而具有较大的弹性。参见车丕照：《国际经济法概要》，清华大学出版社 2003 年版，第 87 页。

的外溢作用远远大于国际贸易，FDI 直接对当地的经济发展和现代化进程产生影响。国际投资法制的目标是促进 FDI 的流动，要推进此目标实现就要符合 FDI 的作用机制和现实需求，IIAs 在构建时也应当反映出 FDI 促进经济发展和现代化的内在特征，将促进发展的要素凸显出来，纳入发展权原则。

FDI 可以推动东道国经济发展水平提升，加速现代化进程，这一过程与经济活动的生产要素密切相关，其中资本本身、科学技术、人力资源与管理以及资源环境等要素与 FDI 交互作用，推进东道国当地的社会发展。

从经济发展实践来看，资本在经济发展和快速增长中起着举足轻重的作用。从发达资本主义国家经历的资本原始积累，以及晚近新兴经济体利用外资实现的经济崛起中可以看到，充裕的资本是经济起飞阶段的重要经济要素。例如，新加坡在走向现代化的过程中起了关键作用，在 1960—1970 年间，新加坡制造业的 FDI 年平均增长率在 26.4%，到 1980 年，外资在制造业中的比重达到 82.4%。[①] 外资的大量流入有力地促进了制造业的发展，制造业在 GDP 增长中的比重有 1961 年 13.2%上升到 1981 年 23.9%，在制造业产值中，外国独资企业所占产值比重是 58.7%，合资企业所占的比重是 25.7%，两者合占 84.4%。外资制造业已经成为推动新加坡经济发展的主要部门。[②] 充裕的资本如果存到银行储蓄采取窖藏的形式，或者用于购买金银珠宝，那么这种储蓄的资本并不形成资本，对生产将不会有任何贡献。只有形成了动态的资本，即资本形成之后才会形成对经济增长的巨大作用。资本形成是指一个经济社会体系中资本存量的增加及由此带来的生产与获利能力的形成和增长。[③] 从理论来讲，经济增长最关键的是要将储蓄转化为投资，罗斯托的经济起飞理论认为，要顺利实现经济起飞，即初始的经济发展，资本积累必须达到 10%以上。FDI 对快速增加一国的资本，通过投资项目促进东道国资本形成。

科学技术在生产力发展和人类进步中的贡献率越来越高，科学技术的每一次重大突破，都对生产力的发展和社会进步产生了深刻影响。科学技术的贡献额与经济发展水平具有正相关的关系，经济落后的发展中国家在经济发展初期科技进步的作用还不是十分明显，科学技术的贡献率仍低于劳动力与资金投入要素的贡献率，然而，随着发展中国家经济的发展，技术进步的作用日益增大，技术进步不仅可以改变劳动手段和劳动对象，而且还可以加速

---

①　肖海泉等著：《实现外资良性循环的研究》，江苏出版社 1992 年版，第 199 页。

②　肖海泉等著：《实现外资良性循环的研究》，江苏出版社 1992 年版，第 207 页。

③　赵邦宏主编：《发展经济学》，北京大学出版社 2009 年版，第 120 页。

人力资本的形成，细化分工增加劳动熟练程度，提高劳动生产率，促进新兴产业的诞生，促进产业结构优化。获得科学技术并缩小和外国技术的差距有多种途径，可以通过许可协议，技术咨询学术科技交流，还可以通过产品技术贸易以及投资合作引进技术。前者技术的取得都伴随巨额的资金报酬，而后者对发展中国家是最有利的方式，在与本国的合营企业合作中，外资以技术出资，东道国可以在合作中学习，获得创新技术，或者进行模仿创新，转化为当地的生产能力。

人力资源与管理对经济增长也有很大影响。20 世纪 50 年代，发展中国家认为自身发展所缺乏的而是资本和技术，只要引进外资和技术就容易地实现经济发展，然而这一时期实践却表明并非如此简单，许多发展中国家，从发达国家引进入的机器设备被堆置在地上，在已经投产的外资项目中，经常因违反操作规则而发生种种事故。与此相对应的是，在第二次世界大战以后，虽然物质资本损失严重，工厂设备、铁路枢纽等设施破坏殆尽，然而，这些国家具有较高文化教育水平和生产技能的劳动者并没有严重伤亡，力量仍然存在。因此，这些国家对物质资本的消化、吸收能力很强，一旦有大量的物质资本可供利用，经济很快就恢复和发展。在 FDI 带动下，外资对当地劳动力的培训，带来的先进管理技术和经验，在短时间内提升了当地的劳动力水平和管理技能，FDI 的经济外部性直接地影响和提升东道国的生产和企业管理水平。

从总体看，FDI 在促进一国社会进步中的作用不可忽视。FDI 所具有的资本形成功能、生产技术转移功能以及提高当地企业的管理、劳动力水平的社会效应，不仅增加了财政收入、推进贸易的迅速发展，而且优化了产业结构，有助于增加就业总量，推动现代化企业制度的建立和完善，从各个方面推进当地社会的现代化。不仅对东道国当地的经济和社会整体发展产生直接的促进作用，而且还会对东道国的经济增长之外的其他社会重大利益产生影响。

FDI 对当地的环境和社会可持续发展有重大影响。海外投资是资源优化配置的一种方式，资本流向能够产生高效收益的投资地，投资和投资者的选址考虑当地的资源禀赋、劳动力的充裕度和技术水平、东道国政治的稳定和政策法律环境等要素，降低投资的商业和政治风险，使投资利润最大化。由于 FDI 的主要方式是在东道国建立商业存在，其生产的整个周期发生在东道国，要雇佣当地的劳动力，开发当地的自然资源，甚至产品要在当地销售，资金的借贷以及汇回都与当地的经济、环境和社会发展密切相关。外资企业的实施的环境标准、对生态环境、动植物生命健康的影响，给予雇佣工人的劳动福利待遇、金融活动遵守业务和行为规则是否符合人权要求、可持续发展的要求，会对当地的重大社会利益带来影响。FDI 不仅仅是一种经济活动的载体，而且越来越对当地的公共利益维护带来不可估量的影响。发展中国家在引入外资实现发展的过程中，环境、人权等保护都非常脆弱，在实现经济发展的过程不能放松这些重大社会利益的保护，但是又缺乏充分的技术和资金保障，需要发达国家和发展中国家展开合作，共同应对。

二、发展权原则纳入 IIAs 是其法律关系的内在要求

国际经济条约所固有的特性——其调整对象是国际经济关系，及国家对国际经济交往的管理决定了对发展权问题的关注。各国经济发展水平与经济制度的差别决定了各国在国际经济交往管理过程中的利益冲突。相比较而言，其他非经济类的国际条约并不直接涉及各国经济发展水平以及经济制度，这类条约中的规则不容易导致各国的利益冲突，经济发展的多变性和发展基础的差异性，对规则的弹性提出了较高的要求。

IIAs 投资者——国家法律关系的核心是东道国对外资的管理，其管理方式和目标必将反映东道国的经济发展水平和经济制度特征。不发达国家和发展中国家在利用外资实现国家生存、发展的目标时，与发达国家所期望的高水平投资保护产生了规则冲突和价值位阶之冲突，这些冲突如何协调将贯穿在规则、条约解释和条约实施之中。基于发展中国家和发达国家之间经济发展水平不对称的现实，IIAs 的规则设计必须考虑到发展中国家履行国际投资协议的有限能力，在履行国际协定中获得发展的迫切需要。在发展权的视角下，发达国家与发展水平存在差异的国家之间进行投资条约谈判时，IIAs 需要为相对落后的国家提供一定的发展政策空间和其他非互惠的、更灵活的制度安排，以便为特定情况下采取管制措施提供正当性。

发展权原则的引入和适用可能会造成判决结果的重大差异。跨国投资的实现最终是在东道国长期的运营实现的，国家政权更迭，转型国家对经济活动干预的加强，常常对外国投资者运用造成影响，投资者作为投资者—国家国际投资法律关系的另一方，在准入阶段获得政府关于项目和商业法律环境的具体承诺，后期运营时面对国家基于发展政策的变化而违反预期的承诺，这些发展性政策变动带来的影响，东道国政府面临巨大的诉讼和财政风险。一旦发展权成为一项基本原则纳入 IIAs 的前言，投资的定义，将起到提纲挈领的规则解释指引作用，由此，在一个国家发展的特定阶段，投资者作为个体对公共利益的特别牺牲不获得或者少获得赔偿就具有了正当性，从根本上改变了投资协定的解释理念和价值观。事实上，不论是发达国家还是发展

中国家的投资者，在国家面临发展危机时，私人利益要为国家的生存、发展利益作出牺牲，这种保证最低生产和发展标准的特别牺牲从此获得正当性。这是因为发展权更着重"团结观念"，发展权的实现是对国际社会提出的一种连带责任，限制了保障个体基本生存之外的利益获取，此时经济利益的价值位阶低于国家为了生存发展的利益，国际投资法律关系的这种投资者——国家主体不平等的特殊性，因此存在资本流动的天然不对等性和发展成本将直接有个人分摊的障碍，会在适用非互惠原则时面临着挑战和质疑。这一障碍的消解除需要从理论解释和实践中资金补偿两个层面来进行。非互惠制度安排是发展权实现所绕不开的法律工具，这一问题将在差别待遇纳入 IIAs 的章节详细展开。发展权原则的引入可以为发展中国家政府履行义务的非互惠提供基础理论支持，为个人利益和国家利益的协调提供合理的解释。

三、发展权原则纳入 IIAs 是发展中国家获得发展补偿的又一阵地

虽然发展中国家是早期投资主要对象，但是发达国家拥有投资规则制定的主导权，发达国家凭借其经济实力和制定、运用游戏规则的优势，拥有该体制发展方向的主导权，美式投资协定高度投资自由化的改革远远超过发展中国家投资开放的现实需要，发展中国家为在激烈的竞争中为获得 FDI，被迫接受谈判条件，以发展目标的牺牲为代价遵守承诺，在对等地承担投资条约义务中处于不利地位。第二次世界大战结束，国际共同体范围的扩大，差别待遇得到了进一步的发展，殖民时代的结束，国际法第一次真正大范围地、将国际上大范围的发展中国家包括了进来，国际共同体变得比原来更加多样化了。① 与从前国际法主体相比，国际共同体中成员经济发展水平的差异变得更加显著，这一变化开始对 IIAs 仅关注一元化高标准投资者经济利益保护制度提出置疑。对曾经经济资源被宗主国控制，特别的措施对几十年来在殖民规则造成的发展停滞进行补偿。

IIAs 融入发展权的考量意味着将资源的再分配予以法定化。积极歧视和差别待遇都是促进资源向弱势群体流动的方式。再分配政策意味着在社会各个主体中对负担和收益进行分配。这产生于资源的稀缺性，资源要分配给最需要的群体。对一部分利益进行强制性的再分配，剥夺一些人对另一些的占有。正如哈特指出的，常常对穷人的权利职能从其他人的商品那里取得。②

---

① On the new universalist scope of international law, see M. N. Shaw, International Law (4th ed., 1977).

② H. L. A. Hart, The Concept of Law, 2nd ed, 1994, p.166.

实践中，差别待遇包含了对有限商品的的再分配，由此引发了对财富和收入直接或间接的再分配。在全球层面，很明显，人类仅有有限的资源，由于气候，技术和其他约束，还有迅速满足基本的需求，再分配就涉及资源从北方向南方的静态转移。① 国际经济规则在多大程度上可以改变国家经济秩序的不公平？国际投资规则是否能给发展中国家带来一些补偿性优势，以纠正国际经济秩序的不公平？发展中国家将发展权的实现纳入投资协定再谈判之中，是对当前投资规则提出的质疑，同时也是寻求发展利益诉求的良好时机，是继国际贸易合作、国际环境保护之后的又一次呼喊，是通过国际经济规则而发起的又一次权利争取，是国际游戏规则争取话语权的又一阵地。

四、发展权原则纳入 IIAs 是区域性经贸合作深入开展的关键

在区域性自由贸易协定中，国际投资机制是不可或缺的一部分，投资与贸易很多措施具有相容性，一些方面的规制具有相互融合的趋势，对国际投资的规制与贸易规则的理念、原则相协调了提出了更高的要求。BITs 网络的叠加和碎片化日益凸显，IIAs 正从双边合作向区域化合作方向发展，区域协定中成员国基于发展水平差异的不同诉求对体现发展权原则的制度的安排提出了要求，寻求提供可以选择的灵活性机制。截至 2014 年底，国际投资协定共有 3,271 项，其中 BITs 为 2,926 项，其他国际投资协定为 345 项。② 今天，各国日益倾向于采用区域性而不是双边合作的方式来处理国际投资协定的规则制定的问题，③ 传统的以投资保护为宗旨的一元目标和制度安排面临着变革，贸易和投资在实现自由化的同时有益于发展中国家发展、生活水平提高，两者追求的目标和谐一致，需要在自由贸易协定中予以法律化确认，作出相应的制度安排。

发展问题作为区域一体化协定中的核心问题，区域性投资协定应怎样允许发展中国家一个政策空间来促进其发展？基于发展中国家和发达国家之间经济发展水平不对称的现实，发展中国家履行国际投资协定的能力有限，因此，制度设计和履行需要考虑成员国的特殊条件，因此制度的对"灵活性"提出了要求。灵活性体现在为协定条款设计的弹性。灵活性与一系列特定的目标相关：涉及参与区域投资协定的发展中国家可以实现促进发展的目标，

---

① See Barry, Humanity and Justice in Globle Perspective, in J. R. Pennock and J. W. Chapman eds. , Ethics, Econoics and Law, 1982, p. 219.

② UNCTAD, World Investment Report, 2015, p. 106.

③ UNCTAD, World Investment Report, 2013, p. 4.

同时又可以为投资者提供具有稳定性、可预见的制度保障。这种灵活性体现在为成员国提供可供选择的制度安排，不同发展水平的国家可以依据自身的能力和诉求在谈判中进行讨价还价，最终找到适合本国的制度，通过协定确认下来，促进区域性经贸协定向着整体趋同，各国又有差异性承诺附件的方向发展，每个成员国适用的灵活性取决于每个国家的环境和政府特定的发展战略，这样将利于发展中国家利用 FDI 实现多样化的发展目标。

因此，在区域性经贸协定中具有弹性的、灵活的、满足多元化需求的制度安排，才是推进成员国经贸合作向纵深方向发展的关键所在，投资自由化、促进不发达国家发展与可持续发展的多元目标相互协调，这样的制度设计才可能被各个成员国接受。

第三节　IIAs 中发展权原则缺失引发的投资治理困境

一、投资自由化的一元高标准与差异化的发展水平不适应

当前广泛适用的 IIAs 有趋同化的趋势，但 IIAs 的内在精神仍然以自由主义为思想基础。投资保护协定从友好通商航海条约（Friendship, Commerce Treaties，简称 FCN）演进到当前单边、区域化和多边投资协定，IIAs 规则的制定权和推广的主动权都掌握在欧美等发达国家手中。当前大部分生效的 IIAs 都是在 20 世纪 90 年代形成的，发达国家站在资本输出国的立场上制定，对当时盛行的"新自由主义"思潮以法律的方式予以确认，[1]新自由主义崇尚自由市场经济，放弃一切政府对市场的干预，以个人主义为出发点，将财产的绝对保护为实现个人自由和市场自由的圭臬。因此，一般而言，新自由主义不太关注保护私有财产之外的利益，特别是国家在市场管理中的重要作用，忽视市场失灵的修正问题，放纵这些风险的存在[2]。20世纪 90 年代末，也开始了针对新自由主义的抗争，寻求高度自由化的 MAI

---

① 在 2700 个 BITs 中，有 1471 个仍然在适用的 BITs 是在 1990s 签署的。UNCTAD, BITs database, available at http：//www. unctad. org/templates/WebFlyer. asp？intItemID = 3150&lang = 1.

② 市场失灵包括公共物品的供应不足（如供水服务），外部性带来的无效率（如环境污染），以及当市场受到反竞争行为威胁的时候，控制市场准入（如实施反垄断法），关于新自由主义（neo-liberalism and the regulatory state）与治理型国家，See Kenneth J. Vandevelde, Bilateral Investment Treaties：History, Policy, and Interpretation, Oxford University Press，2010，pp. 75-115.

谈判失败就是典型的例证，MAI 失败后 WTO 协定中借助多边自由化平台推行投资自由化的成果也非常有限，美国为首的发达国家将推行自由化的重点放在双边、区域层面，凭借其经济实力和谈判优势来推广。从投资协定的结构和条款来看，推行限制东道国外资管辖权、高标准的补偿、国际最低待遇标准，这些制度安排片面地反映了发达国家经济发展水平的需求，几乎没有任何给予发展中国家实现特定发展需求的回旋余地和灵活性机制。在已有的制度中，被广泛使用的重大安全例外虽然在实现国家发展利益方面发挥一定的作用，即便尽力对"重大安全"作广义解释，仍然不足以满足发展差异性背景下的发展权诉求。在国际仲裁实践中，仲裁庭排斥国家的管理权，不考虑国内法以及国内政策目标，一味地适用国际法、最低待遇标准等习惯国际法作为确定国家责任的依据，当前一元化、统一的自由化高标准就意味着缺乏灵活性，不考虑协定主体之间的具体差异。

IIAs 自由化推进了一元标准的形成，不同发展水平的国家，在适用统一的投资自由化规则方面的切实困难和履行投资承诺所作出的牺牲。投资自由化体现了经济全球化和市场经济的客观需求，在推进资本有效配置资源、增进社会福利方面具有非常重要的意义。当前 IIAs 制度设计，在投资自由化规则方面，通过法律法规和政策的透明度、非歧视待遇、投资准入的自由化、履行要求的限制等原则来实现的。投资自由化推行对外资的非歧视，政策法规的透明度，透明度要求东道国关于外国投资者及其经营活动的法律、法规等必须是清晰的、可预见和公开发布的，能为投资者在同等条件下充分知悉、了解和运用。非歧视待遇的目标是为外国投资者提供与东道国国内投资者相同的竞争机会，国民待遇意味着在东道国，一个外国投资和投资者将获得与当地投资和投资者相同的待遇或者不低于当地投资者的待遇，最惠国待遇则是确保外国投资和投资者在东道国获得与所有其他国家投资和投资者相同的待遇。投资自由化在投资准入方面追求将国民待遇原则、最惠国待遇原则扩大适用到设业前后各个阶段，而不仅仅是投资进入后的运营阶段。这意味着东道国不仅要保障运营后，为投资和投资者提供不低于东道国本国投资者以及第三国投资和投资者在相似情况下享有的待遇，而且，除了列表排除的部门外，只要一部门对本国的投资者开放就要对外国投资者开放。实质是要求东道国放弃许多审查和拒绝外资进入的权利。

投资自由化力图废除所有形式的投资措施或履行要求，没有为具有保障发展权的管理措施赋予足够的正当性。履行要求是东道国对外资实行管理和引导，使之符合东道国经济发展战略的重要手段。但是，美式 BITs 并不满足 WTO 于 TRIMs 的四种措施，已经在 2012 年 BITs 范本中以第 8 条，并在

TPP 谈判中予以推广，进一步扩大东道国的外资管理措施的限制，在 IIAs 中规定履行要求条款，受其影响，诸如 NAFTA、《世行指南》、ECT 等都注重对外资管理权的限制，对外资管理权发起挑战，将十余种本属于东道国的经济主权的外资管理措施，作为履行要求纳入 IIAs 予以限制，而其中很多被限制使用的履行要求确实是发展中国家通过 FDI 实现其生存和发展所必须的措施。

MAI 的失败就是追求高标准与发展权保障冲突的历史证据。投资自由化的高潮表现为在 20 世纪 90 年代经济合作组织（OECD）发起的多边投资条约谈判，历经 3 年的草案拟定以及 4 年的谈判，难以在南北国家之间达成一致，由于未能调和各类国家的利益诉求，终以谈判失败结局。发达国家已经具备了较强的与外国投资者竞争的能力，他们有能力进一步开放国内市场、放松外资管制、减少投资障碍、推行准入前国民待遇。统一高标准的自由化规则作为条约义务施加到经济落后的发展中国家和最不发达国家，落后国家不能在这样的治理规则下，利用 FDI 实现国家的发展目标。这主要表现在，由于社会变化做出的法律法规改变而违背条约义务，面临着被提交国际仲裁的法律风险，公平公正待遇的解释和适用只考虑国际标准而不顾及国内法制的特殊情况。

国际投资条约的一元标准对发展中国家并没有实质性公平可言，因为发展中国家较发达国家没有相同的竞争起点，没有公平的竞争实力，在"不相似情况"下实施相同的标准进一步扩大了结果的不公正。在发达国家推动下制定的投资规则，关注的只是全球范围内一视同仁地服从高度自由化投资目标，将投资者财产利益最大化，使资本受到更少的限制而进入东道国。

投资自由化体现了国际经济自由化，是资本在世界范围实现优化配置的表现，但是，在国际投资中的参与主体发展水平参差不齐，每个国家有对国际规则有不同的接受程度，如果将自由化的制度设计走到极端，"如果国家接受约束的成本远远高于外资获得的利益，则恐怕国家会全部或者部分退出协定了"，一味地适用缺乏灵活性的体制而适用统一高标准，无视体制内差异的客观存在、对规则僵化和绝对化适用法律体制非良法之治，则会造成对经济体行为指引的偏差，影响经济活动的高效和福利最大化效应。良法之治是在总体上推行自由化的规则中，嵌入具有适度灵活性原则和规则，为国家保留一定的实现国内政策目标的空间，为处于变革时期的发展中国家更有效地参与国际投资合作提供制度保障，对保障生存和发展的利益给予特殊和优惠待遇，反应这些国家利用 FDI 实现生存和发展的诉求。

二、国家对 IIAs 承诺的稳定性与国家发展政策变化之冲突

国际投资法制中所包含的核心法律关系本身就是一对矛盾体，形成了 IIAs 规则的固有冲突。不论在双边、区域性还是在多边层面，IIAs 本质都是对东道国在追求政策目标的一种规则性限制和约束。一方面，外国投资者在东道国设立并进行持续的长期运营，与东道国形成管理与被管理的公法关系，投资者期待稳定的政治环境，从而准确决策实现长期的经济目标；另一方面，东道国政府要利用外资依据本国的发展情况不断发布新的政策措施来推进改革。

国际协定的承诺是对国家管理权的一种限制，这种限制与给予转型发展的变化形成了冲突。IIAs 是东道国对投资者作出一定的承诺，本质是对基于经济主权作出限制，保证政策法规的透明化、行政行为的程序化，给投资者的投资活动提供可以预见的良好法律和商业环境，IIAs 的诸多条款都是基于此目的进行设计安排的。国家管理权行使会给外国投资者的经营带来很多负面影响，如限制法律政策或行政行为的改变而设置的征收条款、公平公正待遇、保护伞条款、投资合同中的稳定条款。这些条款从不同的层面和不同领域对国家管理未来可能采用立法变化和行政措施进行了约束，事实上，从而实现了对投资者经济利益的保护。在投资者——东道国法律关系中，投资保护对稳定法律、商业环境的需求与东道国基于国家发展目标而进行社会改革，从而引起法律、政策易动，这种固有的冲突难以消弭。

经济活动的多变性和合同的不完全性是产生规则内在冲突的另一个原因。IIAs 的缔约方都期望签订之时（事前）能够使双方的利益同时最大化，尽可能在事前合理地分配风险、权利和责任。"但是合同会受到市场缺陷、不可预见的发展，机会主义行为等因素的影响。因此合同是不完全的，不能区分世界上的各个国家之间需要设置怎样不同义务才是最优化的。"[①] 发展中国家作为缔约方，基于发展权的实现采取必要的政策、措施开展社会改革是不可避免的。国际经济客观上具有发展变化的不确定性，但是这种不确定将采取何种形式发生具有偶然性。可能是由于经济危机或者因传染性疾病进入紧急状态等意外事件，也可能是国家管理采取某种改革措施。缔约方会面临这样一个问题，在事前缔结 IIAs 的时候期望最大化联合利益，但是，同时缔约方又希望达成一则事后最优化的合同，即在应对完所有不确定情况后

[①]　Jean Tirole, Incomplete Contracts: Where Do We Stand?, Econometrica publish, 1994, p. 743. 将不完全合同定义为：不能穷尽在完全合同中的所有情况。

仍然要求履行合同前预设的最大化价值。这两个目标就产生了紧张关系：因为事前每一方都想确保另一方履行承诺，但是接下来的意外事件会导致与缔约方期望的最大化联合利益的目标所不一致的不灵活性承诺。这一问题在长期合同例如 BITs 或者国家合同中就表现得非常突出。① 这种矛盾的结果表现为一种两难情况，不可预见的情况引发了一方实现承诺投入的成本超过了对方期待从合同中得到的利益量。对于政府，这些成本不仅仅是经济性的，而且可能是政治性的，因为"不予管理的代价"或公共利益的私有化可能会引发政治动荡。②

当前发展中国家所处的历史阶段，恰逢基于生存、发展权实现的关键时期，经济金融一体化加剧了经济的波动性，在经济周期的底部，脆弱的发展中国家或依赖大宗商品出口的单一经济体，对政策调整、法律法规修改有着极其强烈的需求。发展中国家当前面临社会变革和经济发展的主要任务，其政策法规发生变化几率比发达国家大很多，虽然发展中国家在国际援助和国内长期发展下取得了一定程度的发展，特别是对外资的态度从限制走向开放，但是在与外资的竞争实力方面仍然悬殊很大，为了实现短期内的发展政策目标，国家的政策法律法规必将发生相应的调整。发展中国家利用国家政策指引下的外资管制措施，在吸引投资、鼓励外资进入优先发展领域，减少可能的负面影响方面取得了积极的效果。

在调整过程中，产业政策不仅对国家总体目标有效，而且对国内各地区和各个部门的特定目标的实现也有重要意义。地区、产业发展不平衡不仅仅是发展中国家所面临的问题，在实现产业政策的过程中，政府的介入促进非市场性的资本流动流向需要优先发展的领域，为了确保企业有一个平等的竞争环境，政府采取有选择的、合理的干预措施，市场化的自由流动资本，需要在一定的调控和引导下实现支持国内工业发展和技术创新，合理的政策措施构成东道国实现外国直接投资利益的必要因素，发展中国家已经认识到FDI对经济增长和国家整体发展的重要价值。

世界经济的多变和不稳定性也引发国内政策和法律的相应变化。经济领域的抗风险的能力脆弱，在外来金融危机之时，采取变化较大政策的可能性大，而发展中国家在应对这些外来风险时表现得更加脆弱，政府对管理政策

---

① See International Investment Law Between Commitment and Flexibility, pp. 516-617.

② 在阿根廷 2001 年经济危机时，引发了 41 件国际赔偿争端，在 Aguas del Tunari v. Bolivia（ICSID Case No. Arb/02/3, Decision on Jurisdiction 21, Octorber, 2005）记载引发了政治动乱。

和法律法规的颁行和修改①。对于发达国家，也开始重视 20 世纪 70 年代发展中国家提出的对外国投资者控制管理社会事务的权利，美国和加拿大在这方面更是感触深刻，因为他们自己作为限制政府管理权力的 NAFTA 起草者，也开始接受那些有了被诉经验的国家对其国家管理权发出挑战的国际诉讼，② 也担心外国投资者再次挑战他们为了应对金融、经济稳定而采取的经济调控措施。因此，发展权实现机制在实现本国发展目标以及充分实现外国投资和投资者利益最大化的过程中都非常重要，不应当片面地强调东道国政府的稳定保证，而应当正视东道国在发展进程中作为治理型国家（regulatory states）实行的管理行为。

在这些冲突中，事前国家加入国际协定信守条约的承诺和事后发生意外情况而保持各国政府的灵活的管理权之间的冲突，如何在二者之间寻找适当的平衡是最大的挑战。国际承诺会缩小国家的管理权，但是国际协定也要为国家保留一定的自主管理空间。政府在利用 FDI 实现国家发展变革中的重要作用，法治国家又是通过法律法规政策的形式对 FDI 实现引导，这种发展的不确定带来的对国际协定承诺违反不可避免，法律的目标是增加缔约一方承诺的可靠性和可预见性，在国际经济法领域，其所规制客体的不确定性与承诺的稳定性构成了冲突。"国家加入国际协定信守条约的承诺和保持各国政府的灵活性之间存在着固有的矛盾，在二者之间寻找适当的平衡是最大的挑战。这不能简单地依靠在协议的各个组成要素中加入发展问题而得到实现，所以必须要研究协议的结构和意图，以及指导具体内容的目标。"③

三、片面保护投资者财产利益与忽略东道国重大利益之冲突

投资者在东道国设立投资后，就进入长时间的稳定运营时期，投资者与当地政府的管理和当地的重大利益④之间交互作用。当前投资条约的结构设

①　阿根廷在 2000—2004 年经济危机时，为了稳定和恢复国家经济采取了一系列关于汇率、支付征收等法令，这些政策措施发展的巨大变动给当地的外国投资带来了巨大的损失，因此也引发了 ICSID 针对阿根廷的诉讼热潮。

②　Kenneth J. Vandevelde, A Comparison of the 2004 and 1994 US Model BITs: Rebalancing Investor and Host Country Interests, in Sauvant ed., 2009, pp. 285-257.

③　盛斌：《WTO 多边投资规则谈判中的发展问题》，载于《国际经济合作》2002 年第 8 期，第 19 页。

④　关于重大利益（可以认为是一系列非经济因素构成的利益群）的界定及相互关系协调在论文的第四章详细展开。

计和价值取向仍然以偏重保护外国投资者的利益为要旨，重大利益是与私人财产利益同等重要的一系列社会价值，这些非经济因素构成的利益群能否得到适当保护，直接影响着社会发展的平衡和稳定。各个国家都要重视与投资活动有关的各种利益的协调与保护，而发展中国家在重大利益保护方面又能力薄弱，能够投入的技术、资金、管理等受到的约束很多，常常为了追求经济的发展而忽视非经济因素，它们为了提供具有竞争力的投资条件，对最低标准展开抄底竞争，造成环境破坏、劳工处于安全威胁之中；不顾当地土著居民的反对而一味地支持外国投资，引发民族冲突，带来政治动荡。片面保护投资者财产利益与忽略东道国重大利益保护的尖锐冲突有以下原因。

首先，BITs 的沿革史决定了片面保护私人利益的条约格局。片面保护投资者利益不仅与投资者—国家法律关系中投资者所处的弱势地位有关，因此 IIAs 旨在促进投资者的积极性而给予弱者以强势保护，而且更与 IIAs 的发展历史有着密不可分的关系。当下新一代的 BITs 发展到当前的投资保护协定经历的漫长的过程。最早对海外投资进行保护的国际条约是 18 世纪末的 FCT 主要涉及缔约国之间的贸易和航海事宜，但通常也包括保护对方缔约国国民财产的内容，有些早期的 FCT 也包括征收和收入汇回方面的条款，通过国家之间相互承担义务的方式，确保各自的国民在对方缔约国享受保护与安全。但投资保护的内容在 FCT 中并没有占据重要位置，可以说关于现代 BITs 关于待遇、征收、转移和投资争议解决的四大核心内容中，只有一项为早期的 FCT 提及，早期 FCT 要求在贸易上的最惠国待遇，要求缔约国相互保证避免歧视和战时中立。到 19 世纪中期，FCT 增加了征收的规定，19 世纪末期，FCT 开始涉及资金转移自由的问题，并增加了相对待遇标准。20 世纪 30 年代，现代 BITs 中的一些条款开始频繁地出现在 FCT 条约中，在征收问题上已经确立了征收要"依据法定程序"和给予"适当补偿两个条件"，到 20 世纪 40 年代，FCT 的投资条约性质更加明显。美国在推动FCT 向投资保护协定的转变上发挥了重要作用。美国从建国开始，就一直将FCT 作为与其他国家建立商业关系的主要法律工具，1934 年《关税与贸易法案》授权总统对外谈判可以签订自由贸易条约，削弱了 FCT 作为推行美国国际贸易政策的重要地位，1947 年美国加入 GATT，GATT 在贸易上实施多边、自动和无条件的最惠国待遇，逐渐取代了 FCT 作为促进国家间贸易关系的法律地位，"二战"后，美国开始将保护海外投资作为 FCT 的主要目标，这些 FCT 有别于战前的 FCT，被称为现代 FCT。有学者反对改革 FCT，指出"第二次世界大战后初期，不少国家都认为缔结专门化的投资条约是不现实和不全面的，FCT 条约的长期平稳运作已经使人们相信，FCT 涉及的广泛性更加有利于创造一个良好的投资环境"。①

FCT 走向现代 BITs 经历了从综合性走向突出投资保护的历程。虽然改良后的现代 FCT 已经包含了现代 BITs 的中的待遇、征收补偿以及外汇转移问题，但是仍然有针对性不强的特点，而且在一系列外界因素的冲击下，FCT 的缔结逐渐减少，发展中国家不积极参与 FCT，使美国在内发达国家最终放弃 FCT 转向缔结专门化的 BITs。欧洲国家在 FCT 日渐衰落之时，也转向了缔结新的专门化的 BITs，20 世纪 50 年代，德国同发展中国家缔结的专门化的促进和保护协定，被称为欧式 BITs。20 世纪 60 年代开始，欧式 BITs 在全球的普遍推广，成为国际双边国际法制发展的重要标志。欧式 BITs 兼采了 FCT 和美式投资保护协定的长处，也克服了两类条约的不足，FCT 条约内容庞杂、针对性不强，美式 BITs 只有政治风险防范和补救方面的程序性规定而缺乏实体性规则。欧式 BITs 对投资自由化的要求相对缓和的多，更多地反映了发展中国家的现实经济发展需求，对外资管辖权的限制也相对较小，没有履行要求的规定，不要求国民待遇适用于投资准入，东道国可以灵活地将某些投资领域保留给本国投资者。欧式 BITs 受到发展中国家欢迎，一时发展成为现代 BITs 的最主要形式。

其次，发展中国家的权利争取，加速了美国通过 BITs 阵地对投资这利益规则的强化。20 世纪六七十年代出台的一系列有利于发展中国家的联合国大会决议、宣言、宪章和纲领，确认了国际投资领域应当遵循的基本原则和规则，但是这些原则和规则都与美国所理解的国际投资领域的"习惯国际法"相去甚远，特别是关于征收补偿、东道国对跨国公司的管理和限制的权利等于美国所倡导的外资政策背道而驰，因此美国寄希望于新的双边投资协定网，通过与发展中国家缔结严格保护美国对外资的 BITs，来巩固和证实美国所倡导的"习惯国际法"规则，反击联大决议所倡导的一系列原则和规则。此外，20 世纪六七十年代，美国海外投资面临的东道国一系列征收要求美国政府加强投资保护，此时美国海外投资的规模日益扩大，已经转向发展中国家，美国投资者担心日益上升的海外投资政治风险。美式 BITs 范本的起草参与者，美国著名的国际投资法学者范得菲尔教授指出，从一开始美式 BITs 就致力于实现三大目标：（1）为美国投资者提供更强有力的保护；（2）重申保护海外投资是美国外交政策的重要组成部分；（3）

---

① See Walker, Treaties for the Encouragement and Protection of Foreign Investment: Present United States Practice, American Journal of Comparative Law, Vol. 5, 1956, p. 244.

通过美式 BITs 的广泛实践支持和美国倡导的关于国际投资保护的国际法标准。① 美式 BITs 随着投资自由化的推进，从条文结构来看，十几个条款都是围绕以上投资保护和自由化贸易政策的目标所展开，最大限度地提高投资者待遇和提供投资保护为目的，尽可能限制东道国外资管辖权，日益突破了传统 BITs 所"保护外国投资者"的范围，对国家的少量约束性义务扩大到东道国的治理方式。

最后，BITs 急剧增长和条约结构初步定型时期，正视新自由主义盛行之时。IIAs 的优先目标是投资自由化和投资保护，规则强调东道国要投资促进和保护外，尚未关照到国家为追求特定的发展目标而的背离条约义务的正当性问题，因此 IIAs 中没有对实现发展权予以确认的原则和规则。对发展权的忽略，仍然根植于投资条约确立的历史土壤，20 世纪 90 年代新自由主义的思想引导下，大多数投资条约得以形成，确立了自由主义、个人私有财产利益最大化的目标和基础，这种投资法律体制认为经济发展和市场繁荣取决于对私有财产权的保护程度，政府干预是没有必要的。② 新自由主义的立法指导思想对私有财产之外利益的否定，延伸到政府的管理权就是对东道国政府对国家非投资事项管理权的否定。在仲裁实践中，投资者—国家仲裁庭在解释 IIAs 时也不能有效平衡东道国管理公共事务的权力与投资者的权利。③ 一些仲裁员不愿意参与到平衡当中，是不愿意打破自己的新自由主义偏见，还有些 IIAs 仲裁员的新自由主义偏见隐含在当前的规则解释中。④ 从条约的结构和规则设计，到仲裁员的解释，导致一系列投资者—国家仲裁裁决倾向于扩大了国家对投资者的义务，几乎看不到对投资者的义务性规定。整体而言，当前的国际投资规则是一部权利义务严重失衡的规则体制。

基于以上原因，现代 BITs 呈现出明显的投资者权利义务不平衡的单向性。IIAs 宗旨在于保护海外投资和促进投资自由化，在这两个主题之外不太关注其他利益的保护。从投资协定的结构来看，关于外国投资者的待遇等实体权利，东道国在征收补偿时的实体义务、争端解决程序，"很明显，在

---

① See Kenneth J. Vandevelde, The Bilateral Investment Treaty Program of the United States, Cornell International Law Journal Law Journal, Vol. 21, Summer 1998, p 210.

② UNCTAD: The Role of International Investment Agreements in Attracting Foreign Direct Investment to Developing Countries, 2009. p. 23.

③ See Alec Stone Sweet, Investor-State Arbitration: Proportionality's New Frontier, Law & Ethics of Human Rights, Vol. 47, 2010, pp. 63-64.

④ See e. g., Jose E. Alvarez, Book Review of Gus Van Harten, Investment Treaty Arbitration and Public Law, American Journal of International Law, Vol. 102, 2008, p. 909.

BITs 下没有约束投资者的具有效力的投资义务。大多数投资协定对于人权、环境等事宜都保持沉默"。① 当前 IIAs 投资保护为本位的制度设计，围绕东道国的国家责任、投资者的权利而展开，"显而易见地，BITs 的规则对于资本输出国大大有利于资本输入国，虽然随着新的全球扮演者的出现使这种收益在逐渐发生转移，但是这种体系性的不平衡依然存在。传统的投资协定对于投资者只规定了权利而没有义务"。②

到目前为止，发达国家在国际资本流动中仍然居于最主要的地位，2013年 UNCTAD 数据显示，2012 年，发展中经济体吸收的直接外资首次超过发达国家，占全球直接外资量的 52%。出现这一动态的部分原因在于发达国家遭遇了直接外资流入量方面最大幅度的下降，发达国家现在仅占全球流量的 42%。此外，将近1/3 的全球直接外资流出量来自发展中国家，因此它们延续着一种持续的上升趋势。③ 随着投资流量结构的变化，发达国家也日益成为资本输入国的主体，发达国家之间的发展水平也不尽相同，增加国家基于发展权要求的权利性规则和投资者的义务规定，不仅仅是发展中国家的现实需要，而且对发达国家也具有现实意义。

本 章 小 结

发展权原则已经成为国际法的一项基本原则，在国际经济法的各个领域日益得到适用。发展权作为一项基本人权，从其提出、得到国际文件的法律确认，再到被一些国家的宪法确认，经历了较长的过程。发展权既是一项个体人权，也是一项集体权利，是个人、民族和国家积极参与政治、经济、社会和文化发展并公平享有发展所带来利益的权利，发展权是发展中国家谋求生存和发展向国际社会提出的人权，这项人权包含着对一个公正、合理的国际发展秩序的要求。

发展权在推进世界经济发展中有很高价值，发展权原则作为一项国际经济法的原则，体现了人类共同利益的整体观、体现了保障国际经济和平有序的价值观，也体现了在差异中谋求共同进步的发展观。本书所指的 IIAs 中

---

① Marc Jacob：International Investment Agreement and Human Rights, INEF Research Paper Series Human Rights, Corporate Responsibility And Sustainable Development, March, 2010, p. 8.

② Ibd. p 21.

③ UNCTAD：World Investment Report, 2013, p. vii.

的发展权原则指，在 IIAs 中，基于发展中国家和发达国家之间经济发展水平不对称的现实，发展中国家履行国际投资协议的能力有限，制定和履行协议时需要考虑成员国的特殊条件，给予发展中国家一定的灵活性、非互惠的制度安排和优惠的指导原则。

国际经济法具有国际经济活动连接、协调国内经济政策的作用，不同于国际公法领域研究的如海洋、领土等客体追求形式平等的特点，国际经济法最终的实施是在发展水平存在巨大差异的国内进行的，不同的发展水平决定了其履行国际义务能力的差异，形式上平等、一元的、僵化的规则将会进一步扩大不平等。国际经济协定以国家经济交往的管理为调整对象，国家的管理经济都重在提升本国的发展能力和综合实力，各发展水平与经济制度的差异决定了各国在经济交往管理过程中的差异和冲突，然而，各国不论大小、强弱、贫富，都具有生存权，发展水平较低的国家应当承担较低水平的义务，不能在无力保障生存的前提下谈论规则的公平遵守，国家要承担与其能力相适用的义务，发展权原则正是一项协调民族、国家这样社会族群间发展差异的指导原则，因此，发展权原则成为国际经济法完善与发展不可或缺的一项指导原则。

由于发展权原则在国际投资法制中的缺失，引发了 IIAs 在国际投资治理中的着种种困境，这些困境包括：投资自由化的一元高标准与差异化的发展水平不适应，国家对 IIAs 承诺的稳定性与国家发展政策变化之冲突，片面保护投资者财产利益与忽略东道国重大利益之冲突，这些问题和冲突是国家推进发展权实现的主要障碍。然而，发展权原则的在国际投资保护机制中的贯彻和体现是匮乏的。国际投资在促进一国发展和现代化的过程中通过生产要素流动的内在机制发挥着重要作用，这一作用过程必须关注到差异化的发展现实，而当前的 IIAs 并没有将发展权法予以确认和具体化，这对 IIAs 能够发挥的协调国际投资治理作用造成了一定的风险。事实却是，未来的区域性谈判中，关于发展议题——发展水平不同的成员国在谈判博弈中，定会将促进本国个性化发展目标纳入谈判的议题，国际贸易与国际投资法律机制是区域性贸易谈判的主体内容，两者目标的统一和指导原则相协调，是推进全球经济治理向着公平、合理、平衡方向发展的关键所在。因此，在 IIAs 中纳入发展权原则，革新投资规则体系势在必行。

第二章　发展权原则在国际投资协定中的适用

第一节　发展权原则在 IIAs 中适用的法理基础

从发展权的内容来看，发展权的权利享有者与责任承担着具有混同性，主权国家是发展权最重要的责任主体，一国政府承担着采取一切有利措施，促进本国公民享有人之为人的尊严和基本经济、社会、文化权力，自由并有意义地参与发展，享受发展带来的利益。东道国政府在对外资行使管理权时，保障基本生存和发展的权利就应当获得正当性。国际社会是发展权实现的推动力量，也构成发展权的责任主体之一。投资者母国、国际组织、跨国公司都将纳入发展权的责任主体之中。

发展权原则纳入到 IIA 中是从人权保障的视角审视现有的投资条约机制，其所要求的国际合作义务，在国际法领域已经超出了人权基本权力保障的范畴，国际合作的国家责任已经发展为主权责任之一。[1] 国际投资法律机制中发展权原则的具体化，不仅反映了这一普遍法理，而且更用发展权这种沟通桥梁的作用，突破了诸多国际投资中的发展议题障碍，推动这些权利的融合。发展权是所有人权的总和，作为一项集体权利指向保障发展中国家和最不发达国家的基本生存和发展，是沟通各国基本人权保障的法律概念，是对共同发展的国际法律确认。发展是在现代化的过程中，政治、经济、文化和生态等各方面的共同改善。[2] 当今，各国经济、社会相互联系日益紧密，

---

① 赵洲著：《主权责任论》，法律出版社 2010 年版。

② 发展观的演变经历了追求经济增长→经济发展→社会发展→可持续发展四个时期。在第一个时期，经济增长被作为最高的价值取向以及解决一切问题的唯一因素；在第二个时期，人们开始关注经济增长的质量和效率、经济结构的调整、社会收入严重不均现象的解决、环境质量的提高等问题，经济发展成为发展的价值追求；在第三个发展时期，人们开始认识到社会整体发展的问题，新的发展价值观也随之转变，开始注重社会、文化和环境等方面；在第四个阶段，人们开始关注人口、经济、社会、资源和环境等的协调发展，发展价值观也转变为追求发展的全面性、协调性和可持续性。鲁保邑：《发展价值观探究》，载《经济与社会发展》2003 年第 10 期。

不可设想一国在与世隔绝的环境下凭一己之力实现本国的发展，发展权原则指引下的国际投资体制重构，将再次重申国际经济合作中的整体观、公平互利有序发展的价值观，以及在差异中谋求共进的发展观。

一、发展权的整体观需要国际合作

（一）国际合作的国家责任

国际合作不仅是发展权实现的国家责任，而且更是社会发展应对国际风险的必然选择，国际合作已经成为一项国家责任。从古罗马法"权利行使不损害他人"的朴素逻辑，在简单松散的早期，国际社会要求的是国家之间的和平相处，所以早期的国际法主要是共处法，禁止侵略战争、不干涉他国内政，相互尊重领土边界等，在共处法的约束下，各国在其领域内独立地拥有和行使主权，并担负由此而产生的初级和次级责任，保证各国主权行使不致相互摩擦，甚至对立冲突，从而建立、维护和平共处的基本法治秩序。但是，随着国际社会相互联系依赖的日益紧密，共处法所蕴含的"消极不作为"与主权积极作为的要求是不相吻合的，对国际社会及个主权国家的存续发展而言，单纯的和平共处已经远远不够，国际社会需要在真诚善意的基础上进行广泛的主权合作。约翰·斯帕尼尔指出，旧的权力政治模式与相互依赖模式有着根本区别：前者关注的是安全、均势、势力范围等高级政治问题，后者关注的是自然资源、能源和环境等低级政治问题；前者将国家间关系视为冲突的"国家利益"，后者认为国家间是相互依赖的、存在着共同利益和国际合作；在具体法则上，前者是"你所得即我所失"的均势法则，后者则是"一荣俱荣，一损俱损"的合作法则；前者偏好双边管理而后者倾向于多边管理；在具体组织方式上，前者是两极或多极的等级制，后者则更接近于平等主义。①

在一个相互依赖日益紧密的国际社会里，相互依赖为主权协调合作秩序的建立提供了动力和基础，合作已经成为一项国家责任。"国际合作的最终目的，就是使个体收益的总和接近国际整体收益的利益水平。"②在《联合国宪章》第1条第3款明确规定联合国的宗旨为，"促进国际合作，以解决国际间属于经济、社会、文化以及人类福祉性的国际问题。从而在国际社会

①　倪世雄、金应忠主编：《当代美国国际关系理论流派文选》，学林出版社1987年版，第187页。

②　苏长和著：《全球公共问题与国际合作——一种制度的分析》，上海人民出版社2000年版，第6-7页。

构建起一个用合作、互惠、公正的行为规则来加以治理的理性秩序——合作性国际秩序，以达到国际秩序与国家主权的平衡"。①

开展各种协调合作，以应对各国所面临的日益复杂多样的共同问题，从而使得各国能够通过主权合作来实现可持续的共赢发展。在充满利益纷争的国际社会里，每个国家通过积极的主权活动将会获得收益，但也将产生相应的成本和代价问题，这需要在相关各方之间进行适当合理的收益和成本的协调均衡。所以利益均衡成为各国承担合作责任的协调原则。一般来说，"国家不太容易为了全球的生态利益承担责任，他们将首先该考虑到自己的利益，只有在和国家利益相协调一致的情形下全球利益才能得到推进"。这种情形下的利益均衡是十分复杂和困难的。

利益均衡并非一项抽象的原则，在具体确定利益均衡的内容时，还要考虑到各国的不同情况，尤其是区分发达国家和发展中国家的不同责任能力以及发展中国家的利益需要和特殊要求。对发展中国家来说，由于与发达国家处于不同的发展阶段，由于科技、经济和社会条件落后的国家，受物质和制度约束，某些发达国家的合作的责任和义务标准不一定适合发展中国家，甚至成为一种难以接受的责任负担。"发达国家由于处于优势地位，至今仍然从本国甚至与他国的各国的开发活动中获得了更多的利益，因此发达国家在利益均衡上应当承当更多的责任，这也体现了实质性正义的基本要求。"②

强调全球各类国家开展全面合作，特别是强调南北合作以某共同发展贯穿在《联合国宪章》、1974 年《各国经济权利和义务宪章》，《建立国际经济行秩序宣言》《建立国际经济行秩序行动纲领》中，③ 国际合作、共谋发展成为贯穿其中的主线。对于国家合作以某共同发展的基本目标、基本范围以及中心环节，《各国经济权利和义务宪章》都有明确的阐述。④ 国际合作的基本目标是，实行世界经济结构改革，建立公平合理的国际经济新关系和国际经济新秩序，使全球所有国家都实现更普遍的繁荣，所有民族都达到更高的生活水平。其次，一切国家都有义务对世界经济实现平衡稳定的发展作出贡献，充分注意到发达国家的福利康乐同发展中国家的成长进步是息息相

---

① 杨泽伟：《主权论——国际法上的主权问题及其发展趋势研究》，北京大学出版社 2006 年版，第 248 页。

② 赵洲著：《主权责任论》，法律出版社 2010 年版，第 164 页。

③ 1974 年 5 月联合国大会第 6 届特别会议通过决议 3201-（S-Ⅵ）《建立国际经济行秩序宣言》，决议 3202-（S-Ⅵ）《建立国际经济行秩序行动纲领》。

④ 参见《各国经济权利和义务宪章》的第 3、4、8、9、10、11、17、23、28、29、30 条。

关的；注意到整个国际社会的繁荣昌盛取决于它的各个组成部分的繁荣昌盛。国际合作的基本范围是，所有国家都有责任在公平互利的基础上，在经济、社会、文化、科学技术等各种领域进行通力合作，以促进整个世界特别是发展中国家的经济发展和社会进步，并且合作是多领域、多层次和全方位的。国际合作的中心环节是，一切国家都应该尊重他国主权平等，不附加任何有损于他国主权的条件，对发展中国家加速本国发展和社会进步的各种努力给予合作。按照这些国家的发展需要和发展目标，提供有利的外部条件，扩大对它们的积极支持。

（二）实现发展权的国际合作努力及其局限

发展权的实现，要求国际社会中提供一种公正合理的发展秩序，世界各国尤其是发展中国家能够真正获得发展的能力，并将这种发展能力通过国内措施进一步转化为个人的发展能力。经济发展作为发展权的核心，是一个国家全面发展的前提基础，那么发展权的实现就应当围绕经济发展的核心开展合作，让各国获得发展能力。

20 世纪 50 年代以来，国际社会在发展权实现方面的努力，首先表现为发展中国家倡导的建立国际经济新秩序的运动，一个公正、合理的国际经济秩序并不是一些西方学者所主张的什么第三世界国家要在全球范围内建立否定或取代"市场导向分配模式"的"权威导向分配模式"，而是对西方发达国家所奉行的不顾及市场参与者发展水平的弱肉强食的"市场导向分配模式"予以改变，将其改造为有利于各国获得均等发展机会的发展导向的分配模式。考虑到发展中国家在国际经济交往方面的弱势地位，在国际贸易方面，1964 年修订 GATS，增加了第四部分，给予了发展中国家贸易上的非互惠待遇。"东京回合"谈判确立了给予发展中国家差别待遇的"授权条款"。在国际金融方面，1972 年修订了《国际货币基金组织协定》，在一定程度上反映了发展中国家在 UNCTAD 上提出的关于修改国际货币制度的建议，扩大了发展中国家的特别提款权配额。国际货币基金组织和世界银行近年来提供的贷款也较为注重发展中国家的利益。①

国际社会致力于实现发展权的第二项努力，是敦促发达国家向发展中国

① 特别是基金开业以来，设置了普通提款、缓冲库存贷款、中期贷款、补充贷款、机构性调整贷款、追加结构性调整贷款、补充和应急贷款、体制性转换贷款八种贷款形式，在成员国发生收支失调和紧急需要时，向成员国提供帮助，多样化贷款方式提供的资金帮助，对于发展中国家来说，是一种事实上的优惠待遇。Paul De Waart et al. (eds.), International Law and Development, Martinus Nihoff Publishers, 1988, pp. 348-347.

家提供官方发展援助。国际发展援助是一种特殊形式的国家之间的转移支付，可以看成是一个国家对另一个国家提供的无偿的或者优惠的有偿货物或资金，用以解决受援国所面临的政治、经济、社会、环境等各种发展过程中遇到的问题。可以将狭义的发展援助定义为发达国家或高收入国的发展中国家及其所属机构、有关国际组织、社会团体，以提供资金、物资、设备、技术等形式，帮助发展中国家经济发展和提高社会福利的活动。[①] 发展援助表现为无偿提供资金或优惠贷款的财政援助、技术援助、物资援助和债务减免四种方式，这些方式中，对国际经济影响较大的主要是以财政援助、技术援助和债务减免等方式进行，援助的目的在于解决发展中国家面临的饥饿、医疗、教育和贫困问题，这些转移机制建立在发达国家自愿、道义约束和非法律约束基础上。

然而，事实上这些资源转移不但数量有限[②]，更重要的是附带着诸多实质性干预的要求，又缺乏追求援助的责任机制，使国际援助大打折扣。新自由主义主导下的"华盛顿共识"，以发展援助为诱饵，促使拉美国家进行经济结构改革，推行放松对经济的管制的自由市场经济，让各种要素自由流动，事实上，这一援助条件所主张的改革机制，在许多国家并不适合，与当地的实际情况严重脱节。这种以少数国家推行的政治方案，隐藏着非发展援助的政治目的。"美国为谋求全球霸权暗中策划软的战争，涉及意识形态、政治经济和文化交流各个领域，其核心是推行新自由主义的意识形态，作为攻击社会主义国家和第三世界的武器。"[③] 这种国际合作完全不顾及受援国的实际发展需求，将众多要求作为接受援助的条件强加给受援国，这种干预从发展规划、经济和货币政策，一直到政治民主选举，涉及了受援国的各个领域。"因为瑞典认为，发展战略是全方位的，所以提供援助并不能狭隘地

[①] 李小云，唐丽霞，武晋编著：《国际发展援助概论》，社会科学文献出版社 2009 年版，第 2 页。

[②] 发达国家官方发展援助的义务是每年占所有援助国国民生产总值的 0.7%，大多数援助很少超过此数值的一半，1999 年 22 个发展援助委员会国家的官方发展援助总计 560 亿美元，只占这些国家国民生产总值的 0.24%，鉴于发达国家远远未能兑现其发展援助承诺，2002 年召开的蒙特雷发展资助会议所形成的《蒙特雷共识》重申并敦促发达国家实现其先前确立的 0.7% 的对外援助目标，此后实际国际官方援助虽有所增加，但是很大一部分属于免于债务和人道主义援助，而且 2005 年以来官方援助又开始呈现下降趋势。

[③] 杨斌：《海外归来谈新自由主义的危害》，载何秉孟主编：《新自由主义评析》，社会科学文献出版社 2004 年版，第 95 页。

理解为财政和技术方面的援助，而应当是社会援助、文化援助和知识援助。"①

发展中国家难以对获得援助而强加的条件所遭受的损害追究责任。援助干预内政之所以能够发生，是因为援助国和受援国之间力量不对等，而在无政府的国际社会没有解决解决国与国之间不对等关系的力量。虽然国际援助在愿望、目标和战略援助方面也有一定的协调，但是发展援助毕竟是援助国政府外国政策的一部分，"发达国家不允许发展中国家的发展影响到他们的支配地位，他们根本不想保住发展中国家的'发展'；相反，它们急于有序地分出经济发展的成果，又不愿意放弃对意识形态的控制和有效的支配权力"。② 从长远来看，此种建立在道义基础上的发展援助，以授之以鱼的方式，只是消极被动地、一时地化解发展中国家的发展难题，并不能积极地、长远地、真正彻底地让发展中国家获得发展能力。在没有公正的秩序和规则的情况下，在一定程度上，发展援助机制实际上是给发展中国家人民的一味麻醉剂，非但不能帮助发展中国家实现发展权，相反还能让发展中国家争取发展权的努力迷失正确的方向。

国际社会致力于实现发展权的第三项努力，是发达国家与发展中国家建立一种新型伙伴关系计划。根据《蒙特雷共识》的规定，这种伙伴关系的目标是迈向各方参与的、公平的全球经济制度，同时设法消除贫困、实现持续增长以及促进可持续发展，包括全面落实《联合国千年宣言》中提出的旨在实现消除贫困、改善社会状况、提高生活水平和保护环境等各项可持续发展目标。③ 2003 年 7 月联合国开发计划署发布了 2003 年人类发展报告，提出了"千年发展契约"行动计划，要求发达国家和发展中国家在分担高级责任的框架内做出各自和集体的努力，实现千年发展目标。这种伙伴关系协定也引起了联合国人权委员会的重视，2004 年 2 月，人权事务高级专员办事处举办了"促进发展全球伙伴关系"的发展权问题高级别研讨会，审议和确定建立发展伙伴关系实现发展权的有效战略。④ 2006 年人权委员会

① 周弘主编：《对外援助与国际关系》，中国社会科学出版社 2002 年版，第 22 页。
② 【美】德尼·古莱著：《残酷的选择——发展理念与伦理价值》，高铦、高戈译，社会科学文献出版社 2008 年版，第 122 页。
③ 《蒙特雷共识》（A/CONF.198/11），第 1 段、第 4 段。
④ 《发展权：人权事务高级专员报告》（E/CN.4/2005/24），第 4 页。

确认了为实现发展权而结成真正伙伴关系的必要性,① 并要求对《千年发展目标》中第 8 项目标提出的全球发展伙伴关系标准从发展权的角度进行定期评估。目前, 发展权问题高级工作队已经审查了《非洲同济审议机制》、《科托努协定》以及《援助时效问题巴黎宣言》等若干区域性、双边性的发展伙伴关系, 今后将在专题和地域方面进一步扩大对全球伙伴关系的评估。② 应当看到, 根据上述文件, 在国际方面的合作也仅限于原则性的指引, 对如何在国际层面建立公正、合理的国际发展秩序和规则, 并未提出实质性的、建设性和可操作的方案。实际上, 他们所关注的仅仅限于受援国国内发展政策的评估、审查和监督机制。③ 这些伙伴关系和发展契约的目标不重在让发展中国家从根本上获得发展能力, 在发展权实现方面的意义非常有限, 如同发展援助机制一样, 并没有触动不公正的国际发展秩序。

二、发展权保障有序发展的价值观需要公平互利

经济的运行需要持续地进行, 这就要求交往的双方形成互利性契约, 每一方从中持续地获得诉求的利益, 是经济活动展开的动力和最终目的。国际经济合作的基础是经济利益的互利互惠, 只有如此经济关系才能稳定, 经济交往才能长久永续。从主权平等原则到平等互利, 从平等互利发展到公平互利经历了较长的历史过程, 表现出国际交往原则向着追求实质性公平正义的方向发展, 是国际法的一大进步, 这一发展也是发展中国家作为参与国际经济事物不断争取的结果。

平等和互利的结合是国际交往原则的一大进步。在国际经济交往中, 发展中国家愈来愈感到: 仅仅从政治角度上强调平等原则往往只能做到形式的平等, 难以实现实质上的平等。很多场合下, 发达国家往往以形式上的平等掩盖实质上的不平等。因此, 发展中国家开始侧重从经济角度上、从实质上

---

① 报告指出, 尽管发展权的落实和发展的伙伴关系的实际做法之间存在差距, 但是有必要为实现发展权结成真正的伙伴关系, 并要找出能为此种伙伴关系提供指导和补充的所有有利方面, 提高全球伙伴关系在实现发展权方面的有效性。参见《发展权利问题工作组第七届会议报告》(E/CN. 4/2006/26), 第 36 段、第 39 段。

② 《落实发展权利问题高级别工作组第四届会议报告》(A/HRC/8/WG. 2/TF/2), 第 71 段。

③ 在发展权利工作组第七届会议上, 马来西亚代表就指出, 落实发展权利问题高级别工作组第二次会议报告在关于全球伙伴关系评估标准的讨论方面过分侧重国家层面, 将人权纳入发展问题域发展权混为一谈, 主张将发展权纳入国际发展活动的主流。参见《发展权利工作组第七届会议报告》(E/CN. 4N2006/26), 第 17 段。

重新审视传统意义上主权平等的原则，对主权平等原则进行了更新、丰富和发展，赋予了新的内容，明确提出了互利原则用来调整国际经济关系，将平等原则上升到了新的高度。互利是指各国在相互关系中，应当做到对有关各方相互都有利，互利原则有两个基本特征——均衡性和持续性。

第一是均衡性。在经济全球化背景下，各国作为利益主体都力求最大限度地实现自身利益，但这种利益的实现不是孤立的，而必须有赖于其他利益主体方的利益实现。如果一方只顾追求自身利益，而不顾及其他国家的利益，必然会导致损人损己、两败俱伤的局面，在各个利益主体逐利的过程中必然要达成利己利人的互利契约。尽管个体利益主体主观上都希望实现自身利益的最大价值，但竞争的结果是使利益主体所实现的利益大体上均衡，推动互利从非均衡状态向均衡状态转化。依哈特之见，"人类大体上的平等性"是人类的五个自然事实之一。这就决定了"任何一个人都不会比其他人强大到这样的程度，以致没有合作还能长时间地统治别人或者使后者服从"。① 在历史发展进程中，"当一种现存的不平等安排因情势的变化或科学知识和人类的发展而被认为不再必要、不再正当或不再可以接受的时候，正义感通常会强烈地表现出来"。② 这种情绪可能是暴力的反抗，如恐怖主义行动，也可能是非暴力的抵制，如各种形势的贸易壁垒等，无论哪种都是国际有序发展的障碍。

第二是持续性。经济活动是周而复始、不断循环的过程，各个利益主体追求自身利益的过程必然也是不间断、长期的过程，这就决定了互利原则在经济活动中的持续性。所以，为了利己，不惜损人，以损害他国利益来满足本国要求，甚至牺牲他国、压榨他国的手段来攫取单方面利益的民族主义是一种暂时的、非均衡的行为，终将引起对抗和无序。不仅是经济交往，而且国家之间的关系只有建立在平等的基础上，才能做到互利；只有真正地实现了互利，才算是贯彻了平等的原则，实现实质上的平等。

公平互利原则是对平等互利的进一步发展。1974 年 12 月《各国经济权利和义务宪章》，《建立国际经济行秩序宣言》把平等原则和互利原则重新分开，分别列为建立国际经济新秩序的两条基本原则或调整国际经济关系的两项基本原则，一方面，强调各主权一律平等；另一方面，强调各国交往必

① 【美】哈特：《法律的概念》，张文显等译，中国大百科全书出版社 1996 年版，第 190 页。
② 【美】E. 博登海默：《法理学：法律哲学与法律方法》，邓正来译，中国政法大学出版社 2004 年版，第 314 页。

须公平互利（mutual and equitable benefit），这两大国际经济法文件把平等与互利分开，分别从不同角度加以重申，又把公平和互利联系起来，加以突出强调，这种措辞方法实质上是丰富和发展了互利原则，反映了广大发展中国家在国际经济交往中的新呼声和愿望。在一切正常、自愿的国际经济交往中，由各求利构成的互利是起点和动因，也是终点和归宿。国际经济交往的各方，说到底都是为了谋求各自的利益，没有这一点，各方就没有交往的动力。只有实现了真正的互利，才能使国际经济交往中正常、自愿的成交周而复始，生生不息，互补互益，不断扩大，从而促进世界经济的普遍繁荣，实现共同发展。

与平等互利相比，公平意味着把形式上的平等推向实质上的平等，公平正义更加科学合理。平等互利强调形式的平等，发达国家将平等互利作为国际经济交往的一项指导原则，强力推行一元高标准的自由化规则，扩大发展中国家的市场份额，保持其产品在国际市场上的竞争力，满足资本无限扩张的欲望和本性。而发展中国家在与发达国家没有相同竞争实力的前提下，适用相同的标准，最终的结果是连民族工业也难以保护，被他国占领国内市场，经济命脉被外资控制，政治受到把持，丧失独立的国家主权，因此，发展中国家在国际经济交往中，所主张的是公平互利，是对实质性公平的追求。"根据这一原则，要求（1）在国际经济合作的各个领域，发达国家应给发展中国家提供有利的外部条件；（2）发达国家在向发展中国家提供援助时不应附加有损后者主权的条件；（3）发到国家在向发展中国家施行、改进和扩大普遍的、非互惠和非歧视的待遇；（4）在促进发展中国家取得现代科学技术中，要有利于促进发展中国家的技术转让和建立本国技术，并按照适合发展中国家的经济方式进行。"① 实质性公平正义就是要关注结果的正义，结果的正义是对不同竞争水平的主体提供一套规则。

三、发展权原则差异中谋求共进的发展观需要非互惠的制度安排

造成发展中国家不发达的不仅仅是物质资源的缺乏，而且更重要的是面对落后的无能为力的状态，面对发展的恐惧，这种脆弱性让欠发达国家依附于发达国家，发达国家无限的给与物质援助——"授之以鱼"，尚不论援助的政治战略目标何在，从数量上讲不管给予多少，终究无法让不发达地区脱离发展的恐惧，给予技术支持、对发展空间的尊重才有利于发展能力的培养，使援助模式向"授之以渔"转换，实现从外部扶持到发展能力的培养，

---

① 王传丽主编：《国际经济法》（第三版），法律出版社2012年版。

逐渐形成欠发达国家的独立发展能力。才能从根本上解决发展中国家的发展问题，从内部确实提升发展中国家的发展能力，落实发展权。而实现这种转变的关键是国际社会对不发达国家的援助从"授之以鱼"到"授之以渔"，基于一方能力的匮乏，非互惠制度安排是国际经济合作实现从"鱼"到"渔"，再到切实可行的制度安排，发展能力的培养是非互惠制度安排的目标所在。

（一）国际经济合作中非互惠制度安排的本质

1. "鱼"的赠与难于全面提升发展能力

独立发展能力的培养是实现不发达国家脱离脆弱，培养国家尊严的根本途径。当前发展中国家的发展以物质上的富足和国际交往中的尊严为两大目标象征，在当下的国际规则和体制中，它们在寻求面包时往往得不到尊严，面临了"面包"和尊严不可兼得矛盾。达到物质进步和技术组织最快、最有效的方法是从富国接受这些"礼品"，通过模仿殖民者的价值观，接受财务和技术援助而不坚持独立发展的原则，就可以直接进入"有文化"和"受人尊重"行列，但是这样做伴随着社会认同和独立性的丧失，这是也新的方式恢复到殖民时代的不平等关系。很多发展中国家在发展初期就已经认识到不能通过"富国驯化"而放弃自己发展的努力，拒绝以丧失尊严换取"发展"，"我们有权抬起头，有权发表自己的见解，我们在世界上有一席之地"。[1] 这种革命性言辞，确信不发达国家的结构脆弱性需要坚定的目标来抵抗，要靠自身的力量来达到发展，可是只要发达国家决定和支配着财富与技术转移的规则，发展的愿望就无法实现。因此，不发达国家在极其强大的伙伴面前越来越对自身的脆弱性感到挫伤，它们要求权力作为尊严的前提。不发达国家和地区如果始终不能摆脱外部扶持而走上自主发展的道路的话，真正意义上的发展就无法实现，也就是说，必须从扶持到自身发展能力的培养。发展中国家只有克服发达国家的结构性支配，"摆脱那种没有尊严的，称之为不发达的状态"，[2] 才能真正走向独立可持续发展之路。

对此，阿马蒂亚·森提出了以能力为核心的"能力方法"（the Capability Approach），在能力探源中对正义标准和人类发展的关注中提出，"人的发展应该体现在持久生活和活着过更好生活的能力中，发展必须更加关心提高生

---

[1] Fidel Castro, Apply Theory to the Particular Conditions of Each Country, Republic of Cuba, Ministry of Foreign Relations, text of a speech delivered on January 2, 1965, pp. 18-19.

[2] 李小云主编：《普通发展学》，社会科学文献出版社 2005 年版，第 11 页。

活质量和加强自由的能力"。① 在森看来，如果说社会正义的目的在于为每个人过上善的生活提供保障，那么能力则决定了一个人是否有条件过这样的生活。贫困并不在于低收入，而更在于对基本生活能力的剥夺。当一个人确实拥有了实现生活所需的资源时，能否具备有效利用这些资源的能力将决定其是否拥有向往的生活。② 在资源保证的情况下，平等的核心关注的将是能力，而且仅仅拥有摆脱贫困的能力的发展是不充分的，以积极的方式在可供选择的有价值的生活方式间享受和行使自由才是人类发展的最终目的。"发展的过程就是能力拓展的过程。"③ 阿马蒂亚·森能力方法的核心要义是通过能力拓展来扩大人类选择的自由，并最终实现人类的发展。对于发展中国家这种扶持的发展理念倡导国际社会和国家内部政府和各类组织、机构之间的互动和参与；倡导对发展责任的承当和发展利益的分享，从外部扶持到自身能力培养的超越，发展中国家自身能力的培养与形成，才可以实现共同发展。

在国际经济交往的规则中，法律追求公平正义，经济交往强调等价有偿，国际经济协定中的非歧视原则大大减少了国际经济交往的障碍，公平互惠成为国际经济交往的基石，在继续以公平互惠为原则的情况下，在特定情况下引入非互惠原则引入一些具有倾斜性的制度安排，适应不发达国家的国际经济协定的履行能力，满足发展中国家发展时期生存权和发展权的需要，逐步培育发展能力，从国际援助的输血提供自我造血的可持续发展能力。

2. 非互惠制度安排是"授之以渔"的有效途径

南方国家想要获得真正的独立与发展，具备发展的能力才是最根本的出路，此种发展能力的培育使发展中国家获得的"渔"之技能。当然，发达国家绝对不情愿看到依附于其的原材料产地，受其控制的国际经济交往规则优势丧失。"渔"之技能获得需要孵化器，发达国家给予发展中国家获得发展能力的条件，而发展中国家欲获得这些条件必须通过积极的争取乃至团结斗争，吸收利用外资、技术来壮大本国经济实力，从根本上提高南北合作中的谈判能力和地位，在谈判中争取国际规则的实质公平，为国际经济交往奠定公平的基础。

---

① Amartya Sen, Development as Freedom, New York, Anchor Books, 2002, p. 15.

② See Amartya Sen, Development as Freedom, New York, Anchor Books, 2002, p. 69.

③ See Amartya Sen. Development as Capacity Expansion, New York, Journal of Development Planning, 1989, pp. 41-58.

不同的发展水平决定了其履行国际义务能力的差异，形式上平等、一元的、僵化的规则将会进一步扩大不平等。与一般国际条约相比，国际经济体协定在约束力方面弹性更大，有更多的软约束机制，如例外条款、差异的承诺时间表等，国际经济协定以国家经济交往的管理为调整对象，各国发展水平与经济制度的差异决定了各国在经济交往管理过程中的差异和冲突，然而，各国不论大小、强弱、贫富，都具有生存权，发展水平较低的国家应当承担较低水平的义务，不能在无力保障生存的前提下谈论规则的公平遵守，国家要承担与其能力相适应的义务，随着发展水平的提升，履约能力的增强而增加承诺的水平，因此，非对等的义务水平是实质性公平规则所应当考虑的。国际经济一体化和自由化的基石是最惠国待遇和国民待遇，两者共同作用实现了不同国家之间权利和义务对等化，非互惠制度安排是对最惠国待遇的破坏，在 WTO 体制中，非互惠的制度集中体现在特殊和差别待遇，这一原则包含了对发展中国家允许低标准的义务，划分执行不同的时间表、量力而行的承诺，某些领域承担义务的例外，特定环境和条件下的灵活安排，以及技术援助和培训。应用这一原则的方法包括，允许参与阶段和程度不同，允许例外、保留、减免、放弃或过渡期安排。

3. 非互惠制度安排实现了国际投资法制的矫正正义

矫正正义是针对社会资源分配过程中出现的动荡与矛盾而设计的救济措施，它的运行使社会秩序免于失控，在分配正义的基础上，从个案层面合理地配置资源，对整体层面分配后的不当进行调整，矫正正义弥补了分配正义在个案正义实现上的不足。差别待遇是以非歧视待遇为原则，在原则之外对特殊情况区别对待。国际法建立在主权国家平等的原则上，法律平等下的法律制度安排是权利和义务之间存在对应性，形成了平等互惠，条约的缔约国都享有相同的权利并承担相同的义务。但是，国际经济活动多变性和差异性特征与强调形式上的平等之间的矛盾日益突出，在国际经济法领域，条约在并非基于实力相等、经济发展水平相似的国家之间，平等的权利和机会不一定会带来平等的结果，特别是在资源和能力存在巨大差异的世界中，处于弱势地位的国家如果恪守对规则的形式平等与统一适用，必然会造成事实上的歧视，出现结果的严重不公正。不平等不仅包括"相同条件下"区别对待，而且也包括在不同情况下相同对待。

（二）非互惠制度安排的国际实践

在国际经济交往中，针对不发达国家的弱势地位和现实需求，增加有所倾斜的优惠制度并不是发达国家利益的牺牲，也不是发达国家对发展中国家的恩赐，实行非互惠的经济交往制度安排具有深刻的历史渊源和现实意义。

发达国家在发展起步阶段，将发展中国家变为可以任意攫取原材料、剥夺劳动力的殖民地，从而迅速积累财富，实现工业化。他们今日的富强与当年对殖民地的掠夺有着密切的因果关系，而现在很多发展中国家和最不发达国家所具有的经济依附性和畸形的产业结构就是被长期殖民控制和盘剥的结果，由于先天的不足和国际社会尚未打破的国际经济旧秩序，致使这些国家一直处于相对贫穷的困难的境地，难以实现经济政治自决。

今日，发达国家单向给予发展中国家的非互惠的优惠，可以视同为历史上债务人对历史上债权人的债务继承和历史偿还。更重要的是从目前和长远来看，对发达国家是有利的。"非互惠"是指给惠国不要求受惠国立即给予直接的、对应的反向回报。但是，从全局的、长远的角度看，给惠国从受惠国不断取得重大回报和实惠。例如，《洛美协定》建立的欧共体与非、加、太国家建立的非互惠的普惠制所形成的国际发展合作安排，缔约的非、加、太，各发展中国家原先绝大多数是欧共体发达国家的殖民地、附属国或势力范围，是欧共体国家及其重要的原材料供应国和商品销售市场，虽然协定给予非、加、太国家以普惠待遇，反过来，欧共体国家也相应地确保和扩大了在这些国家中的经济利益，确保了原材料的供应和销售市场。由此可见，"非互惠"的概念并不违背公平正义原则。

发达国家与发展中国家在经济交往中，公平互利原则的贯彻往往遇到干扰和阻碍。尽管以不平等条约为基础的公开的不平等已经削弱或不复存在，但是发达国家依然凭借其经济实力上的绝对优势，对历史上积贫积弱、经济上处于绝对劣势的发展中国家，一直进行着貌似平等实则极其不平等的交往，形式上有偿实则不平等的交换。在国际经济规则的制定中，对于经济实力悬殊、差距极大的国家，平等地用统一尺度衡量，用一元标准来要求，实施绝对的、无差别的"平等待遇"，其实际效果使不发达的发展中国家在高标准面前屡屡被提请国际仲裁，巨额的诉讼费和赔偿费让不发达国家的发展陷入更大的困难之中，改变以形式上平等掩盖实质不平等的一元高标准国际经济交往规则的变革，在国际经济法领域已经发生，抑或破茧而出。

对国际经济交往原则"互惠、最惠国、无差别"的突破，实行"非互惠的、普遍的、非歧视的待遇"，不仅是发展中国家争取经济权利斗争的结果，而且也是发达国家由于经济发展需要对原有制度进行的调整。"国际法伟大理念的具体化的成果也令人印象深刻。为改善共处和合作条件的努力仍在继续，这可从就国际安全和国际经济问题所达成的种种协议那里找到明证。"[1] 非互

---

[1]　易显河：《向共进国际法迈步》，载于《西安政治学院学报》2007 年 2 月第 1 期，第 63 页。

惠的普惠制设想最初是阿根廷经济学家罗尔·普雷比查倡导的。普雷比查在向 1964 年联合国第一届贸发会议提交的报告中建议，鉴于发展中国家出口的缓慢增长与工业发达国家制成品需求量的急剧增长不相吻合，发达国家应该给予发展中国家的出口产品免税待遇优惠。如前所述，在第二次世界大战结束后推行了几十年的《关税与贸易总协定》，其中关于"互惠、最惠国、无差别"的原则，对于发展中国家与发达国家之间的贸易是显失公平的，1964 年的第一届联合国贸易与发展会议上，与会国家排除不利于发展中国家出口的障碍，针对来自发展中国家的商品给予普遍的、非互惠和非歧视的关税优惠待遇，并把这种要求和建立国际经济新秩序联系起来加以强调。会议最终通过了一项重要原则："发达国家应当给予全体发展中国家减让，把发达国家之间相互给予的一切减让，推广给予发展中国家；在减让时不应当给予发展中国家任何减让作为回报。……应当把所有发展中国家作为一个整体，给予新的优惠减让；这种优惠不应推广给予发达国家。"① 这一原则初步描绘了非互惠的普惠待遇的轮廓。"这一差别责任原则似乎违反了法律无差别对待主体的重要原则。但经考虑，我们便会发现，差别责任原则实际上是国际法上的一个进步。把能力与责任连结在一起时，这一原则对能力相对小的不要求太多，对能多作贡献的不要求太少；把过去行为与责任连结在一起时，这一原则努力使'惩罚'得当。"②

国际贸易领域，发展中国家关注到这样一个问题：鉴于经济不平等以及对不利方的负面影响，多边贸易体制是否有利于弱势一方，即发展中国家的方式安排相关的规则。在 GATT 开始运作后，发展中国家继续要求改变反映发达国家利益的贸易规则，使发展中国家获得更多的差别和优惠待遇。

首先是对 GATT 第 18 条的修订。在 1946 年伦敦会议上，发展中国家迫使筹委会增设了一个特别委员会起草关于工业发展的条款，最终决定，发展中国家在进口激增有损其发展计划时，可以临时采用数量限制，但必须经缔约方事先一致同意，这就是 GATT 第 18 条幼稚工业保护条款。③ 关贸总协定审议会于 1955 年最终完成了对它的全面修订，修订后的第 18 条在前言和

---

① 《第一届联合国贸易和发展会议记录汇编》（第 1 卷），1965 年，第 20 页。

② 易显河：《向共进国际法迈步》，载于《西安政治学院学报》2007 年 2 月第 1 期，第 63 页。

③ 原 GATT 第 18 条共有 7 款，允许缔约国为了经济发展和重建的目的，为保护国内市场和促进新的国内工业或农业部门的建立而实施进口数量限制，但其具体规定非常模糊，不仅发展中国家和发达国家都有权援引该条款，而且附有协商谈判限制保护期限，报告执行情况等繁琐的程序规定，使发展中国家实际很难背离其义务。

第 1、2 款明确规定："缔约各国，特别是那些只能维持低生活水平，处在发展初期阶段的缔约国的经济的逐步增长，将有助于实现总协定的宗旨；承认这些国家为了实施目的在于提高人们的一般生活水平的经济发展计划和政策，有必要采取一些进口的保护措施或其他措施，只要这些措施有助于实现总协定的宗旨就有存在的理由。"

第二，总协定的第四部分的增补。1963 年关贸总协定第 21 届部长级会议决定成立了一个"与欠发达国家有关的法律和组织框架委员会"，负责为发展中国家编纂新的贸易原则和规章，这份名为《贸易与发展章程》的文件，于 1965 年成为总协定的第四部分，于 1966 年开始生效。GATT 第四部分包括 GATT 第 36、37、38 条，以增加发展中国家收入为目标，专门论及与国际贸易有关的发展中国家的发展需要，非互惠原则成为指导总协定活动的一项基本准则。① 根据第 38 条第 2 款的规定，总协定还建立了一个贸易与发展委员会，负责贯彻实施第四部分的规定，它逐渐由一个附属机构发展为总协定的主要机构之一。

第三，普惠制的引入。普遍优惠制（Generalized System of Preference），简称为普惠制，是发达国家对发展中国家出口的制成品和半制成品提供普遍的、非歧视的和非互惠的关税优惠的制度。所有发展中国家都应同等地享受单方面的优惠待遇，不给发达国家以反向优惠。1968 年第二届联合国贸易与发展大会通过的第 21（Ⅱ）号决议规定各方"一致同意尽早建立一个相互可以接受、有利于发展中国家的普遍、非互惠、非歧视的优惠体制"使普惠制最终得以建立。② 同时，根据该决议还建立了关税优惠特别委员会，以实施普惠制的具体细节。1971 年通过的"普遍优惠制"的决议。③ 该决议以临时豁免义务的形式授权发达缔约国可在 10 年内背离总协定非歧视原则，对发展中国家的出口实行普遍优惠制。

第四，授权条款（Enabling Clause）的确立。发展中国家在东京回合谈判的最后阶段参加进来，主要是要求谈判达成的几个关于非关税壁垒的守

---

① 第 36 条（原则和目标）；第 37 条（承诺的义务），制定了发达国家和发展中国家为贯彻上述原则与目标应承诺的义务；第 38 条（联合行动），规定了各缔约国为促进发展中国家贸易和发展而进行合作及采取联合行动的范围。

② Report of the United Nations Conference on Trade and Development on Its Second Session, U. N. TDBOR, 2nd Sess., Annex 1, Agenda Item ll, UNDoc. TD/97/Annexes（1968）. 38.

③ Waiver Decision on the Generalized System of Preferences, June25, 1971, GATT B. LS. D.（18th Supp.）, 1972. 24.

则，包含对其有利的特殊和差别待遇，并且进一步免除 GATT 体制内的某些一般义务或者放宽现有的程序要求，特别是要求将《关贸总协定》通过第25 条豁免程序提供给他们的优惠待遇，扩展到贸易关系的各个方面并使之合法化。在 1979 年 11 月结束东京回合之际，关贸总协定第 35 届部长级会议通过了一份《差别的更加优惠待遇以及互惠和发展中国家的更充分参与的决议》，这就是东京回合的授权条款，给予了普惠制永久的豁免并提出给予发展中国家关税外的"差别和更加优惠的待遇（Different and More Favorable Treatment，T&D）"，该条款列出的授权范围为：（1）发达国家按照普惠制安排，给予来自发展中国家产品的优惠关税待遇；（2）在多边贸易谈判中达成的关于非关税措施的协议，给予发展中国家差别和更加优惠的待遇；（3）除另有规定外，允许发展中国家在区域性或全国性贸易安排中相互给予减免关税和取消或削减非关税措施的待遇；（4）给予最不发达国家特殊优惠待遇，特别是在普惠制方面给予他们更大优惠。此后，在国际货物贸易领域，乌拉圭回合多边贸易谈判所达成的各项单独文件中都包含给予发展中国家成员优惠待遇以加快其经济发展的规定。可以说，以货物贸易领域为突破口，发展中国家和人民的发展权相继在服务贸易（GATS）、《与贸易有关的投资措施》（*TRIMs*）、《与贸易有关的知识产权》（*TRIPs*）、WTO争端解决机制等领域得到体现。

在国际环境法领域，"共同但有区别的责任"最初是在联合国环境与发展大会上得以正式确立的。1992 年的《里约环境与发展宣言》原则 7 宣布：各国应本着全球伙伴的精神，为保存、保护和恢复地球生态系统的健康和完整进行合作。鉴于导致全球环境退化的各种不同因素，各国富有统一但有区别的责任。发国家承认，鉴于他们的社会给全球环境带来的压力，以及他们所掌握的技术和财力资源，他们在追求可持续发展的国际努力中负有的责任。这一原则经历了从理论构建逐渐转换变为实践的过程①，联合国《气候变化框架公约》对此作了进一步的明确。《气候变化框架公约》以共同但有区别的责任原则作为各缔约国为实现公约目标和履行各项规定而采取行动的指导，要求各缔约方在公平的基础上，根据他们共同但有区别的责任和各自

---

① COP1（the 1ˢᵗ Meeting of the Conference of Parties）会议通过《柏林授权》，1998年 COP4 会议通过的《布宜诺斯艾利斯行动计划》，2001 年 COP6 会议波恩续会通过的《波恩协定》，2001 年 COP7 会提通过《马拉喀什协议》和《马拉喀什部长宣言》和 2002年 COP8 会议通过的《关于气候变化与可持续发展的德里部长宣言》等国际法文件纷纷对"共同但有区别责任原则"进行重申和演绎。参见李静云著：《走向气候文明——后京都时代气候保护国际法律新秩序的构建》，中国环境科学出版社 2010 年版，第 176 页。

的能力，为人类当代和后代的利益保护气候系统。发达国家应当率先对付气变化的不利影响，发展中国家的具体需要和特殊情况需要予以充分考虑，尤其是那些受气候变化不利影响的发展中国家的缔约方，以及按照本公约必须承当不成比例或不正常负担的发展中国家缔约方的具体需要和特殊情况。[1]其中包括两个方面的含义：各国对于全球环境保护富有共同的责任，都应当参加全球环境保护事业；各国对于全球环境保护所承担的共同责任不是平均的，而是有差别的，发达国家负有更大的责任。"发达国家消耗的地球能源最多，造成的破坏最大。发达国家不到世界 1/3 的人口，却消耗了世界上80% 的原料和产品，90% 以上的木材被发达国家所消耗。富国目前平均人均消耗的自然资源较穷国人均数字高 20 倍。"[2]

　　有区别的责任是对共同的责任的一个限定，首先从历史来看，发达国家要对自己历史上的排放承担责任；其次，就各国掌握的"技术和财力资源"而言，发达国家也应该承担更多的责任，因为环境问题的解决需要技术和资金的投入，与发达国家相比，发展中国家缺乏技术和资金，而有限的资金还要考虑优先用于发展经济。因此，从责任分配的原则来看，这种非对等的责任承担机制符合现实需要，是非互惠的制度安排实现公平正义的一种体现。

　　在全面的经济合作国际协定中，《洛美协定》的全称是《欧洲共同体——非洲、加勒比和太平洋国家洛美协定》，是南北经济关系中最大的经济贸易集团，是南北国家之间发展合作的典范。1975 年，欧共体与 46 个非洲、加勒比和太平洋国家签署了 1975—1980 年的《洛美协定》，协定继承了早期少数非洲国家签订的《雅温德及阿鲁沙条约》，《洛美协定》规定了一些发展援助的新形式，欧共体承担以下合作义务：提供特定款项作为发展援助，保证稳定某些农产品的出口收入，即稳定出口收入制度，向非洲、加勒比和太平洋国家内的某些集团，包括最不发达国家，内陆发展中国家和小岛屿发展中国家，提供额外优惠，并就此类援助进行集体管理。虽然这些援助和优惠制度伴随着各种问题，如资助达不到非洲、加勒比和太平洋的经济需求，难以预期的效果，也伴随侵犯人权行为，非洲、加勒比和太平洋国家——欧共体的公约时至今日仍然存续。

　　1980—2000 年，《洛美协定》根据新的形势和现实需要，对优先事项进行每 5 年一次的续约和调整，2006 年修订的第 4 号《洛美协定》（1996—

---

　　① 《气候变化框架公约》第 3 条。

　　② 【圭亚那】施里达斯·拉夫尔著：《我们的家园——地球》，夏堃堡，等译，中国环境科学出版社 1993 年版，第 89 页。

2000 年）被非加太国家与欧盟的《伙伴关系协定》，又称为《科托努协定》所取代，①《科托努协定》有效期为 20 年，其主要目标包括：减少贫困、可持续发展、促进尊重人权和善治，这是两大发展水平不同的区域集团达成的进行发展合作与发展援助的多边协定。《科托努协定》一直贯穿着发展为导向的原则，欧盟是世界最大的发展援助提供方，② 非互惠的普惠制以国际协定的方式予以确认并付诸实践，以具有法律约束力的国际条约形式，确定了欧共体向非加太国家提供财政支持的责任，《科托努协定》是南北发展合作的例证，体现了国际合作发展的新趋势和理念，证明了发展中国家与发达国家之间的互利合作关系是有生命力的。

（三）IIAs 中适用非互惠制度安排的障碍

在国际投资法制框架下，非互惠性制度安排在国际法视野下，主要体现为与国民待遇、最惠国待遇相对的差别待遇，差别待遇尚没有得到原则性的确立和规则层面的具体化。但是，立法实践再次将差别待遇能够纳入国际投资协定的议题摆在了世人面前。2012 年签署的中国—加拿大双边投资协定（以下称中加 BITs），在生效前引发了加拿大学者与中国学者的热议，加拿大学者 Gus Van Harten 为加拿大政府谏言，称中加 BITs 不但存在事实上的非互惠，而且法律上也多处存在非互惠，一旦生效，加拿大政府和投资者将面临巨大的财政风险和利益损失。③ 称其根本原因是加拿大将在未来处于事实上的资本输入国地位。事实上，国际投资天然的非对等性和非互惠性一直存在。从资本流向来看，主要还是发达国家流向发展中国家，而不是发达国家与发展中国家之间的双向互惠流动。

IIAs 序言中所谓的"相互鼓励"和"相互促进"形同虚设，可以说发达国家和发展中国家之间的 IIAs 是极其不对称的条约。从投资协定代际革新的动力来看，发达国家为了保障本国投资者的私人财产利益，单方面规定了东道国的保护义务而不对投资者做出义务性约束，尽可能限制东道国的管制空间。发展中国家和发达国家对投资的关注点大相径庭，缔约利益各异，发展中国家作为资本输入国旨在促进当地经济转型和发展，发达国家母国通

---

① 《科托努协定》于 2006 年 6 月 23 日由非洲、加勒比和太平洋国家集团作为一方，欧盟及其成员国的另一方，在科托努签订，2003 年 4 月 1 日生效，载于 OJ（L317）3. 2005 年有进行了一些细微修订，载于 2005 OJ（L209）27.

② 欧盟的发展援助在数量上占据了世界发展援助总量的 55%。The European Consensus on Development, Official Journey of the European Union, 2006/C46/01, p. 1.

③ 参见 Gus Van Harten 撰，谷锕娜等译，《中国—加拿大双边投资条约述评》，载《国际经济法学刊》2013 年第 4 期，第 20 卷，第 32 页。

过海外投资拓展海外市场，获得海外利益，因此，有的学者将投资条约界定为施与者与接受者之间的条约。① 发达国家和发展中国家谈判地位不同，谈判实力悬殊，各国统一适用的形式上平等规则，则离实质性公平的距离越来越远。

差别待遇纳入 IIAs 存在着与其他国际法部门法，如国际贸易、国际环境保护体制下的差异性，这种差异引发了差别待遇在国际投资法律框架下的适用障碍。制约 IIAs 适用差别待遇的障碍存在于两个方面。第一个方面是，国际投资法律关系主体身份的不对等性，差别的待遇的义务的直接承受者是投资者。从经济盈利的动机来看，这对于投资者而言是不公正的，投资者进入东道国投资，以获取经济利益为目的，与国内投资者相比，东道国公民享有选举权等广泛的政治权利，公民做出特别牺牲是宪法性义务，担负保护本国弱势群体具有法理上的正当性。但是，对于外国居民，要求其承担保护东道国弱势群体的义务，这一义务来源显然不同于国内投资者。虽然当下在倡导社会责任投资，可以说是由于跨国公司的公众性②赋予外国投资者的义务。然而，让投资者在他国作出牺牲为保护他国国民的利益，恐怕从国内法的逻辑难以确证外国投资者义务的正当性，如果没有被普遍接受的、强有力的义务来源对外国投资者施加责任，则将减弱条约实施的效力。

第二个方面是，国际投资流动很多情况下不是双向对等的，资本流量在缔约国之间存在巨大差异，从而引起缔约国双方投资者义务履行事实上的不对等。例如，有的发展中国家作为资本输入国，该东道国政府若享受差别性优惠待遇，则导致对进入该国的投资者不论是来自发达国家还是发展中国家，都要按照差别待遇承受较一般国家更多的投资义务；相反，该发展中国家对外投资流量很小，其投资者可能很少或者没有对外投资活动③，该国的投资者则不需要承担超额的投资义务。差别待遇加剧了对投资者的不公平对待，导致发达国家投资个人承担了额外的国际责任，这部分责任的费用直接降在投资者身上，引起发达国家投资者的积极性降低。由此可见，IIAs 中纳

① See Sornarajah, The International Law on Foreign Investment, Cambridge University Press, 2010, p.187.

② 大型的跨国公司具有公众性，上市的跨国公司的债券投资的公众的广泛开放性，公司行为对股东负责，其中包括对股东所在国的社会责任。

③ 而且大多数投资倾向于去往发达国家，发达国家投资环境好、技术先进，对投资吸引的内驱力比较强。随着近来资源争夺的加剧，拉美、非洲投资量增大，这些地区虽然投资条件恶劣，但是投资成本低，风险边际收益大，成为国家投资者的战略目标地。

入差别待遇存在固有的障碍。

第二节　发展权原则在 IIAs 中适用的总路径

在国际投资体制中对发展权实现予以认可和尊重，第一步就要将发展权原则纳入到 IIAs 的序言中作为总的指导原则，这意味着将发展权的实现融入到投资协定的目标中，实际上，这一目标与促进和保护外资不相冲突，将成为投资条约做出有利于发展权实现的解释依据。第二步通过具体化的权利、义务实体和相应的解释性规则在条约的设计中进行制度安排，让不发达国家获得制度上有利的优惠性安排，补强其弱势地位，通过外国投资促进先进技术转移，保护有利于发展的绿色投资和政府支持，提升东道国的整体发展能力，促进发展权的实现，总体而言，这些国际协定中的制度安排，从国家利用 FDI 的角度扩发展权实现的政策空间，相应地增加发展权制度安排。

在国际协定中纳入发展权，体现出发展本位观，可以通过序言申明未体现发展的理念，也可以通过实体规则确立关于发展的权利和义务，同时通过国际协定的结构来实现。国际协定一般是基于互惠和法律对称而展开，权利和义务往往是相互的，而处于不同发展水平的国家，形式上公平的规则会阻碍经济水平的最终平衡，很多国际实践已经通过考虑缔约国不同发展水平的方法来应对这种实质上的不平衡。当前的 IIAs 强调一元化高标准投资保护，致使很多发展中国家运用此种僵化的规则，在实现国家经济、社会整体发展中面临诸多困难，在权利义务数量和强度方面应当进行一定的修正，给予相对弱势的缔约方一定的偏重保护，提供更大的灵活性空间。以下对如何在国际投资协定中增加实现发展权的考虑提出构建制度的总路径：在给予发展中国家在 IIAs 中特殊和差别待遇原则的指导下，处理好发展政策空间与承诺的关系，在国际仲裁实践中对国内法给予一定程度的遵从，结合国内发展政策和国内治理水平，处理好国际法与国内法的关系，在一个原则和两组关系的统辖之下，进一步在序言、条约规则中增加实现发展权的因素。

一、在 IIAs 中对发展中国家实施特殊和差别待遇

上面提到了差别待遇在 IIAs 中设置的障碍，这一障碍的消解是差别待遇制度涉及的前提，下面首先对消解障碍的途径做出尝试性的探讨，然后对差别待遇的最新发展作出论述。

（一）IIAs 纳入差别待遇障碍的消解途径

适用障碍的消解均与投资者的义务直接相关。投资者成为国际法的主

体，其所承担的国际义务在 IIAs 中得到了确认。在 IIAs 产生之初，母国考虑到发展中国家投资环境的不稳定性，设置了给予投资者强势保护的法律制度来鼓励本国投资者发展海外经济，随着国际法从共存时代走向合作时代，在公益性和共益性合作增加的背景下，可持续发展成为时代主题，IIAs 的法律制度安排正在发生重大变革，这一变革不仅要扭转不设置投资者义务不平衡格局，而且更要对发展中国家公共利益、发展利益特别的关切。对东道国设置倾斜优惠的制度安排成为必然趋势，在国际投资法中就转换为对外国投资者施加较重的义务和负担。第一代和第二代国际投资保护协定很少对投资者设定义务，长期保持着投资权利和义务不对等的局面。第三代投资条约将投资者也纳入到国际法主体的范围内，对投资者施加约束性不断增强的义务。

这一变革一方面与国际经济协定中不断增加的共益性合作的议题有关，更与可持续发展相关的诸多公益性议题密不可分，国际投资法在内的国际约束机制，对国家，甚至是个人开展经济活动所施加的义务也在增加。突破国内法在国际层面对弱势群体的权利让渡，不仅仅是主权国家在国际合作时的一项义务，也越来越多地落实在投资者个体上。[1] 外国投资者进入他国开展经济活动，虽然不能全面地享有东到各国的宪法性权利，鉴于投资者处于国际法律关系之中，其所承担的义务——作为母国国际责任的延伸也在扩大，间接地承担了促进东道国现代化和可持续发展的国际责任。以下三个层面的理论和实践，将解除在 IIAs 中适用差别待遇的障碍。

首先，从国际法的效力等级角度，可以对个人利益在严格的条件限制下为国家利益和公共利益作出牺牲具有正当性进行解释。在特定条件下，东道国国家安全利益与投资者个人利益相比较，国家利益的价值位阶更高，国家利益优先获得保护。东道国的公共利益除了资源、环境、文化保护外，还包括东道国弱势群体利益的保护的内容，在东道国公共利益与外国投资者利益产生冲突时，东道国出于属地管辖原则对投资者进行非歧视的管理，投资者个人财产利益的牺牲以国家经济主权为正当理由。在国际法中，个人利益与国家危急情况下的国家安全利益、公共利益相比，其价值位阶排序在最后，在这些利益产生冲突时，利益价值位阶较高者优先获得保护，但是出于公正考虑，要给予投资者适当的补偿。在将差别待遇纳入投资者——国家法律关

---

[1]　投资者称为国际法责任的主体是不符合传统国际法责任机制的，但是国际刑事责任的追究已经将责任主体扩展个人，社会责任投资逐渐被国际经济法确认，这已经表明，到不同的国家投资承担的潜在责任不同。

系时，差别待遇对发展中国家生存权和发展发展权给予优先考虑，发展权利益保护在投资者个人财产利益保护面前具有较高的效力等级。从本质来看，差别待遇的适用也可以统一适用效力等级的理论来解释。

其次，单向资本流动中个人利益的损失可以通过母国金融支持补偿风险。在已有的国家支持海外经济发展的实践中，母国对走出去的项目和企业均实施投资审查和激励，都有关于风险补偿的国内金融支持制度，投资者获得与投资有关的融资和出口信用保险，要与一定的利益让与相联系，风险损失被优惠性融资支持冲销，例如，要获得援助性优惠贷款，投资者要承诺为发展中国家特定的发展需求作出贡献，优惠性贷款构成风险补偿。一方面，投资者资本去往的地区往往资源禀赋富有优势，如非洲国家，但是其法律制度不健全、地缘政治风险较大、腐败严重，其中巨大的投资风险收益可以覆盖一部分风险；另一方面，母国的政策性信用保险机构在融资、理赔方面出于政策性目标和国际合作的考虑，为海外投资提供 90% 以上的损失理赔。此外，很多国家设立了海外风险基金，也为 IIAs 实施差别待遇提供了补偿机制。例如，日本的协力基金、我国 2013 年 11 月设立的丝路基金，这些资金直接用于优惠融资支持、担保和免退税方式进行损失补偿，促进了本国投资者发展海外经济，构建跨国公司网络。母国的国内资金机制成为母国推动投资者到不发达地区投资的风险补偿机制，有效地分摊了投资者投资承担国际责任的费用，解除了投资者走向不发达地区的担忧。

最后，单向流动中的风险补偿受到国际机构和国际发展援助的支持和调整。官方出口信用机构（Export Credit Agency，ECA）ECA 主导的合作方式包括行业协会、国际会议和论坛等，其中最主要的合作组织伯尔尼协会，以国家为成员的会员体制在承保国际贸易和海外投资方面进行合作，为私人分散和化解风险发挥者市场不可实现的作用，该协会与世界银行、国际信用保险和担保协会、泛美担保协会等国际组织、商业组织保持联系和合作，在共同准则、国家风险分类、最低保费和费率、贷款规则和标准等方面进行协调，形成了诸多国际协议。在多边合作层面，以近来的金砖国家 ECA 合作为例，《金砖国家贸易投资合作框架》提出，"在支持其他发展中国家发展方面，找出可能的合作活动领域"。① 以此为合作基础，在金砖银行的制度构建和发展机制中，将在融资贷款、担保和风险管理领域作出倾斜性的具体合作，以补偿私人投资在促进国家发展方面作出的牺牲。在双边层面，中

---

① 2013 年《金砖国家贸易投资合作框架》具体合作领域：（三）多边场合的合作与协调的第 3 项。

国与周边、非洲和拉丁美洲国家之间正在签订大量的金融合作协定，如2014年11月《中国出口信用保险公司与墨西哥对外贸易银行合作框架协议》，为"一带一路"支持沿线国家基础设施建设奠定了基础，通过切实的金融支持计划提供风险补偿。以政府牵头的合作为母国的投资者提供保护伞，从根本上消除差别待遇责任分摊给投资者个人带来的困难。

（二）可资借鉴的差别待遇新发展

差别待遇是指利用规范向某些国家提供差异化的，一般是更有利的待遇，在特定情形下被迫退出主权平等原则，以适应如经济发展水平差异、应对特定问题的能力不足等外部因素，是国际法应对新的挑战，实现国家间实质性平等的有效途径。① 国际法实现了不论国家强弱，以相同的方式约束所有缔约国严格遵守国际承诺的互惠性平等，最大限度地实现了形式上的法律平等。从欧洲中心的国际法不断纳入战后独立殖民国家作为国际法主体，国际法主体范围的扩大所带来的诉求多元化和能力差异化的现实，再次推动了国际法从形式平等向实质性公平正义的方向发展。

特殊和差别待遇（Special and Differential Treatment，SDT）作为实现WTO协定中发展中国家发展诉求的一项指导原则，在总体上非歧视、互惠追求自由化的基础上，允许发展中国家和最不发达国家通过SDT背离最惠国待遇的要求，用非互惠的诸多制度实现国内的发展需求。当前WTO体制中SDT主要表现为（1）发展中国家低水平的义务承诺；（2）实施时间的分阶段；（3）某些领域给予例外；（4）在特定情况下对规则的适用与遵守给予一定的灵活性；（5）技术扶持和能力建设。② 众多制度体现了允许发展中国家突破贸易自由化的原则，在国际协定中进行了追求实质性的公平的制度设计，虽然这一制度在实践中存在着种种困难和争议，但是SDT已经成为WTO体制非常重要的一部分，新回合的谈判仍然受到发展议题的阻碍，发展中国家的诉求不能得到伸张和确认，整体自由化的新规则（如增加投资以及竞争议题）的谈判进程就难以推进。

差别待遇在国际经济协定中得到了充分的发展。WTO体制内多哈回合谈判的最大障碍是如何更加有效地实现发展中国家要求特殊和差别待遇，在

---

① See Philippe Cullet, Differential Treatment in International Environmental Law, Ashgate Publishing Limited, 2003, p.15. Also see Philippe Cullet, Differential Treatment in International Law: Towards a New Paradigm of Inter-State Relations, European Journal of International Law, Vol.10, No.3, 1999, p.549.

② UNCTAD: International Investment Agreements: Flexibility for Development. 2000, p.30.

贸易体制内增加对发展中国家的发展议题的考虑。SDT 自从 1979 年东京回合 "授权条款"（Enabling Clause, Differential and More Favorable Treatment, Reciprocity and Fuller Participation of Developing Countries），正式赋予了非互惠原则以法律效力，为发展中国家提供优惠的市场准入，在谈判中实行非互惠，依据国家的发展需求给发展中国家提供 GATT 规则之外更大的贸易政策的自由。乌拉圭回合对实现 SDT 方法达成了一些共识，如通过时间限制（time limit derogations）、某些义务更大的灵活性（greater flexibility with regard to certain obligations）以及最佳努力（best endeavours clause）条款为发展中国家提供特殊和差别待遇，GATT1947 第 18 条经过历次修改，在 1995 年在 WTO 协定第 18 条中明确提出 "政府扶持经济发展"，使发展中国家在关税结构中保持一定的灵活度，发展工业基础建设，在收支平衡中使用一定的限制性措施。1968 年联合国贸发会议中南北国家达成普惠制（The Generalized System of Preferences, GSP)①，在区域协定中层面，普惠制在非加太——欧盟经济伙伴关系协定（《洛美协定》）中得到了应用，成为南北发展合作的最成功的典范。

SDT 的本质是给予某些国家一定的优惠，不统一适用国民待遇和最惠国待遇，实为歧视，在实践中适用 SDT 中也存在优惠等级之分，享受优惠的通常是自由贸易协定的成员，接下来是在大多数市场都享有自由准入的最不发达国家（the Least Developing Countries, LDCs），最后是一般性地享受普惠制的发展中国家。事实上，从减少贫困的角度而言，优惠应当基于贫穷，而不论地理位置如何，是不仅仅限于国家，最贫困的人不一定居于 LDCs，特别是在东南亚国家更是如此。②在国际范围内有选择地给予不同国家优惠一直遭到发达国家的反对，因为对某些国家的优惠让高收入国家在推行减少扭曲贸易政策中有间接的负面效应，同时也饱受那些没有享受最大优惠国家（less preferred countries）的批评。据统计，优惠待遇从成本收益角度来说，是一种高成本的方法，增加 1 美元的额外收入需要 5 美元的优惠项目来创造。③ 从全球范围的福利增长来看，将自由化的非歧视待遇奉为圭臬，比采用将最惠国待遇碎片化的差别优惠待遇带给发展中国家带来利益要高得多。

---

① Introduced at the UNCTAD Ⅱ Conference in New Delhi, 1968, was a further manifestation of the principle, the GSP was covered by a GATT waiver, not Part Ⅳ.

② Bernard Hoekman, Operationalizing the concept of policy space in the WTO: Beyond special and differential treatment, Journal of International Economic Law, vol. 8 (2), p. 408.

③ Ibd. p. 410.

即使高成本，但是仍然实施 SDT，其预设前提是，国际贸易多边自由化的基础——最惠国待遇不能为需要在一段时间内免受竞争的发展中国家工业提供有益的保护，对这些幼稚产业的扶持反映了为发展中国家贸易政策提供更大"政策空间"，增强灵活性，在进入富国市场时提供更大优惠。①

为了克服自由化制度下的市场扭曲效应，缩小社会贫富差距实现社会公平的目标，维持有序的世界秩序，国家就必须进行干预而对自由化的政策进行调整。在 2002—2003 年中，SDT 的实行并不成功，反映出 SDT 在制度设计和适用范围上不断加深的成员国之间的差距。国家发展的优先性以及发展能力问题，在新回合的谈判中仍然是考虑的重点问题。② 因此，理论和实践都在批评当前的国际贸易中的 SDT，尝试着赋予 SDT 新的内容和新方法，通过 SDT 实现低成本、高效率地促进发展中国家的发展。

近来，SDT 也出现了新发展，为国际经济法在其他领域适用提供了新的思路。自由化非歧视待遇方面的发展趋势是，向着最惠国待遇自由化与相互优惠的区域 FTA 相混合的方向发展，对市场准入制度和其他实体规则进行区分对待，包含以下要素：(1) 让发展中国家接受更多的自由化规则；(2) 合作的方法，使得发展中国家政府清晰地认识到所采取政策的终极目标，接受对这些政策影响的多边审查；(3) 高收入国家对落后国家进行援助，使落后国家从自由贸易中受益，免除对发展中国家的消极影响的政策。③ SDT 面对新议题谈判，促进南北国家在发展问题上达成一致，近来学界提出的一些建议如下：(1) 接受政策空间原则。意味着对发展中国家是否在新的规则中提供灵活性，只要不产生重大的消极外溢效应。(2) 采用以国家为准的方法 (country-specific approach)。国家依据自身条件决定是否接受新的规则，只要与国内的发展战略保持一致，WTO 所蕴涵的巨大资源就可以实施，但是要受多边监督程序的监督，以确保决策时依据监督和论证而做出的。④ (3) 采用以协定为准的方法 (agreement-specific approach)。事前以协定为

---

① Bernard Hoekman, Operationalizing the concept of policy space in the WTO: Beyond special and differential treatment, Journal of International Economic Law, vol. 8 (2), p. 406.

② Ibd. 407.

③ Michael Hart and Bill Dymond, Special and Differential Treatment and the Doha "Development" Round', vol. 37 (2), Journal of World Trade, 2003, pp. 395-415. Mari Pangestu, Special and Differential Treatment in the Millennium: Special for Whom and How Different?, vol. 23 (9), The World Economy, 2000, pp. 1285-1302.

④ Susan Prowse, The Role of International and National Agencies in Trade-Related Capacity Building, World Economy, 2002, vol. 25 (9), pp. 1235-1261.

基础设立特定的标准，以此决定某个国家是否从协定中退出，这一标准依据国家的行政能力、国家规模的大小以及发展水平来确定。（4）经验的方法（rule-of-thumb）。当一个国家达到一定的发展水平，如每一资本收益、机构能力以及经济规模的最低门槛，国家就可以退出协定。这种方法要得到适用必须解决协商的成本问题。这一标准适用于所有的新协定，退出是自愿性的，随着时间的推移，超过了这些最低门槛的要求时，将自动适用这些新的规则。① 这些对完善 SDT 的建议各有利弊，但是共同特点是两类国家相互妥协，发展中国家作出较多自由化的承诺，发达国家承担更多的义务，提供援助，发展中国家可以依据本国的发展需要接受或者拒绝新规则。国际协定也应当尊重并为国家管理提供一定的政策空间，用相应的资源支持国内决策，但政策空间实现的多样化措施要接受一定的监督以防止保护主义，可以不明确对国家类型进行区分，但要规定一些标准，让国家依据这些标准自愿地进行承诺。此外，渐进式地加入协定，逐步增加义务承诺也成为 SDT 非常有效的方法。

国际经济经济法的另一重要领域——国际投资协定，SDT 的运用非常有限，特别在 BITs 中，除了一些关于在序言中提及促进投资会促进双方经济发展外，几乎没有关于给予特殊和差别待遇的规定，只有部分提出了发展条款，给予国家基于发展需求暂时背离条约义务的权利。在区域贸易协定的投资章节中已经有一定的数量，东盟自由贸易协定有关于特殊和差别待遇的条款②，《洛美协定》在第三部分专门提出了发展中国家和最不发达国家的特殊需求和考虑的法律表述③，《控制限制性商业惯例的平等原则和规则多边协定》中，提出为了促进国内产业的发展、其他部门的经济的繁荣，鼓励通过区域、全球化的安排促进发展中国家的经济发展。④ 第一，SDT 在投资

---

① B. Hoekman, C. Michalopoulos, and L. Alan Winters, Special and Differential Treatment in the WTO After Cancún, The World Economy, 2003, vol. 27 (4), pp. 481-506.

② 东盟——韩国《投资协议》第 16 款特别指出，为增加东盟新成员参与此协定的利益，应可能采取以下方式：（1）从其他方获得有关投资政策、商业信息、有关数据、投资促进联系等方面的信息。（2）获得技术支持以及提升其在包括人力资源发展等在内的投资政策、投资促进等领域的能力。（3）东盟新成员感兴趣的领域进行承诺。（4）承认每个东盟新成员的承诺都是根据各自的发展政策和战略而做出的。

③ FouRth ACP-EEC Convention of Lome, Part Ⅲ, Title Ⅳ, General provisions for the least-developed, landlocked and island ACP States, Article 328, Article 329.

④ The Set of Multilaterally Agreed Equitable Principles and Rules for control of Restrictive Business Practices, Section C. 7.

领域的应用与 WTO 贸易体制中有一定的差异，国际投资活动是一项在东道国的长期的经营活动，直接与东道国的管理相联系，这不同于贸易活动中产品和服务的短期流动；第二，投资领域是东道国——国家的非平等主体的法律关系，也在不同贸易领域以产品为标的国家之间的平等主体之间的法律关系；第三，投资领域在私有财产保护和公共利益方面表现出激烈的冲突关系，但是在贸易领域表现较为缓和，主要表现为自由贸易的经济利益与社会重大利益之间的冲突；第四，投资领域的国际协定多以双边的形式达成，区域贸易协定中投资章节体现出更强的综合性，尚没有形成投资实体和程序性规则并存的多边投资协定，而贸易领域形成了以 WTO 为中心的多边贸易体制。鉴于以上这些差异，SDT 在国际投资协定中的表现形式以及侧重点与 WTO 体制中的有所区别，但是终究不离其本质——一定程度上权利和义务的不平衡构建，客观上形成一系列对追求自由化原则的背离，发达国家承担相对较多的义务，在特定情况下对发展中国家做出让步，单方面给予其优惠，提供一定的能力建设支持，对发展中国家的发展改革管理行为给予正当化免责。在 2013 年 UNCTAD 发布的世界投资报告中提出的 IIAs 中引入 SDT 原则，并给出了一定的构建方案，具体如下：

1. 不平衡的义务——允许在条约的规定中减少对发展中国家缔约方的义务性规定。
   (1) 延迟履行义务。引入实施 IIAs 承诺的时间表，对最不发达成员方引入更长时间的时间表。
   (2) 减低待遇标准。对最不发达缔约方用"尽最大努力义务"条款代替约束性义务。
   (3) 保留。对一般义务的特别保留，如设置"敏感部门"、"特定规模企业的政策领域"。
   (4) 发展友好型的解释。对保护标准作出符合不同国家发展水平的解释，如公平公正待遇。
2. 鼓励发达国家缔约方作出积极的贡献
   (1) 技术帮助。为促进 IIAs 义务的履行、促进国际资本流动，提供技术帮助，承担最大努力义务。
   (2) 投资保护义务。母国在促进 FDI 流动中提供更多的激励，如投资担保。①

---

① UNCTAD, World Investment Report 2013, p. 55.

以上是联合国《世界投资报告》给出的投资协定适用 SDT 框架，从不平衡的强制义务和倡导和鼓励发达国家贡献两个维度，运用了积极歧视和资源再分配的方式实施差别待遇。但是这仅仅是框架性建议，在 SDT 原则的指导下，需要进一步针对国际投资法律关系以及相关的利益内容进行精细化设计，在具体的规则中尽可能增加对发展中国家特定发展需求的考虑，从而在国际投资法律关系中给予发展中国家一些偏重保护，用一定的非互惠规则和灵活性法律工具予以确认，增加承诺的明确性和拘束力，弥补实质性公平的不足，更好地实现和保障发展中国家的生存权和发展权。

二、在 IIAs 中为东道国提供发展权政策空间

（一）IIAs 中东道国的政策空间的界定

"政策空间"是在经济全球化的背景下，针对"国际经济一体化与主权国家有效地行使支持其发展的自治权之间的紧张关系"开展批判性论争而提出的概念①，是国际贸易的统一规则和各国差异化的宏观经济政策之间冲突和协调的概念范畴。对国际经济一体化规则持有不同态度的国家表现出不同立场，在国际规则中保留政策空间受到这样一些国家的赞同：他们认为不存在对所有国家可以适用统一的经济发展和经济增长模式和规则，不同国家的差异性决定了发展路径的不同。② 2004 年 UNCTAD 年圣保罗会议给出的定义是："国内政策的范围，特别是在贸易、投资与工业发展领域……常常受到国际规则、承诺以及国际市场考虑的约束。包括外部的约束，有时还包括国内约束，具体而言包括债务、市场运行的方式，如投资者的反应等。"③一般而言，政策空间也指为了确保在贸易、投资和产业发展领域的公平竞争而进行战略性干预、行使管理的自主权，但是政府的行为要受到国家参与的国际承诺、协定和相关纪律，履行国际义务时诚实信用等原则的约束。④ 在

---

① Mayer, Jorg, Policy Space: What, for What, and Where? Development Policy Review, vol. 27, 4, 2009, pp. 373-395.

② See Hamwey, Robert, Expanding National Policy for Development: Why the Multilateral Trading System Must Change, South centre: TRADE Working papers 25, September 2005.

③ UNCTAD, San Paulo Consensus, TD/410, available at http: //www. unctad. rog/ en/docs/td410 en. pdf. , 2004. , visited non Dec. 22, 2013.

④ 依据维也纳条约法公约第 26 条，由于国家参与国际合作，签署了国际协定就要诚实信用地履行义务，受到条约法和习惯国际法的约束。圣保罗大会中提出了在国内政策空间和国家承诺之间适当平衡。

发展中国家看来，发达国家制定的一体化规则严重约束了国家的发展政策空间，认为广义的政策空间主要由三个国际原则构成：（1）主权平等原则，是指约束性国际规则和纪律的实施取决于参与国平等地行使主权；（2）发展权；（3）发展中国家的特殊和差别待遇原则，是指对发展中国家作出差别待遇相关的规定，以满足发展中国家的特殊发展和环境需求，而不是采用统一标准适用于所有国家。①

广义的政策空间分为"法律（de jure）上的政策空间"和"事实上（de facto）的政策空间"，"法律上的政策空间"是指在国际经济协定的约束下，国家可以审慎地选择国内政策工具的自主权。"事实上的政策空间"是指由于国家财政预算的限制和行政能力的现实，在国家实践中所受到的约束。② 这两种形式的定义对国内治理有重要的意义。"事实上的政策空间"是对管理当局与行政相对人之间存在障碍的描述，如环境治理能力的匮乏、资金投入能力有限等阻碍性因素。从法律层面而言，国家应对发展变化的环境，为满足具有各种政策性需求享有选择和运用多种政策工具的权利，但是国家为国际法义务，在行使国内政策，制定、修订和执行法律、法规时受到了外在国际义务的约束。一般而言，国际义务的强度要适中，这样的国际条约承诺对于国家发展和实现国际合作才能起到相互加强的效果，超越国家履约能力的义务将损害国家履约的积极性和总体社会福利的扩大。

政策空间是对主权概念的发展和对国家管理权的确认。国家基于主权，固有对内独立自主地采取各种发展政策、行使认为适当的措施的权利，但是为了国际合作，国家行为受到必要的限制。主权已经发展为一个有弹性的概念，随着全球化的推进，国际合作的范围急剧扩大，国家在国际协定中对国内治理和政策了作出约束性承诺。政策空间发展了主权的实质内容，在一味地追求一体化、协调一致的背景下，再次强调和确认了主权。特别是国家在每日组织社会活动，保障社会正常运转的国家管理权，国家需要保留充分的政策空间避免实施管理权的困境。在 IIAs 投资者—国家的法律关系中，国家对外资的管理权如何规制的问题是核心。追求高度自由化的投资条约体制，没有为国家行使管理公共事务，不同发展水平不同的国家实施发展政策

---

① See South Centre, Policy Space for the Development of South, No. 1/2005, available at http：//southcentre, org/info/policybrief/07PolicySpace. pdf, 2005.

② Chang, Ha-Joon, Policy space in Historical Perspective-with special reference to trade and industrial polices, Queen Elisabeth House 50th Anniversary Conference, Oxford, July, 2005.

留下适当的自由空间，条约谈判已经在重视这个问题，在欧盟议会关于欧盟与加拿大贸易关系的决议中强调："要求投资章节尊重缔约双方的管理权，尤其是在国家安全、环境、公共健康、工人及消费者的权利、产业政策和文化多样性等领域；呼吁从投资协定中排除文化、教育、国防和公共健康等敏感部门。"① IIAs 的政策空间就是针对缺乏灵活性的、高标准的投资条约体制进行批判而提出的法律概念，倡导尊重国家的管理权，为国家运用 FDI 实现国家政策目标、发展战略提供必要的自由呼吸空间。

基于以上分析，本书将 IIAs 中的"政策空间"定义为：基于国际投资协定、习惯国际法而产生的义务和责任，国家在立法、司法和行政部门执法时，所行使的外资的管理行为受到约束，在外资进入后，东道国为应对变化能够审慎地采取法律、法规以及行政措施的裁量余地。

国际投资条约追求投资自由化和投资保护的目标，但是在非自由化目标——人权、环境、欠发达国家的发展等利益保护日益凸显的今天，国际协定不能对国家的日常行政行为进行绝对的、僵化限制，要给国家应对新的情势留有余地，给予一定的呼吸空间，避免国家的过度承诺。本书的发展政策空间专指发展中国家为了实现本国经济、社会等基本发展需要，在制定政策、法律法规以及实施发展战略目标时，免受或者受到较少国际义务的约束。国际投资法律体制在事前条款设计和事后仲裁庭司法解释中，对国家在保护社会重大利益、发展目标方面尊重国家的政策选择。这种体制的转变关系到取代新的自由主义经济理论思想取代一味强调自由化的新自由主义理论，强调保护投资的同时，改变市场会自动保护非投资利益的观念，加强公共机构和发展建设，社会政治的稳定程度——政府需要在促进这些方面的提升中扮演着重要的角色。② 在投资自由化的国际协调目标之外，为国家主权实现政策目标留下足够的呼吸空间，避免国家过度承诺。

（二）不完全合同理论对政策空间的诠释

政策空间的保留在法律规则层面表现为国际条约的不完全性。契约的不完全性是指未来必定存在不确定性，只有未出现不可预见的情形，并且承诺所固有的相互性没有遭到破坏，履行诺言才具有合理性。但在现实中，制定

---

① European Parliament Resolution on EU-Canada Trade Relations, BT 0000/2011, RE/8639 27EN. doc, PE460. 791 v02-00.

② David Kennedy, The Rule of Law, Political Choices, and Development Common-Sense', in David M. Trubek and Alvaro Santos（eds.）, The New Law and Economic Development, Cambridge University Press, 2006, pp. 151-153.

一个完全契约，不仅不切实际，而且也不可行，因为缔约方不能完全地预见未来。①将国际经济协定视为不完全契约是因为政府在缔约时要面对巨大的不确定性，它们对国内政治和经济状况没有完全的了解，也不能预期在契约履行过程中贸易伙伴可能采取的贸易政策。必须在不可预见的偶发事件出现前，证明暂时或永久、部分或全部事后不履行具有正当性时，为加害方留下某些必要的"呼吸空间"。"国际经济条约包括贸易法、投资法和金融法在内的一个普遍特征是，在经济和金融方面经常出现不断发展变化的情况。过于严格和不灵活的契约可能会损害缔约方的共同盈余，因此在事前承诺和事后灵活性之间应当有所权衡。"② 在国内法中，为达成一项最大化共同福利的契约，当事人会缔结具有法律约束力的契约。该契约会反映有效率的交易；当事人之间的争端通常由国内法院，或可能是通过某种形式的强制性仲裁来解决；③ 但是，国际协定与上述原理上有所不同，因为国际协定比国内契约具有更大的不完全性，因此，国家之间的协定通常不愿意使用过于刚性机制来增加承诺的可靠性。国家经常缔结软法协定而非条约，对于所有国家不可预见和难以计划的可能性，条约设计必须寻找为国家提供调整其义务以适应不断发展情况的机制，同时维护协定的合法性。④

---

①　契约不完全表现为两种迥异的形式。第一，契约未能明确缔约方对特定的未来不测事件所承担的责任。第二种形式更微妙。如果不受将来的相关不测事件影响，缔约方的责任完全明确，但这些责任并非依将来的相关事件来确定，契约是不完全的。这属于不充分考虑不测事件的契约。法院承认第一种形式的不完全，也知道他们必须决定如何填补空白。参见【美】尹恩·艾尔斯、罗伯特·格特纳：《填补不完全合同的空白：默认规则的一个经济学理论》，李清池译，载《北大法律评论》2005 年第 2 期。本书主要讨论不完全契约第一种形式。契约往往具有不完全性，其原因主要在于：外在环境的复杂性、不确定性；信息的不对称和不完全性；个人的有限理性等，这都导致当事人无法达成内容完备、设计周详的契约条款，或契约仲裁者不能证实或观察一切；契约之签订和执行需要一定成本，等等。各种因素表明，契约将不可避免是不完全的。See Alan Schwartz & Robert E. Scott, Contract Theory and the Limits of Contract Law, Yale Law Journal, Volume 113, Issue 3, 2003, pp. 594-595.

②　See Anne Van Aaken, International Investment Law between Commitment and Flexibility: A Contract Theory Analysis, Journal of International Economic Law, Vol. 12, Issue 2, 2009, pp. 507-538.

③　See Andrew T. Guzman, The Design of International Agreements, European Journal of International Law, Vol. 16, No. 4, 2005, p. 587.

④　See Krzysztof J. Pelc, Johannes Urpelainenz, On the Use of Efficient Breach in International Agreements, p. 4. available at http://peio.vweb10-test.gwdg.de/files2011/papers/Pelc,%20Urpeleinen%2007.12.2010.pdf.

在 IIAs 中，国家与投资者形成的管理性关系，当国家面临国家发展的不确定因素时，国家作为契约的一方需要一定的空间制定改革方案，对条约的违反具有不可避免性，这以客观现实在法律体制中需要被认可，并予以相应的正当化安排。国际投资交易的内容不仅涉及资本、技术人员的流动，还有国家权力之分配。在投资自由化带给东道国和母国巨大的经济收益和福利的同时，自由化也使得经济更容易受到外来的不利冲击。IIAs 虽然力图将国家的管理性法律和政策控制在可以预见的范围内，以增加投资计划的可预见性和安定性，但是即便有刚性约束力的契约也不能在条款设计中排除所有形势的变化，何况在国际层面，国际协定更不能覆盖所有可能的政策领域和未来的偶发事件，其原因在于：首先，协定不得不过分限制国内决策。其次，权衡性政策在某些政策领域不可避免。最后，即便可以想象有一个完全贸易协定可管制影响贸易流动的所有决策领域，这样的协定也将是成本太高。①在较多地运用灵活法律措施的 WTO 制度中，世界知名 WTO 法专家 Joost Pauwelyn 指出，WTO 不能信奉更多的法律化，而是要维持一定水平的灵活性或退出机制。特别是必须允许差异化。在谈判开始时，每个贸易协定的可能成员都面对这样的困境：在未来不确定性面前，对事后调整机制都有一种偏好；与此同时，每个成员都希望避免成为投机性背叛的牺牲品，因而倾向于支持契约的严厉性。在这种情况下，签约方最可行的应对方法是评估条约体制的灵活性和执行的效率、可行性和可靠性。但是，由于涉及领域和需要平衡的利益众多，国际经济协定在面对未来巨大的不确定性下展开谈判形成具有约束力的规则，即便将设定了众多的例外、清单和保留等内置的灵活性机制，谈判者也不可能预期偏离协定的所有情形是否达到共同最优的结果。②

因此，IIAs 也应该是刚性和灵活性的结合，一方面，契约义务对于经济和政治环境的变化基本上不敏感；另一方面，国家在设定政策方面要拥有很大的余地，其刚性体现在其规则不能随着外部环境的变化而变化；其灵活性表现为各国政府在执行贸易政策时有很大的酌情处理权，可自由地选择某些管理政策；至于模棱两可性，即条款具有多种语义。这是各国为化解未来国内政治压力的有意选择，尤其是在意见出现分歧时达成共识的一种方式。在

---

① See World Trade Report 2009, p. 28. Available at http：//www. wto. org/english/res_e/publications_e/wtr09_e. htm.

② See Joost Pauwelyn, Optimal Protection of International Law-Navigating between European Absolutism and American Voluntarism, Cambridge University Press, 2008.

已有的贸易体制中，WTO 设计者也意识到经济环境的不确定性和契约漏洞（contractual gaps）存在的严重性，通过设计 WTO 贸易政策灵活性手段（trade policy flexibility instrument）允许成员方在其贸易承诺范围内拥有某种程度的灵活性和能够采取用以处理贸易承诺在作出时无法预知情形的措施。这也可称为贸易应急措施、安全阀或者例外条款，但上述措辞尚不足以涵盖其所有内容。① 虽然制度和契约条款能减少与契约不完全性相关的不确定性，也无法完全消除这些不确定性。这就带来两个启示：一是争端为契约不完全性的自然结果；二是不完全性的解决需要在灵活性和适应性与保持可预见性和稳定性之间达成微妙的平衡。② 就平衡而言，必须设定相当的灵活性制度安排排除国际义务的过度限制，为国家保留特定政策空间。

最优合同可以对所需要的灵活性给予特别的制度安排，合同理论区分内部合同和外部合同。内部合同是指由于外来冲击（不预见的意外事件）采取的合同允许的行为。外部合同是指由于机会主义而造成的、合同所不允许的行为。合同理论赋予第一种情况灵活性，对第二种情况的态度是严格地禁止的。合同理论对恶意的机会主义和善意的不可预见事件的区分，赋予了不同的法律效力。不可预见的意外事件不同于机会主义，事后发生的意外事件的应对是为了提高双方的福利，机会主义是一种减少福利的违法行为。进一步而言，合同的刚性对侵害者造成损害，灵活性对受害者造成损害，但这两种情况都会对合同的事前合作造成损害。在国际投资法律关系中，投资者和国家哪一方会成为违约者造成合同的损害也具有不确定性。一般而言，国家会成为侵害者，国家会不依照 BITs 或者国家合同提供约定的保护，长期以来，发展中国家政府是违约的被告，随着 FDI 双向流动的增加，发达国家也频频成为被告③。刚性的法律体制损害的是国家，因为将风险分配转向了缔约方的其他国家，相应地，灵活性的体制将风险分配转向了投资者，损害的是投资者一方。当前投资体制中诸多刚性制度安排，如保护伞条款积极地影响着投资者的投资偏好。在投资条约中也是如此，在反复的博弈中，谈判双方会预测意外事件而对事后发生的情况事前作出反应，即作出具有适应性的灵活制度安排。总而言之，合同理论所要解决的关键问题之一是，如何对事

---

① See Kornel Mahlstein, Simon A. B. Schropp, The Optimal Design of Trade Policy Flexibility in the WTO, HEI Working Paper No: 27/2007, p. 1.

② See World Trade Report 2007, p. 361. Available at http://www.wto.org/english/res_e/publications_e/wtr07_e.htm.

③ 2001 年 NFATA 体制下加拿大对美国提起投资仲裁。

后的不确定情况在事前予以特定化，或者通过独立的第三方作出可以被信任的解释，从后见之明中获得共同收益。

从政策空间的角度给予发展权实现以一定的灵活机制，可以借鉴合同理论中运用准确与模糊条款、规则与标准、软性与硬性条款、仲裁庭解释中授予更多裁量权等诸多方法，"IIAs 应当实现对维护国家重大安全利益、保持金融稳定，采取审慎措施提供必要的政策空间，为国家应对以外情况采取必要的政策措施提供法律正当性"。① 下面将从增加国际投资法律制度的适应性、灵活度的角度对 IIAs 提出完善建议，这个法律问题将在本书第三章——投资准入制度中的发展权和第五章——IIAs 例外体系中的发展权两章中展开探析。

三、在 IIAs 的解释中对国内治理与国际法标准综合考量

在国际投资法律体制中，国家—投资者的法律关系糅合了国内法和国际法交互作用，本质上反映的是国内法的治理水平和国际最低待遇标准之间的冲突关系。FDI 的国内政策依然能在很大程度上影响以发展为目标的那部分资本流动，良好的市场条件和稳定的国内法律框架，比遵循多边投资规则对于投资者的影响更为重要，但良好的国内环境也会在投资期内发生变化。因此，国际规则对于提高由国内规则所提供的稳定性来说是非常重要的。② 国际投资法律体制在实现发展权方面所起的作用仍然是间接的，国家的发展目标实现依然需要个主权国家依据本国的具体情况和发展战略来实现，IIAs 所起到的只是担保、激励的作用，而不能替代国家以及国内法体制。③ 但是，长期以来 IIAs 的规则和仲裁在认定国家赔偿责任时都将国际法的适用绝对化，完全排除对国内法制和法治水平的考察，倾向于作出有利于外国投资者的裁决。但是，"世界各国和地区都在高度关注国际投资法的演变，并开始尝试以新的思路和模式来应对新形势、新挑战。投资东道国越来越关注其在国际投资仲裁中频频被诉的失控情况，以及国际投资仲裁制度对政府的法

---

① 刘艳：《国际投资协定中东道国政策空间问题研究》第 17 卷第 1 期，2014 年，第 266 页。

② 盛斌：《WTO 多边投资规则谈判中的发展问题》，载《国际经济合作》2002 年第 8 期，第 18 页。

③ Trade and Development Bord, Commission on Investment, Technology and Related Financial Issues Expert Meeting on International Investment Agreements：Concepts Allowing for a Certain Flexibility in the Interest of Promoting Growth and Development Geneva, 24-26 March 1999 Item 3 of the provisional agenda, TD/B/COM. 2/EM. 5/2, p. 5.

律、政策空间所产生的限制"。①

IIAs 难以以统一的标准确定国家规制措施要达到的水平，法治标准根植于国内法律文化的土壤。在国际贸易领域，可以对产品标准进行认定而国际协调，例如，WTO《动植物检验检疫措施协定》（SPS）认可主权国家通过检疫措施维护国内公共健康，但考虑到外国产品市场准入的影响，以及对出口国出口成本的增加，国际标准化组织为了促进自由贸易而设定了协调一致的国际标准。与贸易标准一体化不同的是，投资者是一项持续的、长期性的法律行为，在东道国面临的各种形态、不同发展水平的管制措施，国际协定在缔约时，短期内也不可能在发展水平、法律传统不同的投资管制措施之间达成一致的国际标准。最低待遇标准作为衡量国内管制措施，成为衡量国内行政法水平的一种绝对标准，其所包含的内容在国际投资法理论中至今难于达成一致，因此，在确定对外国人损害的国家责任时，在已有的习惯国际法规则的基础上，考察国内法就显得非常重要。

美国转向双边条约推行"文明国家认可的国际最低待遇标准"，并将最低待遇标准与习惯国际法相联系，对最低待遇标准进行了限定，形成 BITs 范本，在国际范围内用统一的标准和措辞进行推广。面对各种外资管制水平，本国投资者面临的不确定状态，特别是在提交仲裁索赔后对裁决结果的不确定，美国针对海外投资的政治风险，提出最低待遇标准。这是一种解决不确定性风险需要特别的技术，国家在签订 BITs 前可能并不确定其缔约方国内治理水平如何，母国面对投资者进入海外的东道国进行投资，东道国的发展水平参差不齐，需要遵守的法律体制差异巨大，难以控制投资者所面临的政治性、管理性风险，与其在签订 BITs 时考察每个国家的法律体制和治理水平，从提高效率和减低成本的角度出发，"比起两个或少数国家，在利益和观点不同的大量国家之间更难找到互相可接受的妥协。有时就单一文本达成协定的唯一方法是接受'最低标准'（lowest common denominator）协定，其义务限于所有国家，包括最不妥协和风险规避的国家都能接受的最小承诺"。② 但是，迄今为止还没有一套处理关于对国家管理进行控制的国际协调法，因此为形成一致性、合理性的决策尚缺少保持一贯性的令人信服的

---

① IISD：International Investment Law at a Crossroads：What role for China? April 24, 2013, Beijing, p. 3.

② See Richard B. Bilder, Managing the Risks of International Agreement, University of Wisconsin Press, 1981, p. 64.

法理基础。① 虽然有学者认为国际投资法律领域的国际最低待遇标准已经构成了习惯国际法，但是这种习惯国家法特征仍然受到来自一些国家的挑战。

仔细研究国际法和国内法的关系有助于从本质上准确把握国际投资法中的公平公正待遇标准，这一待遇被学者誉为国际投资法的"帝王条款"，究竟何种水平的国家治理和管理行为才能够引起国际法的国际不法行为，构成国家责任并对投资者赔偿，这在学术和司法实践中仍然存有很大的争议。国内法律体系高于或者低于国际最低待遇标准将如何进行评价，这也将是投资仲裁庭公正裁决要回答的首要问题。公平公正待遇所要求标准的高低直接体现了"适度合理良好治理的国家（reasonable well-behaved regulatory state）"的标准，对国内行政法比较的方法进行探析，有助于确立公平、理性地确立仲裁庭审查何者构成"适度合理良好治理的国家"最低门槛。

IIAs 中国内法和国际法关系的探讨也有利于解决国际投资法中国民待遇与国际最低待遇标准之间的冲突问题，这一问题也是一个半世纪以来争论不休的。拉美国家在国内和国际投资条约实践中的"卡尔沃主义"条款，在实体方面反对给予外国人高于本国投资者的待遇，即反对"超国民待遇"，在管辖权方面反对外交保护，强调国内法院的排他管辖权。"在过去的几十年，在签订 BITs 时，发展中国家向神圣不可侵犯的国民待遇屈服，接受了发达国家的最低待遇标准"，② "对拉美国家国内法和国际条约的认真分析表明，卡尔沃主义在排斥外交保护上依然存在，在外资待遇上实现了转型，与 BITs 达成了融合；在国内法院排他管辖和国内法排他适用问题上被大大弱化和搁置起来了……卡尔沃主义并没有完全死亡，因为现在还存在大量的重要例外和保留条款。所以只能说卡尔沃主义已经变形了或者被搁浅了，当世界政治与经济气候趋向适宜时，卡尔沃主义有可能获得复苏"。③ 拉美国家之所以提出卡尔沃主义反对超国民待遇，实行排他的外资管辖权，一方面，与拉美国家刚刚独立，争取经济主权的特定历史背景有关；另一方面，从当前拉美国家对卡尔沃主义温和态度的转变可以看出，拉美国家遵从了BITs 通行的国民待遇标准，开始接受投资的国际管辖权，但同时提出众多的保留和例外，这意味着在难以完全接受国际最低待遇标准的情况下，通过

① Bruce Ackerman, Private Property and the Constitution, New Haven, Yale University Press, 1977, 主要是关于美国宪法第 5 修正案关于征收的论述。

② Santiago Montt, *State Liability in Treaty Arbitration*, Hart Publishing, 2009, p. 306.

③ 单文华著：《"卡尔沃主义"死了吗?》，张生，劳志健译，载《国际经济法学刊》第 15 卷第 2 期，2008 年，第 197 页。

保留特定领域管辖权的方法，变相地实现了要求在国际仲裁庭遵从国内法法律体制和政策。如果能够通过对规则和国际仲裁的司法解释实现对国际标准和国内法律体制的适当协调，从而可以彻底解决了卡尔沃主义对投资自由化和投资保护的对抗的冲突问题。

在国际投资法中，国际法和国内法的协调是构建合理公正的国际投资治理格局所必须探讨的问题。投资者进入东道国要接受国家的监管，遵守一国国内法的规定进行投资建立、运营和扩大等活动，东道国通过国家的发展政策和法律法规引导外资的流动。投资和国家所形成的管理与被管理的国内行政法律关系中，东道国法律法规的变化，行政机构依据国内法实施的行政管理措施，必然会对投资条约国际承诺进行突破，这是诸多不确定性的客观规律。在国际仲裁庭对国家行为的审查中，存在着以下问题：是否可以完全依据"文明国家的最低标准"，对所有国家及其行政机构本来符合国内法的行为做出否定性评价？仲裁庭司法审查的是否应当有一个限度？是否要对国内法表现出一定程度的"遵从"或者为"司法谦抑"？

鉴于公平公正待遇内涵的不确定性，并且其内容尚在形成当中，除了在条款设计中以澄清或者取消这一条款外，① 国际投资仲裁仍然享有对公平公正的解释空间，这一标准的高低以及对仲裁双方的影响，取决于仲裁庭的立场，仲裁庭可以用宽松的方法赋予东道国行政行为以自由裁量权，也可以采取严格解释的方法为投资者提供最大的保护。事实上，对模糊条款的解释也是实现灵活性的一种方法，在发展权原则的指引下，可以做出有利于发展权实现的解释。这一问题将在本书对第四章——IIAs 中公平公正待遇的发展权中深入展开探讨，认为对国家管理行为是否构成国际不法行为的裁定要对分别考察国际法中的最低待遇标准和国内法律体制，国内法将增加对发展中国家特定国情和发展需求的考量。

第三节　发展权原则在投资协定中适用的具体制度安排

IIAs 为国际投资和投资者提供安全保障，为东道国吸引了有益的投资，一定程度上带动了东道国经济增长和发展，在发达国家和发展中国家签订双边投资协定或区域自由贸易协定时，从投资设立的资本进入到投资运营阶段的监管，当前的 IIAs 采用的是统一的、缺乏弹性规则，将投资保护置于优先的地位，东道国为了履行条约义务，减少被投资者提交仲裁的可能，管理

---

①　UNCTAD：World Investment Report，2015，pp. 137-138.

"寒颤效应"成为制约东道国进行改革的障碍，限制了通过 FDI 追求发展目标的能力。但是如何在高标准自由化的一元化规则中适度增加有益于发展权实现的规则，增强不发达国家利用 FDI 实现发展能力的规定，给予发展中国家发展政策空间，是富有挑战性的制度变革，在实施发展政策时给予倾斜优惠，暂时减轻或免除投资条约义务，让发达国家努力承担有利于发展的投资义务，在发展灵活性与确保外国投资的稳定性之间寻找平衡。IIAs 中发展议题除了通过条约的序言中进行宣示性的陈述外，还可以在具体规则中予以确定，通过授权性规则、禁止性规则、解释性规则以及不具有约束性的软法来实现。

一、IIAs 投资定义中纳入"促进东道国发展"要件

投资的定义不仅提纲挈领性地限定了 IIAs 促进和保护投资的范围，更重要的是为仲裁庭确定争议的管辖权提供了解释的依据。在一般情况下，BITs 中投资者与东道国争端条款仅规定了"投资争端"或"就投资产生的任何争议"的解决方式，而未规定投资的特征和构成要件。投资定义的决定了 BITs 缔约国之间对于可递交 CISID 仲裁的"与投资有关的争端"范围的依据，因此投资的定义条款成为 ICSID 仲裁审查庭管辖权的必要条款。对投资的定义进行限制，确立了 IIAs 所保护投资利益的范围，BITs 序言、投资定义以及 ICSID 第 25 条第 1 款的解释都影响着投资的界定。因此，从 IIAs 中投资定义着手引导投资治理对发展权问题的关注，将取得较好的效果。当下，IIAs 缔约和仲裁实践表现出对"促进东道国发展"能否作为投资要件的不确定性，这也为在发展权视角下推进 IIAs 变革提供了契机。

（一）IIAs 仲裁实践中关于"促进东道国发展"的论争

2013 年 3 月，解决投资争端国际中心（ICSID）公布了 2012 年底裁定的德意志银行与斯里兰卡政府之间的投资争端仲裁裁决，[①] 仲裁庭对申请人与被申请国的国有石油公司之间签订的保值协议是否构成 ICSID 公约和德国、斯里兰卡 BITs 中的"投资"有不同意见，进而仲裁庭是否有管辖权以及是否赔偿申请人的问题上有不同观点。在管辖权的不同意见中，尤其是在裁定有关投资是否属于公约规定的"适格投资"时，能否把"东道国发展"作为投资定义的组成标准，构成了论争的焦点，在此基础上得出的不同裁决

---

① Deutswche Bank AG vs. Democratic Socialist Republic of Sri Lanka, ICSID Case No. ARB/09/2, Award, 31 October, 2012; Dissenting Opinion of Makhdoomali Khan, 23 October, 2012.

将直接影响到当事人的权益。因此，在确定 IIAs 的投资定义时，能否把"促进东道国发展"难入考量因素的探讨具有了特殊意义。

从仲裁实践来看，依据 ICSID 公约第 25 条确定仲裁管辖权的问题上，相关裁决意见不尽一致，在仲裁庭考察的关于投资界定的诸多要素中，其中对"促进东道国发展"的争议最大。关于促进东道国发展的标准，主要集中在以下三个方面："东道国发展"内涵的界定——是否限于经济发展；"促进东道国发展"是投资的必要条件还是仅仅为投资的效果；ICSID 序言引导下的投资这一特征是否决定了投资的管辖权。

赞同"促进东道国发展"构成投资要件的主要表现在以下仲裁实践中。2001 年裁决的 Salini 案的裁决认为是否存在投资问题应该考虑如下因素（1）实质性投入；（2）投资项目持续一段时间；（3）投资者承担某些风险；（4）以及对东道国经济发展作出重要贡献。[①] 3 年之后，Joy Mining Machinery 公司诉埃及案，仲裁庭在阐述管辖权标准是要求有关投资要对东道国经济发展作出重大贡献。[②] 2007 年，Malaysian Historical Salvors SDN BHD 诉马来西亚案推动了这一标准的发展。独任仲裁员认为投资对"东道国经济发展"作出贡献具有特别重要性，裁定要获得 ICSID 公约保护的一个重要条件就是对东道国经济发展有重大贡献。[③] 虽然该裁定后来被撤销，但是持不同意见的 Shahabuddeen 法官指出，对东道国经济发展的实质性贡献或重大贡献是 ICSID 投资的一个条件，如果不能把促进经济发展作为投资的条件，那么东道国可能就不去保护那些以东道国经济发展为代价而系统性地获取财富的实体。[④] "公约序言陈述的并不仅仅是投资对东道国发展起到促进作用的问题，而是强调如果要获得争端解决程序的保障，就必须对东道国发展作出贡献。该要求是 ICSID 保护投资的必要条件。"[⑤]

将前三项标准作为投资的构成要件，基本没有异议，"对东道国发展贡献"这一标准，仲裁庭和学者们的争论从未停止过。持反对意见主要有有以下仲裁实践。对东道国发展的贡献这一标准持反对意见的仲裁意见主要集

[①] Salini Costruttori S. P. A and Italstrate S. P. A. V. Morocco. ICSID Case No. ARB/00/4, Decision on jurisdiction, para. 50-58, 23July, 2001.

[②] Joy Mining Machinery, Ltd, v. Egypt, ICSID Case No. ARB/03/11, Award on Jurisdiction, Aug. 6, 2004, para. 50-53.

[③] Malaysian Historical Salvors SDN BHD vs. The Government of Malaysia, ICSID ABR/05/10, Award on Jurisdiction, 17 May, 2007, para. 66-68.

[④] Ibd, para. 22.

[⑤] Ibd, para. 29.

中在以下几个方面。第一，内涵模糊不清。Phoennix 案仲裁庭指出，只要对经济作出贡献就可以了，而不是对东道国的发展作出贡献。裁决进一步指出某一项国际投资对东道国发展的贡献是无法估量的，因此对发展的不同观点就无法估量。然而，集中探讨一项国际投资对东道国经济的贡献，确实也内涵于诸如实际投入、期间、风险这些要素之中。① 促进东道国经济发展这一标准并构成一个独立要件，而对东道国的贡献已经包含在其他三个标准之间了。② 单独来讲，某些独立的投资可能对东道国是有用的，而对投资者可能自身价值不大。③ 第二，"发展贡献"这一标准是争议的实体问题，而非中心管辖权问题。第三，"促进东道国发展"是投资的后果，而不构成投资的要件。在 Saba 案中，ICSID 公约序言中提到的对东道国发展的贡献，这种参考作为投资的结果，而非投资存在的要件。④ 通过投资促进东道国经济发展，此种发展可能是一种期望的后果，而不是投资者为实现投资目标而必须的单独要件。⑤ 2007 年 Quiborax 案认为，对东道国发展贡献是成功投资的结果，而不是要件之一。如果某项投资失败，则其可能未对东道国作出任何贡献，但是并不意味着其不是投资。⑥ 但在 Patrick Mitchell 诉刚果案⑦中，专门委员会驳回了申请人提出的"对经济发展的贡献仅仅是投资定义的补充条件而不是核心要素"的主张，认为却是投资的核心特征和毋庸置疑的标准"。可见，对经济发展的贡献可以作为投资的特征或要素被 ICSID 仲裁实践考量，但仲裁庭对这种贡献的具体内涵仍存在很大争议。⑧

---

① Quiborax S. A., Non Metallic Minerals S. A. and Allan Fosk Kaplun v. Plurinational State of Bolivia, ICSID Case No. ARB/06/2, Decision on Jurisdiction, 27 September 2012, para. 218-220.

② L. E. S. I Dipenta v. Algeria, ICSID Case No. ARB/03/08, Award, 10 Jan. 2005, para. 13（iv）.

③ Saba Fakes vs. Republic of Turkey, ICSID Case No. ARB/07/20, Award, 14 July, 2010, paras. 111.

④ Quiborax S. A., Non Metallic Minerals S. A. and Allan Fosk Kaplun v. Plurinational State of Bolivia, ICSID Case No. ARB/06/2, Decision on Jurisdiction, 27 September 2012, para. 218.

⑤ Ibid. para. 219.

⑥ Ibd, para. 220.

⑦ Patrick Mitchell vs. Democratic Republic of the Congo, ICSID Case No. ARB/99/7, Annulment Decision, November 1, 2006.

⑧ 王璐：《投资定义问题再探讨》，载《国际经济法学刊》，第 18 卷第 4 期 2011 年，第 215 页。

（二）发展权视角下的投资定义构成的解释新空间

国际投资仲裁实践中关于投资定义的解释，可以分为主观主义和客观主义两种解释方法。主观主义将管辖权的确定交给 IIAs 缔约方确定，然而 ICSID 公约有意不对投资定义明确限定，立约时，"考虑到当事人合意这一要件，缔约国可以实现知晓提交中心中的争端的类型，并据此作出是否提交仲裁的判断，因此公约并未试图对投资下定义"。[①] 晚近 ICSID 仲裁实践还表明，仲裁庭在对投资定义进行解释时进一步加强了对 BITs 的考察。[②] 在 Phoenix 案和 MHS 案中，仲裁庭虽然首先考察的是公约第 25 条和公约序言的规定，但同时也重视对 BITs 文本的分析。例如，在判断"对东道国经济发展的贡献"这一特征时，仲裁庭就参考了当事国之间所签订的 BITs 中的序言的规定主观主义解释方法。[③] 这种主观主义的推定做法，擅自忽略了 ICSID 公约对于 ICSID 属物管辖权的规定，从而可能扩大投资的范围。[④]

鉴于主观主义解释方法上的缺陷，实践中客观主义解释不断增多，并日益受到重视。客观主义对 ICSID 的管辖权进行了较多的限制，其中典型例证是 Salini vs. Morocco 一案提出了投资必须具备的四个特征。在 Joy Mining vs. Egypt 一案中，仲裁庭进一步解释，"尽管 ICSID 公约并未对投资一词进行定义，但这并不意味着当事人所合意的任何事项均符合公约项下的投资……争端当事人不能为了仲裁而通过合同或条约对投资进行定义，否则第 25 条将变得毫无意义"。[⑤]

ICSID 公约与世界银行集团的目标一致，两者物理联系决定了 ICSID 公约的解释要有利于发展权实现的解释。ICSID 公约的序言指出，"愿在国际复兴开发银行的主持下建立此种便利"，而世界银行集团之下的国际复兴开

[①] ICSID Reports 28 （1993）；Julian Davis Mortenson, the Meaning of Investment: ICSID's Travaux and the Domain of the International Investment Law, Harvard International Law Journal, Vol. 51, No. 1, 2010, p. 280. 转引自季烨：《国投资条约中投资定义的扩张及其限度》，载《北大法律评论》，第 12 卷第 1 辑，第 94 页。

[②] 王璐：《投资定义问题再探讨》，载《国际经济法学刊》，第 18 卷第 4 期 2011 年，第 216 页。

[③] Joseph M. Boddicker, Whose Dictionary Controls: Recent Challenges to the Term "Investment" in ICSID Arbitration, American University International Law Review, Vol. 25, No. 5, 2010.

[④] 季烨：《国投资条约中投资定义的扩张及其限度》，载《北大法律评论》，第 12 卷第 1 辑，第 94 页。

[⑤] Joy Mining Machinery Ltd vs. Arab Republic of Egypt, ICSID Case No. ARB/03/11, Award of Agu. 6, 2004.

发银行建立的宗旨是"用鼓励国际投资以发展会员国生产资源的方式的促进国际贸易长期均衡增长，并保持国际收支平衡，以协助会员国提高生产力、生活水平和改善劳动条件"。ICSID 与国际复兴开发银行都是世界银行集团的组成部分，通过鼓励民间投资、国际合作以及解决争端等行动为实现世界银行集团的目标作出贡献。ICSID 与国际复兴开发银行之间的合作并不是单独分享资源，它们之间还有财产和经营上的联系。① 它们之间的密切联系决定合作的结合点要落在"强调资本输入国家的发展"上，"对于同时具有 ICSID 和世界银行的双重成员身份国家而言，世界银行集团对于 ICSID 所具有的经济、技术和后勤保障方面的作用和影响是不可忽视的"。② 由此可见，ICSID 的目的并非仅仅限于解决投资争端，其还有与世界银行集团相一致的任务，包括推动东道国的发展。因此，"保护私人投资财产权并非国投资仲裁机制的首要目标。忽略 ICSID 仲裁背后的经济动因而将其视为保护外国人财产权或人权的制度性安排，不但违背了缔约方创立或同意 ICSID 机制的初衷，在实践中也将有损东道国的利益"。③

ICSID 公约对发展已有规定。ICSID 公约序言第一段指出，为经济发展和私人国际投资有必要进行国际合作。这个目的在国际复兴开发银行执行理事会报告中有所确认，"强化缔约国在经济发展合作方面的伙伴关系"而制定本公约，④ 很多裁决引用该序言规定并据其认为把东道国发展认定为投资的要素之一。然而，引用公约序言意味着经济发展是公约的目的和宗旨之一，对于促进东道国经济发展资本才有可能获得投资地位，从而获得 ICSID 仲裁的保护。但是这并不能充分证那些没有对东道国有积极影响的投资，就必然不是公约第 25 条意义上的投资，由此排除在 ICSID 的管辖范围之外。⑤

---

① ICSID 公约第 2 条规定，ICSID 的总部设在国际复兴开发银行总部办事处；第 5 条规定银行行长同时页是 ICSID 执行委员会主席；第 17 条规定任何 ICSID 不能承担的额外开支都要有世界银行承担；第 38 条规定，国际复兴开发银行的行长，作为 ICSID 行政理事会的主席，在特定案件中有权任命仲裁员。

② Valentina Okaru-Bisant, Proposals to Combat the Multilateral Investment Guarantee Agency; s Deficiencies: Promoting Private Warter Investments and Preventing Corruption and Consumer Risks, Sustainable Development Law Journal vol. 14, 2011, No. 1, p. 23.

③ 季烨:《国投资条约中投资定义的扩张及其限度》，载《北大法律评论》第 12 卷第 1 辑，第 100 页。

④ Malaysian Historical Salvors SDN BHD vs. The Government of Malaysia, ICSID ABR/05/10, Award on Jurisdiction, 17 May, 2007, para. 66-68.

⑤ Christoph Schreuer et al, The ICISID Convention: A Commentary, Cambridge University Press, 2nd ed. 2009, p. 117.

本书认为，投资虽然是一个中性的表达，但是法律的保护都是存在价值判断的，符合制定阶级利益的法意才能受到法律的保护，不能因尚未在投资定义部分列明而将对东道国不利的投资纳入 IIAs 和 ICSID 的保护范围。

国际投资仲裁学者 C. Schreuer 认为，公约的主要目的是促进经济发展，经济发展在很大程度上取决于民间国际投资。公约设计的目的就是要通过建立一个有利于投资的氛围而鼓励民间投资的。① ICSID 公约所保护投资所具有的一些特点，其中就包括"有关投资项目应当对东道国发展做出重大贡献"。他认为这是 ICSID 公约规定投资的一个重要特征，但是并不能必然构成管辖权要件。②

从仲裁庭的解释依据案情摇摆于客观主义和主观主义之间，对投资构成要件的解释尚存在不确定性。在促进发展权在 IIAs 中实现的视角下，鉴于难于直接修改 ICSID 公约，则可以在 IIAs 缔约实践中，对投资的定义增加"促进东道国发展"或者"对东道国发展贡献"的措辞。

（三）"促进东道国发展"的内涵的扩张

在联合国贸发会议（UNCTAD）所倡导的新一代投资协定——可持续发展的投资政策，这一政策倡导包容性增长。相应地，东道国发展的内涵也呈现出扩张的趋势。

发展的内涵从东道国 GDP 增长扩大到东道国社会全面进步的发展标准。首先，经济发展的重大贡献并不意味着需要度量和计算，其含义不限于 GDP 或者人均 GDP 的增长，数量的增长一般也难以涵盖质量的提高。其次，东道国的发展包括了经济增长之外诸多因素的提升。从法律角度讲，通过考察相关的个案，在裁定投资是否对东道国经济发展作出贡献时，一般考察：投资者在东道国的投资是否服务于公共利益；是否向东道国转移了技术、诀窍和专有技术；是否促进了东道国 GDP 的提高；是否"善意"和"合法"；投资项目对东道国发展的积极影响，等等。1992 年世界银行《外国直接投资待遇指南》对与解释 ICSID 公约背景下的"经济发展"提供了指引。《外国直接投资待遇指南》序言规定，"通过较大规模的竞争、资本、技术和管理技能的转让，增加社会市场准入机会，以及国际贸易的扩大，外国投资者的较大规模流动能对发展中国家的经济发展带来实质性利益，尤其是可以促进东道国的长期效应。"这一不具有法律约束力的国际文件，对评估东道国境内投资贡献提供了参考的标准。2006 年，Partrik Michell 诉刚果

---

① Ibid p. 128.

② Ibid.

案的撤销委员会指出，"ICSID 仲裁庭没有必要去评价有关投资活动的真正贡献，有关投资经营通过一种或者其他方式对东道国经营发展作出了贡献就足够了，无论如何，这种经济发展的概念十分宽泛，并且根据具体案情也是易便的"。①

价值判断的可变性对投资认定会产生影响。价值判断是依据主体的需要而做出的认定，再加上经济活动本身的不确定性，进一步增加了"投资促进东道国发展"判定的难度。首先，经济发展标准将与一般商事交易相区别。如果投资者对有关项目的投资非常重大，如果投资成功将极大地促进东道国经济发展，从来没有发生或者从来没有对经济发展作出过可以实际计量贡献的失败项目，仍然有可能符合该标准。② 东道国发展是一个不完善的预测因素，取决于东道国经济规划的波动性。譬如，一座核电站 1 年内就可能给东道国带来很大程度的发展，但是下一年因为环境问题就可能变成灾难。③ 其次，仲裁庭的解释依据个案依然会保持较大的灵活性。Salini 案要求外资能够"有利于东道国发展"，Joy 案则主张投资应能"为东道国发展起到重要贡献"，从经济发展到发展的措辞变化，仅凭语义很难判断对合格投资的要求是放宽了还是更加严格；从有利于到重要贡献，这一表述的变化虽然明显，但是为实践留下了空间。④ 从前述相关仲裁实践来看，仲裁庭适用所谓的 Salini 标准裁定是否存在投资行为，但是近来开始强调该标准并不是固定不变或者强制性的；相反，考虑到个案案情以及同意 ICSID 仲裁文件的性质，仲裁庭倾向于采纳一种更加灵活和务实的方法界定投资定义，将东道国发展状况进行宽泛的解释和描述。

ICSID 对投资定义的缺失，对 IIAs 予以明确化提出了要求。已有的 IIAs 投资术语和发展问题的规定也不尽相同，有的 IIAs 或 BITs 范本规定其目的就是"促进缔约国经济合作和发展"，或者为"为了经济发展而有必要进行

① Partrik Michell v. Democratic Republic of the Congo, ICSID Case No. ARB/99/7, Annulment Decision, Nov. 1, 2006, para. 33.

② Michalel Hwang & Jennifer Fong Lee Cheng, Definition of Investment—A Voice from the Eye of the Storm, Asian Journal of Invetment Law, Vol. 99, 2011, pp. 120-121.

③ Monique Sasson, Substantive Law in Investment Treaty Arbitration: The Unsettled Relationship International Investment Law and Compatitive Public Law, Kulwer Law International, 2010, p. 35.

④ 季烨:《国投资条约中投资定义的扩张及其限度》,《北大法律评论》第 12 卷第 1 辑, 第 94 页。

国际合作"①。这样的表述仍然会引发仲裁参看 BITs 和 ICSID 公约双重管辖所带来的不确定性。有的 IIAs 用模糊不清的语言界定期目标和目的而不涉及经济发展。譬如，2012 年 9 月签订的《中国—加拿大 BITs》仅仅在序言中规定"承认有必要在可持续发展原则的基础上进行投资；希望基于平等互利强化缔约国之间的经济合作"，与"东道国发展"的提法相差很远。类似的规定给仲裁庭留下了自由裁量空间，将继续增加投资定义标准不同解读，及东道国发展作为投资标准的不确定性。我国在投资缔约实践中，应在序言和投资定义中明确表述"促进东道国发展"，为发展权在 IIAs 中的实现奠定基础。

二、IIAs 中增进发展中国家的发展能力的规定

增加发展中国家发展能力的规定的首要方面是投资准入的差别承诺列表和保留。准入控制是实现国家经济主权的最重要阶段，在外资准入阶段，东道国享有设定一定的条件允许合格投资进入的外资管辖权，国家依据发展规划引导外资的流向。随着投资自由化的深入，东道国逐渐放松了对外资的审查权，发达国家在外资在准入阶段也推行国民待遇，除特定领域予以一定的控制外，外资享有非歧视的待遇，自由地在国内设立投资。但是，发展中国家仍然在准入阶段保留了管辖权，有些发展中国家如印度尼西亚，在 BITs 中，逐渐引入了准入阶段的国民待遇，获得自由化带来的丰厚利益，然而，鉴于国内发展水平，很多投资领域难以达到和发达国家互惠的开放水平，必须依据本国的发展能力和需要进行限制，因此，必须在原则上给予国民待遇的同时采用一定的排除措施，对重要的战略领域、敏感领域以及关乎国计民生的部门进行限制，继续保留外资管辖权。可以采用列表承诺的方法进行控制。也可以采取过度期制度，在达到一定的标准后，自动放开某些领域，给予国民待遇。这种非互惠的方法是"在履行市场准入承诺时，发达成员方应充分考虑发展中成员方的特殊需要和环境，以提高对他们有特殊利益市场准入机会"，这是"最佳努力条款"在国际投资领域的体现。在发展能力较差的时期，发达国家允许发展中国家将较多投资领域控制权保留在东道国控制之中，采取逐步放开的方式，在形成了开放的能力和条件之后，再与发达国家履行互惠的自由化承诺，由此增加发展权的考虑因素。关于列表承诺在

---

① 《能源宪章条约》的序言明确指出，宪章的基本概念就是通过能源方面的投资和贸易自由化促进经济发展。美国 2012 年序言规定，"缔约双方承认有关投资保护协定将会促进缔约国之间的民间资本流动和经济发展"。

投资准入阶段的应用将在第三章第一部分进行详细的探讨,这部分提供多种灵活的准入立法模式供不同发展水平的国家在谈判时进行选择。

准入制度的另一方面是对履行要求限制的放宽。对履行要求限制是投资自由化进程的表现之一,反映了对东道国外资管辖权的约束,由于各国经济发展水平的差异,各种履行要求对不同国家在促进 FDI 实现国家发展目标中的作用也有所不同,很多东道国不愿放弃使用投资措施的自由。如果对履行要求不分层次、不分情况地全面的禁止,势必使最不发达国家丧失运用投资管理措施的权利,而这些措施关系到国家的生存和发展,自由化的目标不应当僭越国家发展权——这一保障个体人权实现的集体人权,国家有权采取利于其实现发展的外资管理措施。若将履行要求纳入 IIAs,即进一步削弱东道国的外资管理权,则即便在形式上加速了投资自由化的进程,不考虑不同发展能力国家的发展需求和特殊国情,僵化地限制履行要求的使用,终将引起发展中国家的反对和不合作。如何在履行要求中增加发展因素的探讨和规则设计将在第三章第二部分展开。

三、在 IIAs 中增加旨在扩大发展中国家发展政策空间的规定

外资在获取投资利益的同时,对东道国技术、管理以及生活方式产生积极的外溢效应,发展中国家通过外资带来充沛的资本和优良的项目获得本地的发展,东道国政府依据本国的实际情况,并对外资的运营持续地实施管理,引导外资需要的领域和地区。现实中,经济活动以及国家发展的动态性与东道国在投资进入时给予承诺的稳定性之间形成了冲突,投资者期望东道国外资政策以及管理法律、法规措施的稳定性和透明化,据此计划投资活动并获得稳定的收益。但是,发展中国家,特别是最不发达国家处于社会变革时期,国家发展战略、政策、法律较为反复异变,特别在受到经济金融危机影响时抵抗能力薄弱。

若 IIAs 制度设计的理念过于苛求东道国保持稳定不变的法律和政策措施,无异议于让国家放弃经济管辖权,放弃本国的发展。发展中国家的发展水平参差不齐,国内的法制传统和治理水平也存在着差异,一方面,投资者在投资决策时应当有合理的预见,适当确定"合理期待";另一方面,仲裁庭在司法审查做出裁决时也应当尊重东道国的具体发展情况和国内法,不能一味地按照统一高标准评价政府行为,保持适度的"司法遵从"、"司法谦抑",只要满足了透明度、必要性、比例原则、公正程序等公正行政的基本要求,不过度解释最低待遇标准,不苛求东道国的"完美治理",充分考虑欠发达国家的实际治理水平和法律体制现实,留给东道国充分的管理政策空

间。"政策空间"在 IIAs 中主要在体现对例外条款、在管理性征收的认定，以及在争端解决中对公平公正待遇的解释兼顾国际法最低待遇标准与国内法的关系等方面。

（一）IIAs 对重大利益在特定条件下给予例外保护

国际投资协定中的例外指 IIAs 中关于某些情形下特定的原则、规则不予适用或者仅仅部分适用的规定，从一开始就限定了国家加入国际协定后承担义务的程度，①例外条款也称为"逃避条款"、"免责条款"，例外是针对某一经济协定或者部门法的优先目标而言的，例如投资协定以投资自由化和投资保护为宗旨，预期并行的国家利益、公共利益、发展利益等相对于私人财产利益的保护，在国际投资法中就属于例外。经济类国际条约中采取例外条款已经成为有效而普遍采用的法律工具，这是由经济活动本身的多变性、复杂性引起的，国家在管理经济事务的过程中，其行政目标的多样化与私人投资利益的最高保护发生冲突，而诸多利益交互作用，某种利益的最大化保护将排斥其他利益的实现，在这种冲突中，有的形成矛盾性的固有冲突不能协调，有的是特定条件下的外在冲突可以调和。各种例外条款就为此冲突提供一种灵活机制，为国家管理贸易、投资以及金融等经济活动提供了合法的理由，为国家依据本国的需要保留了适当的政策空间。

本书将 IIAs 中以追求投资者财产等私人利益保护为中心相冲突的诸多重大利益为展开深入研究，首先对重大利益以一定的标准进行分类，构建了重大利益体系；在重大利益体系之上，对相应的例外条款分类进行了探析。"可以按照东道国行驶管辖权的特征，在 IIAs 中构建对日常公共事务管理、意外事件、发展权实现的例外条款体系。"② 特别是对于正在形成中的一般例外以及保障发展中国家发展权的发展例外，进行了大胆探索并提出了构建方案，并指出这些例外条款及其适用在投资领域与国际贸易领域的差异。这些问题将在论文的第五章——IIAs 例外体系中的发展权展开。

（二）将基于发展权实现的管理性行为从间接征收中排除

随着行政国家的兴起，国家管理经济发展、社会生活等公共事务的范围不断扩大，除了在特定时期进行大规模的征收外，国家管理公共事务的政

---

① UNCTAD：UNCTAD Series on issues in IIAs, International Investment Agreements：Flexibility for Development, p. 49.

② 刘艳：《国际投资协定中东道国政策空间问题研究》，载《武大国际法评论》第 17 卷第 1 期，第 271 页。本书依据对重大利益的分类，主要分为一般例外、重大安全例外和发展例外。

策、法律、法规，以及相应的行政措施，都可能造成对投资者私人财产权的损害，在国际投资实践中，投资者在东道国依据当地的政策、法律法规安排投资计划、开展投资活动，东道国管理体制的变化会引起投资者投资权益的减少。首先，IIAs 投资定义有所扩大，① 近来除了资产证券化外，更多的有型和无形资产纳入"投资"范围之内。其次，按照传统的征收理论，国家有权对居民，包括投资者的财产实行国有化或征收，但是依据"唇齿条款"，征收和补偿同时出现，国家有义务对个别公民的特殊负担作出补偿。然而，如果国家动辄就对日常管理行为造成的损害提供补偿的话，特别是发展中国家，在社会转型和实现某种社会发展目标过程中，通过法律行使国家管理权造成私人财产利益的损失，沉重的发展负担②会进一步加剧南北国家之间的差距。从现实角度看，过于严格的国际义务会让发展中国家通过国家行为，如国会限制参与国际协定的谈判、不遵守条约、重新谈判来抵制不公正的国际义务，这样会严重削弱国际合作的效力。

不论是国内还是国际立法实践，关于管理性征收与国家正常的管理措施之认定并不明晰。鉴于历史因素和发展中国家的弱势发展地位，发达国家应当努力承担较多的义务，在资源的再分配中给与发展中国家较多的积极优惠和较少的负担，国家的政策性金融机构在投资保险制度方面，为本国私人投资者予以更多的风险补偿，在促进资本流向发展中国家时予以贷款优惠，承担与发展中国家不对等的义务。个人投资利益因国家发展进程中作出的牺牲，被称为"特别牺牲"，"特别牺牲"在征收补偿制度的安排中，应该用明确的措辞将"国家发展战略实现"作为正当理由，将发展中国家基于实现发展权的管理行为，从间接征收的范围内排除，免除国家的补偿责任，将这一成本转移到母国的政策性金融机构，在特定时刻，将投资者个人承担的东道国发展成本转化为代表国家意志的机构之间协调，这一做法将对增进发展中国家经济增长，加速现代化进程有非常重大的意义。当前一些 IIAs 将国家有关安全、环境、健康的管理性措施从间接征收中排除，但排除事宜的范围仍然不能全面涵括基于发展权实现的管理措施。关于如何在征收补偿条款中纳入发展权原则的具体内容将在论文的第六章——国际征收制度中的发

---

① 张庆麟：《论国际投资协定中"投资"的性质与扩大化的意义》，载《法学家》2011 年第 6 期。

② 政府会在遵守国际协定的成本与未来失去投资的收益之间进行比较，国家会选择不遵守或者退出协定。例如，2000 年阿根廷经济危机中，很多 ICSID 案件，阿根廷政府虽然被仲裁庭判决赔偿外国投资者，但是阿政府拒绝履行。对 CMS v. Argentina（1 September 2006），阿政府一直没有履行赔偿责任。

展权详细展开。

（三）争端解决通过公平公正待遇增加对国内法的考量

公平公正待遇标准在 IIAs 中作为与非歧视待遇条款相并列的一项待遇标准，在保证投资者在不同的东道国投资享有相同的非歧视待遇基础之上，又在相对待遇标准之上增加了将国家对外资管理控制在一定水平的绝对待遇。在公平公正待遇标准纳入国际投资协定的过程中，不论是理论上还是实践中都存在较大的争议，尚未对"公平公正"的具体含义没有作出能够达成一致，在公平公正待遇条款的设置的严谨度方面更是良莠不齐。发达国家为保障海外投资者能够获得的投资保护能在一定水平之上，力主将公平公正待遇与国际最低待遇标准挂钩，全面排除对东道国国内法和具体发展现实的考察，将公平公正待遇作为一项完全独立于国内法的绝对待遇标准在仲裁中扩大适用，使争议国政府难以预见仲裁的结果，特别是对国家的发展变革中管理性立法权、行政执法措施产生惊悚，让东道国无所适从。本书认为，公平公正待遇的合理解释和适用要考虑到各种发展水平现实、治理水平需求的标准，国内法考虑应当成为公平公正待遇内容的一部分。只有考察了国内法，发展中国家的特殊发展现实就有可能得到体现。

公平公正待遇难于用明确的术语加以解释，已有的例举性解释仍然非常模糊，国际投资仲裁也难以把握审查自由裁量权的合理范围内，本书不主张对公平公正待遇作出明确的界定，而是将公平公正待遇作为一套仲裁庭国际司法审查的规则和程序。对国家管理性行为合法性与合理性进行区分，建议仲裁庭审查对象国的国家政策、国内法，在合法性和合理性事项上分别适用国际标准和国内法标准，对行政法自由裁量权给予不同程度的尊重，对此的详细探讨将在第四章展开。

四、在 IIAs 中对母国和投资者增加提高发展能力的义务性规定

在 IIAs 中增加有益于发展权实现的考虑因素，通过权利和义务的安排对国家和投资者的行为形成具有约束力的指引，在发展能力差异的前提下，权利义务的不对等分配可以矫正发展差距，形成实质性的公平正义，这种方法正是特殊和差别待遇的原理所在，让发达国家提供援助，承担较多的义务，增强发展中国家发展能力。传统的投资保护协定没有对投资者和母国作出相应的义务规定，在投资带来负面外溢效应，提倡可持续发展、人权保护的今天，对投资者的义务性规定有利于投资和投资者不以当地环境污染、以劳工权益牺牲为代价获得投资收益，不发达国家由于资金欠缺、技术水平落后，在提供克服投资负效应方面能力薄弱，在发达国家投资者向发展中国家

投资时，发达国家母国有义务对投资项目监管，要求投资者不得出口落后技术，实行劳工、环保双重标准。发展中国家投资者投资时，不得要求最高的标准，给发展中国家投资者投资的机会，使海外投资有生存和发展空间，逐渐增强发展中国家海外投资的能力。

（一）提供发展为导向的促进措施和技术援助

IIAs 的实施也需要有利于促进发展能力的援助。在贸易体制中，技术援助是 SDT 的重要组成部分，发展中成员方人力资源缺乏，基础设施落后，与国际贸易相关的政策体制还不完善，利用贸易自由化的能力培养还很困难。因此，发达成员方在海关评估、装运前检验、争端解决等方面向发展中成员方提供技术援助，帮助发展中成员方进行 WTO 参与能力建设，WTO 中与此相关的规定共有 14 条。① 发展中国家在实施 IIAs 义务时也会面临金融、管理、人力资源方面的困难，难以有效的运用适当的机制和机构，充分发挥协定的积极效用，为了促进发展目标的实现，对缔约国的经济发展不平衡给予足够的重视，在 IIAs 中可以详细规定一些提高发展效果的扶持性措施。一种是通过母国的投资激励，另一种是通过技术支持，而两者之间也是相互联系和彼此促进的。一般是资本输出国，主要是发达国家投资者的母国规定相应的义务，对本国的海外投资者提供激励性措施，以促进增强发展中国家发展能力的技术援助，如《洛美协定》母国的促进措施，规定对非加太国家中小型企业提供股份或者贷款融资，研究克服或者减少东道国可以促进经济发展的个人投资项目风险的措施。② 或者母国和东道国之间展开信息互换，采用"技术合作条款"，通过公司代表完成投资使命的方式，提供有关商业机会的投资信息。《欧盟亚洲投资计划》③，设立能够促进向亚洲国家

① 肖光恩：《特殊与差别待遇的发展变迁》，载《江汉论坛》2003 年 10 月，第 27 页。

② Article 259, Fourth ACP-EEC Convention of Lome, this article is on home country promotional measures in interregional agreements.

③ 1994 年欧盟为了增加对亚洲的 FDI，提出了"向着新亚洲战略迈进（Towards a new Asia strategy）"，其中规定了一系列帮助亚洲—欧洲之间投资的安排，包括设置商业基金，用于（1）市场监管，（2）对语言和是商业文化的知悉，（3）技术支持；亚洲投资促进活动；亚洲投资促进网络；亚洲投资支持活动。See Measures adopted in the context of the Asia-Invest Programme, the Financial Crisis in Asia and Foreign Direct Investment：An Assessment（GNEVA：UNCTAD），United Nations publication, Sales No. GV. E. 98. 0. D. 29, and Handbook on Foreign Direct Investment by Small and Medium-sized Enterprises：Lessons from Asia，（New York and GNEVA：United Nations），United Nations publication, Sales No. GV. E. 98. Ⅱ. D. 4.

投资的基金，展开研究、信息分享、建立成员关系，构建亚洲投资信息网，为满足一定条件的投资提供资金、信息和技术支持。ECT 也含有鼓励为了实现协定目标而进行非商业目标技术转移的规定①，消除、不得创造关于能源材料、产品以及服务设备技术转移的新障碍。② 此外，发达国家资本输出国为海外投资者提供的政治风险担保，也是传统上母国单方面提供发展促进措施的一种方式。用约束性规则规定发达国家母国促进 FDI 向发展中国家流动，也鼓励发展中国家之间的资本流动，由此增强发展中国家跨国公司的国际竞争力。同时，国际组织提供技术援助以协助母国的实施促进措施，提高发展中国家有效应对外国投资的能力。③

在投资领域，对发展中国家的技术援助就更加广泛，更具有直接效应。在发展中国家作为资本输出国，其投资者向发达国家投资时，差别待遇表现为发达国家为东道国给予投资者优惠性差别待遇。由于来自发展中国家投资者参与国际投资的经验少、适应能力差，投资成功率低，因此需要发达国家作为东道国在监管标准上让步、给予技术和服务支持。履行要求和投资激励的法律规制中，涉及技术投资和转移的内容很多，在履行要求中，对于技术转移要求，对于发展中国家进行基础设施建设和发展环境友好型等技术，允许东道国采用此种履行要求，要求投资者给技术转移，适当给予补助，或者伴随某种投资激励来使用。更重要的是，发达国家向发展中国家转移的技术必须是先进的，不得将国内落后、淘汰的，具有危险性的技术，将东道国国作为技术垃圾的处理站进行倾倒，应当对技术转移国家的投资者和母国作出义务性规定。

（二）增加环境条款、人权保障的社会责任条款

当前，虽然发展中国家也逐渐扩大资本输入，进入资本输出国的行列，但是世界 2/3 以上的资本量均是由发达国家创造的，发达国家在国际投资法律关系中仍然处于资本输出国的地位。作为东道国的发展中国家是资本的接受国，在环境和人权方面的基础设施以及立法与发达国家有很大差距，发达国家的投资者到发展中国家投资，常常利用关于环境和人权标准低于发达国家的差异，降低投资运营成本，获取巨额利润。在到发展中国家在投资技术运营中采取双重环境标准，造成了众多污染东道国生存环境、损害人类生命

---

① Article 8（1），Transfer of Technology，Energy Charter Treaty.

② Article 8（2），Transfer of Technology，Energy Charter Treaty.

③ UNCTAD：International Investment Agreements：Flexibility for Development，2000，p. 147.

健康的重大事故。在给予劳动工人工作条件、福利待遇方面远远低于在母国的标准，严重危害着发展中国家工人的生命健康和安全，劳工常常处于极度恶劣和危险的工作环境之中。

随着可持续发展观念的深化，可持续发展逐渐被确立为一项国际经济法的一项基本原则，加之环境权也被确认为一项人权，成为与私人财产权并列的一项人权得到保护①，人权条约与环境问题发生关联实现了环境权的确立②。东道国和母国在投资者的投资活动中都负有保护环境的责任。在环境保护、劳工方面的人权保护中，禁止来自发达国家的投资利用发展中国家的宽松监管，采取双重标准，进行投资垃圾的转移、高耗能产业的转移、水资源开发不当与工业废水污染。发展中国家在环境保护能力方面较弱，特别是在撒哈拉以南的非洲地区，生态环境脆弱，环境保护的基础设施薄弱，需要给予环境保护方面更多的投入和高度注意。鉴于理论和实践的需要，环境保护应当作为投资者的义务列入 IIAs 中。

在国际立法实践中，已经有将投资在东道国投资的环境、社会影响评价作为投资者的义务直接进行了规定。这种做法在欧盟投资谈判实践中已有雏形，如欧洲委员会贸易总司（European Commission Directorate General for Trade）③ 向欧盟 133 条款委员会提交的为欧盟与非洲、加勒比、太平洋地区国家集团之间谈判经济伙伴协定而准备的投资专章谈判稿中，第 8.1 条规定："本章的目标是促进可持续发展的外国投资，特别是在发展中国家和最

---

① 侯怀霞：论人权法上的环境权，载《苏州大学学报》2009 年 5 月第 3 期，第 35 页。

② 1972 年联合国在斯德哥尔摩环境大会《人类环境宣言》确认：人人拥有自有、平等和为保障健康生活足够的环境条件的基本权利，并且承担为现在和未来的人类保护和改进环境的义务。1992 年里约环境与发展会议是环境权确认的里程碑，《里约宣言》称"人类处于广受关注的可持续发展问题的中心，且享有以自然和谐相处的方式过上健康富足的生活的权利"。1994 年联合国发表《人权与环境原则草案》，草案最重要的结论是，正在发生"从环境法到拥有健康和适宜的环境的权利的转变"，当环境质量问题与其他价值、目标发生冲突时，环境质量的地位提高了，对于促进人类尊严和福利增长，实现其他人权具有不可或缺的作用。环境权不仅是生存权实现的基础，也是不断实现人类更高质量、更有尊严地生活的必要条件。

③ 欧洲委员会按照其职责和领域下设 36 个总司（Directorate General），贸易总司相当于中国的商务部，负责执行欧盟共同的贸易政策，担任贸易事务中的多种职责，其中之一是根据所得到的谈判指示开展双边、多边或区域性谈判，而这些指示一般是由欧洲委员会提出并经欧洲理事会讨论，同意并采纳的。贸易总司在工作中也听取各方意见，其中包括来自欧盟各成员国产业和企业的声音。

不发达国家中的作用。"① 草案第三节用一节规定"投资和投资者的责任和义务"，8.11 规定了投资与投资者的一般义务，"（c）投资和投资者应当努力通过其管理政策和实践，有利于东道国、投资所在当地政府的发展目标"。② 不仅对征收直接规定环境例外，为缔约方规定一般性的环境权利和环境义务，而且也直接针对投资和投资者规定了义务：

第一，投资和投资者设业前影响评价的义务。这一义务主要体现在环境影响评价程序中，第 8.12 条"设业前的影响评价"有三款规定涉及环境影响评价，分别是（A）款、（C）款和（D）款：

（A）投资者或投资应遵守投资设业前就存在的适用于拟投资项目的环境评价和审核标准和评估程序，此标准和程序以东道国法律和母国法律要求中更严格者为准。任何场合下，投资者或投资应遵守缔约方在第一次缔约方会议上采用的关于环境影响评价和审核的最低标准，并将此标准适用于该项投资。

（C）在东道国关于投资设业手续的法律规定完善之前，投资者或投资应公布对环境和社会影响评价结果，并使当地社区和东道国利益受影响者能够获知。

（D）在投资者及其的投资以及东道国权力机构在做投资决策和环境影响评价时，应适用风险预防原则，任何必要时得减少投资或采用其他手段，或不允许投资。投资者和投资对风险预防原则的适用应在其所做的环境评价中有所反映。

第二，投资和投资者设业后的环境义务。主要体现在环境管理体系的适用和执行中，第 8.14 条"设业后的义务"有两款涉及投资和投资者的此项义务，分别是（A）款和（D）款：

（A）在遵循关于投资规模和性质的良好行为要求的同时，投资应建立环境管理体系，雇佣人数在 250 和 500 以上或从事资源开发的公司或高风险工业企业应获得 ISO14001 现行认证或遵循相应的环境管理标准。应急反应和报废计划应包括在此环境管理体系之中。

（D）投资者和投资在经营和管理投资的过程中，不得回避东道国和/或

---

① （Draft）Agreement establishing an Economic Partnership Agreement between the Pacific Members of the African, Caribbean and Pacific Group of Countries, of the One Part, and the European Community and its Member States, of the Other Part（June 2006），p. 2.

② （Draft）Agreement establishing an Economic Partnership Agreement between the Pacific Members of the African, Caribbean and Pacific Group of Countries, of the One Part, and the European Community and its Member States, of the Other Part（June 2006），p. 8.

母国作为缔约方应承担的国际环境、劳工和人权义务。①

2008年10月31日欧盟与加勒比国家签订《欧盟—加勒比国家经济伙伴关系协定》，吸收了2006年《建立欧盟—非加太经济伙伴关系（草案）》第三节："投资和投资者的义务、责任"中关于投资者遵守劳工、环境标准义务的规定，第72条"投资者的行为"规定：

（b）如果欧盟或加勒比国家是国际劳工组织宣言规定的工作基本原则和权力的劳工标准的缔约方，投资者要遵守这些核心劳工义务。

（c）投资者不得以破坏国际环境和劳工义务的方式管理和运营投资。②

直接用条款规定投资者的行为成为此伙伴关系协定的亮点，也就是说国际投资中劳工和环境问题的规制，除了要求东道国以不降调国际核心标准的方式为外资提供投资条件外，将非国家主体直接纳入国际条约并规定其义务，再一次突破了国际条约规定国家主体权利和义务的模式。鉴于国际投资法律关系投资者——国家为主体的特征，投资条约也一直存在缺乏对投资者义务的规定，难以平衡投资者在国际条约中权利义务的难题，从国际条约中条款内容权利义务平衡的角度来讲，这种规定是符合法理要求的，《欧盟—加勒比国家经济伙伴关系协定》这一立法实践可以开国际投资协定平衡投资者权利义务立法之先河。

此外，还可以通过对公司治理的实施环境义务。美国—新加坡自由贸易协定对公司治理要求纳入可持续发展和环境保护要求。第18.9条"公司管理的原则"，要求缔约方为贯彻协调社会、经济和环境各项目标的可持续发展政策，鼓励其领土内或其管辖范围内的企业自愿将公司良好治理的原则纳入其内部政策；美国—智利自由贸易协定第19.10条有相同规定。

已有的立法实践从投资者的公司治理、设业前的环境影响评价和投资者

---

① （Draft）Agreement establishing an Economic Partnership Agreement between the Pacific Members of the African, Caribbean and Pacific Group of Countries, of the One Part, and the European Community and its Member States, of the Other Part（June 2006），section3.

② ECONOMIC PARTNERSHIP AGREEMENT between the CARIFORUM States, of the one art, and the European Community and its Member States, of the other part, Article 72 (b)，(c). 第72条的（a）规定了投资者不得贿赂的反腐败义务，投资者有义务，不得给予、许诺、提供任何不正当的金钱或其他好处，不论是直接还是通过中间人，为公职官员及其家属、公司，或与官员有紧密关系的人或第三人，为了让此官员或第三人对履行公职的作为和不作为，或者实现对投资许可、合同以及其他权利有关的目的。第（d）款规定投资者建立、保持、占用当地共同以联络程序，特别是大规模开发自然资源的活动，在此范围内不可使无效、损害依据特定承诺属于另一方的利益。

设业后的环境义务进行规制，体现了从行动指南、纲领性不具有直接法律约束性的软法规制逐渐走向具有直接强制力的法律约束机制之趋势，投资者的义务也有可能在国际经济协定中落实，使国际投资的法律规制逐渐平衡化，实现投资者的权利和义务的平衡化。但是，跨国公司依然是国际协定谈判中具有谈判影响力的一支力量，国际投资协定中能否纳入相关的条款仍然值得怀疑，但是随着公民环境意识的觉醒、国家环境治理的增强，在跨国公司受到多方面的综合影响下，对投资者设定环境保护义务是必然的趋势。

但是，由于各国环境保护能力的差异，发达国家应当给予发展中国家投资准入的差别待遇。对于发展中国家到发达国家投资时，对于资本少、规模小的投资，发达国家适当降低环境、劳工标准的门槛，只要满足国际通行的环境和劳工标准，在准入机会中提供一定的优惠，投资激励中给予一定的技术支持，增强发展中国家到发达国家的投资能力，不断鼓励和促进南北国家之间的双向投资流动。高标准、严要求的投资准入门槛，对于发展中国家来说一方面会大大降低其成功设立投资的几率，另一方面增加了发展中国家投资的成本，对于处于起步阶段的发展中国家的海外投资，无疑会举步维艰。

IIAs 中的环境、劳工条款中，由于各国加入的环境、劳工协定不同，在国内立法中的保护水平必然存在差异，因此在条款的制定中，兼顾国内法和国际法，采用具有强制约束力的命令式规则在谈判中具有达成一致的难度，可以采用序言、解释性语言等具有软法性质的规则，对给予发展中国家的差别待遇，可以在附录中或者采用保留的方式予以声明。

（三）区分发展中国家作为母国和东道国的差别待遇

鉴于资本流动的不对称性，在培育发展中国家发展能力方面，有必要区分发展中国国家作为东道国和母国的不同身份，进行区别对待，在区分的基础上通过差别性义务要求，促进发展权的实现。

赋予东道国差别待遇的权利，相应地增加了母国和投资者的义务。发达国家投资者在向发展中国国家投资时，要求投资者履行诸多不作为义务：不得转移落后、淘汰的设备、具有危险性的技术、将东道国作为技术垃圾处理站来倾倒，也不得实行劳工、环境保护双重标准，母国对投资者资本输出要按照有利于发展的标准进行审查，母国参与的国际银团贷款、担保要提供有利于发展的优惠性支持。当然，投资者作出积极的努力要受到母国的政策支持和激励，政策性金融需要发挥重要的作用。

在发展中国家作为资本输出国，其投资者向发达国家投资时，差别待遇表现为发达国家为东道国给予投资者优惠性差别待遇。由于来自发展中国家投资者参与国际投资的经验少、适应能力差，投资成功率低，因此需要发达国家作为东道国在监管标准上让步、给予技术和服务支持。具体的制度表现为：发达国家对投资者准入和设立提供技术援助，在劳工、环境方面不要求最高的监管标准，降低投资者的进入门槛和成本，在金融、管理、人力资源方面的困难，提供投资激励和技术支持，帮助投资者融入当地社会①，提供提升投资能力的信息服务。发达国家作为资本输入国可以与发展中国家合作，设立发展基金作为对外发展援助的工具，提供激励和促进资金，从这个角度可以提升发展中国家履行国际义务的能力。

本 章 小 结

本章在第一章提出发展权原则作为国际经济法的一项基本原则，并有必要在国际投资法律体制中予以适用的基础上，进一步提出了在国际投资体制中适用的总路径和具体化方案。发展权的实现采用何种方法根植于发展权的内涵与特征，发展权的整体观要求开展发达国家和发展中国家的国际合作，发展权保障有序发展的价值观需要公平互利，发展权差异中谋求共进的发展观需要非互惠的制度安排。要实现国际投资体制中对发展权的认可和尊重，第一步要将发展权原则纳入到 IIAs 的序言中作为总的指导原则，这意味着将发展权的实现融入到投资协定的目标中，与促进和保护外资不相冲突，将成为投资条约做出有利于发展权实现的解释依据。第二步通过具体化的权利、义务实体和规则，在运用相应的解释性规则，在条约的设计中做出制度安排。在实现的制度安排中，要从以下三个方面着手：在 IIAs 中对发展中国家实施特殊和差别待遇，在 IIAs 中为发展权为东道国提供政策空间，缓解投资者对承诺的稳定需求与国家管理的变化性之冲突，在 IIAs 的解释中对国内治理与国际法标准进行综合考量。这三个方面将作为落实发展权原则的灵魂，将会在具体的条约规则和解释性条款中落实。在解释和适用公平公正待遇时，综合考察国内法和国际标准，增加发展权的考虑因素，在准入制度国家依据发展能力选择有利于发展权实现的管理模式，在 IIAs 的例外体

---

① 不论是发达国家和发展中国家的投资者，在投资设立后，如何适应当地制度，融入当地社会面临着很多困难，当地政府有必要设立专门的协助和服务机构，提供信息和援助。

系中增加发展例外条款，在征收制度中，扩大不予补偿征收的范围，为发展权为目标的管理提供正当性，这些法律机制扩大了东道国的政策空间，同时可以在 IIAs 中对母国和投资者施加提高发展能力的义务性规则，矫正长期以来投资者和母国权利、义务失衡的条约机制。

第三章　国际投资准入制度中的发展权

第一节　IIAs 准入阶段发展问题概述

一、发展中国家的投资准入

投资准入是指一国是否允许外资进入的制度安排，外资进入东道国的权利称为"准入权"，投资准入不仅包括"准入权"（right of admission）问题，而且还包括外国投资者是否拥有在东道国设业的权利，即"设业权"（right of establishment）。一般认为，设业权不仅包括外国投资者进入东道国开展运营的权利，而且还包括外国投资者在东道国设立代表处、分支机构、子公司等权利。准入权可能只允许外国投资者进入东道国从事临时性的商业活动，设业权更偏向于设立永久性的商业存在（business presence）。依据国际法，属地管辖权赋予一国管制或者禁止外国投资者在该国领土设立商业存在的绝对权力，在投资准入问题上，东道国可以自主决定是否允许以及依据何种条件允许外国投资者进入本国投资。但是由于国际经济交往的需要，东道国往往通过签订国际条约，对本国的外资准入的自主权进行一定程度的限制，在一定范围内促进国际资本的自由流动，给予外国投资者"准入权"和"设业权"有利于消除国际资本流动的政策壁垒，使资本在世界范围内得到最有效的配置，大多数国家都将对准入阶段的控制作为实现经济发展目标、维护国家安全和公共秩序的政策性手段。

国家在准入阶段的管制措施主要是通过以下几种途径实现的：在某些投资领域对外国投资者进行禁止或者限制，对外资进入东道国参股的比例进行限制，对外资进入的资本规模进行控制等，这些标准往往依据一国特定的经济和社会情况来确定，形成外资审查制度。在外资准入方面，国家要依据发展的不同程度而选择法律工具，总体而言，发达国家较发展中国家外资准入管制较松，但在发达国家之间外资准入的开放程度也不平衡。美国是世界上对外资最为开放的国家，英国、德国、法国等西欧国家对外资准入的限制也较少，而北欧和南欧国家以及加拿大、澳大利亚和新西兰等国家因其经济发展水平低于美国和西欧国家，或者其政治和历史等因素，对外资的限制相对较多。

对于发展中国家，FDI 对东道国的经济增长和发展起着重要作用，对外资流向的引导对现代化和经济转型具有不可替代的积极作用，因此，东道国均非常重视外资的准入和设立，通过在准入阶段施加各种限制来控制外资的流向和规模。各发展中国家把涉及国计民生的很多领域都纳入控制的范畴，使用各种投资措施作为限制、引导和鼓励外资进入的重要手段，与高水平的自由化准入仍有较大的差距，所以诸多强调自由化的履行要求限制措施纳入 IIAs 的规制之中，仍然会受到发展中国家反对，投资激励措施的统一规制也莫衷一是。

发展中国家在外资准入的态度上，不仅出于对本国国情的考虑，而且纵向而言，也随着国际经济发展的总体情况，作为一个整体发生着变迁。20世纪六七十年代，国际经济新秩序运动高涨，各国普遍采取限制外资的立法和政策对外资进行严格的审查和慎重的引导，发展中国家长期以来处于殖民地和半殖民地的外国控制之下，国家的经济命脉掌握在外国资本手中，第二次世界大战后争取独立的发展中国家对经济主权非常敏感，期望通过外资准入的严格控制加强对 FDI 消极影响的防范；同时，以联大为阵地，为争取国际经济新秩序展开集体斗争，并取得了一定的法律成果，为制定和执行严格的外资国内管制立法创造了条件。有西方学者指出，"发展中国家在争取国际经济新秩序的过程中形成了限制性的投资立法，从投资法的角度来看，新的国际经济新秩序斗争有两大目标：一是通过减少发达国家的公司在发展中国家国民经济中的影响，重新获得经济主权；二是增加发展中国家作为一个整体在国际经济体制中的力量和影响。①

20 世纪 80 年代开始，区域经济一体化和经济全球化获得发展，债务危机对发展中国家获取国际贷款资本的严重冲击，加之新兴经济体在利用外资改变国家发展境况中的示范效应，发展中国家各国都逐渐放松对外资准入的管制，外资政策和外资立法以及国际投资法律体制都呈现出自由化的趋势。20 世纪 90 年代之后，各国准入自由化趋势不断加强，允许外资进入的领域不断拓宽、投资形式表现出多样化以及股权控制弱化的特征。

---

①　See David P. Fidler, Foreign Private Investment in Palestine: An Analysis of the Law on the Encouragement of Investment in Palestine, Fordham International Law Journal, Vol. 19, 1995, p. 575.

在允许外资进入的领域方面，逐渐限制东道国的自由裁量权，用明确的清单列明准入的领域，增强了外国投资者决策的可预见性，同时不断放宽外资可以进入的领域，放开原来禁止外资进入的敏感行业，如电信、交通、物流等。以拉美国家为例，受卡尔沃主义的影响和《安第斯共同市场规则》的约束，大多数拉美国家一贯对外资实施严格的限制，但近年来，安第斯条约放宽了限制，甚至放弃了共同外资法规则，不断扩大外资进入的领域，不仅不在要求采取合营企业的形式，虽然有些部门仍然禁止外国投资（如国防、能源、国内电信、银行业），但在其他部门的投资已经放宽。① 自由化贯穿在外资的各个方面，一般而言，体现在外国投资准入前和准入后两个方面，前者主要表现为投资者的自由进入和投资的自由建立，后者主要表现为履行要求。②

在履行要求方面也有所放宽。履行要求是外资在投资者进入东道国时对投资者提出的准入限制性措施，要求投资者满足一定的管制性要求才可以取得运营权，影响投资者的投资决策。股权要求是各国普遍使用的履行要求之一，是对外资进入所建立企业在股权方面的控制。20 世纪 80 年代以前，不少发展中国家对外资股权实行严格控制。例如在拉美国家，要求外国投资者在一定期限和以一定条件，逐步将其股份出售给东道国国营企业或私营企业，直到外国投资者的资本比例减少而转变为国营企业或混合企业为止。20世纪 80 年代以后，许多国家已经取消了外资只能占 49% 的股份比例限制，并在股权削减的过程结束时，外国股权被保留在合理的最低水平，足以让外国投资者在企业管理方面继续发挥有效的作用。③ 国内外资法和国际协定中逐渐减少和废除当地成分要求、销售地要求等履行要求。

在准入阶段推行国民待遇方面。由于经济发展水平上的差异，在外资准入问题上给予外国投资者的国民待遇一直限于少数发达国家，而且发达国家也不会在准入方面给予外资绝对的国民待遇。发展中国家很久以来都没有在准入前给予国民待遇，但是，近来受到全球和区域经济一体化影响，某些外资立法和国际协定开始明确规定给予外国投资者国民待遇，并且推行投资自由化的美国和区域协定 NAFTA 已经将国民待遇扩大适用到准入阶段，特别是美国为主导发起 TPP、TTIP 和 Tisa 谈判之后，准入前国民待遇在 IIAs 中

---

① 余劲松著：《国际投资法》（第三版），法律出版社 2007 年版，第 131 页。

② Alireza Falsafi, Regional Trade and Investment Agreements: Liberalizing Investment in a Preferetial Climate, Syracuse Journal of International Law and Commerce, 2009, p.50.

③ 余劲松著：《国际投资法》（第三版），法律出版社 2007 年版，第 144 页。

的适用不断呈现出扩张的势头，在内容和方式方面不断翻新，使准入前国民待遇的要求更加具体化。到 2014 年底，在 3,271 个 IIAs 中，228 项 IIAs 引入了准入前国民待遇（103 项 BITs，125 项其他 IIAs），主要发生在发达国家之间，① 新兴经济体中，亚洲国家为了吸引外资，在准入自由化中表现得尤其活跃。

不仅是发展中国家，而且包括较为发达的欧洲国家也向来对投资准入纳入国际条约保持谨慎的态度。"美国对外、欧盟对外和发展中国家之间的南南协议，而国际直接投资准入前的地位是区分美国和欧盟模式的关键。"② 由于投资准入是一个非常敏感的问题，将投资准入自由确立为国际协定的一项承诺会与东道国主权的冲突过大，因此传统的 BITs 倾向于保留东道国是否允许外资进入，在多大范围内允许外资进入拥有独立的决定权。有的学者指出，从国际经济法造法的角度来看，如果发展中国家只顾眼前利益，不从整体上和长远利益的角度，结合自身的国情和发展中国家在全球经济中的实际地位和力量的真实情况来考虑问题，激进地甚至盲目地推行投资自由化立法，或者在 BITs 约谈判中一味妥协退让，则会致使妥协性投资条约成蔓延之势。③ 发达国家和发展中国家在签订双边或者区域层面多边投资协定时，必须立足于国家的发展现实，不应被迫放弃准入阶段控制的自主权，过于盲目地、纳入过高水平的投资自由化潮流之中，而应当通过适当的立法模式，依据国家的发展水平采用适度的开放模式，只有这样才能从外资中获益，免除缔约带来的国家安全风险。"在经济发展水平不一的世界里，各国外资自由化程度的范围是受到限制的，不可能立即出现各国一致认可和接受的高度自由化规则。"④

综上所述，准入阶段从严格限制到逐渐引入国民待遇、最惠国待遇，这一变迁过程反映出投资自由化的发展方向，然而，即便试图通过非歧视待遇便利外资准入，仍然要依据本国的发展水平和承受能力，在评估采用相应的缔约模式的风险后，对投资准入作出适当的立法选择，才能最大限度地发挥 FDI 促进东道国生存、发展的外溢效用。

---

① UNCTAD：World Investment Report，2015，p. 110.

② Campbell Mc Lachlan et al.，International Investment Arbitration：Sustantive Priciples，2007，p. 18.

③ 曾华群著：《国际经济法导论》，法律出版社 1997 年版，第 129 页。

④ 刘笋著：《国际投资保护的国际法制若干重要法律问题研究》，法律出版社 2002 年版，第 117 页。

二、投资准入中可供选择的灵活立法模式

外资的准入问题实质探讨的是东道国外资管辖权放松的问题。依据外国投资者在准入阶段的投资所受到的阻碍程度和东道国自由裁量权的大小，分为以下三种开放水平的准入立法模式：东道国完全的自由裁量权控制投资—依据国内法、有选择地渐进自由化—肯定清单、国民待遇例外—否定清单，三种逐渐放松国家控制的立法模式，为不同发展水平的国家在签订双边、区域投资协定中提供了选择模式，这种条约设计中的结构灵活性（structural flexibility），通过肯定清单（positive list）和否定清单（negative list）的方法来实现，特别是发展中国家在 IIAs 谈判中要依据自己发展需求作出谨慎选择，这些方法不仅适用于投资设立后的国民待遇①，而且特别是对外资管辖权具有敏感性的领域，是否适用准入前国民待遇具有重大意义。

（一）东道国享有完全的自由裁量权的控制模式

这种准入的控制方法受到对自由化政策带来投资收益不确定国家的青睐，大多数 BITs 和一些区域性 IIAs 中采用这种立法。如果外国投资者投入的商业活动是东道国非常薄弱的领域（如不具有竞争性的并购，限制性商业惯例的实施），那么对某项投资带给东道国的总体的成本和收益进行进入提前评估、对投资行为进行一定的控制。

对投资准入完全控制的管理模式强调对国内法的遵守。在投资准入的筛选中，不在协定中规定能否进入的具体名单，而是统一规定适用国内法。例如，爱沙尼亚—瑞士 BIE 第 2 条规定："每一缔约方在其领域内尽可能地促进另一缔约方投资者的投资，依照其国内的法律判断是否允许此种投资进入。"②《伊斯兰成员国大会投资促进、保护和担保协定》的第 2 条规定，"协定方应当允许成员国之间的资本转移，依照国内的法律、法规在允许的

---

① 准入后的国民待遇就是外资企业的国民待遇，从内容上来看主要体现在司法新政救济、民事权益保护和宏观管理三个方面。实践中，准入后的国民待遇也可以分为投资控制模式（完全由国内法控制），有限的准入后国民待遇（limited post-establishment national treatment），全面的准入后国民待遇（full post-establishment national treatment），依据国家的具体情况缔约国采用不同的立法模式。

② BITs between Estonia and Switzerland （1992），Article 2 （1），Each Contracting Party shall in erritory promote as far as possible the investments by investors of the other Contracting Party and admit such investments in accordance with its laws and regulations.

领域内利用 FDI",① 此外，还有的 BITs 准入条款表述为，"一缔约国应当创造有利的条件以便另一缔约国的国民或公司的资本进入其领域，这种资本的准入应当遵守该缔约国的法律"，"一缔约国应当创造有利的条件以便另一缔约国的国民或公司的资本进入其领域，这种资本的准入应该服从该缔约国授权的权利机关决定"，这些准入条款具有两个特点：一是措辞相对缓和，对缔约国在外资准入上施加义务时"应当鼓励外资进入"、"应当促成外资进入的良好条件（shall create favorable conditions）"，而不使用"必须允许外资进入（must）"的强制性措辞。二是内容相对抽象，没有明确规定外资进入的条件和范围，外国投资者也无法了解 BITs 中所倡导的"有利条件的具体所指"。

国家对准入的限制会出于多种原因，在传统的制造业领域，对所有权的限制可能是基于行业的垄断考虑，还可以基于保护幼稚企业、保护文化等敏感领域。根据涉及的产业和活动对准入进行不同的限制，东道国一般倾向于保护幼稚产业和与外国公司没有竞争优势的生产商，当这些产业发展到与外国投资可以匹敌竞争的时候，东道国会逐渐减少这些限制，以此确保东道国本地企业的发展。不同的产业对东道国重要性和敏感性均有差异，不同国家对同一产业的开放力度也不同，在一些国家属于限制性的领域，在另一些国家则被禁止。在准入阶段对土地和自然资源使用权和所有权的限制都是给予对东道国经济主权的保护，在很多服务领域也会限制比较严格，电信、金融、音响、出版业等属于大多数国家的敏感区，相比较而言，金融服务业相对于制造业的限制就要严格许多，需要进行有效而谨慎的监管。所以，在这些领域，投资自由化的进程相对缓慢，可能长期排除在自由准入的领域之外。在经济起飞阶段的东道国，一般采用肯定清单，不断列入一些产业，逐渐提高准入自由化的水平。

（二）有选择地渐进自由化——肯定清单

肯定清单是指国家不承担一般性的国民待遇义务，仅列举出受条约义务约束的产业和措施，即选择参加（opt-in），相对于东道国完全控制投资准入的方法而言，有选择地自由化（selective liberalization）准入方法降低了东道国的自由裁量权，这种方法的典型代表是 GATS 第 16 条和第 19.1、19.2 条，第 20 条以及第 26.2 条，肯定清单的优势在于条约中所做的自由化承诺更符合东道当地的实际情况，肯定清单的方法逐步实现实现自由化，同时东

---

① Article 2, Protection and Guarantee of Investment among Member States of the Organization of the Islamic Conference.

道国更加容易控制自由化措施的谈判进程。"肯定清单的方法对于那些期望实现完全自由化，但是很多产业又多少不能与外国投资者抗衡的国家非常有用。而且也为东道国提供了一种在未来引入具有能够引入更复杂工艺和高端生产的外国投资，提高发展水平和竞争力的方法。① 在进行清单例举的时候，各国依据本国的特征进行，一般而言，制造业和服务业的投资自由化往往比自然资源产业更容易。

从缔约实践来看，《能源宪章条约》（*Energy Charter Treaty*，以下称ECT）是一项多边能源领域的具有约束力的政府间协议，各国能源利益和发展水平差异很大，包含了能源消费国、能源输出国以及能源管道运输国，需要平衡的利益很复杂。ECT 成员方有义务为投资创造稳定、公正、有利和透明的环境。在界定"投资及相关活动时"，ECT 回避了准入前国民待遇，将投资待遇限定为"管理、维护、使用、享用或处置的待遇不能低于给与本国投资者及其相关活动的待遇。"②

（三）高水平开放模式——否定清单

准入前国民待遇的实施往往附有负面清单，因此负面清单的开放方法准入制度中自由化水平最高的阶段。否定式清单（negative listings）又称为"否定清单"、"负面列表"、"否定列表"，是指列举出不受条约义务约束的产业领域和具体措施，国家从一般性的义务中退出（opt-out），是对外资市场准入阶段不适用国民待遇原则的特别管理措施规定的统称。负面清单实际上是非歧视原则的例外，遵循的是"除非法律禁止的，否则就是法律允许的"解释逻辑；体现的是"法无禁止即自由"的法律理念。

从自由化水平来看，负面清单的方法赋予外资更多的国民待遇和准入自由，此种方法较有选择地渐进自由化—肯定清单立法方法在投资自由化方面表现得积极，受到推行投资自由化的国家的欢迎。因为否定清单的方法，为外国投资者提供了较为开放的市场准入机会，在投资者投资决策的时候不必要太多地考虑跨境生产一体化中由于市场准入控制所产生的障碍，将考虑的主要精力集中在商业风险方面，这正符合跨国公司的战略目标。③ 在美国—加拿大 BITs、NAFTA、东盟投资区域框架协定④，以及亚太经济合作非约束

---

① UNCTAD：UNCTAD Series on issues in IIAs, International Investment Agreements：Flexibility for Development，p. 84.

② Energy Charter Treaty, Article 10（7）.

③ UNCTAD：World Investment Report 1993：Transnational Corporations and Integrated International Production.

④ The Framework Agreement on the ASEAN Investment Area, Article 7.

性投资原则①，就采用了准入前国民待遇+负面清单的外资准入管理方法，除了列表中的项目，即享有非歧视待遇。

用否定清单的方法排除一些产业和领域具有非常重要的意义。否定清单确认了国家某些战略性产业领域不能统一纳入自由化措施的行列，这种方法的缺陷是，在谈判时会产生长而复杂的一系列清单，在 NAFTA 谈判结束是，墨西哥就列出了长达百页的附录清单。"如果某一缔约国将增强竞争力作为国家的政策目标，则清单中的保留就至关重要，排除那些经不起国际竞争的幼稚产业部门，但是在使用否定清单排除部门的时候，这种方法会对无效的国内垄断产业的也实行保护，会难以有效利地用资源来提高消费者福利。"②

国际投资准入制度主要涉及准入前的国民待遇、履行要求以及投资激励等法律问题，这些问题对于发展水平差异的发达和发展中国家往往存在着较大的分歧，在 BITs 和区域协定中的投资章节中，这些问题已经出现了新的发展，但是仍然没有定论，也没有成为被普遍设置的条款，以下将从如何增加发展权考虑因素，在促进投资自由化的同时增强已有 IIAs 的适用弹性，满足不同发展水平和缔约需求的角度分别对以上三个问题展开详细论述。

第二节　发展中国家对投资准入国民待遇的选择

一、外资准入制度中的国民待遇

国民待遇是指要求一国以对待本国国民之同样方式对待外国人，也即外国人与本国人享有相同的待遇。③ 外资国民待遇是指东道国给予外国投资者及投资的待遇不应低于给予本国投资者及其投资的待遇，它是国际法理论上的国民待遇在国际投资领域的适用。UNCTAD 关于国民待遇的报告中曾指出，国民待遇标准是国际投资领域最难达到的标准，因为它触及经济上和政治上的敏感问题，事实上，至今没有哪个国家主动给予无条件的国民待遇，特别是在投资准入阶段，其原因在于，国民待遇标准寻求的是本国与外国投资者之间的竞争机会平等，这就必然会产生国民待遇适用情况、用以比较本

---

① Asia-Pacific Economic Cooperation Non-Binding Investment Principles.

② UNCTAD：UNCTAD Series on issues in IIAs, International Investment Agreements：Flexibility for Development, p. 92.

③ 余劲松、吴志攀主编：《国际经济法》，北京大学出版社 2000 年版，第 176 页。

国和外国投资者待遇的明确标准这样的难题。①

在国民待遇问题上，发达国家和发展中国家的态度有很大的不同。发达国家经济发展水平较高，而且大多数既是资本输出国又是资本输入国。作为资本输出国，母国为了本国的投资者在东道国获得更多的竞争机会，因而极力扩大国民待遇原则的适用范围。而发展中国家主要作为资本输入国，他们急需要引入外资发展经济，又担心外资涌入可能损害本国脆弱的产业，所以在国民待遇问题上一直表现的比较被动，持非常谨慎的态度。早期的投资协定中的国民待遇基本不涵盖投资进入东道国之前的活动。因此，东道国保留制定和修改外资法律法规的权力。许多国家特别是发展中国家坚持认为，享有这种政策空间对发展有很重大的意义。

客观来看，如果发达国家和发展中国家之间签订的 BITs 中引入国民待遇条款，则即使这种待遇以相互授予为基础，不可否认的事实是每个貌似平等的条款也都隐藏着不平等。② 表面上互惠的规定实际上会造成一方享有优势、居于支配地位，而另一方处于劣势或从属地位的结果。发展中国家在形式平等的规定下，难以切实享受到互惠国民待遇带来的好处。由于经济实力、技术能力和财政实力明显不均，国民与非国民公司间一些待遇上的差别，对于带来某种程度的有效平等可能正好是必要的，因为在促进东道国国内工业以确保发展中国家经济发展方面没有其他的替代方法。③ 国民待遇制度就是发达国家与发展中国家斗争与妥协的产物。④ 在近年来国际投资自由化的进程中，发展中国家放宽了国民待遇的适用范围，发达国家对国民待遇也容忍了很多例外，出现了相互妥协。

国民待遇在投资领域的适用与国际贸易领域的适用有很大区别。首先，从 IIAs 的出现到引入经历了比较长的时期，即便是在当前投资协定中民待遇也没有完全普及。从现实来看，凡是奉行市场经济的国家或者以市场经济为导向的国家，都在不同程度上实行了国民待遇，凡是实行计划经济的国家通常不提及国民待遇，高度集中的计划经济没有办法实行国民待遇，对外资的国民待遇与一个国家的市场经济发育程度有关，具有健全的市场制度结

---

① See UNCTAD, National Treatment, United Nations, 1999, pp. 1-2.

② 参见王贵国著：《国际投资法》（第 2 版），法律出版社 2008 年版，第 111 页。

③ See Surya P. Subedi, International Investment Law: Reconciling Policy and Principle, Hart Publishing, 2008, p. 72.

④ 杨慧芳著：《外资待遇法律制度研究》，中国人民大学出版社 2012 年版，第 54 页。

构、现代化企业制度，外资的国民待遇才能有条件逐步推广。① 因此，在非市场经济国家、转型经济体和欠发达的市场经济中，无法适用统一的包含统一国民待遇标准的条款承担国际承诺，这样发展境况的国家需要依据本国的发展状况在外资准入阶段逐步纳入国民待遇，在国民待遇中适用一定的灵活机制而逐步放开，随着发展水平的提高，日益纳入到全面自由化的轨道中来。

其次，由于贸易和投资的差异，在投资领域适用国民待遇，不论在准入前还是准入后，适用都应当更加慎重。国民待遇是国际贸易长期实践形成的一项法律制度，与最惠国待遇一起构成了 WTO 非歧视待遇原则的基础，是国际自由贸易的基石。国民待遇条款规定的事项范围内授予国给予本国同类"人或物"的待遇，"但是国际投资和国际贸易不同，后者一般只是一种短暂的一次性交易，而国际投资却是一种持续性的活动。外国投资者通过在东道国某一经济领域的投资，往往要谋求对企业经营管理的控制权，并进而取得持久利益。在资本退出前这一持续性很长的过程中，外国投资者需要跟东道国进行直接接触，其经营行为受到东道国法律、法令的管辖，经营行为受东道国政府对原材料、产品和劳动力市场政策及措施的影响"。② 外国投资更关注东道国的政治风险，因为其投资成败很大程度上取决于东道国对外资的政策和态度。从表面上看，国际贸易和国际投资领域给予国民待遇的目的似乎没有很大不同，在贸易领域给予国民待遇是为了使进口产品能在一国市场上和进口国的产品形成平等竞争，而在投资领域给予国民待遇也是为了保证外国投资者和东道国内投资者在国内商场上平等竞争，但是在货物贸易领域有边境措施和国内措施之分，国民待遇仅适用于国内措施，而投资领域没有区分的意义，因此，国际投资条约中的国民待遇和 GATT 第 3 条在适用范围上有较大的不同，国际投资中的国民待遇范围要远远大于贸易领域。投资协定中国民待遇适用的对象是相同情况下的投资，"投资"是一个非常广泛的概念，投资条约下国民待遇所适用的经济活动范围广泛得多。③

二、IIAs 准入前的国民待遇的适用

国际投资中的国民待遇分为准后和准入前使用两个阶段，准入阶段

---

① 参见杨向东：《WTO 体制下的国民待遇制度研究》，中国政法大学出版社 2008 年版，第 36 页。

② 王贵国著：《国际投资法》（第二版），法律出版社 2008 年版，第 34 页。

③ 刘笋著：《国际投资保护的国际法制》，法律出版社 2002 年版，第 158 页。

（admission of foreign investment），又称为准入前（pre-establishment）国民待遇，以及外资经营阶段（operation of foreign investment）又称为设立后（post-establishment）国民待遇。传统上 BITs 中的国民待遇仅适用于准入后阶段，对于准入前阶段有国家依据准入后向准入前阶段延伸的国家来说不啻是一场革命。这也导致了关于国民待遇例外的类型讨论，以便为东道国保留在更加重要的投资事项上进行处置的权利。① 国民待遇在准入前的适用象征着更高水平的自由化投资准入，虽然发展中国家在准入前自由化问题上更加谨慎也未付诸实行，但是在双边、区域乃至多边谈判场合仍然要面对，对这一问题的研究也具有非常重要的现实意义。

国民待遇是一种相对待遇，外资享受到的待遇要与国内投资和投资者进行比较，在比照基础，比较标准等方面，其适用都有国际贸易领域的国民待遇有很大不同，表现出更强的灵活性，这也为发展中国家的抗辩提供了维护发展利益的理论支持。

1. 外资待遇的比照的基础

受惠国依据国民待遇条款所要求的优惠待遇，应当在条款规定的事项范围内授予国给予本国同类"人或物"的待遇作为参照标准。也就是要确定受惠国所得利益范围和限度，必须引入同类规则。无权要求东道国给予国民待遇条款规定主题事项以外的利益。② 在 GATT 中引入"同类产品（like product）"，在 GATS 中引入"同类服务和服务提供者"（like services & services suppliers）的概念。

条款中的措辞可以充分体现出规则适用的广度和灵活度。为了增加东道国对准入控制的自由裁量权，要避免对一些容易做广义解释术语，如"相同情况"和"相似情况"。国民待遇是一种相对待遇，要确定对国民待遇的违反必须确定相关的比较对象，根据争议措施的目的造就一种可比较的情形，并且与比照对象相比得到的是较低的待遇。如果原告提供了东道国给予的投资差别待遇的初步证据，则举证责任转移至东道国，由其证明采取这些措施系出于合法的、非基于国籍的公共政策考虑。

明确投资者处于"相同情况（like situations）"、"类似情况（similar situations）"、"同样情形（same circumstances）"的内涵对于确定是否构成歧视

---

① See UNCTAD, National Treatment, United Nations, 1999, p. 4.

② 参见杨向东：《WTO 体制下的国民待遇制度研究》，中国政法大学出版社 2008年版，第 35 页。

非常关键。在 Consortium RFCC 诉摩洛哥案①中，仲裁庭认为，相对待遇标准的解释不会产生任何问题，主要困难在于确定外国投资者的情况与本国投资者的情况是否为"同一（identical）"。如果就"同一"一词作严格解释的话，它不是一个适当的标准，考虑到在投资者和投资者之间存在广泛的不同（如所在地点、雇员人数、生产过程、公司的管理结构），任何两个投资者或投资都不可能永远完全相同，即使是为了适用相对待遇标准的目的，他们可能非常相似，在 BITs 的有关条款中，基本上也没有要求"同一"的情形作为比较基础的明文规定。但是，适用"相同情形"和"相似情形"的表述仍然会有不同的法律效果，前者国民待遇的适用条件相对严格，从以上分析看出，实践中处于完全相同的情况并不多见，东道国从严适用国民待遇的机会比较大，而在后者的界定中，从严适用国民待遇的机会比较小，因为确定内外国处于"相似情况"比证明处于"相同情况"更加容易，从发展中国家需要自由裁量空间的角度看，在 IIAs 中宜坚持将国民待遇适用的比较基础限于"相同情况"，遏制国民待遇适用范围的扩大。②

2. 比较投资者与投资的相关因素

在评估"相同情形"时，竞争关系的分析是非常关键的，任何竞争关系的形成都是证明"相同情形"的初步证据。有许多因素与确定投资或者投资者是否处于"相同情形"有关，包括经济部门之间是否存在竞争关系、是否存在保护主义意图以及给予的差别待遇是否具有合法的理由。

首先是经济部门的竞争关系问题，竞争关系的存在或者投资是在相同的经济部门，并不意味着他们必然属于适用国民待遇的相同情形，如在考察两个从事非常相似商业经营的生产商所处的地区，处于城区就要接受更加严格的空气污染排放标准，如果相同情形的分析简单集中于是否存在竞争关系，那么这两项投资可以说就处于相同情形。然而，这种情况下更为适当的比照对象可能是另一个处于城区的具有类似污染排放，却属于完全不同经济部门的生产商。申请人不能通过表明一种竞争关系就转移举证责任，还必须证明依据所有的事实，包括争议中的特别规定或措施，是在相同的情形下。因此，不同于国际贸易 GATT 中提及的同类产品。③ 在国际投资领域，相关企业之间相同情形的比较，除了企业生产产品本身的同类性特征外，还包含着

---

① Consortium RFCC v. Morocco, Arbitral Award, 22 Dec., 2003.

② 刘笋著：《国际投资保护的国际法制》，法律出版社 2002 年版，第 169 页。

③ 在国际贸易中，用以比较的产品知识处在销售阶段，时间段，所以产品的可比较标准相对较少。

地理、经济环境与生产周期方面的比较，因为外国投资者一般都以商业存在的方式在东道国长期经营，外部的众多因素都会对"相同情形"的认定产生影响。

其次是关于保护主义意图存在的问题。东道国带有保护主义动机的措施通常会涉及法律上和事实上在本国和外国投资者之间的歧视。如果外国投资者能够表明受到较低的歧视待遇是保护主义所致，就可以证明违反国民待遇。① 对于申请人来说，有些证据掌握在政府手中，自己来证明政府在内外国投资和投资者之间的歧视是基于国籍而不是其他理由几乎不可能。此时的抗辩应当集中在有关待遇的客观效果上，这与仲裁庭一般不要求证明歧视的主观意图的做法相一致。

而且，保护主义意图证据的存在也不必然意味着国民待遇义务的违反。此时还必须证明存在较低待遇。在 NAFTA 案件中，仲裁庭指出："意图是重要的，但是保护主义的意图本身并必然决定歧视……如果该项措施没有对非国民原告产生不利影响的话。待遇因此意味着需要有实际影响才能构成对1102 条的违反，而不仅具有动机和目的。"② 在通常情况下，东道国政府制定的准入政策或者采取的措施，很少会产生于一个决策者，一项决策很可能是很多利益冲突和重叠的结果。官僚主义、立法机关和新政机关可能出于各种不同的理由而支持某一特定措施，即使能证明某一集体具有保护主义动机，也未必能够谴责这一措施。在申请者证明相同情形和较低待遇的初步证据（prima facie case）之后，索赔转向证明差别待遇的合理性问题，如果能够提供却有差别待遇是基于国籍歧视动机的证据时，仲裁庭将进一步对东道国给予该待遇所具有的合法政策理由进行深入调查。

第三是关于国内措施的目的问题。任何两个投资或者投资者是否属于相同情形，必然会依据国内措施的规制目的而发生变化，在具有竞争关系且在相同的产业和经济部门，如果之间的差别待遇是由于合法的政策所致，那么它们就可能不具有相同的情形。一个位于环境敏感地区就要遵守不同于其他企业的排放标准，一个位于其他地区的企业就未必具有相同情形；相反，如果对两个处于类似地区的企业使用不同的税率，那么它们可能属于适用国民待遇目的上的相同情形。Pope & Talbot 案仲裁庭声明，"相同情形"的分析必须涉及待遇上的差别，东道国要通过证明与理性的政策具有合理的联系，

---

① See Andrew Newcombe & Lluis Paradell, Law and Practice of Investment Treaties, Wolters Kluwer, 2009, pp. 173-174.

② S. D Myers, para. 254.

而不是出于给予国内投资超过给予国外投资优惠的动机，来证明待遇上差别具有正当理由。该仲裁庭指出了与理性政府政策存在合理联系的必要条件是，没有法律上或事实上对外国公司和国内公司的区分，并且没有在其他方面不适当地损害 NAFTA 投资自由化目标。① 在 GAMI 案中，仲裁庭采取了类似的观点，认为差别待遇必须满足"合法的政策目标具有合理的联系，并且不能以其他的方式或作为平等机会的隐蔽障碍"。②

以上两案的裁决均强调，无论在法律上还是事实上，保护主义都不是在国内外投资者之间进行歧视的有效基础。这与国民待遇保持投资者之间的平等竞争，免受基于国籍的歧视的首要目标是一致的。对于准入阶段基于贫困地区扶持发展的政策要求，对同一产业和经济部门给予不同的待遇，也可以依据国内措施的理由排除歧视待遇的不法性。

3. 比较标准

国民待遇的参照标准，是授予国给予国内投资者及其投资的待遇，这种待遇既包括法律上的待遇，也包括实施上的待遇。法律上的待遇（de jure treatment）是指为外国投资和投资者提供国内法律和法规上规定的待遇。事实上的待遇（de facto treatment）包括任何产生国民待遇效果的措施和行为，例如，实施某种商业活动必须获得某种资质，个人某种技能资格必须从东道国取得。③ 依照国民待遇条款，外资可以要求授予国给予其国内法上规定的待遇，也可以要求虽不在国内法中规定，但是事实上给予国内投资者优惠。还有一种值得注意的情况是，有时东道国给予外国投资者及其投资以法律上的国民待遇，但是，事实上反而会使外国投资者及其投资处于非常不利的地位，这显然有违国民待遇的真意。例如，在服务领域，法律规定的待遇就不一定是国民待遇，同时法律规定不同待遇也不一定就不是国民待遇，依据 GATS 的规定，国民待遇是一项具体的承诺义务，为达到这一要求，成员方予以其他成员方的服务或服务提供者，以与本国的服务或服务提供者在形式上相同或不同的待遇。④ GATS 不注重形式上是否相同，而是强调竞争条件的实质平等，实际结果的平等，增加不发达国家的参与能力。

---

① Pope & Talbot Inc v. Canada（Award on the Merits of Phase 2, 10 Apr. 2001），para. 78-79.

② GAMI Investment, Inc. v. Mexico（Final Award, 15 Nov. , 2004），para. 114.

③ UNCTAD：UNCTAD Series on issues in IIAs, International Investment Agreements：Flexibility for Development, p. 112.

④ See GATS, Article 17.

三、灵活适度地引入准入前国民待遇

全面实行市场经济的发展中国家，可以依据本国投资自由化承受能力和实际发展情况，使当地选取灵活性立法模式在准入阶段引入国民待遇，比如，以国内法为依据的准入控制模式，或者选择性开放型的肯定清单模式，也可以采用自由化程度较高的否定清单模式。准入前国民待遇依据东道国的控制程度，又可以分为有限的准入前国民待遇和全面的准入前国民待遇。

（一）有限的准入前国民待遇

有限的准入前国民待遇（limited pre-establishment national treatment）是指国民待遇除适用于准入后阶段，还推及准入前阶段，从而限制了东道国关于外资准入的自由裁量权。这种方式比较适合于希望以渐进方式对外资准入实行自由化的国家。具体做法可以采用选择进入（opt-in）方法或者称为"肯定式清单（positive list）"的方法，也可以用"尽最大努力（best endeavors）"的表述。东道国在受到国民待遇法律约束之前有一个过渡期，但在中、短期内对外国投资者来说却构成进入前的一种不确定性，会抑制投资者的积极性。

正面清单是有限准入前国民待遇的一种形式。WTO 框架下的《服务贸易总协定》的市场开放模式就采用此种方法。国民待遇与市场准入在 GATS 中是不可分割的两个内容，体现了国民待遇原则在国际直接投资市场准入方面的扩张要求。GATS 涉及以商业存在形式提供服务的外国服务和服务提供商的准入权问题。鉴于服务行业外资准入的敏感性，GATS 在引进国民待遇时引发了比在货物贸易适用国民待遇更激烈的争论，最终没有采取在货物贸易中所采用的将国民待遇规定为"一般义务"，而是妥协地将国民待遇原则作为"具体承诺义务"来处理。成员国可以对此作出各种保留，由成员方通过谈判、作出具体承诺的方式确定国民待遇的领域、资格与条件，并在开列的"承担义务安排表"中说明。① 除非有明确的保留，任何成员不得"限制或要求服务的提供者，只有通过特定类型的法律实体或合营企业才能提供服务"，也不得"以限制外国股权最高百分比或限制单个的或总体外国服务投资总额的方式限制外国资本的参与"。

国民待遇不是一项普遍适用的原则，它取决于具体部门的承诺，即国民

---

① 柴海涛：《国民待遇制度与我国外资法律对策研究》，商务部网，转引自焦晓娇：国际直接投资市场准入阶段国民待遇法律问题研究，北京交通大学硕士论文，2009年，第14页。

待遇只适用于成员承诺开放并列入清单的部门。GATS 的上述规定表明：一国在决定其市场准入承诺即开放那些部门方面，仍保留这较大的自由裁量权，并没有取消外国服务提供者在准入方面所有障碍的义务。GATS 被认为是多边层面最灵活性的开放规则，发展中国家可以根据其意愿选择开放较少部门和降低开放程度，最不发国家则可完全免于开放其服务部门。对于既不愿意广泛地给予外国投资者准入，而是通过对外国投资者开放某些特定的行业，换取其他国家对等的开放措施的国家，可以采取这种有选择的开放模式。

界于肯定清单和全面准入前国民待遇+负面清单的立法模式之间，部分欧盟成员国 BITs 范本，采用了概括性要求对投资全过程予以保护，仍然没有明确到"设立"的措辞。欧洲国家长期依赖对准入的控制比较温和，除了部分地引入了有限准入前国民待遇，即概括性地要求对投资的全过程予以保护外，大多数在国民待遇条款中并未明确到准入前阶段，例如，2008 年德国 BITs 范本第 2 条第 1 款在投资准入和保护方面的要求是，"各缔约国在其领域内尽可能促进其他缔约国投资者的投资并根据自身立法承认期投资"，在国民待遇方面，第 3 条第 1 款要求，"缔约方不得在其领域内对其他缔约放投资者所有或控制的投资授予低于本国或任何第三方投资者或投资的待遇"。2006 年法国 BITs 第 2 条规定，"缔约方根据条约规定，促进并承认其领土和海域内由另一缔约方的国民或公司作出的投资"。第 4 条规定，"缔约方对另一缔约方的公民货公司的投资及投资相关活动授予不缔约本国国民或公司的待遇"。2003 年意大利 BITs 范本也采用了相同的模式。这样的待遇标准，事实上对欧盟成员国之间是不会降低自由化水平的，"因为虽然投资条约中没有明确包含准入前投资保护机制，但是在欧盟条约要求资金流动的自由化并促进形成外国投资的公开市场"。[1]

在 BITs 和区域贸易协定中，经济落后的国家正受到越来越大的准入自由化压力，一国本可以自由地决定是否开放的部门以及开放程度事实上更多地受到外部力量的影响，发展中国家可以依据本国的实际发展能力和需求，有选择地在肯定清单中有限地列出给予国民待遇的产业，随着发展水平的提高不断纳入开放的产业部门，稳步地开放本国的投资市场。

（二）全面的准入前国民待遇

全面的准入前国民待遇（full pre-establishment national treatment）是指

---

[1]　Efraim Chalamish, Global Investment Regulation and Sovereign Funds, Theoretical Inquiries in Law, 2012, p. 670.

东道国在条约中明确排除的活动或产业之外，东道国承诺原则上给予外国投资者准入阶段的国民待遇。在承认设立、进入给予国民待遇之外，用附录清单的形式对相关的产业和措施进行了排除。① 推行全面的准入前国民待遇，在很大程度上缩小了东道国的自由裁量权，当东道国的经济和社会发展到一定程度，期望从开放和更加激烈的竞争中受益的时候，就比较适合采用这种方法。东道国可以采用原则性同意市场准入，伴随否定清单的方法排除准入阶段不适用国民待遇的投资产业和活动，不过，这样的否定清单对东道国风险控制能力和市场管理的预见性提出了更高的要求。

目前，在双边层面，多数在投资准入问题上不采用全面的国民待遇，但在区域层面上表现出较强的自由化特征，在 NAFTA 的投资章节就采用了此种模式之后，许多国家特别是南美和东南亚的国家所效仿。据不完全统计，2009 年底，在亚太地区，已经有 26 个自贸协定中的投资条款包含准入前国民待遇，涉及的国家既有美国、加拿大、澳大利亚、新西兰、日本等发达国家，也有韩国、新加坡、泰国、马来西亚、印度尼西亚、菲律宾、文莱、越南、墨西哥、智利、秘鲁等发展中国家。② 不是所有的发展中国家都避免使用自由化程度高的准入国民待遇，鉴于此种方法在吸引外资方面的积极作用，甚至像印度这样一个在开放方面一直非常谨慎的国家，都在自贸区协定中同意纳入准入前国民待遇原则。事实上，给予外资准入前国民待遇并不意味着完全丧失对外资的监管权。因为所有已签订的准入前国民待遇都不是无条件的。那些对外资准入仍有严格监管的国家之所以能够同意承诺准入前国民待遇，在准入前国民待遇的基础上附加了保留和负面清单，这为高标准自由化的机制提供了很强的灵活性，这些保留大致可以分为三类：一般例外、临时保障措施和以否定列表形式保留的不符措施，其中最重要的是不符措施。不符措施（inconformity measures）是一系列对国民待遇、最惠国待遇以及其他义务的例外措施，需要按照规定格式列表，通常以附录的方式构成协定的一部分。列入清单的措施的性质、水平和部门分布体现了缔约国在外资准入方面的实际限制程度和灵活性方面的偏好。

准入前国民待遇往往伴随着负面清单，条约中确立了准入前国民待遇后，将通过负面清单排除不予适用的范围。在区域性投资协定中，NFTA 对 1102

---

① 卢进勇、余劲松、齐春生主编：《国际投资条约与协定新论》，人民出版社 2007年版，第 49~50 页。

② 赵玉敏：《国际投资协定中的准入前国民待遇》，载《国际贸易》2012 年第 3期，第 47 页。

条的国民待遇例外主要分为两类：一类是对现存"不符措施"的规定；另一类是对具体行业部门的例外。1108 节第二款指引到附件 2 中，加拿大、美国、墨西哥各自对国民待遇的适用作出了保留清单。东南亚联盟全面投资协定虽然没有对准入前国民待遇专门做例外规定，但是在协定的第 3 条第 4 款将税收措施、成员国授予的补贴、政府采购、行使政府权力所提供的服务，以及为维持先前协议所采取的措施，排除在准入前国民待遇的适用之外。

在全面准入国民前待遇的 IIAs 中，对于不符措施，根据其适用的时间段分别列入两个附件：一是现有不符措施的保留清单；二是未来可能的新限制性措施的清单。现有不符措施包括所有在协定生效后东道国希望保留的不符措施。不符措施颁布机构一般有三种：中央政府、郡/省/州政府和除郡/省/州之外的地方政府。大多数协定都包含这三类政府的不符措施。未来不符措施清单，不论目前不符措施是否存在于这些部门和领域中，允许引入新的不符措施，目的是为某些领域的未来监管提供更大的灵活性，即纳入本清单中的措施或部门，不论是中央政府颁布的还是地方政府颁布的都可以延续、展期 、变更和修改，但不允许采用新的措施。所有协定都规定，延续和展期是无条件的，变更和修改则是有条件的，即不得增加原有措施的不符程度。投资者和投资更具限制性。否定清单一旦确立，东道国在实施相关的措施时就要受到约束，一是棘轮效应，保持现有措施，不得在日后增加不符程度；二是保持透明度，即对于特定部门和事项措施保留清单。实行否定列表制的最大挑战在于要求各方详细披露那些有关不符措施的信息，包括措施的性质、来源、范围、取消的时间。否定清单模式在法规的透明度、承诺的水平以及自由化程度方面要求更高。发展中国家在列否定清单时应当将发展目标的产业要求体现出来，在已有不符措施中充分列出本国有待发展的部门和战略性产业，例如，当日本签订 FTA 时，22 项不符措施主要集中服务业、制造业和农林渔业。同时要把握好未来不符措施的清单，准确把握本国的发展趋向。不过也无须被清单绝对的约束力所担忧，结合使用一些例外，特别是发展例外或者宏观保障措施都可以暂时背离清单中的条约义务。

综上所述，不论采取何种方法，总体的考虑是国家要依据本国发展的特定的情况和比较优势来确定是适用"肯定式"清单还是"否定式"清单，"对国内特殊情况和比较优势的充分了解和评估，在发展中国家如何确定积极承诺和否定性的例外是就显得非常关键"。[1] 解决这一问题的难点是信息

---

[1]　UNCTAD：UNCTAD Series on issues in IIAs, International Investment Agreements：Flexibility for Development, 1999, p. 64.

不对称，发展中国家可能会面临没有这些信息资源或者难以获得别人拥有的信息资源的困难，进而全面地掌握关于国内产业比较优势的性质、范围等信息以作出准确的判断，在将哪些产业和部门从积极清单中排除的决策中，还会受到当地为了避开激烈的国际竞争利益集团的影响，另外，外国投资者从与当地竞争中寻求投资自由化的利益。所以，确立积极清单和否定清单是一个获取足够信息进行评析、平衡特定利益的过程，发展中国家依据发展权的现实需要作出正确、客观的选择。

（三）准入前国民待遇和负面清单的配合

1. 负面清单的立法实践

在高度倡导自由化美国 BITs 范本中，在协定附件中无一例外地列出了负面清单，依据美国官方网站公布的已缔结的 BITs 中①，可以将负面清单梳理为三类：第一类是美国早期缔结的 BITs，其所包含的领域为：原子能、海关经纪人、广播、公共传输、航空广播站通信卫星；拨付和激励方面包括政府支持贷款、保证、担保和补贴；NAFTA1108 条豁免 1102 条国民待遇的领域包括海底电缆布线。这种 BITs 的缔约国包括阿尔巴尼亚、阿塞拜疆、巴林、玻利维亚、克罗地亚、格鲁吉亚、洪都拉斯、约旦、莫桑比克。

第二类负面清单是美国缔约的大多数 BITs 所采用的模式，其所包括的领域有：航空运输、海洋经纪人、不动产所有权、广播和公共传输广播电台的所有权及其运营、通信卫星公司的所有权、公共传输电话和电报服务、海底电缆服务供应、使用土地和自然资源、公共领域采矿；海事及其相关服务、美国政府债券经营权，缔约国主要为：亚美尼亚、孟加拉国、保加利亚、刚果、厄瓜多尔、埃及、爱沙尼亚、格林纳达、立陶宛、牙买加、哈萨克斯坦、拉脱维亚、摩尔多瓦、摩洛哥、波兰、罗马尼亚、斯洛伐克、塞内加尔、斯里兰卡、突尼斯、乌克兰。

第三类是美国新近对外签订 BITs 所采用的模式，将负面清单按照领域为标准进行列举与描述，包括原子能、采矿、海外投资保险、航空运输、运输服务海关经纪人、海外电影发行、广播通信和已有的不符措施。缔约国包括卢旺达和乌拉圭。

2. 负面清单涉及的考虑因素

随着投资自由化水平的进一步提升，全面的准入前国民待遇可能会在美国 BITs 范本的推动下，如雨后春笋般迅速增长，而美国海外投资的市场有

---

① Office of the United States Trade Representative, Bilateral Investment Treaties, avalibale at http：//tcc. export. gov/Trade_Agreement_Treaties/index. asp.

很大比例是发展中国家，发展中国家在高标准缔约谈判中，不得不应对负面清单带来的法律风险，负面清单已经开始向系统化、多样化的方向发展，从简单的行业列举发展到新近的针对具体行业的详细说明，对负面清单的设计中以下因素的重视将有利于发展中国家保障其生存权和发展权，有效利用外资。

首先，负面清单要考虑国家安全因素。负面清单中的国家安全因素主要是通过能源类、资源类、金融行业的投资体现出来，例如，对原子能、矿产资源的开发，以及银行、保险行业大多数国家无一例外地都纳入了不符措施或负面清单，这些产业具有战略性和敏感性，开放程度控制不好将引发国家安全威胁。因此，国家安全是负面清单的首要考虑因素。

其次，负面清单要考虑特殊行业和部门因素。对于公共传输和公共运输在内的行业需要特别关注。例如，航空运输、海洋和船舶、通信卫星公司股份让与、公共电话和电报服务、海底电缆服务。这些公共传播和运输行业关乎公共利益和基本福利，一般都对外资存在较多限制。

最后，负面清单要考虑本国的发展实际。不同的缔约国，负面清单的设计将存在巨大的差异，在发展权原则的指导下，发展水平差异的缔约方不要求对等承诺，特别是投资存在天然的不对性，发展中国家有权在负面清单中作出详尽的产业、部门和开放时间的承诺。

（四）准入阶段的例外规定

不论是有限的准入前国民待遇还是全面的准入前国民待遇，虽然对准入的控制放开程度有所不同，伴随清单的同时，都可以规定例外条款在一定条件下采取差别待遇增强东道国的对外资的控制能力。出于对发展问题的关注，除了规定关乎公共秩序、动植物生命健康等一般例外、维护国家安全利益的安全例外，还可以考虑发展例外[1]，缔约一方的发展中国家基于经济发展需要，可以对缔约另一方发达国家的投资者实行国民待遇时进行一定的限制，关于发展例外的探讨在第五章中展开。发展中国家可以在一定条件下结合自己的国情采用某种准入前国民待遇立法模式并伴随使用一些例外条款，应对发达国家谈判时提出的国民待遇要求。

四、关于发展中国家引入准入前国民待遇的评析

晚近发展中国家在国内经济发展要求和发达国家的压力下，特别是在区

---

[1]　余劲松：《中国发展过程中的外资准入国民待遇问题》，载《法学家》2006 年第 6 期，第 16 页。

域投资协定中也开始接受准入阶段的国民待遇，作出准入阶段自由化的让步。在国内法中，逐步扩大外资准入的范围、放松或取消当地成分、出口实绩、国际收支平衡等方的业绩要求，在对外经济交往中，同意在投资条约中纳入准入阶段的国民待遇。然而，在经济发展水平相当的国家间实行国民待遇，可以形成平等的竞争相互获益；但在经济发展水平相差悬殊的国家之间实行国民待遇，即使是互惠的，也会导致弱国实质上的不平等地位。规则在形式上的平等不能实现经济悬殊国家之间实质上的平等，有的发展中国家还没有建立完全的市场经济，本国的企业还没有能力利用这一待遇所带来的利益，对于发展中国家，不能盲目地实行全面的国民待遇，不然会给本国的民族产业和国家全面发展带来灾难性的后果，当内外资具备相近的竞争实力时，各国才会从准入自由中获益，从东道国角度来看，是否在准入阶段采用国民待遇取决于国情和发展政策需要。

发展中国家要在放开准入后国民待遇的基础上考虑逐步放开准入前的国民待遇，这意味着国家对外资管辖权的放松，缩小了控制外资进入本国的自由裁量权，在措辞时使用"形同情况"还是"相似情况"，在解释时适用"事实上的标准"还是"法律上的标准"，在条款的结构设计上，用全面的准入前国民待遇还是有限的准入前国民待遇，特别是在清单的列举中都要非常谨慎，充分考虑本国的国情和实际需要，结合多种方法在国民待遇承诺问题上符合本国的履约能力和发展需求，为本国保留充分的外资管辖权，在外资准入阶段争取发展空间。

根据联合国大会确定的国家对自然资源享有永久主权的原则，每个国家都有权管理本国领域内的一切经济活动。如果给予外资全面的准入，那么，除经双方同意的少数部门外，经过最惠国待遇条款的作用，只要某一部门对本国投资者开放，就必须对所有的外国投资者开放。并且在投资自由化的进程中，美国又力图将履行要求也纳入外资准入的条件，进一步限制甚至排除了东道国对外资进入领域和进入条件的全面审查权。下面将对逐渐被纳入BITs 中的履行要求条款，在存在南北国家发展差异的背景下重新审视和考察，并提出一定的构建方案。

第三节　发展权视角下的履行要求条款构建

履行要求又可以称为业绩要求，是基于东道国的经济发展需要对投资者施加的条件限制，以促使投资者作出有关购买、销售或其他生产经营方面的决定,① 其本质是东道国对外资的管制措施。对履行要求限制是投资自由化的表现之一，反映了对东道国外资管辖权的约束。由于各国经济发展水平的差异，各种履行要求在不同国家促进 FDI 实现国家发展目标中发挥不同的作用，是准入控制的重要手段，因此对履行要求如何进行国际法规制还存在比较大争议，发展中国家的 IIAs 基本拒绝将履行要求条款纳入投资协定谈判之中。当前在 IIAs 中，履行要求并没有成为普遍设定的条款，仅有投资自由化程度较高的一些区域投资协定不断将履行要求提上国际协定谈判的议程。美国在 2012 双边投资协定范本（以下称 2012 美国 BITs）中对履行要求条款作了一些新的修订，特别是当美国—中国 BITs 谈判达成一致，通过最惠国待遇的扩张，无疑对外资准入制度产生重大影响。

现有研究成果多站在投资自由化的立场，探讨东道国外资管辖权弱化问题。如果从发展权的视角重新审视履行要求规制与国际投资自由化的关系，就会发现基于国家的生存权和发展权保障的需求，全面禁止国家的管制措施，缺乏公平正义，给这些国家的发展改革造成障碍。以此为指导思想，探讨如何构建履行要求条款，以促进国际投资更多流向发展中国家，特别是经济欠发达国家。本节以分析 IIAs 中履行要求条款内在机理为切入点，从发展权的视角重新审视履行要求的法律属性，用三分法对各种履行要求作出分类归纳，由此得出要增加对发展中国家发展需求的考量，合理平衡投资自由化和差异化发展需求，为国家保留发展政策空间。

一、IIAs 中履行要求规制分析

东道国在引进 FDI 时，采取各种限制性条件和措施引导外资的流向，这些管制措施本属于东道国经济主权的固有权利，但在投资自由化背景下就被视为对投资自由流动起到阻碍作用的限制性措施，履行要求被纳入国际协定，不论是推行高度自由化的发达经济体还是参与自由化进程的发展中国家，都没有完全放弃履行要求发挥的基本作用——通过对有益外资的利用实现国家的发展战略目标。从目前已经纳入到 IIAs 中的履行要求条款来看，其条款结构就体现了投资自由化和 FDI 的要求，履行要求条款的结构主要包括两个部分：一部分是对众多的履行要求的例举；另一部分是针对履行要求的例外规定。

（一）IIAs 中对履行要求禁止措施的规制

目前，在种类众多的履行要求中选择哪些纳入 IIAs，不论是多边还是双

---

① 余劲松：《TRIMs 协定研究》，载《法学评论》2001 年第 2 期，第 97 页。

边层面都还没有达成一致，对履行要求的限制和禁止随着投资自由化进程的推进，范围将不断扩大。《与贸易有关的投资措施的协定》（以下称 TRIMs）对履行要求的规制仅仅限于与贸易有关的方面，采用了概括和列举相结合的方式对五种表现形式下的四种履行要求作出了禁止性规定，一是与 GATT 第 3 条第 4 款国民待遇不符的措施，当地含量要求和贸易平衡要求；二是与 GATT 第 11 条第 1 款一般取消数量限制不符的投资措施，贸易平衡要求，外汇平衡要求，销售限制要求。

经济合作组织（OECD）提出的国际投资协定草案（以下称 MAI）将 12 种履行要求纳入 IIAs 的规制，这 12 项履行要求作为投资设立、经营的条件时，禁止的包括出口业绩要求、当地含量要求、当地采购要求、贸易平衡要求、限制当地出售要求，其中某些履行要求在作为外国投资者获得东道国某些优惠待遇的条件是被允许的。其中被允许的有 7 项，包括技术转让要求、公司总部设置地点要求、销售地要求、研究和开发要求、雇佣要求、设立合营企业要求、最低股权要求。① ECT 第 5 条专门规定了"与贸易有关的投资措施"规则，第（1）款和第（2）款完全采用了 TRIMs 协定的内容，并且明确指出其目的是为了维护 GATT 第 3 条和第 11 条，禁止成员国政府实施 5 种行为，防止外国投资者在能源投资领域受到歧视性待遇。东盟在与韩国、日本、中国、澳大利亚、新西兰、印度等国签订 FTA 的过程中对履行要求条款的态度迥异。有的避开了履行要求条款，有的仅仅以遵守 TRIMs 协定中的义务为限。例如，东盟—澳新 FTA 中专门设置了"履行要求禁止条款"，要求在涉及建立、收购、兼并、管理、指导、合作、出售和其他资本处置活动时，各方不得违反 TRIMs 要求。东盟—中国在投资协定中避开了该条款。2015 年生效的中国—韩国 FTA，将履行要求限于 WTO 项下的 TRIMs。

东盟—日本《经济合作伙伴协定》（以下称 EPA）中专门设置了履行要求条款。日本与菲律宾、印度尼西亚 EPA 中列举了 10 种禁止的履行要求行为。日本与新加坡不仅列举了 9 种应该禁止的履行要求行为，而且还指出不得减损 TRIMs 的权利和义务②。这些条款中涉及的履行要求，除了 TRIMs 协议所要求的四种绝对禁止的履行要求外，还提出对股东国籍要求的绝对禁止。对于技术转让、总部设立、研发要求、销售地要求、雇佣要求均允许在

① MAI Draft Consolidated Text，Ⅲ. Treatment of Investors and Investments，Performance Requirements 1.

② 详细参见商务部研究院亚洲与非洲研究所：《东盟对外签订自由贸易协定比较研究》，中国商务出版社 2011 年版，第 126 页。

授予好处的条件下实施。

《北美自由贸易协定》（以下称 NAFTA）第 11 章中第 1106 条专条规制履行要求，NAFTA 对履行要求的规定具有一定的层次性，首先规定任一缔约方不得在他的领土内，对一缔约方或非缔约方投资者的投资的设立、取得、扩展、管理、经营或运作强加任何下列的要求或强迫任何的承诺或负担，出口要求、当地成分要求、当地采购要求①、贸易平衡要求、销售限制②、技术转移要求③、制造供应限制，这 7 项可以附随授予某种好处而使用。其次规定了健康环境要求。再次规定了任一缔约方对一缔约方或非缔约方投资者在其境内的投资不得使用的措施，包括当地成分要求，进口替代要求，贸易平衡，境内销售限制，这四项可以视为绝对禁止的履行要求。最后规定生产厂房区位、提供服务、训练或雇佣工人、建设或扩充特定设施、执行研究和发展的要求。2012 年美国双边投资协定（以下称 2012 美国 BITs）第 8 条履行要求：第 1 款除了增加第（h）款外与 NAFTA1106 条第 1 款完全相同。④

自履行要求纳入 WTO 体制伊始，在种类上从四种逐渐扩大到十余种，有的研究中成为 TRIMs-plus，从适用阶段来看，履行要求条款分为准入前和准入后两个阶段的适用。准入后 TRIMs plus 条款如，2001 年印度—科威特双边投资协定第 4.4 条规定："外国投资一经设立，缔约东道国不得对该投资增加任何限制扩大或维持投资的业绩要求，或者采取不利于投资存续的业绩要求。"该类条款仅禁止的是投资设立后的业绩要求。美式 IIAs 推进的准入前国民待遇，不仅将 TRIMs 扩大到十余种，并且适用于准入阶段。

鉴于发展水平不同的国家在市场换取外资策略下，对不同履行要求的依

① 购买、使用当地生产的货物或当地提供的服务或给予这些货物和服务以优先，或购买来自其境内生产者的货物或服务。

② 根据出口量或价值或赚取的外汇的情况，限制该投资的生产或其提供货物或服务在其境内的销售。

③ 转移技术、生产程序或其他具有专利的知识转让给境内的人，除非被强加的要求或被强迫的承诺是经法院、行政裁决或竞争当局作为违反竞争法的补救或符合该协定其他条款的方式。

④ 新增的一款规定，（h）为了基于国籍给予其投资、投资者，或者对协定方、协定方个人拥有技术给予保护（ⅰ）在其领域内购买、使用协定方或者协定方个人的技术，或者给予协定方或者协定方个人的技术以优先；（ⅱ）在其领域内阻止购买、使用某种特定的技术，或者阻止给予某种特定的技术以优先。本书将这一款履行要求认定为技术采用限制。第 2 款与 NAFA 第 3 款的规定完全相同。第 8 条第 3 款规定与 NAFTA 第 4 款规定完全相同。

赖程度不同，各国对履行要求纳入法律规制都比较谨慎，在发展中国家之间 IIAs 的履行要求最多仅限于 TRIMs 的四种，而推行自由化的经济发达的国家和地区所签订的 IIAs 致力于将履行要求的范围扩大，最大限度地限缩东道国政府的政策空间，设定对投资者有利的规则体系。

（二）IIAs 履行要求条款的例外

对多种履行要求的规则不仅是有层次性的，而且在该条款中嵌入了多种例外规定。在已有的国际立法实践已经注意到投资自由促进经济利益最大化这一政策目标，与实现非经济价值的政策之间的潜在冲突，履行要求国际义务的实施也与其他国际协定、国际法与国内法相协调，而且对特定情况下的外资项目给予了特殊考虑。IIAs 在对国家经济主权进行限制的同时，面对与之并列人权、自然资源、环境这些重大利益，当两者发生冲突时，通过引入例外规定对这些利益予以平衡，以恢复在追求投资自由化进程中被限制的外资管辖权，对这些与之同等重要的利益作出让步。MAI、ECT、《TRIMs 协议》、NAFTA 以及 2012 年美国 BITs 对履行要求都不同程度地嵌入例外规定。

首先，是保留国家对公共事务的一般管理权。MAI 履行要求第 4 款指出第 1（b）和（c），绝对禁止的五种履行要求在三种情况下：（1）确保与本协定的规定不一致的法律、法规得到遵守是必要的；（2）保护人类、动物、植物、生命健康是必要的；（3）保护可耗竭的生命和非生命自然资源是必要的①不受限制，本书将其称为履行要求的一般例外。

其次，是确保与其他国际义务的协调例外。MAI 的履行要求规则注意到了与 WTO 中履行要求，特别是关于农业、服务业和政府采购等其他国际协定之间的关系。MAI 第 311 条第 5 款②与是 WTO 规则衔接的条款，规定了不适用于政府采购情形、与促进出口项目和外国援助项目相关的履行要求和与优惠关税或优惠配额有关的履行要求③，本书称为 WTO 例外。

再次，是政府基于公共健康和福利在技术转移方面管制例外，在 TRIPs 规定的 12 个条件下实施强制许可。美国 2012 年双边投资条约范本中的例外出现在第 8 条第 3 款 3（a）。第 1（f）和（h）款④不适用于（ⅰ）当缔约方根据《TRIPs 协定》第 31 条的规定授权使用知识产权，或者落入了

---

① MAI Draft, performance requirement 4, p. 23.

② MAI Draft, performance requirement 5, note 35, p. 24.

③ MAI Draft, performance requirement 5 (a) - (c), pp. 24-26.

④ 1 (f) 和 (h) 是关于技术转移与技术采用限制的条款。

《TRIPs 协定》第 39 条的范围或者为了遵守第 39 条而披露知识产权的信息（ⅱ）当被法院、行政仲裁庭在依据国内竞争法由竞争主管当局采取的救济措施，实施履行要求或者强制实施某种承诺。

最后，是某些履行要求在特定领域不被禁止的例外。ECT 第 5 条在第 1款和第 2 款之外，在第 3 款规定了所禁止的四种履行要求的例外情况。该款规定，缔约方为了扩大出口、外国援助、政府采购、优惠关税或配额项目。NAFTA 第 1108 条的第 8 款是第 1106 条适用例外的条款，根据第 8 款，对出口要求，当地成分和当地优先采购要求的禁止不适用于（a）与出口促进和外国援助项目有关的货物或服务的合格性要求；（b）缔约方或国有企业的采购；（c）进口缔约方采取的与取得优惠关税或优惠配额而必须的货物的含量有关的强制性要求。[①] 然而，援用例外免除国际责任有严格的限制。NAFTA 第 6 款规定在保证非"武断或不公平"的情况下，为确保遵守法律、法规、保护人类、动植物生命和健康、保护有限资源等原因而采取的措施。

（三）IIAs 履行要求规则仲裁实践

履行要请规制尚没有太多仲裁实践，在位数不多的的案件中大部分基于NAFTA 展开并且与美国和加拿大有关。主要是因为除美国和加拿大外，大多数国家签订的双边投资协定都没有包括履行要求条款。[②] 从履行要求仲裁实践看，仲裁庭对该条款的解释方法并不一致，当前该条款的解释已从有利于东道国向有利于投资者发生转变，对东道国管制权限制进一步加大。

1. 目的解释：Lemire v. Ukraine 案

有关履行要求的投资仲裁实践多集中于 NAFTA 协定第 1106 条的争议。Lemire v. Ukraine 是截至 2013 年唯一一起在 NAFTA 协定之外对履行要求条款作出裁决解释的投资仲裁案件。[③] 该案中，申诉方美国人 Lemire 是乌克兰一家电台的大股东。申诉方诉称乌克兰 2006 年电视电台法第 9.1 条有关每个电台必须提供 50% 的播出时间用以播放乌克兰音乐的规定构成当地成分要求，从而违反了美国—乌克兰双边投资协定第 2.6 条履行要求条款项下义务。

---

① See NAFTA, Article 1108 (8).

② Alexandre Genest, Performance Requirement Prohibition, Lemire v. Ukraine, and Mobil v. Canada, Stuck between a Rock and a Hard Place, Revue Juridique Themis, Vol. 47, Issue 3, 2013, p. 13.

③ Alexandre Genest, Performance requirement prohibitions in international investment law: complex, constrainingand a potential thorn in U. S. -India BITs negotiations, SPIL International Law Journal, 2014, p. 10.

仲裁庭依据维也纳条约法公约第 31.1 条，首先采用"通常含义"对美国—乌克兰双边投资协定第 2.6 条进行解释，认为 2006 年电视电台法第 9.1 条只要求电台播出的音乐 50% 应由乌克兰人作词或作曲或创作的，并没有特别强制这些产品或服务在当地采购。因此，从表面上看并不违反美国—乌克兰双边投资协定 2.6 的规定。其后，仲裁庭采用"目的和宗旨"解释方法，认为协定第 2.6 条与贸易有关，该条法律的目的是为阻止缔约方出于保护本地产业免受进口产品竞争冲击而作出当地成分要求。考虑到 2006 年电视电台法是为了促进乌克兰文化传承，仲裁庭裁定该法律并不违反美国—乌克兰双边投资保护协定的当地采购禁止规定。仲裁庭没有就 2006 年电视电台法第 9.1 条是否实际产生违反投资协定的效果进行分析。① 可见，Lemire v. Ukraine 案仲裁庭对业绩要求的理解倾向于采用目的解释方法。只要东道国政府在发布某项业绩要求管理措施时，将其提升到国家生存发展根本利益保护的高度，往往能有效地获得仲裁庭的支持，可以从履行要求禁止性义务中免责。

2. 效果解释：Mobil v. Canada 案

Mobil v. Canada 是目前为止最全面深入分析履行要求条款的投资仲裁案。在该案中，申诉方美国 Mobil 以及 Murphy 公司在加拿大 NL 二省投资海岸油田开发。油田开发项目受 NL 二省省级政府和联邦政府的双重管理，由加拿大新大地海岸油田委员会（"委员会"）具体负责。为获取开发许可，申诉方向委员会提交开发计划书和利润分成计划书。根据规定，利润分成计划书必须包括两个部分的内容：一是提供必要经费用于在 NL 开展研发；二是提供必要经费用于在 NL 进行培训和教育。委员会有权发布指南解释利润分成计划内容。1986 年、1987 年和 1988 年该委员会先后颁布指南对研发和培训费用提出原则性要求。但在 2004 年，委员会颁发的新指南强令研发费用从原先的勘探开发阶段延伸到生产阶段，而且第一次提出明确研发经费的确切数额。申诉方认为 2004 年指南强迫申诉方必须在 NL 从事一定金额的研发活动才能在 NL 开展石油开采投资违反 NAFTA 第 1106 条有关履行要求的相关规定。

本案的焦点在于，NAFTA 第 1106 条禁止当地采购产品和服务中的"服务"是否包括 2004 年指南中的"研发"和"培训"，以及 2004 年指南的义务性特征是否构成 NAFTA 下的"要求"。仲裁庭根据"服务"的通常意义，认为服务的含义宽泛足以包括研发和培训。之后，仲裁庭分别从目的和效果

---

① Joseph Charles Lemire v. Ukraine, ICSID Case No. ARB/06/18.

两个层面对 2004 年指南下的措施进行了分析，认为政府采取措施的目的与 NAFTA 第 1106 条没有关联，只要一项措施要求投资者利用当地的研发和培训资源，就"十分明显（rather clearly）"地构成应禁止的业绩要求。①

上述两起仲裁案件，通过业绩要求条款集中反映出东道国和投资母国在国家主权与投资者保护之间的不同立场。Lemire v. Ukraine 体现出对国家主权的高度尊重，Mobil v. Canada 则高度肯定投资者权利。Lemire v. Ukraine 一案过度强调争议措施的目的，而 Mobil v. Canada 一案过度强调争议措施的影响，这两种裁决方法暴露出截然不同的解释失衡的弊端，加剧了投资仲裁在条约解释方法的合法性争论。②

二、发展权视角下履行要求规制的再审视

（一）履行要求是国家政策空间的固有内容

履行要求是东道国外资管辖权的一部分，外资的管辖权是国家经济主权在国际投资领域的体现，全面的自由化将消除国家的政策空间。《关于建立新的国际经济新秩序宣言》确认了国家对自然资源的永久主权和经济自决权，经济自决权在后殖民地时代仅限于安排国家的经济结构，对自然资源的永久主权逐渐发展到对国内所有经济活动的权利。③ 经济永久主权运用到国际投资法中就体现为对外资的准入和经营阶段的管理权。国家有权采取引导、管理和限制外国投资管制措施。履行要求的限制和禁止使用本来并不是国家的自由化义务，从 20 世纪 80 年代起，高涨的发达国家对外直接投资受到发展中国家履行要求的限制，开始质疑东道国对"履行要求"这些管制措施的使用，将国内投资措施纳入 WTO 体制的多哈回合谈判中，将与贸易有关的四种履行要求在多边层面绝对禁止，发展中国家被迫接受了这一条款，继而在其他区域协定或者双边协定中逐渐扩展到其他履行要求。

从履行要求在实践中的适用情况来看，不论在发达国家还是发展中国家，总体上呈现出不断下降的趋势。发达国家对履行要求的使用率在不断降低，多数是伴随激励措施一起使用的。在 20 世纪 90 年代初，发达国家中有 7 个使用当地股权要求，6 个使用当地成分要求，3 个实施出口要求，3 个使

---

① Mobil Investments Canada Inc. and Murphy Oil Corporation v. Government of Canada, ICSID Case No. ARB（AF）/07/4.

② Alexandre Genest, Performance Requirement Prohibition, Lemire v. Ukraine, and Mobil v. Canada, Stuck between a Rock and a Hard Place, Revue Juridique Themis, Vol. 47, Issue 3, 2013, p. 444.

③ International Law Association, Report of the Sixty-fourth Congress（1990）.

用科研要求，2 个使用产品命令要求，1 个使用贸易平衡要求①，外资也逐渐可以大量流入被禁止的金融领域，投资审查标准降低或者取消。履行要求在发展中国家的发展也随着国家发展水平的提高、特殊发展阶段目标的实现，取消了对履行要求的使用。例如，印度是一个历来都频繁使用履行要求的国家，当地成分要求在自动化产业广泛使用，对跨国公司控制的产业实施出口要求，1991 年依据外汇情况对消费品生产企业实施直接出口义务，这些义务在 2000 年彻底废除。在 20 世纪七八十年代，外资在当地的股权不得超过 40%，到 20 世纪 90 年代这些要求逐渐取消，其他履行要求也大大降低，1991 年 FDI 中 33% 包含履行要求，到 2000 年下降到 9%，目前除了享受优惠的出口加工区外，都取消了出口要求。由此可见，履行要求经历着一个动态变化的外资管理过程，伴随着国家的发展阶段和发展目标而发生着变化。然而，这并不意味着发达国家彻底放弃了影响投资者行为的外资管制措施，一些新的对贸易有扭曲作用并且会对其他国家有消极影响的替代性措施，隐蔽地发挥着投资措施的作用。例如，原产地规则②、自愿出口限制措施、反倾销措施，各种策略性的贸易与投资的混合政策大大降低了履行要求的使用率③。

除了使用替代性措施之外，履行要求使用率降低还有一些其他原因。第一，对履行要求的废除是为了遵守国际承诺，1995 年《TRIMs 协定》的生效，一些双边、区域投资协定所承担的国际义务都要求禁止或者限制使用履行要求。第二，对 FDI 的需求引起国家竞争，放松管制和取消履行要求成为增强 FDI 吸引力的战略。事实上，对自然资源和市场寻求型的投资而言，具有丰富资源且有较大市场的国家具有更强的与投资者讨价还价的能力，对履

① United Nations Centre on Transnational Corporations（UNCTC），The Impact of Trade-related Investment Measures on Trade and Development：Theory，Evidence and Policy on Implications（New York and Geneva：United Nations），1991，availibale at http：// unctc. unctad. org/data/e91iia19d. pdf. ，visited on January 10，2013.

② 原产地规则要求产品的国内成分的比例必须符合一个区域性贸易区内部产品的要求，这就与当地成分要求有相似的效果。例如，NAFTA 要求一件产品投入的实质性部分要在贸易区内产生，而欧盟采用了国内"国内成分"原产地规则，对某些产品采用更加严格的要求。美国发布"购买美国货"政策之后，为了满足国内产品的资格而获得 25% 的价格优惠，汽车制造商就会购买美国制造的轴承、发动机等部件，这一贸易政策具有了当地成分要求的异曲同工之效。

③ Moran，The Relationship between Trade，Foreign Direct Investment，and Development：New Evidence，Strategy，and Tactics Under the Doha Development Agenda Negotiations，2002，p. 11.

行要求的使用率就比较高。第三，随着国家发展目标的实现而自然废除某些履行要求，在发达国家履行要求使用的下降主要是这个原因。①

尽管随着自由化的推进，国家发展水平的上升，履行要求呈现出逐渐减少的趋势，但是在不具备熟练使用替代性措施的情况下，履行要求仍然是国家政策空间的重要来源。履行要求在经济发展水平不同的国家作用差异，但是很多发展中国家还不具备适用具有替代性的贸易措施的能力，如原产地规则、反倾销措施等法律手段实现国家发展的目标。自由化的投资机制才能带给发展中国家更加充沛的资本，提高投资者的积极性和投资的质量。然而，可以对普遍认同的投资措施作出一般性禁止，然后用灵活的制度为国家政策空间保留充分的裁量空间。

（二）履行要求是国家利用外资实现发展的举措

履行要求是东道国利用 FDI，实现国家发展政策目标的重要政策措施，是克服跨国公司不利影响的法律手段。对于东道国而言，实施履行要求的特定目标主要包括以下九种：（1）加强产业基础；（2）创造就业机会；（3）增强国内外企业的联系；（4）促进出口和业绩；（5）贸易平衡；（6）促进区域的发展；（7）技术转移；（8）租金的产生和分配；（9）各种非经济目标，如政治独立和公共权力分配。② 基于不同国家的发展目标，东道国结合使用几种相关的履行要求。发达国家曾经在历史上使用履行要求是出于对跨国公司对政治和经济影响的四种考虑：对宏观和微观经济的影响，对收入分配的影响，保持政治独立，分配政治权利。③ 对于投资者而言，投资者进入一国投资的目标是利润最大化，而东道国引入 FDI 的目标除了利用其充足的资本，吸收先进的管理、技术方面的经验等宏观或者微观经济目标外，还有促进社会发展，如少数民族的平衡发展等非经济目标的考虑。国家通过对投资者的准入和运营实施一定的管理、引导措施。此外在缺少跨国公司内部转移定价、限制竞争等行为有效规制的情况下，投资措施还可以用来抵消跨国公司排挤竞争的限制性商业措施。

在履行要求纳入 IIAs 之初，就在投资自由化为代表的发达国家和期望利用投资措施实现发展的发展中国家之间存在着对抗，酝酿着对已有制度的

---

① UNCTAD, Foreign Direct Investment and Performance Requirements: New Evidence from Selected Conclutions, 2003, pp. 18-20.

② UNCTAD, Foreign Direct Investment and Performance Requirements: New Evidence from Selected Conclutions, 2003, p. 7.

③ UNCTAD, Foreign Direct Investment and Performance Requirements: New Evidence from Selected Conclutions, 2003, p. 9.

变革。在《TRIMs 协定》谈判时，发达国家列出对东道国约束性管制措施包括当地含量、出口业绩在内的 14 项。发展中国家从维护经济主权、保持对外资管理的政策灵活性出发，主张谈判应该限于在对贸易有直接和重大消极影响的投资措施，还特别强调：虽然 FDI 对他们的经济发展必不可少，但通过投资措施引导外资流向对实现国家经济和社会发展目标至关重要①。最终双方妥协，将五种行为包含的四种履行要求纳入 WTO 多边体制之中。2002 年巴西和印度在对 TRIMs 修改②的 WTO 交流会上指出："历史提供了很多成功的例证，为了发展目标的实现，为了抵消贸易扭曲的消极影响而进行的合作——发达国家以比投资措施更具有消极影响的方式影响资源的有效分配，况且，必须指出的是 WTO 包含的一些措施对国际贸易更具有扭曲作用，特别是针对发展中国家相关的出口部门，而不是与投资相关的部门。"③他还指出，"应该对 TRIMs 第 4 条进行修订，为发展中国家实施发展政策必要的灵活性，一种可行的解决方案是扩大允许发展中国家偏离第 2 条规定的条件的范围。当地成分要求和贸易平衡要求应当以个案为基础来确定对贸易的消极影响是否超过了对发展带来的收益"。④ 无论是产业的适度保护还是防止跨国公司的消极影响，无论是产业结构调整、经济体制改革还是实现国家经济发展战略目标，都需要国家在外来资本准入、运营的各个环节实施一定的干预和控制，保留某些履行要求满足发展中国家的现实需要，其消除要以渐进的方式逐步实现。⑤

（三）履行要求是保障国家发展权的必要措施

履行要求是东道国保障发展权，实现国家经济起飞的必要措施。对于发展中国家利用 FDI 实现国家的发展与促进资本流动的自由化相比，更具有根本重要性，因此投资自由化的推进应当以不阻碍国家实现发展为限度。发达国家和发展中国家处于不同的发展阶段，对相同的投资措施会有不同的态

---

① 参见张严方主编：《与贸易有关的投资措施协定解读》，湖南科学技术出版社，2006 年版，第 19 页。

② 《TRIMs 协定》第 9 条规定，在《WTO 协定》生效 5 年内，货物贸易理事会应当审查本协定的实施情况，并且要在适当的时候向部长会议提交对文本的修改意见。审查后，货物贸易理事会应当考虑是否需要对有关的投资政策和竞争政策作出补充规定。

③ WTO Document G/C/W/428, para. 4.

④ See Mashayekhi, Mana, Positive Agenda and Future Trade Negotiations (New York and Geneva: United Nations), pp. 235-254.

⑤ 刘笋：《投资条约中的"履行要求禁止规则"》，载《武汉大学学报》2001 年第 6 期，第 743 页。

度。在发展中国家看来，当地成分要求、当地采购要求、合营要求是国家起步期实现发展最基本、最重要的措施，而在一些社会财富积累丰厚、高度自由化的市场经济国家，同样的投资管制措施发达国家就显得没有那么紧迫，而且会认为这些措施是对资本自由流动的限制。发达国家所处的已经不是利用履行要求实现其国家基本生存、发展财富积累的目标的阶段，而是进入关注稀缺资源的储备等战略目标的实现的发展时期。一些经济学家指出，在发达国家发展的早期和中期，在引入 FDI 的过程中，也使用履行要求，而现在否定发展中国家使用的权利。经验数据表明，发达国家现在试图禁止的履行要求的这种发展战略曾经帮助发达国家达到今日经济的辉煌中起过重大作用。① 因此不能否认发展中国家暂时背离条约义务的权利，不加区分地认定履行要求就是国家对市场的不合理干预是武断的。

对于发展中国家和地区，履行要求依然是实现国家经济和非经济目标的主要方式。出口履行要求曾在新加坡、韩国、中国台湾和香港这样的新兴经济体崛起发挥过重要作用，这些国家和地区从出口替代转向出口增长的发展战略，给予税收或者其他激励对外国投资企业实施出口履行要求，通过出口加工业赚取外汇，所以在制定这样发展战略的国家，就应当在一段时期内放松出口履行要求的限制。在 2008 年金融危机之后，出口要求其实加剧了投资者和母国的矛盾，很多国家限制从发展中国家进口便宜的产品的保护主义政策，投资者发现难以满足准入时承诺的出口要求。②

在 20 世纪 90 年代以前，外国直接投资被印度政府认为是技术转让的一个重要渠道。依据 1968 年的印度产业政策，只有伴有技术合作的外国直接投资才是被允许的。1973 年《印度外汇条例》规定，外资以先进技术作股是允许该外资股权高于 40% 的一个重要指标。20 世纪 70—80 年代的印度政府也试图通过限制延长技术合作和阻碍续约来促进技术的快速吸收。不过自1991 年 7 月起，技术转让就不再是外国投资优先获得批准的条件了，外国投资者与印度进行交易产生的技术转让具有强制性。③ 2005 年《印度专利

---

① 例如，加勒比共同体（Caribbean Community，CARICOM）曾发布过一份标题为《双边条约谈判指南》的文件，指出加勒比共同体国家不接受任何使用履行要求禁止的提案。

② See The International Law on Foreign Investment, by M. Sornaraja, Cambridge University Press, 2010, p. 104.

③ See United National Conference on Trade and Development, Foreign Direct Investment and Performance Requirements: New Evidence from Selected Countries, United Nations, 2003, pp. 104-105.

法》第 84 条进一步规定了强制许可制度："在与专利有关的公众的合理要求未能得到满足的情形下，任何人都可申请强制许可。"

当地股权要求是一种当地股权参与外国投资的方式，是南非国家常常采用的实现外资本土化的方式，目标是将外国的资产逐渐转向当地土著居民手中。股权要求不仅仅出于经济立场的考虑，而且有政治或者其他原因。例如，尼日利亚的本土化措施就在外资政策中得到了充分的反映，外国投资要遵守公司的股权结构要求，确保公司股权分散化结构满足政策的要求。马来西亚在 1970 年发布的"新经济政策"也实施了近 20 年这种政策，要求外国投资的股权只可以占少数。"经济原因可以通过协定建立一种平等的利益关系，但是政治上确保外国投资促进国内的弱势群体发展不能无条件对等，因为仅仅对国家精英有益的政策会加剧国内分层，国家的外资立法会考虑种族平衡发展。"① 当地雇员和培训要求是东道国吸收外资生产技术、管理技能最直接的方式，促进当地就业。

某些履行要求在国家发展的特定时期必不可少，如智利在 1991—1998 年期间，为了实现向完全金融一体化和浮动汇率转变，对外国投资者实施强制性外汇平衡要求和资本控制要求，马来西亚在实现出口型国家战略的过程中，一般而言，出口要求、当地成分要求、合营要求等作为外资进入的前提条件，培训要求是为了提高马来西亚工厂的技能和相关的生产能力。诸多关于国内因素参与外资运营的履行要求，都是为了"实现本地化与国际化的平衡，这不仅仅取决于东道国和投资者讨价还价的能力，而且这种平衡的变化取决于各种因素，如对生产需求的变动，国家政治的变化，以及全球整体经济的健康状况"。②

三、发展权视角下对"履行要求"的分类探析

（一）履行要求立法实践概况

下表是对 IIAs 中 TRIMs、MAI 、NAFTA、ECT、东盟—日本 CAFTA、美式 BITs 为样本作出的统计，采用 TRIMs 乌拉圭回合谈判例举的 13 种措施中的贸易平衡要求、当地成分要求、当地股权/合营要求、外汇限制要求、技术转让要求、国内销售要求、出口业绩要求、当地培训/雇佣要求 8 项，

① See The International Law on Foreign Investment, by M. Sornaraja, Cambridge University Press, 2010, p. 104.

② See The International Law on Foreign Investment, by M. Sornaraja, Cambridge University Press, 2010, p. 106.

在此之外①，又增加了销售地要求②、当地采购要求、技术采购要求、总部/分支机构设立要求、研发要求、股东国籍要求6项，将14项作为探讨的履行要求分为（1）绝对禁止；（2）附优惠条件允许；（3）允许三种。

		TRIMs	MAI	NAFTA	ECT	东盟—日本 EPA	2012 美国 BITs
1	贸易平衡要求	×	×	×	×	—	×
2	当地成分要求	×	×	×	×	×	×
3	当地股权/合营要求	—	○	—	—	—	—
4	外汇限制	×	×	○	×	—	—
5	销售地要求	—	○	○	—	○	○
6	技术转让要求	—	○	○	—	○	○
7	国内销售要求	×	×	×	×	×	×
8	出口业绩要求	—	×	—	—	—	○
9	当地采购要求	—	×	×	—	—	×
10	研发要求	—	○	✓	—	○	✓
11	当地雇佣/培训要求	—	○	✓	—	—	✓
12	总部/分支机构限制	—	○	✓	—	○	✓

---

①　各国实施复杂多样的履行要求，在乌拉圭回合谈判中列举了14项TRIMs，实际上这14种措施既属于投资鼓励与履行要求这两大类，除了第一项属于投资激励外，其他13项都属于履行要求，（1）当地股权要求，（2）许可证要求，（3）汇款限制要求，（4）外汇限制要求，（5）制造限制要求，（6）技术转让要求，（7）国内销售要求，（8）制造方面的要求，（9）产品指令要求，（10）贸易平衡要求，（11）当地含量要求，（12）出口要求，（13）进口替代要求。详细解释参见赵维田著：《世贸组织的法律制度》，吉林人民出版社2000年版，第417-418页。通过考察已有国际投资协定中的规定，有6种没有被采用。

②　销售地要求是指将货物或服务销往东道国之外的特定地区或世界市场。技术转让要求是指将技术、生产程序或其他具有专利的知识转让给境内的人；出口业绩要求是指出口一定水平或比例的货物或服务；当地股权/合营要求，设立的合营企业要有当地企业参加经营管理或者有一定比例的表决权；股东国籍要求是指高管人员或者具有表决权的股东要具有某种国籍。

续表

		TRIMs	MAI	NAFTA	ECT	东盟—日本 EPA	2012 美国 BITs
13	技术采购	—	—	—	—	—	○
14	股东国籍要求	—	—	—	—	—或×	—

注：国际协定中履行要求的使用情况，其中×表示绝对禁止，○表示附优惠条件允许，√表示允许，—表示提及，根据以上国际协定履行要求规则整理。

（二）分类的标准

除了按照履行要求实施的强制力分为命令式履行要求（mandatory performance requirement）和自愿性履行要求（voluntary performance requirement）外，也被称为直接履行要求和间接履行要求。下文将依照联合国贸易与发展会议（UNCTAD）报告对全部投资措施的分类①，将投资措施分为红色措施、黄色措施和绿色措施三个层次进行探讨，这种划分是以某种履行要求对资本流动的扭曲程度和各国的普遍接受程度为标准的。对于履行要求存在的合理性，在理论上还存在着不同的看法；在实践上，许多国家将其作为一种发展经济的手段予以采用。因此，各种 TRIMs 对贸易和发展的效果可能是不相同的，并非所有的 TRIMs 都对贸易具有扭曲和限制的效果。国际社会予以禁止的应是那些对贸易具有严重的扭曲和限制作用的TRIMs。② 对其他种类的履行要求在一般情况下予以禁止，特定条件下准予使用。

三分法可以促进履行要求规则的设计更具逻辑性和灵活性，从而可以判断哪些措施是值得保留，促进发展权和可持续发展的。在履行要求规则的设计中，随着国家投资自由化的推进，某些措施当前被纳入自愿性履行要求也会纳入到绝对禁止类，自愿性履行要求也可能由于一国发展的需要列入允许使用类。从已有的国际立法来看，多采用这样的方法，第 1 款对自愿使用类的履行要求进行例举，与伴随某种好处的授予一起使用。第 2 款对于单独使用的履行要求例举，即绝对禁止类。第 3 款是对第三类允许使用履行要求的

① 依照 TRIMs 协议将全部投资措施作了三种分类：第一类是"红灯"措施，主要指被 TRIMs 协议禁止的措施，如当地含量要求、贸易平衡要求、汇兑限制和销售控制；第二类是"黄灯"措施，主要指被一些双边、区域或区域间协定所禁止但尚未被多边协定禁止。第三类是"绿灯"措施，除上述两类之外的措施。See UNCTAD, IIA Issues Paper Series, Host Country Operational Measures.

② 余劲松：《TRIMs 协议研究》，载《法学评论》，2001 年第 2 期，第 99 页。

规定。这种分款项归类例举，实现了随着自由化的提升，将某种履行要求归入绝对禁止一类，在一定的层次下进行调整的要求，这样使众多的履行要求各归其位，具有层次性，明了清晰。

1. 三类履行要求的范围

第一类是绝对禁止的履行要求。也被称为红色措施，是强制性的措施。从表中横向角度来看，对绝对禁止的履行要求主要集中在 TRIMs 协定下规定的贸易履行要求、当地成分要求、外汇限制和国内销售要求。作为 WTO 成员方有遵守协定义务，使国内法符合国际协定的义务，所以这四种类型得到了比较统一的遵守。此外，"当地采购要求"也得到多数 IIAs 的认同。当地采购要求是指购买、使用当地生产的货物或当地提供的服务或给予这些货物和服务以优先，或购买来自其境内生产者的货物或服务。在推崇投资自由化的 MAI、NAFTA、美式 BITs2012 做出了明确规定，不得与授予好处的激励措施并行适用，属于绝对禁止的措施，然而在其他 IIAs 中没有提及，由此可见，当地采购要求在尚未达到完全市场经济的国家，甚至很多发达国家也期望在外国投资活动中带动本地生产要素的充分利用，本书认为当前发展水平差异巨大的 IIAs 谈判中，仍然不适宜将此种投资措施纳入全面禁止的范围。

第二类是可以与投资激励伴随使用的自愿性履行要求。这类措施是与优惠有关自愿性的措施，在一定条件下不被禁止，可以被视为黄色措施。从列表统计来看，可以将销售地要求、技术转让要求、技术采购要求、出口业绩要求、当地股权/合营要求、股东国籍要求列入自愿性的履行要求范围内。这类措施占所有投资措施的大多数，也是多数 IIAs 谈判讨论的重点。在这六项措施中，销售地要求、技术转让要求、出口业绩要求、当地股权/合营要求是 IIAs 中较为传统的限制使用的投资措施。股东国籍要求是 2009 年东盟 EPA 中增加自愿性履行要求，[①] 本书认为，股东国籍履行要求与当地股权/合营要求本质相同，都涉及外资企业的控制权，与企业的表决权和经营权有关，是根据国家的发展战略和所涉及投资领域的重要性而进行灵活调整的一种政策措施，与投资激励可以伴随使用。

技术采购要求是美国 2012 年 BITs 范本修订的内容之一。第 8 条履行要

---

① 在东盟—日本 EPA 中，日本—菲律宾和日本—印度尼西亚的投资协定中有禁止股东国籍履行要求，日本—越南协定为自愿使用，日本—新加坡等四个国家并未提及此种履行要求，详细参见商务部研究院亚洲与非洲研究所.东盟对外签订自由贸易协定比较研究.北京：中国商务出版社，2011，第 126 页。

求第 1 款新增加一项作为第（h）项，并在这一项的注释中指出，"此条款的目的是，当事方或者当事方个人所拥有的技术"，范围包括当事方享有所有权的或者当事方个人享有所有权的技术，当事方和当事方个人控制、排他性许可的技术，这种技术采用的限制包括两种情况，第一种是强制要求在东道国领域内使用特定来源的技术，第二种是限制使用某种来源的技术。第 8 条第 3（b）"技术采用限制"和第 8 条第 3（a）"技术转移"一起作为投资活动与知识产权相关的例外。美国对投资中与知识产权相关的问题在技术转移和技术采用方面非常谨慎。

美国一直具有信息等技术产业优势，不仅在专门的知识产权国际保护中推行高标准的知识产权保护，而且更在关键技术领域限制交易，保持美国企业在外国市场的竞争优势。"将知识产权纳入 BITs 的保护意在保护投资者利用知识产权控制东道国市场的竞争手段。"[1] 用市场换技术是发展中国家引进外资的目的之一，通过鼓励和引导外资技术转让，获取外国先进技术，在消化吸收后形成独立的研发能力。然而，发达国家视技术为其核心竞争力，根本不愿随意转让。"新的美国 BITs 范本，澄清了包括国有企业，以及其他代表政府当局的实体和个人在投资协定下的义务，旨在处理国有经济国家的投资，阻止东道国使用国内技术，防止缔约方允许另一缔约方的投资者参与到技术研发之中。"[2] 若东道国在大型项目中，将采用投资者的技术作为自愿性履行要求，东道国就可以在最惠国待遇基础上使得此技术扩散，最终使美国的技术安全受到威胁。

与技术相关的投资措施，表面看是投资自由化问题，其实质延伸到东道国发展利益与母国投资者竞争力之间的对抗。在智利，为了促进技术和精密工业活动的发展，智利政府发起"高技术投资计划"，该计划包括（1）投资促进；（2）对投资前的研究、人力资源开发和对新技术项目投资激励。类似这样的伴有激励性质的，促进技术资源转让的履行要求在发展中国家非常普遍。"其也经历了从早期给予鼓励技术转让的资源性技术转让，发展为以技术转让为市场准入条件或经营阶段中的强制技术转让为特征的强制性技

① 何艳：《双边投资协定中的技术转让履行要求禁止规则研究》，载《当代法学》2014 年第 4 期，第 153 页。

② Paolo Di Rosa, Arnold & Porter LLP, The New 2012 U. S. Model BITs: Staying the Course, available at http://kluwerarbitrationblog. com/blog/2012/06/01/, visited on December 26, 2012.

术转让。"① 技术转让在发达国家看来，意味着失去市场竞争力，失去对技术的专用权和垄断地位。然而，与美国强烈禁止技术转让不同，欧盟国家对技术转让履行要求持鼓励态度。例如，1994 年《欧盟和斯里兰卡合作协定》第 4 条经济合作条款规定："缔约方同意经济合作应涉及：（1）通过便利获取欧盟的知识、技术和资本，改善斯里兰卡的经济环境……"该协定还包含关于技术转让的一般性规定。例如，《欧盟和斯里兰卡合作协定》第 9 条科学技术规定："缔约方将根据相互利益以及双方在这一领域的发展战略目标，促进科学技术合作，以便推动知识转让，鼓励创新。"欧盟缔结的双边投资协定都包含关于从发达国家向发展中国家转让技术的规定，这些规定虽然规定得相当笼统、没有具体说明实际促进技术转让的方式和方法，但大多规定应协助技术开发和技术转让，其中某些条款特别强调要让最不发达国家从中受益。从国别 BITs 来看，德国、法国、意大利等国 BITs 都没有确立相关的履行要求禁止。从发达国家的 IIAs 实践来看，是否采取发展合作的态度对待国际投资合作，是否纳入发展权原则指引具体规则的涉及，直接影响到发达国家和发展中国家投资规则的对抗程度。

第三类是不被禁止的措施，又被称为绿色措施，指没有被列入 IIAs 中作为禁止措施。当前从国际协定的实践来看，主要包括研发要求、当地雇佣要求、总部/分支机构限制。MAI 履行要求第 3 款以脚注的方式提出第三类关于选址、雇佣、培训、扩大特定设施、研发等不受限制的规定。② 2012 年美国 BITs 第 8 条第 3 款 3（a）规定，这些构成履行要求的不排除措施，其实质是将研发要求、雇佣和培训要求以及区位选择要求从所有形式的履行要求中排除。

研发要求是指东道国提出的外资吸收当地人员和机构参与投资技术研发的要求。研发要求不被国际协定所限制，但是多数国家对研发要求都采用与激励措施伴随使用的方式，但是研发要求产生积极效用取决于当地人才资源、基础设施建设以及先进技术的消化吸收能力，否则这种履行要求不会产生效果。但是当研发要求涉及大量经费以及技术转移问题时，将成为投资者质疑的关键，前文 Mobil v. Canada 案，加拿大政府 2004 年将研发和培训费从开发阶段延伸至生产阶段，并提出明确的经费额度要求时，引发了投资者

---

① 何艳：《双边投资协定中的技术转让履行要求禁止规则研究》，载《当代法学》2014 年第 4 期，第 155 页。

② MAI Draft, Performance Requirement 3, Note 29, p. 22.

Mobil 公司不满。当地雇佣和培训要求主要解决劳动力就业失衡，督促企业进行技能培训和人力资源开发，提高企业的人力资源水平。东南亚国家在运用 FDI 实现经济发展的过程中，运用不同程度的税收激励措施增加对员工培训的积极性，在质量和与生产相关技能的培训占到培训支出 1/4 以上时，有助于提升产品质量和附加值。① 总部/分支机构限制主要是指对总部的设置，分支机构和生产厂房的区位选择提出的要求。

这三种履行要求之所以被称为绿色措施，是因为对 FDI 的负面影响很小，又是实现发展和经济增长的重要方面，特别是发展中国家在利用 FDI 提升发展能力、实现产业升级增加科技创新能力具有直接的正面效应，一般不为任何国家所限制。在衡量一项履行要求是否具有扭曲贸易和投资流量的负面影响时，FDI 带来的"绿色"增长和发展效应可以成为与之对抗的重要考虑因素。

四、"发展例外"在履行要求条款中的嵌入

（一）现有例外对发展权保障之不足

已有的履行要求立法实践除了没有对投资措施以满足不同层次国家的发展需要而进行明确的分类外，用以平衡其他利益的例外规定也有一定的局限性，IIAs 对履行要求进行限制的例外主要集中在以下几个方面：

第一，为保持与其他国际协定相一致的例外。首先是与 WTO 国际协定的例外，如 NAFTA 和 2012 年美国 BITs 中规定了技术转让要求或投资技术采购要求的例外，为了遵守 WTO 下第 31 条强制许可以及第 39 条商业秘密保护的义务，可以背离限制使用技术转移要求的承诺；MAI 规定了关于农业、服务业和政府采购的关系，优惠关税或优惠配额有关的履行要求排除适用。其次是与国内法衔接的例外，在国内法院判决或者由于国家竞争法由行政机关采取救济措施，实施强制执行时不限制某种履行要求。

第二，履行要求的一般例外。MAI，NAFTA，美国 2012 年 BITs 都规定，为了遵守或履行某一投资协定的法律、法规的义务，为了保护动植物生命健康，为了保护一国可耗竭的生命、非生命自然资源等采取国内环境措施，可以不限制履行要求的使用。

第三，实现投资项目的目标的例外。有的绝对禁止的履行要求不适用于

① See World Investment Report 2001: Promoting Linkages (Geneva and New York: United Nations), p. 178.

关于出口促进和外国援助项目的商品、服务资格的取得。①这些履行要求的例外基本顾及了在限制外资管辖权，以实现投资自由化的政策目标与其他利益保护的协调，具有一定的灵活性。与其他国际协定义务的协调，顾及追求其他价值的国际协定之间的关系；国内法和国际义务衔接例外，有助于协调国内法与国际法之间的效力冲突；而履行要求的一般例外是对经济利益之外的如环境权、人权等利益的平衡机制。值得关注的是第三种例外，当地成分要求、出口要求和当地采购要求，这几种绝对禁止的履行要求在东道国特定的外资项目中，可以作为取得项目的强制性措施，这一例外是对东道国吸引FDI传统目标的回归——以投资带动出口、当地产品和服务要素的高效利用，通过某种履行要求引导投资，以促进当地产业的发展。对于某个投资项目的投资者——国家契约，通过投资协定的实体规则上升为国家争端，加强了对个别投资的保护。

第四，保护弱势群体利益的不符措施。在 2012 年生效的美国—卢旺达双边投资协定中，美国在附件 2 中规定了对少数族裔事务部门，保留采取或维持赋予社会或经济弱势的少数族裔权利和特权的措施，这些措施将不适用国民待遇、履行要求、高管和董事会等条款项下的国际义务。美国和卢旺达分别列出了关于履行要求不符措施的法律依据——《阿拉斯加土著诉求解决法》，即《美国商法典》第 43 条第 1601 节。② 整体而言，不符措施附件清单所涉及的免除履行要求义务的措施数量有限，难以满足对发展权发展利益的保护。

此外，除了规定各种目标实现和价值保护的例外，有的国际协定还规定了过渡期，照顾发展中国家为了履行承诺的能力。《TRIMs 协定》为发展中国家提供了较长的过渡期，另外，ECT 第 4 款也规定了过渡措施，即在 ECT 生效的 180 天之前履行要求可以暂时继续，但有义务按照规定通知并逐步取消。

(二)"发展例外"的构想

履行要求是一种外资管制措施，从目前发展中国家所处的发展阶段来看，利用某些履行要求来实现国家的发展目标仍然是很有效的，在发展中国家特定的发展阶段提供自由政策空间，也是法律所追求的实质公平正义的体现。而这种需要在已有的立法实践中并没有充分体现出来，履行要求规定的

---

① MAI Draft, performance requirement 5 (a), NAFTA1106, Article 8 (b) and 2012 US BITs, Article 8 (3d).

② US-Ruwanda Bilateral Investment Treaty, Annex II-US-4.

三种例外没有充分体现不同发展层次国家追求发展目标的现实需要，投资与贸易相比，FDI 的整个生产周期和具体的生产活动发生在东道国，比贸易这些针对产品、服务的流动会对东道国的整体发展产生更加直接、更加深刻影响，对一些欠发达国家的生存和发展起到直接的推动作用，所以追求自由化为目标的投资协定应适当权衡发展中国家发展的现实需求，有必要针对发展中国家的发展需要专门引入一种例外——发展例外，给发展中国家发展目标实现提供所需要的政策空间。

发展例外引入就可以协调这一冲突：发展中国家在一定时期内将某种投资措施作为实现产业发展目标的主要手段，而此时的政策需要与 IIAs 的义务发生冲突，"发展例外反映了发展中国家在经济上的弱势地位和发展需求，应当给予特殊和不同的对待，这类例外已经出现在一些国家的 BITs 中，如意大利—摩洛哥的 BITs。①"发展例外"在一些国际组织制定的规则中已有规定，如联合国《跨国公司行动守则（草案）》第 49 条规定："……为促进本国自力更生的发展能力，或为了保护重大的经济利益，本国企业所享有的优惠待遇或特许权无须让跨国公司分享。"在履行要求规则设计中，可以列出与履行要求一般例外并列的一种例外，专门为某些发展中国家和最不发达国家提供使用特定投资措施以实现一定时期发展目标的权利，当一国在某一发展时期将某种产业目标或者发展战略列入国家的发展规划，可以援引发展例外，暂时背离国际义务，允许东道国采用绝对禁止或者限制使用的履行要求来引导和利用 FDI，当这一时期的发展目标实现，国家应当恢复对履行要求一般义务的遵守，再次加入到投资自由化的进程之中。

在投资争端的司法和仲裁实践中，发展权的保障作为可持续发展投资理念的一部分，司法机构或者仲裁庭思量发展中国家特定时期的发展需要，从目的解释的角度出发，赋予发展权保障措施的合法性，保留必要的发展政策空间，当国家利用 FDI 实现发展与履行 IIAs 推进自由化产生冲突时，要进一步考察是否一国使用的履行要求是实现国家发展目标的主要手段，依据此发展目标实现所使用的履行要求的强度、范围、时间来考察东道国使用投资措施相称性，用比例原则衡量所取得的国家发展效果与对 FDI 带来的扭曲和阻碍的影响。只要东道国采取此种禁止或限制的措施符合必要性原则、比例原则和相称性原则，在非歧视的基础上对所有的外国投资者实施，则应当认定一国的发展较外国投资者投资利益、母国海外投资战略目标的实现更具有

---

① 柯新华：《FDI 国民待遇若干问题解析》，载《湖南科学技术学院学报》2006 年第 10 期，第 180 页。

根本性，此时期东道国国家发展利益的价值位阶高于追求投资自由化的价值的位阶，不应判定是对 IIAs 履行要求的违反。

本 章 小 结

本章将国际投资准入的发展权保障机制分为两个问题来探析，第一个问题涉及投资准入前如何推进非歧视待遇的问题，文章讨论了开放程度不同的管理模式，引入列表清单的方法，依据国家的发展水平和实际需要，选择国家裁量空间不同的方法来控制投资进入的部门、领域，以及在本国投资中所占的比例，即控制权的大小。第二个问题是履行要求规制，这个法律问题虽然当前还没有成为 IIAs 普遍设定的条款，当下走在投资自由化最前沿的美式 IIAs 不断对这一法律条款推陈出新，随着投资自由化的深入，履行要求的规制将会成为高度自由化 IIAs 谈判所不可避免的法律问题，因此，发展中国家也必须依据本国的国情采取应对策略。

履行要求作为一种国家行使经济主权对 FDI 进行管制的国内投资措施，随着投资自由化的推进越来越多，履行要求会被纳入 IIAs 的规制之中，国内措施被纳入国际条约来规制。在对履行要求的在审视中很明显看到，一项履行要求在经济发展水平不同的国家就会产生认识上的差异，对于期望利用 FDI 实现国家生存和发展的欠发达中国家，会处于遵守 IIAs 的承诺与实现国家的发展目标就违背条约义务的两难境地，书中先运用三分法分类对没有规律的投资管制措施归类，使这些投资措施的规制具有一定的逻辑性。然后对这些措施的灵活适用展开分析，本书认为，虽然 2012 年美国 BITs 范本履行要求条款规定了诸多例外和不符措施，但是这些规定尚不能有效地解决发展权保障和投资自由化之间的冲突，难以协调不同发展水平国家的利益冲突，因此本书提出在各种管制措施分类的基础上，建议引入"发展例外"进行协调，促进不同发展层次国家利用 FDI。

第四章　国际投资协定中公平
公正待遇的发展权

　　IIAs 以投资保护和投资自由化为目标，而保护财产权的国际法并非首次出现。1967 年 OECD 的官方评论说"国际投资案例法缩小了征收条款的范围，即必须达到对投资的破坏——整体或者重大部分的损害①的程度可以索赔，公平公正待遇（Fear and Equitable Treatment，以下称 FET）用来处理没有达到剥夺性损害的情形。② 当前，国家管理行为对投资者财产的干预，一般情况下，不会达到全部或者实质性损害的程度，所以，在国际仲裁实践中，FET 就成为投资者提出请求相关性最高的条款，代替了被认为是投资条约中最重要的征收条款。③ FET 成为贯穿 BITs 始终的"帝王条款"。④

　　在当代的治理型国家（regulatory sates）⑤，国家对公民和投资者造成损

---

　　① See Metalclad Corporation Mexico, ICSID Case No ARB（AF）/97/1（Lauterpacht, Civilette, Siqueiros）, Award（30 August 2000）（以下称 Metalclad）, Para. 103. Also see Tribunal in Occidental Exploration and Production Co, LICA Case UN3467（Orrego, Brower, Barrera）, Award（1 July 2004）, para. 88, to quality as expropriations, deprivations 'must affect at least a significant part of the investment', （以下称 PEPC）.

　　② See OECD Draft Convention on the Protection of Property（以下称 OECD Draft of 1967）. Adopted by the Council in its 150th Meeting on 12 October 1967（1968）7 ILM117, 125, Note and Comment to Art 3 No. 4（b）. 第三条是关于财产剥夺的条款，而对于政府通过使用不合理、歧视性措施的不法干预进行保护是在第一条"公平公正待遇"规制的，此种干预可能达到间接剥夺的程度，是否构成就取决于其程度和持续的时间。

　　③ See Ruldolf Dolzer, Indirect Expropriations: New Developments? New York University Environmental Law Journal, 2002（11）, pp. 64-66.

　　④ 德国著名学者多尔泽把国际投资条约中的公平与公正待遇标准比作民法典中的诚实信用原则，即将该待遇标准尊为国际投资法的"帝王条款"。参见徐崇利：《公平公正待遇标准：国际投资法中的"帝王条款"?》载《现代法学》2008 年第 30 卷第 5 期，第 124 页。

　　⑤ 治理型国家是一种法制国家（Rechtsstaat）意指依法行事的国度，法治国。这里国家的行政权力如何行使是一个法律问题，政治权利的行使也要受到法律权威的约束。

害是否具有责任，损害后果并不是唯一评价标准，而是看是否依法进行。FET 是为了"受东道国法律约束的外国投资者，免受东道国政府未能给予适当的原因而进行的行政干预"。① 国家与外国投资者之间的法律关系是公权力的行使与私人权利保障的行政法律关系，从仲裁的角度看，FET 也是条约承诺发生效力后，仲裁庭对国家的管理行为审查的一项衡量标准。一方面，FET 形成对国家权力滥用的约束；另一方面，FET 形成对国际仲裁庭自由裁量权制衡。

本书将 FET 作为仲裁庭审查的一项标准来展开分析，从仲裁庭的视角来审视 FET 应当包含哪些具体的内容，因为 FET 的适用最终通过仲裁庭实现，仲裁庭以个案为基础，依据具体的情况就国家管理外资行为的合法、合理性作出判断。究竟 FET 标准的创制者是国家还是法官，能否做出有利于发展权实现的判决，这些问题的回答都与 FET 是仅以国际法为标准还是同时考察国内法有关。公平公正与国际最低标准的究竟关系如何，如果国内法高于国际最低标准，特定的侵害东道国的行政措施违反国内法是否构成国际不法行为？如果国内法低于国际最低标准，但是该措施符合国内法法律体系的要求，是否要认定构成了国际不法行为？国际最低标准，对于发展中国家统一适用是不是公平正义的？

本章将对这些问题进行探讨，从国际投资仲裁的视角审视 FET，用矫正正义的原理审查国家行为的合法性和合理性，用分配正义来评价 FET 利益分配对投资者带来的负担的公正性，以及对东道国实现政策目标带来利益的正当性。本书认为，在 IIAs 中用例举原则的方法会进一步加大仲裁庭解释的自由度，降低裁决结果的预见性。将 FET 作为仲裁庭审查标准，采用一定的审查步骤来判断东道国行为是否构成国家责任，因此需要综合考察国内法和最低国际标准。如果仲裁庭能在国家政策和法律层面尊重东道国的意志，就能够更多地考虑发展中国家发展特殊要求。

第一节　FET 法律问题概述

一、关于 FET 标准自治性的论争

FET 标准的自治性（autonomous）论争是指 FET 作为一项独立存在的标

---

① Continental Casualty Co. v. Argentina, ICSID Case No. ARB/03/9（Sacerdoti, Veeder, Nader）, Aaward（5 September 2008）, para. 254（以下称 Continental Casualty）.

准，还是属于体现国际最低标准的国际法律原则或者规则的一部分，FET 从产生到发展为一项与非歧视待遇原则并存的国际投资法原则，一直存在着 FET 是否构成一项独立的保护标准的论争。

FET 已经发展成为国际投资法中的一项原则，国家在签订 IIAs 时将其作为规范和促进外国投资的主要手段，然而这一原则具体包含哪些确定的内容一直难以达成一致，在条约实践中所采用的措辞也存在差异。2012 年美国 BITs 范本第 5 条规定：（1）缔约方应当按照国际习惯法的要求赋予合格投资公平公正待遇、全面的保护并保证投资安全；（2）为避免产生歧义，"公平公正待遇"和"全面保护与安全"的概念既不能超出最低待遇标准，也不创设格外的实体权利；（a）"公平公正待遇"包括保证刑事、民事或行政裁决程序符合各世界主要法律体系中正当程序和正义要求的义务；及（b）"全面保护与安全"要求缔约国根据国际习惯法要求的标准给予保护。① 这两款包含了公平公正待遇、全面的保护与安全、国际习惯国际法的要求等术语，这些表述存在的问题是 FET 是单独的待遇标准，还是包括其他表述在内？有的 IIAs 将国民待遇、最惠国待遇结合在一起规定，FET 不低于后面两者中的任何一种。有的 IIAs 试图用一般国际法的基本原则来确定 FET 的概念，规定 FET 不低于国际法所要求的待遇。② OECD 就此问题进行了研究，认为焦点集中在 FET 是一个与国际法相联系的概念，如条约、一般法律原则、习惯国际法相联系的标准，还是一个独立自治的、与国际法没有明确联系的概念。

这一问题的探讨具有深刻意义。因为在一些国家的立法实践中，如一些亚非国家：卢旺达、沙特阿拉伯、新加坡就没有提及 FET，大多数拉美国家认为与 FET 联系的最低待遇标准与卡尔沃主义原则不相符，所以拒绝采用这一条款，只有少数国家，如厄瓜多尔—瑞士 BITs，巴拿马—法国 BITs 含有 FET 条款。③ FET 是不是一项自治的标准，决定了其内容是否考虑发展中国家的法律传统、国内法制发展水平。如果不考察国内法制的具体情况，统一适用所谓文明国家的标准，就是片面地、强制性地在世界范围内推行一种国际行政法。④ 这与自治状态的国际社会现实不符，更与参差不齐的诸多主

---

① Article 5, US BITs 2012.

② 如比利时、卢森堡同马来西亚签订的 BITs。

③ See UNCTAD, Bilateral Investment Treaties in the Mid 1990s, 1998, p. 58.

④ 虽然近来全球行政法的理论探讨在兴起，但是通过比较法的方法对世界主要国家的行政法治经比较研究，尚未形成统一的全球行政法治标准。

权国家发展现实不符，也与国际法要体现的国家发展目标的趋势不符。此外，在国际法中还没有形成一套对国家管理行为、行政决策有效规制的统一学说或标准，已有的国际条约认为与习惯国际法相联系的最低国际待遇标准是国际行政法通行标准。因此，对 FET 内容的确定，关键也在于探讨最低国际待遇标准与 FET 的关系，以下是两种观点的论争。

（一）FET 标准与国际最低待遇标准或国际法挂钩

依据习惯国际法的最低待遇标准。此种观点认为 FET 要按照习惯国际法给予外国人所拥有的财产以最低待遇。这种方法将东道国给予外国投资者的义务范围限缩到习惯国际法。2001 年 7 月 21 日 NAFTA 自由贸易委员会发布的约束性解释认为，2004 年美国 BITs 范本，将 FET 的范围限于习惯国际法。但是很多裁决①都不断将习惯国际法的标准提高，认为习惯国际法是一种不断发展的标准，而不限于 20 世纪所指的政府的行为要达到"令人震惊（egregious）"、"愤慨（outrageous）"的程度才构成对国际标准的违反。② 20 世纪提出的最低待遇标准是："政府行为是否适当应根据国际标准衡量，对外国人的待遇应当达到暴行、恶意或故意漠视的程度，如果相关行为极大偏离国际标准，以至于任何理性公正的人都会毫不迟疑地认定该行为是不适当的，那么由此判定作出该行为的政府便违反了国际责任，而不论该行为是缘于合理的法律之执行不当，还是该国法律本身使政府不能够符合国际标准则不重要。"③ 在 2002 年裁决的 Mondev v. USA 案中，ICSID 仲裁庭公开声称，"对何为 FET 的判断不可能在抽象意义上取得，必须依赖特定案件的事实。认为国际法保障个人的实体和程序权利已经得到了相当的发展，不公平或不公正是不需要等同于专横或极端恶劣的，一国可能不公平公正地

---

① Mondev International Ltd. v. United States of America（ICSID Case No. ARB（AF）/ 99/2）（NAFTA），Award 11 October 2002，Award 14 July 2006，para. 368；Siemens AG v. Argentina（ICSID Case No. ARB/02/8）（Germany/Argentina BITs）Award 6 February 2007，para. 295.

② 1924 年 Neer 案不涉及投资财产的保护，是关于一个美国公民在墨西哥境内被谋杀的案件，1924 年 11 月 16 日，受雇佣墨西哥境内议价矿厂的美国公民在回家的路上被杀，其遗孀和女儿索赔，理由是墨西哥有关机构在追查起诉凶手的过程中表现不尽责，并且没有合理理由。受理此案的美国墨西哥总统求偿委员会注意到凶案受阻的原因是唯一的目击证人无法提供充足的信息，该证据并不显示墨西哥主管当局在追杀凶手的过程中不尽责或不勤勉，所以墨西哥承担责任。

③ L. F. H. Neer & Pauline E. Neer（Uninted States）v. United Mexico States，Report of International Arbitral Awards，Ⅳ，United Nations，1926，pp. 60-66.

对待外国投资，但并非一定是恶意采取行动。① 此案仲裁庭将习惯国际法认定为 1994 年 NAFTA 生效时的法律状态。在 ADF Group v. United States 案② 中，仲裁庭同样对 NAFTA 的解释提出异议，认为 1105 条中的习惯国际法的解释不是一个固定的最低待遇标准，而是处于不断发展过程中的标准。国际最低待遇标准并不仅仅限于 20 世纪初的内容，也不是仅仅限于文明国家认可的一般法律原则，"国际最低待遇标准应该是由每个文明国家的国内法律实践所认可的一般原则，不会遭到正常国家的拒绝，或者无法遵守"。③

认为 FET 与国际法相联系的观点还认为国际法的最低待遇标准，包括国际条约、案例法、习惯国际法等所有的渊源。同时还认为 FET 没有被局限于习惯国际法上的最低标准，应当考虑国际法的所有渊源。依据美国第二次涉外关系法律重述"国际公正标准是对外国人的一种如下标准：（a）国际习惯，司法、仲裁裁决，除了可适用的原则外，以及其他被认可的渊源；（b）具有合理发展的法律体系的国家所认可的相似的、公正性的法律原则"。④

一般国家司法实践中认可的法律原则，已经不应限于 19 世纪所谓"文明国家"的标准，当前"文明国家"被"国际社会"所取代时，发达国家认可的法律原则，同时要接受发展中国家立法实践的检测，只有从这样的立法实践中总结的原则、规则才能构成"普遍认可"的标准，才可以被誉为习惯国际法的一部分。若用 20 世纪 20 年代以前的判例认定一般法律原则和习惯国际法，则"反映的只是帝国主义、殖民主义的干涉政策与实践。如果说这种最低待遇标准是习惯国际法的话，那么它也只能是西方国家的习惯国际法"。⑤

（二）FET 作为自治的标准

此种观点主张 FET 可以作为独立自主的自治性标准。曼恩（F. A. Mann）在论及英国所签双边条约时指出，"高于一切的国际义务是，

---

① Mondev International Ltd. v. United States of America（ICSID Case No. ARB/AF/99/2），Award 11 October 2002, para. 116-117, 125. 117, 125.

② See ADF Group, Inc. v. United States, paras. 44-45（ICSID Jan. 9, 2003）.

③ See Edwin Borchard, The Minimum Standard of Treatment of Aliens, Michigan Law Review, Vol. 38, 1980, p. 445.

④ Restatement of the Law, Second: Foreign Relations Law of the United States, as Adopted and Promulgated by the American Law Institute, 26, May 1962, para. 165.

⑤ 参见余劲松：《外资的公平与公正待遇问题研究》，载《法商研究》2005 年第 6 期，第 44 页。

投资在任何时候都应享有公平公正待遇以及充分的安全与保护。……公平与公正待遇这一内容宽泛条款足以涵盖所有能够想象的案件，协定中提供实质性保护的其他条款很可能仅仅是体现这种高于一切意外的例子和特定情形。就与最低待遇标准的关系而言，FET 能够在更广泛的范围内，以更为可观的标准提供保护。它比其他任何词语界定的标准都要重要。应当独立地、自主地解释和适用该条款"。① 近年来，国际仲裁实践就将 FET 待遇扩张解释为一项独立自主的外资待遇标准。如 2001 年 Pope & Talbot 公司诉加拿大仲裁庭认为，从 NAFTA 第 1105 条的文本规定来看，FET 和充分的安全与保护都属于国际法的要求，在 NAFTA 项下，投资者有权得到国际法最低待遇标准加上公平因素。次年，在所作出的关于损害事项的裁决中，仲裁庭指出，对 NAFTA 投资者实行 FET 的要求独立于国际法要求的待遇。在此案中，仲裁庭如此宽泛的解释引起了 NAFTA 成员方政府的共同关注，自由贸易委员会很快就对 1105 条作出了限制性解释，将 FET 限于习惯国际法中的最低待遇标准。② 晚近，对于前述不涉及国际法以及"不低于国际法要求"的 FTT 条款，国际仲裁庭普遍将之解释为一项独立自主的外资待遇标准。

在 20 世纪末至 21 世纪初的仲裁实践中，国际仲裁对 FET 的解释呈现出提高要求的倾向，对东道国的主权形成了挑战，引起了有关国家和组织的重视，纷纷倡导要积极采取相应的措施加以限制，但这并不能从根本上解决 FET 在适用过程中争议不断的问题。事实上，推行自由化的 IIAs 引入 FET，其目标是为了重新制定国际经济秩序待遇标准——国际最低待遇标准（IMS），实现不考察国内法，绕过国内途径直接适用解决投资者——国家投资争端国际机制的目的。不论 FET 是不是最终可以发展为一项自治原则，作为一项仲裁庭的审查标准，国际裁决必须以法治为导向，这就要求仲裁庭不仅能够遵从已有的国际法规则，而且要尊重其他的一般国际法渊源和方法，除了要参考一般国际法，还要综合考虑国内法和政策，从而对仲裁庭的自由解释形成限制。

二、FET 在国际投资协定中的价值

（一）对其他待遇和实体条款的补充性作用

FET 是对投资协定中其他待遇的补充。如果仅有国民待遇和最惠国待

① OECD, International Investment Law: A Changing Landscape, 2005, pp. 97-98.

② 徐崇利：《公平公正待遇：何去何从?》，载曾华群主编：《国际经济秩序与国际经济法的新发展》，法律出版社 2009 年版，第 322 页。

遇，那么东道国就有可能给予本国投资者和外国投资者同样低水平的待遇，只要不存在对投资者歧视，东道国就不构成国家责任。显然，此种制度安排对以资本输出为主的发达国家保护其本国投资极其不利，美国国务卿鲁特于20世纪初就提出"如果某国的法律和行政制度不符合该标准，那么即便该国人民愿意或被迫在其下生活，但不能迫使其他国家把它作为对其公民提供了一个令人满意的待遇措施来接受它"。① 鲁特的这句话表明，一国国民在他国所享受的权利及待遇应符合所谓的"自然正义"，有一个最低的司法待遇标准。发达国家为了海外投资者在国际层面上提供一定水平的保障，纷纷主张在 IIAs 中纳入 FET 标准。作为一项绝对待遇标准，对非歧视待遇（国民待遇和最惠国待遇）起到补充作用。

FET 是对其他实体条款的补充。OECD 在 1984 年发布的调查中，成员国的观点是："FET 是一项涉及国际法一般原则的实质性法律标准，尽管就其含义没有明确的陈述，但该项待遇应成为条约中的一般性条款，在缺乏更为具体的保证时，可以适用于投资待遇的所有方面。而且它还可以为协定的解释和可能出现的争端提供一般性的指引。"② 在 2001 年 NAFTA 自由贸易法律委员会对 FET 独立性问题进行了澄清，并且在美式范本中进行了吸收，规定"对本条约其他条款或其他国际条约的违反，不构成对本条的违反"。③ 作为一项绝对待遇标准，其内容具有抽象性，对国家管理外资的治理提出的一种原则性要求，但不应当将此待遇与具体的条款规定相混淆。

有的 IIAs 在征收条款中把 FET 标准作为征收的条件之一，这就进一步提高了国家征收管理行为的标准，不仅在结果上要求充分、及时、有效，而且从行政立法到采取措施的过程也做出了不低于 FET 标准的相关要求。比如，NAFTA 第 1110 条第 1 款规定，任何缔约方不得实行直接或间接的征收或国有化，除非（a）为了公共目的；（b）以非歧视的方式；（c）符合法律的正当程序及第 1105 条第（1）款的规定……值得注意的是，可能基于减少争议的考虑，加拿大 2004 年 BITs 范本第 13 条删除了征收与补偿关于最低待遇标准（即包括 FET）的规定。④ 2012 年美国 BITs 范本仍然在征收补

① 转引自余劲松著：《跨国公司法律问题专论》，法律出版社 2007 年版，第 340 页。

② OECD, International Investment Law: A Changing Landscape, 2005, pp. 97-98.

③ US BITs 2012, Article 5 (3).

④ James Mcilroy, Canada's New Foreign Investment Protection and Promotion Agreement—Two Steps Forward, One Step Back, The Journal of World Investment & Trade, Vol. 5, No. 4, 2004, p. 637.

偿条款中纳入遵守第 5 条最低待遇标准的规定，这样将公平公正待遇标准作为征收实体条款的一种补充，增强了对投资和投资者的保护。

（二）将 FET 作为衡量国家治理水平的标准

FET 是对东道国管理行为的约束。国际投资法赋予了治理型国家（regulatory states）对公民和投资者一定范围内干预的权利，国家有权管理其领域内的经济事务，但并不是国家对所有的损害行为都要进行补偿。① "保持现状的承诺会让公共管理变得不可能，会完全地阻碍协调、合作和重新分配重要公共政策。"仲裁庭在 Tecmed 案中指出，"在治安权的范围内对投资者行使主权国家的管理权，依据行政权力造成了损失而不进行补偿是没有争议的。"② 同样，在 Feldman 案中，仲裁庭认为，政府必然在其领域内拥有自由行动的权利，如果商业活动一旦受到影响就进行补偿的话，则合理的政府管理将难以展开。可以肯定地说，习惯国际法对此也是认可的。③ FET 标准与其相关的原则"完全的保护与安全"、"不合理的、歧视性的措施"等标准连在一起使用，当国家的管理行为对投资者的干预没有达到破坏性程度时，投资者诉诸 FET 对政府的不合理的管理行为可以要求赔偿。FET 标准构成了对政府管理外资行为合理性、合法性的一种约束。

（三）将 FET 作为对仲裁庭约束的法律工具

FET 标准是对仲裁自由裁量权的约束。对于仲裁庭而言，FET 以及最低国际标准意味着对仲裁庭自由裁量权的约束，仲裁庭不能仅仅依据自我的司法意识来裁决，而要依据适当国家实践和国际法渊源来做出判断。"FET 和完全的保护与安全的一般要求必须建立在国家实践、司法或者仲裁案例法上和其他习惯法的基础上，或者一般国际法"。尊重国家实践而防止仲裁庭从个人意识出发的法官造法。FET 的自治地位也是要受到法治原则的约束的，合法的司法过程不能从可适用的、预先存在的规则中转移。④ 具体而言，一般国际法原则对仲裁庭的约束包括：（1）一般国际法；（2）禁止仲裁庭自我创制善意的"近乎完美治理"的标准，而不考察被审查案件东道国现有

---

① See Vaughan Lowe, Regulation or Expropriation, Current Legal Problems, pp. 447-460, vol. 55, 2002.

② See Tecnicas Medioambientales Tecmed v Mexico, ICSID Case. No. ARB (AF) /00/2 (Grigera, Fernandez, Bernal), Award (29 May 2003), para. 119, （以下称 Tecmed）.

③ Feldman v Mexico, ICSID Case No. ARB (AF) /99/1 (Kerameus, Covarrrubias, Gantz), Award (16 December 2002), para. 103, para. 112. （以下称 Feldman）.

④ Jurgen Habermas, Between Facts and Norms, Cambridge, Mass, MIT Press, 1996, pp. 261-262.

法律传统。① 司法审判中为克服大陆法系早期创制"决疑式"法典之理念，赋予法官必要的司法能动权，通过创造性的司法活动，实行"法官造法"。有的学者认为，从整体上看，国际习惯法逐步将传统的"国家造法"改为现代的"法官造法"方式；即现代的国际习惯法更多地不是归纳于国家的实践，而是从裁决书中演绎出来。②

在国际投资法中，公平与公正待遇标准应属"国家造法"，而非"法官造法"的范畴，2003 年裁决的 Tecmed v. Mexico 案中，由于西班牙—墨西哥 BITs 第 4 条第 1 款不涉及国际法的 FET 标准，ICSID 仲裁庭只按《维也纳条约法公约》第 31 条第 1 款规定的"约文之通常意义"和条约之"目标及宗旨"进行解释，按照以往的国际仲裁案来推演出关于 FET 的国际习惯法内容，而没有引用任何国家实践乃至司法或仲裁判例。法律内涵尚未确定的 FET，给仲裁庭的解释适用留下了很大的自由空间，加之长期形成的投资者—国家仲裁给予投资者偏袒保护的理念，将国际法和国内法截然分开，不考察国内法律体制和国内实践。在确定 FET 的具体内容时，基于对东道国发展权的尊重，对可持续投资政策的实施，考虑不同发展水平国家的法律现实和传统，为所有国家认可的法律原则和内容，只有这样的标准才有资格上升为 IIAs 规制政府管理行为的一般标准。从这个意义上讲，FET 可以作为对仲裁庭的解释自由空间进行限制的一项标准。

三、考察国内法对发展权实现的作用

FET 内涵的论争围绕着是否与国际法或国际最低待遇标准挂钩展开，认为 FET 具有自治性的观点绕开了习惯国际法最低标准问题，提出"要在更广泛的范围内、以更客观的标准提供保护"，应当独立自主地解释和适用该条款。本书所持的观点是 FET 是一项独立的标准，FET 不仅包含了一部分国际通行待遇标准，而且还包含了个案中国内法所确立的具体标准，在考虑国际法的同时还要考察国内法的具体规定，其中的国内法考虑主要包括与国家的法治发展相适应的政策和法律传统。本书在认定东道国措施的合理性时主张适用国际法标准，而对于东道国措施的合理性主要参看国内法的规定，

---

① 在 Azchary Douglas, Nothing if Not Critical for Investment Treaty Arbitration: Occidental, Eureko and Methanex's, 2006, Vol. 22, pp. 27-28., 文中强烈反对国际投资法的构建主义，所制定的"Tecmed 标准"根本就称不上标准，描述了一种理想世界中的完美治理，所有的国家都会向往，但是几乎没有国家可以做得到。

② P. Kelly., The Twilight of Customary International Law, Virginia Journal of International Law, Vol. 1, p. 40, 2000.

这样避免了对国际法的绝对适用。由此，可以避免多种尴尬局面，比如，对于国内法治水平高于国际通行标准的国家，可能存在违反国内法却仍然达不到违反国际法标准的情况，此时投资者以国际标准来权衡就是不利的。相应地，对于国内法治水平或法律传统不同于国际通行标准的国家，即使没有违反国内法也可能构成国家不法行为而承担赔偿责任。

国家行使主权的重要方面是管理公共事务和促进社会发展，投资者在东道国开展投资活动就有义务遵守东道国的法律、适应东道国的法律传统，东道国的政策、法律以及行政行为的实施必然体现国家的发展水平和需要，在某一时期，国家基于实现发展权的考虑，改变政策和法律，或者基于法律传统不适用国际通行的标准，在本国所认可的道德、公共利益范围内实施行政措施。如果强制东道国全面按照 FET 国际标准开展国家管理，将阻碍国家实现发展权和战略目标。因此，兼顾国内法因素的 FET 标准才是真正意义上的公平公正。

总而言之，本书主张 FET 应当综合考虑国际标准和国内法，仲裁庭在个案中切实考量国内法的具体情况，这样国家才有可能证明其政策、法律和行政措施的正当性，从而有利于国家发展权的实现。

第二节　建立兼顾国内法和国际法的 FET 标准

一、从横向和纵向维度对 FET 本质的考察

设定一项评价政府行为标准的规则，需要进行横向和纵向维度的全面考察，不仅要考虑一国法律体制的特殊性，而且还要实施国际通行的法治标准，使 FDI 在一个稳定、透明的环境中运行。纵向层面形成了垂直约束，由一系列关于国内法适用的规则和原则进行约束，在横向层面就构成水平约束，通过比较法获得一系列反映全球特征的实体原则和规则约束。这些约束是实现民主、法治，保护投资之间关系的纽带。

对于垂直约束，国家政策的实施和国家的发展仍然是通过国内法开展的，只要国内法体制不低于国际最低标准，就继续有效地约束外国投资者。"国际投资法制下的 FET 不可以忽视世界宪政结构的重要组成部分——尊重东道国法律，也是世界发展和国际投资法的重要组成部分。"① 对于水平约

① Fraport AG Frankfurt Airport Services Worldwide v. Philippines, ICSID Case No ARB/03/25（Fortier, Reisman, Cremades）, Award（16 August 2007）, para. 402.

束，在对 FET 个案适用时，需要用一种普遍适用的实体标准来审查国内法体制及具体的政府行为，包括对武断的不合理性，特别牺牲、狭义的比例原则、合理期待。FET 标准在国际法体制中起着微调阀的作用，在达不到整体的、大范围的剥夺的程度，无法适用征收条款时，投资者对政府管理行为，包括管理性立法以及具体措施，将会用 FET 作为维护投资者投资利益的工具。所以，如果仲裁庭不考查东道国的国内法制而不断提高 FET 标准，则将增加 FET 条款适用的风险，阻碍国家立足于本国发展现实的法律适用，对国家政策的过度干预也日益成为国家退出 ICSID 的主要原因。

国际投资法必须对何者为"合理的良好表现的法制国家"① 的最低门槛作出界定，国家责任产生于"未能在其领域内保持正常的秩序"，这一标准打破了仲裁庭采用的偏向于投资者的标准。"合理的良好表现的法制国家"意味着要对外国投资者合法地施加负担，当局必须按照国内法制来采取行为，依照预先建立的宪法和法律体制进行。② 而仲裁庭常常忽略了现代政府的这一基本特征，要么依据条约明确认定国际法是可适用的法，要么自主地认定适用国际法才是适当的法律，有的仲裁庭将 FET 作为完全独立于国内法的自治法，此种观点可以被认为是激进的二元论（radical dualism），完全割裂了国内法和国际法，在排斥东道国管辖权的基础上，全面排斥国内法的适用，完全不考虑东道国的发展水平和发展需要。本书认为，在国际投资仲裁中，投资仲裁庭审查的是国内行政机构的行为，在此背景下，仲裁庭的审查的分析框架应该建立在兼顾国内法的温和二元论基础上。

二、兼顾国内法的温和二元主义

当代治理型国家（regulatory state）意味着政府有权对投资者施加合理的负担，只要政府按照宪法指引下的国内法制和国家规划开展国家治理。③在对行政行为标准的认定方面，内国行政法才是法律实践的真正来源，但是

---

① "Reasonably well-behaved regulatory state" which comes from Freeman's idea of well-administered government. See Alwyn v. Freeman, Responsibility of States for Unlawful Acts of Their Armed Forces, Freeman's Concept Was Relied on by the ICSID Case Asian Agricultural Products Ltd v. Sri Lanka, ICSID Case No. ARB/87/3, Awarded (27 June 1990), referring to the idea of a "reasonably well organized modern state".

② See Carol Harlow, Global Administrative Law: The Quest for Principles and Values, European Journal of International Law, pp. 187-90, Vol. 17, 2006.

③ See Carol Harlow, Global Administrative Law: The Quest for Principles and Values, 2006, Vol. 17, European Journal of International Law, pp. 187-190.

仲裁庭倾向于适用国际法，很少考察国内法，将国际法与国内法截然分割，"将国际投资条约视为国际法，居于法律秩序层级的最顶端，排除相关的其他法律的适用和管辖，国际法的原则支持这种方法，不论是以明示还是暗示的方法，国家都不得援引国内法的规定证明减损国际义务具有免除国家责任的正当性的"。[①] 如果按照"激进二元论"，严格区分国内和国际法的方法，则会产生以下组合：

		国际法	
		合　法	不合法
国内法	合　法	（合　法，合　法）	（合　法，不合法）
	不合法	（不合法，合　法）	（不合法，不合法）

激进二元论认为国家责任的关键是，国家不能援引国内法作为免除国家责任的依据，但是这并不意味着国内法与国家责任完全没有关系。当国内法低于国际法所要求的水平时，政府的措施即使合法也会构成国际不法行为，即（合法，不合法）的组合，如果仲裁庭对国内法作出不符合国际法的否决，则上升到仲裁庭评价一主权国家的立法体制，这超出了仲裁庭的权利范围。如果一项政府行为，即使违反了国内法，但是国内法高于国际法所要求的行为标准，则仍不构成对国际法的违反，因为依据国家责任草案公约，对国际法的违反才构成国家责任，在（不合法，合法）的情况下，对如何评价一项行政行为提出了难题。所以，激进二元论下的严格二分法在理解国内法和国际法的关系时显得不合情理。

在诉诸国内司法审查前，国际投资仲裁庭要对国家行为进行评价，在这种背景下，正确的方法应当采用温和二元主义（moderate dualism）。如在ELSI 案裁决中，国际法院对温和二元主义的共识是：国内当局被责难的不法行为，可能会是对仲裁庭在国际层面的一种有价值的指示。[②] 国际法院对《国家责任草案公约》的评论是："在很多情况下，国家责任与国内法问题有关……在此种情况下，是国际法决定了对国内法进行考察的范围，并对国内法进行了限制。"温和二元主义可以从三个方面展开以确定 FET 的仲裁中

---

① Zachary Douglas, The Hybrid Foundation of Investment Treaty Arbitration, British Law, Vol. 74, 2004, pp. 151.

② See Electronica Sicula spA（ELSI）（US v. Italy）（1989）, ICJ Report 15, p. 124.

的审查标准。第一，对于行政行为符合国内法的情况，而国内法制水平低于国际法要求的水平，（合法，不合法），（合法，合法），即在遵守了国内法的情况下却违反了国际法，从而引起了国际不法行为的国家责任。第二，对于国内不合法的情况，（不合法，合法），（不合法，不合法），虽然一项行政行为不符合国内法，但是这又离不符合国际法的要求还有一段距离，此种情况将如何评价？第三，对行政行为最经常损害投资者权利的情况——裁量性行政行为，需要探寻一套仲裁庭在国际层面对行政行为的审查的标准，这一审查标准将有效约束仲裁庭的解释自由。

第三节　国内法治理标准与最低待遇标准的关系

FET 的分歧在于是否要以国际法为唯一的依据，是否要与国际最低标准要求挂钩，这一论争也伴随着发达国家和发展中国家的博弈，发达国家都将FET 与国际法的要求联系起来，而许多发展中国家不愿意放弃对国内法的考虑，拒绝将 FET 与国际法相联系。ICSID 国家—投资者国际投资仲裁转向完全排除国内法的管辖，试图绕过东道国当地法院的司法审查而直接提交国际仲裁，国际仲裁庭很少采纳内国法作为判断政府行为合法与否的依据，这样就会产生以下问题：（1）如果是被告国的法律体系，而不是受到质疑的行政措施，低于国际法要求的最低国际标准，将如何评判；（2）而该措施在东道国的法律体制下是不合法的，但是东道国的法律体制标准高于国际要求，依据国际最低标准认定此措施是合法的，此时又难以达到违反国际最低标准要求的非法程度，是否存在认定此行为承担国家责任"额外要求"；（3）如果该措施符合国内法，而且国内法的法律体系又高于国际最低标准的要求，那么在追求最低待遇标准的前提下，如何评价这种措施。

在国家实践中，20 世纪 60 年代以来，虽然发展中国家将保护外国人财产方面作为争取经济新秩序的一个重要阵地，并赢得了胜利，但是自从 20 世纪 80 年代以来，由于外债危机获取资本的压力，发展中国家纷纷竞争FDI，为获取资本发展本国经济，不断扩大与发达国家签订 BITs，并接受片面高标准保护投资者财产利益的条款，发展中国家也逐渐接受了发达国家的国民待遇和最低国际待遇标准的要求。

当国家行政行为所依据的国内法低于国际最低标准的要求时，对这种行政措施合法性的判断就涉及国内法与国际法的关系问题。按照《国家责任草案公约》的规定，是否构成国家责任的判断依据是国际法，以此标准，如果国内法低于国际最低标准的要求，一定构成了国家责任，则仲裁庭就可以作出有利于提起仲裁的投资者的裁决。如此推理会产生疑问：为何一项行政行为符合国内法，但是仍然构成国际不法行为？国家在主权范围内保持自己国内法传统以及特定发展时期特征的国内法制，为何必然在仲裁庭的面前受到责难？发达国家在投资中确立 FET，并将 FET 与国际最低待遇标准相联系，就是为了防止国内法所给予投资保护水平的不可控制，现代 BITs 体制不仅排除国内救济，而且在国际投资仲裁中也力主用国际法排除国内法因素的考察，但是，在主权林立的国际社会，国家之间不仅在经济上呈现出巨大的差异，而且在文化法律传统等诸多方面仍然保持着独有的特色，国内法制作为一种社会治理方式，仍将是以国家的发展目标和具体国情为依据的，一项依据国内法作出的具体行政行为，抛弃国内法而完全依据国际通行的标准来衡量显然是不公正的，这样会导致完全排除国内法审查标准，无形中走到了另一个极端。

一、国内法治理标准低于最低待遇标准的案例评析

在 Mondev 案中，仲裁庭在判断国家对许可证撤销是否违反 FET 时指出，"不能忽视缔约方的国内法，除非此法与缔约方的公平原则相违背，除非与所有国家都认可的公正原则相违背"。原告没有证明墨西哥法院的裁决构成了对墨西哥法律原则根本违反，被告关于使公共服务合同无效的相关法律标准证据不具有反驳性，原告也没有同意这些法律标准违反了 NAFTA1110 条。仲裁庭认为，从证据记录来看，这些标准的适用并不是武断的。相反，这些证据积极地支持了墨西哥法院的裁决结论。①

同样，在雷鸟公司案（Thunderbird）中，用国际最低标准来评价墨西哥的赌博法，不足以证明墨西哥法低于国际最低标准。② 仲裁庭得出的结论是墨西哥政府对自己法律体制及内容拥有广泛的自由裁量权，"墨西哥在管理赌博业活动中有广泛的管理政策空间，政府享有管理国内公共道德事务的自由裁量权，对于 NAFTA 的规定，墨西哥可以允许或禁止任何形式的赌博，可以改变其管理政策，对通过管理或者行政行为如何实施这一政策拥有自由裁量权"。③ 仲裁庭的这一结论是对国家管理政策空间的认可——政府可以指定自己的政策并发展其法律体制，对于是否允许，以及采取何种形式，这些合法性的判断应当解读国内法的规定，其实这种观点在 SD Myers 公司案

---

① Azinian para. 120.

② Thunderbird, para. 123.

③ Ibid. para. 127.

中也可以看到，"过度遵从国际法的话，会侵蚀国家当局在其领域内管理实务的权利"。① 在 GAMI 案中，仲裁庭更进一步指出，NAFTA 仲裁庭的责任不是评价现存的法律是否、如何对投资者适用，国际仲裁庭没有权利评价投资者作出投资决定时国家已有的管理计划的内容。② 因此，仲裁庭认为要高度地尊重投资建立时的国内法律体制，所形成的原则是，投资者只有在非常极端的情况下才可以对其自愿进入的东道国的法律体制内容进行抱怨。③ NAFTA 第 11 章的 Mondev 案的裁决书中写到：在评价为行政机构提供豁免的马萨诸塞联邦共同体的法律是否低于国际最低标准时，国家在管理事务方面有"管理空间"。事实上，认可国内法水平低于国际最低标准的原因很简单，国家拥有决定具体事务内容的自由政策空间，而国际最低标准不提及关于国家管理经济的内容，投资者迫于无奈而采用东道国的法律。从以上 Mondev，GAMI 以及雷鸟公司案可以看到，如果按照（合法，不合法），即对于国内法律体制低于国际最低标准，而行政机关的措施符合国内法裁决的情况，完全使用国际法的标准，则投资者就会难以胜诉。

如何解释和发展"国际最低标准"，除了运用比较法的方法寻找在国际范围内认可的一些治理原则作为 FET 标准的基础外，国际法在确定国际最低标准方面还没有成熟的方法。Mondev 案仲裁庭采用了对国内公法进行比较法的方法探讨行政机构豁免问题，在 2003 年 ADF 案、2002 年裁决的 Link-Trading④ 等案件中，仲裁庭都表达了国内政策要与"多数国家"、"所有的法律体制"、"世界上所有国家"保持一致的观点。

（一）摒弃"完美治理"标准，尊重东道国国内法律

如前所述，很多争端的仲裁庭基于严格二分法，依据国际法进行裁决，完全不考虑国家实践和国内法律体制，用"文意"推理或者判例推演的方法进行"法官造法"，推崇"完美治理"的法治原则，这项法治原则若作为一个整体对国家法律体制进行规制，至少应包含以下几个要素：透明度、一致性、稳定性以及可预见性，Metalclad、Tecmed、PEPC 仲裁庭赋予了 FET 以上要素，这些严苛的标准远远超过国家治理所能达到的程度。以下是国际投资仲裁案对 FET 的发展评析。

---

① SD Myers para. 263.

② GAMI para. 91，93，94，再次强调了 NAFTA 仲裁庭无权评价外国投资者作出决定前的法律和法规。

③ In Plama II，para. 220.

④ Link-Trading Join Stock Co. v. Moldova，UNCITRAL Ad Hoc Arbitration（Hertzfeld，Buruiana，Zykin），Award（18 April，2002），para. 72.

Metalclad 仲裁庭将透明度与 FET 联系起来，美国投资者获得墨西哥联邦政府颁发的许可证，在墨西哥某州建立起废物处理设施。在其注入大量前期投资后，该市市政府以该项目可能污染环境为由否决了建筑许可。Matalclad 公司认为：

墨西哥地方政府的做法缺乏透明度，违反了给予外资 FET 的义务。仲裁庭认为，透明度意指保证投资者能够容易地得知所有影响投资的、关于设立、完成以及良好运营的法律要求。投资者不需要对这些信息存有怀疑，一旦任何缔约方的中央政府当局意识到便会产生误解，就有责任确保迅速地修正，并进行清晰表述，以便投资者继续可以带着合理的期待，相信自己可以按照相关的法律进行投资活动。①

Tecmed 案中，沿着 Matalclad 裁决中透明度的思路，更加苛刻地提出了一致性（consistency）和意义确定（non-ambiguity）的、趋向于追求政府的完美治理的要求，仲裁庭认为：

BITs 要求缔约方为投资者提供不影响投资者合理期待的国际投资待遇，外国投资者期待东道国以一致的、完全透明的、不模棱两可的方式处理与投资者的关系，投资者由此可以知道所有法律法规，以及所有的相关政策和行政实践、指令，以便投资者可以依据这些法规安排其投资。国家所有的行动都要不仅按照发布的指南、指令和要求，以及许可的决议行事，而且要符合这些法规所隐含的目标。②

在 LG&E 案中，仲裁庭将透明度、一致性、意义确定、可预见性等综合在一起称之为"近乎完美的治理"，新一代 BITs 所要求的这些近乎完美的国内法律体制要求，事实上已经超过了所有国家都可以接受的最低国家标准的要求，估计在世界上任何一个国家都找不到所有以上要素集合的完美治理的法律体制，若不考察国内法的具体情况，抽象地要求被诉国家施行这些要求，无限地扩大而不对这些内容进行限制，将会严重地侵蚀国家的管理政策空间，所以仲裁庭在适用 FET 标准时，要保持谨慎和遵从国内法的态度。不过，近来的一些裁决，如在 Continental Casualty Co、Plama 以及 Parkerings 案中，已经开始谨慎地解释 FET，认真地将行政法和国内政策的现实纳入 FET 的考虑范围内。对于国家的政策与法律明确规定的强制性措施，仲裁庭就应当依据国内法的规定进行判断，依据仲裁庭自己想象的治理要求审查，只能让东道国增加对 ICSID 仲裁的畏惧感，甚至退出 ICSID 公约。

---

① Metalclad，para. 76.

② Tecmed，para. 154.

（二）遵从国内法的限度

虽然 FET 标准试图建立一项国际通行的绝对待遇标准，但是完全不考虑国内法的 FET 标准就是无视国际社会现实发展的差异，国内法以及国家实践在推行国际习惯法规则的形成中是不可或缺的要素，国内法必须成为国际绝对待遇标准的有机组成部分，将国内法的审查作为 FET 的一部分。在 Metalclad 案中，争议的焦点在于，是否行政许可合同允许投资者建造垃圾填埋基地，是否市政厅有权否决许可，显然这两个问题的解答要建立在仔细审查墨西哥国内法的基础上。在审查墨西哥行政法之后，仲裁庭发现不需要进行许可就可以建造垃圾填埋基地，市政厅非法地否决了投资者的建造要求。此种按照国内法院进行司法审查的方法也不能完全移植到国际仲裁庭，只能将国内法的审查作为 FET 的一部分，对国内法的遵从存在一定的限度。

在国内司法审查当中，投资仲裁庭会面临以下三个问题：事实、政策和法律。法官遵从国家的政策，但是对于事实和法律要进行审查判断，国内行政法将行政权区分行政权（administrative powers）和行政自由裁量权（administrative discretion），前者又称为羁束性行政行为，是立法作出的综合性规定，在法国行政法中称之为行政强制责任（competence leii），法律或规章明确、仔细地规定了行政机关作出的条件和方式，行政机关没有自由裁量权。在这种情况下，行政法院的任务是严格按照条文审查行政机关的行为是否遵守了规定，例如，给予打猎行政许可时，只要申请人满足了法定条件，行政机关就必须批准，而不能以申请者射击技术不佳而拒绝；反之，如果申请者不符合法律要求的某项条件时，行政当局就必须拒绝。后者又称为裁量性行政行为，赋予行政机关在可选择的政策之间进行选择的权利，在法国行政法称之为自由裁量权（pouvoir discretionaire），行政法控权的重点也在于此，因为实践中最常发生的是行政机关滥用自由裁量权的情况，对于这类案件，除了涉及重大治安权或尖端科技问题外，行政法院通常进行全面审查，以物证确凿，法律理由明显成立，行政决定所依据的事实得到正确的分类，并且行政机关在权衡各类因素中不犯错误。[①]

此种区分在行政比较法中是非常重要的，因为此种方法指明了司法审查进行的结构。相应地可以做出"不合法的武断"（arbitrariness as illegality）和"不合理的武断"（arbitrariness as irrationality）的区分，"不合法的武断"的审查是指对行政机构的法律适用和解释是否武断的评价，相对于

---

① 张千帆：《法国行政法与行政行为的控制》，载《法制现代化研究》1995 年第 1 期，第 324 页。

"不合理的武断"，其具有刚性（hard-edged tests），对合理性的审查就显得柔和（soft-edged tests）。

对 FET 的判断应当走向温和二元主义，对国内法的考察仅限于对"合法性"审查，将其称为"不合法的武断"，而对于自由裁量权使用的适当性审查，相应地称为"不合理的武断"，审查的依据留给国际投资实体法，国际通行的最低标准。不合法的武断是对于国家基于公共目的，对私人财产权施加负担是否依法进行的审查，也就是说，损害结果不必然构成国家责任，而不合法性才是构成国家责任的必要条件，多应用于法官审查行政机关的具体行政行为，而不针对立法和法规。[1] 不合法的武断是指法官对于行政机关是否按照法律规定的实体和程序性要求来履行职责。按照《德国联邦宪法》的解释，其目的是法治要求当局依法行事，只有法律的授权才可以对个人权利干预，当局的权力在内容、目的和程度方面都受到限制，以便公民能够预见。在共同体利益的需求与对个人权利的保护之间进行平衡后，只要干预行为满足合法性的要求，行政行为就不构成武断。

不合理的武断（Arbitrariness as Irrationality）是指在对行政行为作出了符合国内政策、法律明确规定的要求外，对于措施在行政机关自由裁量权范围内的事项，采取广义的比例原则进行判断，是否此措施符合手段与目的的关系、必要性、狭义的比例性要求，也符合特别牺牲公共负担分配正义的要求。本书认为，对于合法性问题要依据国内法，对于合理性问题，其判断标准将构成的 FET 组成部分，形成判断国家法治的衡量标准，这将在本章的第三和第四部分展开。

二、对不合法武断的认定

（一）FET 对符合国内法而造成投资者损失行为的认定

国际仲裁庭在对国家行政行为的合法性问题进行审查时，判断国家的管理行为是合法还是非法的，要以国内法为依据考察行政行为是否遵守了国家行政法以及其他公法。国家有权对公民和投资者的财产造成一定的损害，但是，这种损害必须是按照提前颁行的国家法律进行。当国内法规定不清或者需要解释时，是国内法院还是国际仲裁庭拥有最后的决定权？下面将探讨以下问题：国内法是适用"明显违法标准"，还是仲裁庭将国内法看做事实进行"重新审查"，抑或采取别的标准。

---

[1] 在英国法律体制中，不同于美国法，法官对于成文法（statute）的效力不能提出质疑。在中国，法院也不得对行政规章以上的法律等抽象行政行为进行审查评论。

1. 只审查合理性的"明显违法标准"

20 世纪，国家拒绝给予遭受人身或财产损害的外国人司法救助，拒绝不给予公正的审判，本国人需要母国的外交保护予以救助，被称为否决公正的时代。当前，在 BITs 中明确规定了对财产损害的实体和程序规则，被称为 BITs 时代。① 严格意义上否决公正时代的审查标准不对合法性进行审查，仅仅对行政行为的合理性进行审查，国内法庭适用国内法的错误，不符合国际法审查的要求，得到尊重的国内法也只限于程序性的。② 而且采用"明显不公正（manifestly unjust）"标准检测，如果被审查的措施是一项决定，那么仲裁庭就要非常遵从国内决定，此种明显不公正的审查标准在案例法中的阐述是：缺乏程序正当意义上的明显不公正，引起的结果是对司法正当性的违反。裁决中所用到的表述有："过分错误"、"表现出恶意的明显武断、不公正、极其过分"，"明显错误、非常不可置信"的裁决，③ "对法律的清晰、恶意地错误适用"。④

2. 将国内法视为"法律事实"，重新审查的标准

此种对国内法审查的观点是，将国内法和国内行政机关的解释视为事实，仲裁庭不遵从行政机构的法律决定，国内法及其适用仅仅被视为国际裁决的事实，此种观点一直以来得到传统国际法原则的支持。依此原则，国际投资仲裁庭将国内行政决定视为可以被审查和推翻的事实，认为完全不必尊重行政机构对国内法的实施。EnCana 案的独立意见中指出，当地法律、行政行为，以及其他对投资者的财产侵害的行为，都是仲裁庭可以自由评价的事实，以此来决定国际法授予的投资者的权利是否受到了侵害。⑤ 事实上，仲裁庭并不是完全放弃对国内法的尊重，只是一开始以否决国内司法审查的姿态避免国内问题，然后又将国内法和行政机关的决定降低到"事实"的层面开始重新审查，在实践中称为"重新开始"（de novo）。雷鸟公司案就是一例，依据 NAFTA 第 11 章，墨西哥依据并不低于国际最低标准的赌博管理法，查封了投资者的赌博设施，没收了其机器，⑥ 对于是否违反国际条

① Jan Paulsson, Denial of Justice in International Law, New York, UCP, Vol. 4, 2005.

② Ibid.

③ Mondev para. 127.

④ Azinian para. 103.

⑤ EnCana, parial Dissenting Opinion, para. 12.

⑥ Thunderbird, para. 123.

约，依据国内赌博法判断是否行政机构的行为合法还是非常关键的。① 但是，仲裁庭还是审查了行政机关提供的事实证据，尽管仲裁庭没有依据国内法来得出这些机器是不法设备的结论，但是在裁决书的其他部分可以隐含地提到，因为不得出此结论，裁决就难以继续进行。② 在雷鸟公司案中，仲裁庭将行政机构提供的证据作为事实而重新审查。最后，仲裁庭的结论与行政机构的结论相同，我们就难以判断是"重新开始审查"还是"尊重了行政机关的决定"。在 BITs 时代，这样理解"重新开始"审查的标准明显是不合理的，因为仲裁庭适用国内法来决定合法性问题，不见得就是退回到"重新开始"的阶段对行政机构的法律证据进行审查，由于仲裁庭不熟悉的法律体制，对国内法进行适用和审查是不同于事实发现（fact-finding）的。③

3. 在合法性问题上尊重国内法的标准

第三种是折中的观点，也是本书所认同的，仲裁庭应当对行政机关的法律证据给予与国内法院相同水平的尊重。这样，仲裁庭就可以认定被审查措施具有国内法的合法性，在 OEPC 案件中，仲裁庭对 Ecuadorian 税法进行解释，仲裁庭没有采取 Encana 仲裁庭的方法——将此问题退回到国内法院，而是毫不犹豫地进行了司法审查，由此得出的结论是，依据 Ecuadorian 税法，原告享有退还的权利，尤其是 Ecuadorian 法院认为对于不论从事制造业还是生产行业，这项权利对于出口商来说是非常关键的。④ 更复杂的情况是，当面临国内法制定权和解释权不清时，谁来确定最后效力，仲裁庭尊重国内法，如果行政机关拥有法律解释的最后决定权，投资仲裁庭就要遵从行政机关的解释，如果法院拥有最后的解释权，仲裁庭就要改变先前的做法，从一种新的视角来处理这一问题，表现出对这些解释的尊重。

对于国家政策问题，仲裁庭应当采取尊重国内法的态度。仲裁庭对行政行为的审查可以分为三个层次，国家政策、法律法规（行政机关采取行为的法律依据）以及行政机关的措施（作出行政行为的事实证据），对于前两者，从国内行政法的传统来看，多采取尊重的态度，司法不愿过多干预行政机关的判断权。

管理性立法以及行政行为是否符合 FET 的标准，具体而言，首先，要审查行政行为是否具有公共利益的性质；其次，进入措施的适当性判断；最

---

① Ibid，para. 125.
② See Ibid，para. 164，183，208.
③ Metalclad，para. 79.
④ OEPC，para. 143.

后综合判断 FET 标准的遵守，行政措施的公共目的合法性判断的起点。对于经济管理性事务，法院通常表现出对政府目标的极大尊重，"公共利益的根本理论仍然是政治哲学最大的挑战之一，也是政治实践中争议最大的领域"。① 在美国的后洛克纳时代（post Lohner era），② 最高法院几乎不审查有关公共利益性质的经济事项，美国目前采取"反洛克纳"不审查政策的立场，尤其是在涉及征收法理问题的时候。最高法院近来表达了对于是否城市发展计划属于公共利益问题的态度，"毫无例外地，我们的案例广义地对此进行了定义，这反映了我们长久以来对立法尊重的政策立场"。③ 在国际法中，欧盟法院采取了同样的立场，一方面，法院认可了国家只有因为公共利益才可以干预财产权；但是另一方面，法院采取了极端尊重的检测方法——明显没有合法基础（manifestly without reasonable foundation test）：

法院认同国家当局在决定何者为公共利益方面享有某种程度的判断裁量余地（a certain margin of appreciation），因为只有它们才能确保被剥夺财产权的措施关乎公共利益，以及存在救济。此外，公共利益的观念已经深入人心，法院也认为实施社会、经济政策的立法的裁量余地也应该很宽的，除非此判断是明显没有合理基础的，法院都应该尊重关于何者为公共利益的立法判断。④

（二）违反国内法与国际责任之鸿沟——额外要求说

国际投资仲裁庭可以说是国际法的捍卫者，国内法和国家合同逐渐被边缘化，但是国内法与国际法之间的关系的交互作用是客观存在的，《国家责任公约草案》规定：国家行为只有违反了国际义务才能认定为具有不法性，即使违反了国内法⑤，即对国内法的违反不是国际不法行为的充分条件，也

---

① Aileen McHarg, Reconciling Human Rights and the Public Interest: Conceptual Problems and Doctrinal Uncertainty in the Jurisprudence of the European Court of Human Rights, in Modern Law Review, Vol. 62, 1999, p. 671.

② 美国的 Lohner era，从 19 世纪末到 20 世纪 30 年代中，最高法院扮演着"司法活跃但是对政策性事务保持保守"的角色，法院有时对州或联邦压制商业或者限制自由市场的立法无效，包括最低工资法，联邦童工薪酬法，商业银行、保险和交通法，到 20 世纪 30 年代末，法院的对立法的裁决开始与国会的新经济政策产生直接冲突。

③ Kelo 545 US 480, Note 63.

④ Pressos Compania Naviera SA and Others v. Belgium（App No. 17849/91）（1996）21 EHRR 301, para. 37, hereinafter Pressos.

⑤ Comment No. 1 to 3 of the ILC's Draft Articles on State Responsibilty, in James Crawford eds. The International Commission's Draft Articles and Commentaries: Introduction, Text, and Commetaries（CUP, Cambridge, 2002）, p. 89.

就是说，如果国内法的标准高于国际法，那么违反了国内法也可能不构成对国际法的违反①，这之间就存在一个鸿沟，政府行为违反了国内法，只有在此基础上满足一定的"额外的要求"，才能达到违反习惯国际法的标准。

对国际法的违反可能存在以下两种情况：（1）外国投资者受到的损失是因为具体、高度不合法的行为造成的。（2）外国投资者的损失是由于没有实施或遵守国内法规的轻微不合法的行为造成的。对于第一种情况，适用于行政强制行为，法律对行政机关的规定没有自由裁量权，如政府不法否决或者撤回了行政许可、终止了合同，如在 Mctalclad 案件中，市政厅不合法地否决了原告建设垃圾填埋基地的许可。仲裁庭对是否违反条约的判断，通过判断是否违反了国内法的明确规定即可。对于第二种情况，就会涉及"额外要求"之学说（something more doctrine），"除了依据国内法缺少不法性或缺少授权之外，还需要某些要求才能构成对与违反 NAFTA 第 1105 条（1）习惯国际法要求的行为和措施相一致"②。对东道国的立法或者东道国受约束的其他国际协定的违反，不必然、充分地构成对条约 3.1 条的违反。③ 由于"额外要求"学说所包含的内容还没有形成定论，但是在 GAMI 仲裁庭提出了四步检测"额外要求"学说，包含以下四个要素：（1）没有实现行政管理目标但不必然引起国家责任；（2）没有满足国内法的要求但不必然违反国际法；（3）政府为实现法律和管理的目标作出了善意的努力，这一证据可以对忽视法律和管理要求进行弥补；（4）作为一个整体，而用不是孤立的事实来判断是否违反了国际法。④

以这一整体的方法来考察，GAMI 仲裁庭还进一步指出了违反国际法考察的关键在于"全面的、不公正的拒绝"，如果达到了对相关法律全面的、不公正的拒绝的程度，则不法行政行为就达到违反 1105 条的程度，也不会出现轻微违法也援引 1105 条的情况。作为一个整体来决定是否违反了国际法，而不是孤立地审查偶发事件。⑤ 仲裁庭不否认轻微的违反国内法也可能构成对国内法的违反，当回答是否完全拒绝轻微的违法也可以诉诸 1105 条时，仲裁庭认为，未能履行作为投资者所信赖的、必不可少的那部分管理计划，就会构成对条约的违反。总之，仲裁庭认为恶意地、全面违反国内法和

---

① Ibid, Article 4, and Comment No. 6.

② ADF Group, para. 190.

③ Saluka, para. 442.

④ GAMI Investments, Inc. v. Mexico（Final Award, 15 November 2004）, para. 97.

⑤ Ibid, para. 103.

合同就是不符合要求。①

　　将违反国内法的不法行为作为违反国际法的判断基础,其判断是以矫正正义为原理展开的,目的是矫正政府对外资管理行为的疏忽和缺陷。"额外要求"学说虽然没有对违反国内法之后还要符合哪些条件才构成国际不法行为形成定论,但是提出了对国家责任进行限制的思路,毕竟国际仲裁庭不是国内法院,并不是所有对外国投资者造成损害的政府管理行为,必然构成承担国际责任的国家不法行为。

三、对不合理武断的认定

　　(一) 构建审查国家管理行为合理性的实体规则的构想

　　投资条约处理的法律关系是不同于国际公法的。国际投资法律关系中还包括私人主体,受政府行为影响的私人主体参加到国际仲裁中,构成主权国家与私人之间的争端,不同于国际公法中的纯主权国家之间的争端,投资者—国家之间不对等的法律关系,在仲裁庭看来,可以和国内行政行为司法审查相类比,是一种国际司法审查,类似于国内行政法院审查公民对政府行政权力提起的争端,在国际层面,审查的目的是要防止政府滥用主权或管理者的地位,对作出的承诺不予兑现。

　　国际投资法制所面临的挑战是,如何构建一套不同于国内行政审查的实体规则,对当前 BITs 时代的国家行为,特别是对自由裁量权行为的适当性进行判断,即对国家行为的"武断 (arbitrariness)"作出较为明确的界定。由于 FET 的模糊性以及未形成定论,仲裁庭越来越趋向于不参考国家实践,采取逻辑推理的方法,对东道国提出接近于"完美治理"的要求,从而通过扩大对 FET 的解释,仲裁庭的裁量权越发难以控制。国际法还没有形成对国家行为进行控制的统一的、成熟的规则,所以就不能期望在国际公法中探寻对国家行为进行评价现成的规则。除了国际公法,唯一可以参考的是比较法,"从政策角度讲,不能就此得出结论,遵守宽泛的 FET 标准,发展中国家会同意采用比已经在发达国家盛行的更严苛的标准"。② 比较法的宗旨也是要探析如何对仲裁庭的自由裁量权进行限制。一般而言,从世界法律传统来看,法院对国家政策是非常尊重的,如美国最高法院的判决所言,司法

---

　　① Ibid, para. 108.

　　② 在 Oscar Chinn case, 1934, PCIJ Rep Ser A/B No. 63, 84, 常设仲裁法院认为,不能认定缔约方会采纳新的规定,让自己更接受已经明确规定内容之外的更宽泛的解释。

是没有权力代替行政机关作出判断的。法院对民主的理解是，政府属于人民而不是法院和仲裁员。① 然而，在国际投资法层面，并不是所有的仲裁都表现出对国家政策的尊重。

行政行为合法性的问题，仲裁庭要依据国内法进行判断，但是对合理性问题，比较适合用一套实体审查标准来判断，这一国际仲裁实体审查标准将构成 FET 一部分。如果国内法对判断是否构成国际责任非常关键的话，则仲裁庭也不应当对所有审查的事项都诉诸国内法，② 从现实的角度看，也不应当将行政行为适当性的审查依据国内法来进行。首先，适当性标准往往根植于国内法律文化，难以苛求来自不同国家的国际仲裁庭成员都能悉知不同国家的国内法律和文化传统。

其次，从逻辑推理的可行性来看，国际仲裁庭也不应当对"适当性武断"的审查采用国内法。一方面，如果国内法的合理性和合比例性标准比国际最低标准高，即使违反了国内法也未达到国际法的标准，这之间就存在一定的差距，如果投资者想得到更高标准的投资保护的话，则诉诸国内救济才是最好的选择；另一方面，如果国际最低标准规定的合理性、比例性的标准高于国内法，即国内法制定的标准低于国际最低标准，则要回到赋予东道国政策空间的问题。

为了避免这些不同情形下的尴尬局面，本书认为应当确立一种国际社会通行的国际投资仲裁实体标准。这种标准为国家行为确立了最低门槛，确立了国家在管理外资时不应当僭越的标准，以下分别从以程序为主的检测、矫正正义视角下的不合理的武断的检测，分配正义视角下的对特别牺牲、比例原则的检测三个方面展开，另外，还从投资者的角度审视合法期待，综合以上对行政行为的合法性进行全方位的综合检测。

（二）以正当程序为主的审查

正当程序（due process）是指要求东道国对待外国投资者的起诉不得拒绝司法，行政行为应当公正合理。拒绝司法是习惯国际法的组成部分，是指与外国人有关的民事和刑事司法机构的不当行为，包括拒绝诉诸法院、程序不当和裁决不公。实践中，多数案例拒绝司法来理解正当程序，有些将武断

①　Citizen to Preserve Overton Park, Inc v. Volpe, Secretary of Transportation（1971）401 US 402, 416.

②　如在 Generation Ukraine para. 20 指出的，国际仲裁庭不行使国内行政司法审查的功能，以确保国内行政机构勤勉、审慎、有效地履行新政职责。这些功能本属于国内法院和仲裁庭对行政管理体制的基本职能的审查内容。

也纳入其中，进而来理解东道国是否对待外国投资者违反了公平公正待遇。

对程序的控制已经成为国际司法的发展趋势。确定武断进行检测的实体标准时，会涉及理论和实践的复杂性，所以一些学者更强调通过程序控制，而不是实体规则来追求公平公正。Howse 和 Nicolaidis 指出的 WTO 应该强调程序义务而不是重在对政府政策的行为进行实体规则约束。① 在国际投资法中，仲裁庭对政府采取措施的审查要限于，是否该措施让利益相关者发表了意见，充分地代表了他们的利益。1928 年，Eagleton 就指出，毫无疑问，国家共同体有对外国人行使公正的要求。Methanex 案是第一个将程序正义作为判断行政措施的案件，② 在 FET 标准的探讨中，将程序公正纳入 FET 也是争议最少的一项内容，所以在全球武断性审查的框架中，正当程序标准将继续对控制行政起着重要作用。但是，还没有在共同接受的"行政正当程序"理论可以作为判断国际投资法理论中的行政决定是合法的，在雷鸟公司案中，仲裁庭将否决公正与程序正当联系起来，并指出行政正当程序的要求并没有司法正当程序那样严苛。"仲裁庭没有找到比司法正当还严格的不合法的记录，由此认定而违背最低待遇标准……行政正当程序的要求远低于司法正当程序的要求。"③

行政法中所谓的正当程序主要涉及听证程序，而立法和行政法中的程序正当又有明显的区别。一方面，狭义的立法和管理中的程序模式不能采取司法中的对抗式程序，而立法中又不将程序正当作为考察的重点，而以管理为目的的行政立法，在不同的国家又具有不同的法律传统，即使在美国，被誉为程序保护最佳的国家之一，虽然颁行了《行政程序法案》作为行政的一般性指导规则，也采用了"通知与评论"这样并不严格的立法体制。在大陆法系国家，不颁行行政程序法作为程序正当的保障。另一方面，纳入每一种类行政行为的具体活动纷繁复杂，不是所有的行政行为都可以适用同一的正当程序展开的，这既不可行、也没有必要苛求。即使在美国也没有要求所

---

① 学者对 WTO 和 EU 的裁决研究发现，在价值多元主义背景下，上诉组采用了对实体审查"轻探"不予深入的方法。但是要对成员国所采取措施的决策过程进行审查和评价，这具有重要的意义，EU 作为非国家实体，越来越重视将程序技术作为赋予成员国自治权的手段，在赋予成员实质灵活性的不断增强背景下，WTO 也要借助程序技术来确定成员国在市场一体化框架下自治的范围。See Grainne de Burca and Joanne Sott, eds. The EU and the WTO, Legal and Constitutional Issues, Portland, Hart Publishing, 2001, pp. 28-29.

② Methanex, Part Ⅳ, Ch D, para. 9.

③ Thunderbird, para. 200.

有情况下都要进行听证，在美国 Mattews v. Eldridge 案最高法院对听证也仅仅要求以下三个方面的平衡测试：

正当程序的特定指示的确定要考虑以下三个因素：（1）受到官方行为影响的私人利益；（2）通过所使用的程序将会对此利益造成错误剥夺的风险，如果有的话，其他的或者替代性程序可保障的价值；（3）政府的利益，此种其他或者替代性的程序性要求将会带来财政或者行政负担。①

其实，以上表达的仍然是一种平衡原理，行政决定要在行政当局的管理和个体公正之间进行平衡，在 Methews 的决定中，含蓄地表达了行政机关授予或者拒绝许可时都要进行全面的听证的问题，在市政理事会的会议中，Methews 没有收到出席的邀请，没有机会参与会议就被否决了。② 这种将听证绝对化的观点也是不可取的，在决定是否给予外国投资者听证的权利时，就可以参照以上方法去平衡。但是，在更多情况下，国内法都认可采用事后救济来平衡，认为采取事后行政或司法救济——剥夺后的救济（post-deprivation procedures）③ 是可以满足程序公正的要求的。在有的 BITs 实践中，只要国内法没有给予及时的救济，投资者就诉诸国际仲裁寻求程序公正。

（三）对不合理的武断的审查

国家是有权利对投资者的利益造成损害的，但是仅仅依据损害是不能单独确认国家不法行为的。武断地损害投资者就成为国际投资争端中进行判断的一个主要方面。对不合理的武断进行检测，其中的两个条件属于可以被视为满足矫正正义的原理：第一，治理型国家必须是为了追求公共利益而采取措施，不允许对投资者的财产没有正当原因地向其他群体转移；第二，所实施的政策计划或决定，必须具有手段—目的正当关系。以下从目标与公共利益之间的关系，以及手段与目标之间的关系两部分展开分析。

1. 目标与公共利益

当前的治理型国家可以基于国家利益、公共利益、发展利益设立广泛的政策目标，如公共健康、公共秩序、公共道德、环境保护、消费者权益保护等，不论在国内还是国际法中，法院和仲裁庭首先考察的是对国家援引的证明其正当性的公共利益问题。国际仲裁庭首先要审查这些所追求的利益是否确实具有"公共"性质，换句话说，就是要审查国家所援引的措施具有公

---

① Mathews v. Eldridge（1976）424 US para. 319, 334, 335.

② Mathews v. Eldridge（1976）424 US para. 91.

③ Mathews v. Eldridge（1976）424 US para. 238, 316.

共目标的特征。其次，仲裁庭要考察国家援引的公共利益确实是当前措施所追求的目标，即两者之间具有紧密的相关性。在实践中，对相关性的审查比是否具有公共特征更重要，旨在限制行政机关自由裁量权的滥用，考察的核心是此措施是否客观上实现着另一种不相称的利益目标。在 ADC 案件中，投资仲裁庭分析了征收请求，认为"没有发现是为了公共利益"。

尽管原告反复说服仲裁庭，其修正案、法令以及所采取的措施都是为了使 Hungarian 政府的交通政策法律和法规与欧盟法相一致，但是并没有提交证明此请求的事实和法律推理。① ……仲裁庭看来，条约所要求的公共利益是真正的公共利益，如果把这种利益转换为现实，满足了要求，则这一要求就会变得毫无意义，因为仲裁庭可以想象永远都不会出现此要求得到满足的情况。②

2. 手段与目标的关系

手段与目标的关系问题检测主要是指德国和欧盟法当中的广义比例原则检测，包括两个问题：（1）适当性问题，即是否此措施可以实现预定的公共利益，（2）必要性问题，即是否存在可以实现同样效果和公共目标的替代性措施，采取的措施应当是牺牲最小的一种选择。当仲裁庭认可了国家所追求的政策目标的合法性，接下就要判断所采取的措施与目标之间是否具有相关性。财产权保护与公共利益保护之间的矛盾关系，要求政府对私人权利的侵入必须存在手段与目标之间的相关性。在已有的投资仲裁实践中，对于手段与目的关系的审查，一些仲裁庭进行的检测达到了高度干预东道国的程度，如"最低限制的替代性测试"，即仲裁庭要审查是否存在可以实现相同目标，但是危害更小的措施和方法，本书认为，这种高度干预的检测方法在新一代 BITs 时代应当尽量避免，对于国家的发展政策和采取应对措施的权利要留给东道国自己来完成，此种严重的干预明显是将"政策判断"和"法律判断"相混淆，投资条约约束下的争端解决机制并没有赋予仲裁庭如此大的权力，仅允许仲裁庭对政府的政策和决定采取谦抑、中立的态度。

（四）对特别牺牲与狭义比例原则的审查

从分配正义的角度来确定国家合法行为的限度，需要考察两个概念。一个是特别牺牲（special sacrifice），审查对公民和投资者施加的实现公共利益

---

① ADC Affiliate Ltd et al v. Hungary, ICSID Case No. ARB/03/16 (Kaplan, Brouer, van den Berg), Award (2 October 2006), para. 430.

② Ibid, para. 432.

负担的合法性，另一个是比例原则，对国家实施管理措施造成的损害和收益之间的对比关系。在美国，管理性征收的法理中，最高法院反复强调，对不予赔偿的财产征收，从分配正义的视角来看，是限制政府强迫一小部分人承担本应该由共同体作为一个整体来共同承担的负担。分配正义有利于理解在征收一类的行政行为，国家在利益分配方面的公正性。在法国，"公共负担的合法性"（l'egalite devant les charge publiques）原则是对侵权国家责任作出的妥协，不仅适用于行政管理和行政裁决，也适用于议会构建的不平等负担机制，当代国家责任应本着"客观、无误、公平负担"的原则来进行归责。

受保护的投资具有"抵制重新分配（anti-redistributive）"的保护性功能，主要是指投资者可以对某些损害投资者的公共政策提出请求，这种请求也可以是不以国家的不法行为为前提的，FET 标准就是要求国际投资法在对投资者合理期待的保护与政府的灵活性之间划出界限。分配正义只有在最后的阶段才发挥作用，当仲裁庭认定国家援引保护公共秩序具有正当性时，再考察手段与目的之间是否具有相称性，投资者所遭受的损失，在性质和程度上与政府所追求的目标相比是否也具有公平性、合理性，是否非歧视地实施，这些方面均应该成为 FET 的内容。在 Saluka 裁决书中可以找到包含合理性在内的一般性的分析框架：

外国投资者受到投资条约的保护，在任何情况下都可以适当地期望 Czerch 共和国善意地实施影响投资者的某种行政行为，通过合理的公共政策来实施政府的既定政策。政府的行为不能明显地违反一致性、透明度、双重惩罚和非歧视的要求。特别是，对投资者的差别待遇要进行合理区分，必须表明采取的行为是基于合理的政策要求，而不是出于偏向与国内投资者而怠慢外国投资者的动机。①

特别牺牲和比例原则虽然侧重点有所不同，但是都在考察由于公共利益给投资者带来的损害问题。特别牺牲重在利益分配是否给投资者带来了过重的负担，特别牺牲和比例原则共同构成的分配正义检测的公平原理。在 Pope & Talbot Ⅱ 考察加拿大政府适用 1996 年《软材原木协定》（SLA）在原木产业中分配这些负担造成特别牺牲的性质，其中，费用负担是向美国出口软材原木费用/配额体制的一个重要组成部分，仲裁庭没有采纳原告提出的费用征收违反了 FET 的主张，表达了不愿意介入国家政策的立场：

通过收费来解决 BC 伐木争议的这种选择，无疑会让一些出口者为全省

---

① Saluka para. 307，309.

179

的所有生产商埋单，因此，加拿大选择另外一种解决方案，让从伐木减少中受益 BC 生产商来分配负担会显得更加公平。但是只要这种选择没有否决公平公正待遇，仲裁庭就无权代替加拿大政府做出选择何种解决方案的决定，如果很多 BC 生产商都受到了方案的影响，并且具有层级差别的装船水平待遇低于 SLA，即便如此，仲裁庭也不能就此得出，加拿大如此分配成本的决定否决了投资的公平公正待遇。①

另外，狭义的比例原则是一种成本—收益分析。狭义的比例原则审查是否手段与目的成比例，是否成本超过了收益。狭义比例原则要对所有相关的因素进行考虑，如包括相关权利的重要性、干预的大小程度，干预的时间长短（暂时还是永久性的）、是否存在效果较小但是对相关权利限制较少的替代性措施等。此原则在平衡公共利益和正当权利之间得到了广泛适用。比例原则是国内法产生的概念，在行政法中解决个人权利与法律公共目的之间的平衡。宪法旨在保护个人的自由，当局监管的目的是确保社会利益的充分保护，当试图以有效的方法最大限度地满足这两个需求时，解决的方法只能取决于审慎地权衡这两个相对冲突的利益。②

比例原则在国内行政法实践中得到了充分的运用。在美国法典《行政程序法案》最主要的一种检测方法是"武断、反复无常（arbitrary and capricious）"测试。③ 对法律的尊重随着时间发生着变化，变得越来越具有倾入性，20 多年来，合理性的检测一直都保持"高度合理性的审查"的标准，对行政机关提出高标准要求，要求行政机关提供所有相关的证据，要在作出最后决定前考虑到所有合理的替代措施。在英国，对成文法造成的损害行为进行司法审查往往受到议会神圣原则的禁止，在行政层面，原告提出损失赔偿必须证明存在司法侵权，采用广义的比例原则审查自由裁量权，但是不能证明存在私法侵权。英国法院非常警惕法官代替议会授权的当局享有的自由裁量权。

在法国，不存在事后对立法的审查，在 2008 年宪政改革以前，公民不可以对成文法提出质疑，尽管有种种限制，国家理事会发展出一套议会自身

---

① Pope & Talbot Inc v. Canada, UNCTRAL Ad Hoc Arbitration（Dervaird, Greenberg, Belman）, Award on Damages（10 Apil 2001）, para. 155, hereinafater, Poper & Talbot Ⅱ.

② 作为治理形式的国际投资仲裁：公平公正待遇、比例原则与新兴的全球行政法, Benedict Kingsbury & Stephan Schill, 李书建、袁乞峰译, 载《国际经济法学刊》第 18 卷第 2 期, 2011 年, 第 79 页。

③ USC §706（2）A, 规定法院可以认为是不合法的并撤销行政机构的措施、证据, 如果其结论是对自由裁量权是武断、反复无常、滥用的, 或者没有依据法律进行。

违反了公共负担合法性的损害赔偿方法——在极端情况下的严格国家责任。法国存在法院不得介入政策事务的传统理念，"适当、合法"等术语是赋予行政机关的术语而不是给予法官的。为了纠正此种过度的尊重理念，法国国家理事会提出了"对事实的评价明显错误"的学说，该学说认为行政人员有权犯错，但是不能做出明显错误的决定。此外，在某些情况下要适用更加严格的合理性检测——重大错误（faute lourde），对于行政管理法规，此错误必须非常重大。

比例原则是一种划分和平衡国际法律秩序与国内公共政策的利益冲突方法，在国际法律秩序中也有广泛的适用，在欧盟体系中，欧洲法院用比例原则评价欧共体采取的措施以及那些欧共体法律秩序影响到的个人措施。比例原则不仅用来协调权利与自由之间的紧张关系，也用于协调欧共体与其他成员国之间的权利关系。在欧盟法院的判决中指出，法院一致认为比例原则是共同体法的一项一般原则，通过这个原则来判断那些被禁止的经济活动的合法性，要依据该措施对于实现立法所追求的目标是不是适当的或必要的来进行，如果存在多种可选择的适当性措施，则必须选择损害最小的一种。① 在国际公法的其他领域，比例原则在解决平等主权国家之间的冲突关系也起着类似的作用。

在国际投资法中，LG&E 仲裁庭提供了一般性的检测方法：政府有权采取为了社会和一般福利措施，除非国家的行为明显与目标不成比例。② 比例原则广泛适用于惩罚、收费、合同终止或者许可等行政行为。Tecmed 案中，在众多措施中，仲裁庭审查了国家拒绝允许投资者运营垃圾填埋的措施，指出除了此行为和措施的消极影响外，仲裁庭指出还要考虑是否具有征收的特征，是否此行为或措施与要保护的公共利益和授予投资者的合法保护之间是成比例的，公共政策和社会利益作为一个整体的影响在决定比例性时很关键。③ 仲裁庭的任务"是控制政府是否在对外国投资者施加的负担与采取的适当措施所要实现的目标之间符合比例原则的要求"。④ 在考察了墨西哥政府撤回许可的手段与原因的比例性之后，仲裁庭发现墨西哥政府采取的措施是不合比例的，裁决对投资者进行补偿。

比例原则除了在惩罚、收费撤回、许可终止方面的应用外，在紧急情况

---

① Case 331/88 R v. MAFF, exp. Fedesa (1990) ECR I -4023, para. 13.
② LG&E, para. 195.
③ Temed, para. 122.
④ Temed, para. 122.

或者在平时的政治经济改革中，评价管理性法规和措施的颁行的适当性也需要用比例原则。在对世界范围主要国家的行政法考察之后发现，对行政行为合理性的判断，在于行政措施与投资者的负担之间的权衡，投资者对法律稳定性的期待与经济脆弱性之间的权衡。在投资者看来，FET 在于保障法律的稳定性，赋予投资者多少权利，能满足多少期待，由此可见，合法期待是狭义比例性原则的另一种表现。

比例原则已经发展为确定行政行为适当性必不可少的一部分内容。比例原则由此增强了那些受规则支配的机构行为的合理性，总体上使得合理性检测的结果趋于一致，有助于实现 FET 合理性检测标准的趋同化。

（五）合法期待

总体而言，合法期待是从投资者的视角对国家管理行为合法性与合理性的综合审视。投资者提出在行政机关实现其行政目标时，应尽可能地保护投资者的期待。合法期待的原理起源于法治、个体公正和自治的理念。法治的预设前提是形式上的平等、保持一定程度上法律适用的一致和稳定。个体公正和自治要求个体公正，自治要求个人必须得以提前计划安排，对行为的结果有所预见。

严格意义上的合法期待是指个人特定利益与公共利益对抗的一种利益，国家在追求集体目标时对个人特定利益造成损害是需要补偿的。这种限定会使仲裁庭或是法官将自己的政治视野和关于个人自治的价值置于合理期待之中，通过国家行为造成的任何个人损害的赔偿，防止行政机关忽视公民依据法律在分配负担和利益的权力。[1] 欧盟法中在对严格意义上的合法期待进行评价时，将合法期待区分为以下四类：（1）撤回对个人的政策承诺的决定，如行政许可；（2）偏离公民或投资者获得的对个人的保证；（3）由于特殊情况，合法期待背离了一般政策；（4）由于政策的一般性变化，一般政策使合法期待背离。其中（1）和（2）包含了个人因素，（3）和（4）则不然，法律对于（3）和（4）中合理期待的落空原则上是不予保护的，因为合法期待仅限于特定的个人、特定的团体与特定的行政机构之间才能产生，在欧盟法中，"个人是指要么是在个人与当局之间进行某种形式的讨价还价，要么是当局给予了担保，这样才可以说产生了法律期待"。[2] 也就是说，

---

① Santiago Montt, State liability in Investment Treaty Arbitration, Hart Publishing, 2009, p. 223.

② Paul P Craig, Substantive Legitimate Expectations in Domestic and Community Law, Cambridge Law Journal, Vol. 55, 1996, p. 289.

抽象的管理原则和规则并不产生合理期待。"政策应当是不断变化的,不可能指望永恒不变,政策不能打上永远与决定、个人陈述完全相同的烙印。"①关于管理政策,欧盟法院的判决中指出"共同体的各个机构在选择采取何种手段实现政策时享有国家裁量余地(a margin of appreciation),贸易者不得用要求行政机关在自由裁量权范围内采取替代的方法,针对其法律期待提出请求"。② 国家裁量余地学说已经发展为一项认可的原则,在英国、法国和欧盟法中,国家有权随着时局而改变政策,没有此种权利,当局就不能为了公共利益而有效地开展工作,所以个人就不能合法地期望政策和实践保持不变,事实上,个人会因为政策的常规性变化而处于不利的地位。③

但是,当出现政策的突然转变而没有过渡性措施时,或者先前的法规明确鼓励某些行为时,虽然没有形成个人和当局之间的特定承诺,但是公民和投资者仍可以提出合法期待的请求。"如果缺少公共利益的要求,则共同体就要承担责任,共同体立即废止并且没有事先对特定部门提供补偿额,也没有采取允许贸易者避免出口合同履行遭受损失的过渡性措施,没有提出退还或者补偿的损失就要承担国家责任。"④

合法期待运用于国际投资对外资的保护,法律所保护的期待不是相对人主观希望所产生的期待,而必须建立在客观的行政行为基础之上。即期待是由行政行为引起,如发布政策法规、决定等,或者是基于行政机关的明确承诺。一般性法律颁行与特别承诺给予的保证,对于判定合理期待仍然有不同的意义,缺乏东道国的特别保证是仲裁庭判定没有违反 FET 义务的重要因素。仲裁庭在对东道国"法律和商业体制的稳定性"作出了认定时,通过对期待所产生的来源进行区分来澄清合理期待的判定标准,一是投资者从东道国得到的影响其决定的特别保证(specific assurances),二是投资者作出的投资,是依照东道国法律而享受到的待遇。⑤ 不论哪一种来源,都是基于

---

① Schonberg, n 126.

② See Case 245/81 Edeka Zentrale AG v. Gemany [1982] ECR 2745, para. 27, See also Case 52/81 W Faust v. Commission, [1982] ECR 2762, para. 27, Case C-296 and 307/03 France and Ireland v. Commission, [1996] ECR I-795, para. 59, Case C-375/96 Galileo Zaninotto v. Ispettorato Centrale Repressione Frodi and Others [1998] ECR I-6629, para. 50.

③ Paul P Craig, Substantive Legitimate Expectations in Domestic and Community Law, Cambridge Law Journal, Vol. 55, 1996, p. 142.

④ See Case 74/74 CNTA v. Commission [1975] ECR 533, para. 43.

⑤ See Campbell McLachlan QC, Laurence Shore & Matthew Weiniger, International Investment Arbitration, Oxford University Press, 2007, p. 234.

东道国的行为而产生信赖，依据此种信赖做出投资计划和安排。

在仲裁实践中，仲裁认可的是投资者基于东道国作出的特别保证而产生的信赖，一般涉及经营执照的撤销、政府不同部门之间的不一致行为，以及影响到投资的规制体制的变化事宜。① 一般认为，东道国的特别保证是作出有利于投资者裁决的重要因素。MTD 诉智利案涉及一项马来西亚投资者在智利建设新城镇的投资，尽管该投资项目与智利城市规划政策不符，但却得到了智利外国投资委员会的批准。申请人为了取得土地、实施开发计划已经投入了大量的资本，但后来未能取得建筑许可。仲裁庭认为智利外国投资委员会对项目的批准有违智利的投资政策，但是其批准的行政行为，使得投资者有理由期待此项目可以在此地点建设项目，因此裁决认定该委员会的行为违反了对投资者的公平公正的义务，违反了马来西亚—智利 BITs 中的 FET 条款。

将基于法律来主张的合理期待作为不可变的、绝对的标准，会对东道国立法者有关规章体制的新决策构成限制。比较而言，阐明合理期待源于东道国的法律对投资者相对容易，但是采用过于宽泛的解释会在很大程度上降低投资者向东道国索赔的门槛，所以在现代的投资争端中，多用投资者的合理期待主张索赔。在 Saluka 诉捷克案中，仲裁庭告诫道，过于刻板地理解投资者合理期待是有风险的，因为这样一来，会将不适当和不现实的义务强加给东道国。② 尽管对外国投资者而言，法律体制的稳定是其做出投资决定的关键因素，但是东道国不会因为签订了投资条约就放弃在国内立法及修改法律规则的权力。因此，在判断合理期待的时候，区分法律规章和特定保证是非常关键的，即"东道国外国投资者对某些规则产生的特定信任，抑或外国投资者仅仅是一般性地信赖东道国的规制体制。如果是后一种情况，则外国投资者声称的期待往往不构成 IIAs 所保护的合理期待"。③

在确定外国投资者合理期待是否受到损害时，要兼顾投资者的合理期待与东道国合法的管理权两个方面。仲裁庭需要尊重东道国随后为了公共利益，进行宏观经济调控，为了特定的发展目标而拥有的合法权利，为东道国保留一定的政策空间，保持一定的政策灵活性权利，即使在紧急状态之外的

---

① See Christoper F. Dugan etc. Investor-State Arbitration, Oxford University Press, 2008, pp. 513-514.

② See Stephan Schill, Fair and Equitable Treatment as an Embodiment of the Rule of Law, The International Convention on the Settlement of Investment Disputes (ICSID), eds. Rainer Hoffmann & Christina J. Tams (Nomos, 2007), p. 48.

③ Ibid. p. 47, p. 60.

多种情形下，也可以做出适度的反应。在 Eureko 诉波兰一案中，仲裁庭指出，在有充分理由表明难以符合投资者合理期待的情况下，对基本期待的违反不构成对 FET 的违反。简而言之，"合理期待概念应当为调和外国投资者和东道国的利益留有足够的灵活性，对合理期待的保护不应当解释为绝对的担保"。①

第四节　FET 对发展权实现的解释与适用

一、社会改革背景下 FET 合理期待的认定

提供稳定的商业和法律环境是满足投资者合法期待的表现之一。提供稳定的商业和法律环境也是有条件的，不是绝对的，否则既可能背离经济发展的客观实际，也会有损东道国的主权和公共利益。法律的稳定是有条件的，不能不管在什么情况下，基于何种目的，只要东道国的行为对法律和商业环境造成了影响就违反了 FET。一国的经济发展总不是平稳的，而且经济管理在国家管理活动中是最活跃的，一者，由于全球化的加强，外部经济风险和不稳定很容易对国家的经济运行造成影响，特别是对金融或投资依赖性强的国家对此非常敏感，对于经济脆弱的国家其抗风险能力更弱，对突发事件和经济危机作出相应的反应，为保障经济安全、公共健康或者经济的稳定发展，就可能对经济法律、法规或政策调整，必然在某种程度上影响或改变原来的商业环境。二者，对于经济发展落后的发展中国家，在经济转型期或者面临社会变革的某种困难，宏观经济失衡，就会对发展政策、汇率政策、法律法规做出较大调整，必然会改变稳定和可预见的法律商业环境。发展权对国际社会提出了给予其发展机会的要求，对发达国家施加了保障其生存和发展的国际义务。对于国家，发展中国家东道国有权实施保障生存和发展的政策措施，合理期待的认定就会包含这些变化因素。由此给个人造成的影响不给予或者少补偿。对于投资者个人，这项国际义务会影响到对个人权利的认定，一般性的发展政策和法律法规对个人利益的损害被认定为属于特别牺牲的组成部分，投资者合理期待的标准降低，适用国内法给予的补偿标准。

---

① See Stephan Schill, Fair and Equitable Treatment as an Embodiment of the Rule of Law, The International Convention on the Settlement of Investment Disputes (ICSID), eds. Rainer Hofmann & Christina J. Tams (Nomos, 2007), pp. 48-49, available at http://www.iilj.org/publications/documents/2006-6-GALSchill-web.pdf.

合理预期的认定要重视东道国行为的目的和动机。建立在东道国承诺和保证之上的预期，如果东道国是为了维护国家安全或者宏观经济稳定，或者国家发展的目的而采取了违反承诺的措施，那么只要是非歧视性的，即使影响了投资者的基本预期，也不应当认为违反了FET。

二、FET合法性与合理性判断中的发展权考虑

前文提出并论证了FET的内容中至少包含对国家行为进行合法性与合理性评价的标准，对国家的政策、法律予以遵从，对于具体行政措施的合法性依据国内法制和发展政策予以评价，而对自由裁量的行政行为进行合理性的考察，通过对行政程序、比例原则、特别牺牲负担分配以及合理期待进行综合认定。发展权实现的考虑会对合理性认定产生影响。

国家发展进程中伴随着政策、法律和行政措施的发展变化，仲裁庭对国内政策、法律的尊重就为仲裁中考虑发展中国家特殊发展需求提供了可能，表现出司法谦抑制。对于具体行政措施进行合法性审查，仲裁庭应当依据国家最新的政策和行政法来判断，直接考察和尊重行政机关的解释和认定，而不再深入进行考察。对于合理性问题，完全参照国际法进行的判断会对发展中国家的治理水平提出挑战，如果一味推行追求完美治理程序正当、透明度、比例原则、特别牺牲负担的合理分配等，欠发达国家基于法律传统和法治发展水平的限制，则将从根本上无法适应先行的投资保护体制。

本书所提出的构建国际投资仲裁实体规则体系，作为FET内容的重要组成部分，为评价国家治理提供一种能够普遍接受的、公正的标准。在法律实践中，欧盟人权法中发展出的"国家裁量余地"学说，法国行政法发展出"对事实的评价明显错误"学说，也表现出对行政机关自由裁量权的尊重。大不同于仲裁庭近来发展出的"近乎完美的治理标准"。考虑国家法治发展水平，确认发展权纳入国家政策、法律体制以及行政措施的合理性，结合国内法和国际标准的FET待遇标准限制了仲裁庭的解释空间，降低了投资者提交仲裁的门槛，降低FET被投资者滥用的可能，还原其作为总体上衡量国家治理水平的一项公正标准，在非歧视待遇之外，将对投资者的保护保持在一定水平之上，在增强投资者积极性的同时又不影响国家行使主权，发展中国家充分利用FDI实现国家的发展。

本 章 小 结

国际投资法制将FET作为衡量是否达到了良好表现的治理型国家

（well-behaved regulatory state）① 的标准，从全球行政法的角度来看，FET 富有一种对东道国关于外国投资者行政、立法和执法行为进行规制的准宪法功能，所以仲裁的法理就不是片段性的、混乱无序的判决的集合，而是一种日益形成的管理外国投资和东道国行为的全球体制的表述。② 最初 FET 作为保障到发展中国家投资的海外投资者能够获得一定水平待遇的法律工具，由于国内治理传统和发展水平的差异，长期以来 FET 的具体内容没有定论，发达国家主张将 FET 与最低国际标准相联系，而发展中国家则担心，在绕过国内救济的基础上全面放弃国内法的考虑，以绝对国际标准判断国家治理合法与否，为投资者滥用投资保护的权利提供突破口，构成国家责任的依据。FET 近来在投资争端中被高频适用的事实也表明，不断被理想化、高标准解释的最低国际标准，即使让赞同 FET 标准要求的发达国家来适用，也不断被提起国际投资争端。因此，严格排除对国内法和国家现实考察的 FET 标准终将是不能体现公正的。

FET 的内容在国际条约和一般国际法中都没有清晰的界定，一般国际法还没有形成对合法合理的国家行为控制的成熟规则，本书不提倡用明确的语言例举 FET 的内容，而是从 FET 适用的角度，将其作为仲裁庭审查国家行为的标准。建议采用"温和二元主义"学说，对国家政策和管理性措施的合法性问题，以国内法为依据，尊重国内法和行政机关的解释，进行"合法性武断"的审查。对于行政机关的自由裁量权范围的事项，主张构建国际仲裁审查的实体法体系，进行"合理性武断"的审查，矫正正义视角的从手段与目的的关系、必要性，结合分配正义视角的狭义的比例原则和特别牺牲进行综合评判。这样客观上形成了对仲裁庭利用 FET 的模糊性，对 FET 内容自由解释的限制，增强了东道国在争端解决中对裁决结果的可预见性。

只要确认了对国内法制和政策的考察，FET 将可以纳入发展权考量因素。因为国内政策和法律反映了一国的法治水平和发展程度，这些因素对行政行为的合理性、合法性判断将产生重大影响。在发展水平较低的国家，或者伊斯兰宗教国家，对社会的治理标准尤其特定的考虑，发展水平一般都与其法治水平相适应，宗教矛盾、中央地方分治、官僚腐败盛行在中亚、非洲

---

① See Stephan W. Schill, Fair and Equitable Treatment under Investment Treaties as an Emobodiment of the Rule of Law, IILJ Working paper 2006/6. Gold Administrative Law Series (2006), available at http：//www.iilj.org/publications/documents/2006-6-GALSchill-web. pdf.

② Ibid.

等地区普遍存在，超越其发展阶段的投资待遇标准只能导致国际协定的效力的苍白无力。对于投资者，合理期待首先建立在国家的发展水平和现实基础上，依据法律作出客观的判断，客观的现实条件将成为东道国抗辩的最有利证据。因此，综合考虑国内法和国际法标准才会推进投资保护机制向着实现多元化目标的方向发展，公共利益保护、国家发展战略的实现都取决于对国家法制是否认可和尊重。

第五章　国际投资协定例外体系中的发展权

第一节　IIAs 中例外条款概述

IIAs 中的例外是指，协定中关于某些情形下特定的原则不予适用或者仅仅部分适用的规定，从一开始就限定了国家加入国际协定后承担义务的程度。①例外条款也称为"逃避条款"、"免责条款"，是指在一定条件下排除缔约国行为违法性的条款，即协议允许各成员国政府在条约的正常实施过程中，当协议规定的特定情形出现时，暂停施行其根据协议所承担的义务，在暂停实施期间，各成员履行协议的特定义务被暂时解除，但协议在此期间仍有效处于"休眠状态"。一旦特定情形消失或暂停实施期间届满，协议将自动恢复履行。②

一、IIAs 中例外条款的作用

（一）东道国利益与投资者利益的平衡功能

在国际投资活动中，投资者进入东道国开展投资活动，期望享有与国内投资者平等的竞争机会，稳定、透明的商业和法律环境，投资者以此制定投资计划、扩大投资，实现投资利益的最大化，投资利益以财产和与投资相关的一系列权益和权利为中心，是国际投资保护协定所追求的核心目标。同时，外国投资者在东道国进行长期的投资商业活动，直接与东道国当地的居民活动、政府管理相接触，东道国的管理行为成为影响投资利益的最重要方面，于是，在投资法律关系中，形成了投资者与国家之间的行政管理关系，在这种不对等的公法关系中，国家的管理权追求的公共利益与投资者的私人财产利益保护形成了紧张关系。国际投资体制是通过政府对投资者提供稳定

---

①　UNCTAD：UNCTAD Series on issues in IIAs, International Investment Agreements：Flexibility for Development, p. 49.

②　陈卫东：《WTO 例外条款解读》，对外经济贸易大学出版社 2002 年版，第 3 页。

商业环境、给予优惠待遇、提供充分的保护与安全来实现投资者利益的保护，但是，国家在国家发展过程中，东道国运用国家管理权实现对公共秩序的维护、动植物生命健康、环境资源的保护等公共事务的管理，特别是在特殊时期，面对外在的经济、金融危机，抑或内在的经济、社会发展变革，必然要对国家的政策、法律法规进行较大的调整。本来国家的管理权与投资者的财产权保护都具有正当性，此种正当性的潜在冲突上升为激烈的条约权利与义务之冲突，在有例外条款的情况下，东道国援引例外条款就为特定条件下暂时对条约义务的背离提供了正当性，允许特定公共利益的保护而放弃个别私人的财产权的保护。

此外，例外条款相对于序言中的宣示性表述更具有确定的条约效力。近年来，国际投资协定已经对投资保护和公共利益保护失衡问题作出了回应，一是在序言中增加保护公共利益的目标条款，这种做法已经获得了国际社会的认可，并且在国际投资协定中频繁出现，如 2008 年加拿大—哥伦比亚 FTA 序言规定，"本协议的规定不仅为促进投资，而且还旨在保护环境和工人权利，促进可持续发展……" 2005 年印度—新加坡 FTA 序言重申了它们追求各自发展目标的经济权利和实现本国政策目标而实施管理活动的权利。然而，相较之下，序言条款虽然奠定了投资协定全文的基调并在条约解释中有重要参考作用，但是作为软规则，其条款效力非常有限，无法与实体条款较量，而国家管理权条款形成实体条款之后就具有了强制力，但这只是可持续发展组织提供的参考范本，就当前形势来看，这一理想性的投资协定应用到现实中的几率颇为渺茫。而例外条款既有可以保证的强制力，又有免除国家责任的弹性，因而是一种比较理想且可行的平衡投资保护和公共利益保护的法律机制。

（二）政策空间的灵活性机制

国际承诺会缩小国家的管理权，但是国际协定要为国家保留一定的自主管理空间。"政策空间"是国家在遵守国际法义务与国内法的前提下，赋予国家在其认为适当的时候管理、规制空间的术语，投资条约限制了东道国的政策空间，因为投资者可以用条约中包含的投资保护机制向国家合法、具有效力的管理和政策发起挑战。① 国家加入国际协定信守条约的承诺和保持各国政府的灵活的管理权之间存在着固有的矛盾，在二者之间寻找适当的平衡是最大的挑战。一方面，国家允许与该投资协定有关的纠纷一律提交国际仲

---

① Vicente Yu and Fiona Marshal: Investors' Obligations and Host State Policy Space, iisd, 2nd Annual Forum of Developing Country Investment Negotiators, p. 14.

裁庭裁决，并接受仲裁裁决的约束，这实际上在一定程度上约束了国家的司法主权；另一方面，主权的另一方面体现在对本国内部所有事务的管理权力，政府在利用 FDI 实现国家发展变革、实现政策目标中起着重要作用，法治国家通过法律法规政策的形式对 FDI 实现引导，这种经济、社会变化带来的不确定对国际协定承诺的突破是不可避免的，法律化旨在增加承诺可靠性，但是法律所规制客体的不确定性与承诺的稳定性之间的冲突又不可避免。"国家加入国际协定信守条约的承诺和保持各国政府的灵活性之间存在着固有的矛盾，在二者之间寻找适当的平衡是最大的挑战。这不能简单地依靠在协议的各个组成要素中加入发展问题而得到实现，所以必须要研究协议的结构和意图，以及指导具体内容的目标。"①

国际投资条约追求投资自由化和投资保护的目标，但是在非自由化目标——人权、环境、欠发达国家的发展等利益保护日益凸显的今天，国际协定不能对国家的日常管理行为作出绝对的、僵化限制，要给国家应对新的情势留有余地。国际投资法律体制要引导和鼓励仲裁庭对国家在保护社会和环境利益方面给予更多的注意。这种体制的转变关系到要用新的自由主义经济理论思想取代一味强调自由化的新自由主义理论，强调保护投资的同时，改变市场会自动保护非投资利益的观念，加强公共机构和发展建设，社会政治的稳定程度——政府需要在促进这些方面的提升中扮演着重要的角色。② 东道国在遵守国际承诺和依据国内法保护投资者之外，也需要追求政策目标的充分政策管理空间。

（三）外部环境变化的风险的再分配机制

在一定程度上，法律制度类似于一个位于自然、社会环境与具体投资之间的缓冲器，可将自然、社会环境变化导致的不确定性限定在一个能够被投资者接受的范围内，并且可以将国际投资风险事先固化。③ IIAs 正是发挥了这样的风险固定作用，通过承诺保护外国投资，履行投资保护义务及补偿义务，将国际投资风险转移到东道国身上。然而，全球及各国的政治经济及社会环境并非静止不变，也不能定格于投资条约签订当时，所以这种环境因素

① 盛斌：《WTO 多边投资规则谈判中的发展问题》，载《国际经济合作》2002 年第 8 期，第 19 页。

② David Kennedy, The Rule of Law, Political Choices, and Development Common-Sense', in David M. Trubek and Alvaro Santos eds, The New Law and Economic Development, Cambridge University Press, 2006, pp. 151-153.

③ 彭岳：《双边投资保护协定中"非排除措施"条款研究》，载《河北法学》2011 年第 29 卷第 11 期。

变化带来的不利风险由东道国独自承担是非常不合理的。例如，由于某种行业带来的环境污染具有很长的潜伏性，某国为了保护环境而对从事该种行业的外国投资采取措施，该国仍需要对此种措施造成的外资损害进行补偿，而东道国的居民已经遭受了某种健康损害，且其国内相同行业的企业也未获得补偿，在这种情况下，外国投资在造成东道国损害的同时还将获得超国民待遇得补偿，显然，这种风险分配具有强烈的不合理性。而外条款则重新分配了特殊情况下的风险负担，即在正常情况下，国际投资协定中的非歧视待遇、征收补偿等条款将确保投资者的正当利益，但在例外条款规定的特定情形下，外条款将免除东道国承担的上述条约义务，由此造成的损害由投资者自行承担。

二、IIAs 中例外所保护的重大利益价值体系

公共利益、公共政策、社会福利、公共道德，相关的环境保护、可持续发展、国家安全、弱势群体保护、人权等利益概念不是杂乱无章不可归类的，从这些概念的本质来考察，相关利益概念具有层级构造性，与不同的主体相联系就会形成具有不同的利益群。

以上相关利益概念依据不同的主体，形成了以国家为主体的"国家利益"、以社会公众为主体的"公共利益"以及以个人为主体的"个人利益"三个利益群，这些利益群涉及国际和国内社会的不同层面和领域，若将这些利益群中最重要的，关乎国家、社会、个人生存和发展的利益做更高一层次的抽象，则可以将"重大利益"统辖相关的利益概念。本书将"重大利益"界定为涉及国家、社会公众和个人存在和发展的最根本、最重要的利益抽象，国家安全、公共利益、环境保护、可持续发展、劳工社会福利、弱势群体保护、人权都作为"重大利益"的下位概念。国家利益、公共利益、个人利益如一个"重大利益"之鼎的三足，共同支撑"重大利益"体系。

三、"重大利益"与其他各类利益的对比研究

重大利益的下位概念包括国家利益、社会利益和个人利益。这三种利益的侧重点各有不同，内容上存在着交叉，但又相互依存。

国家利益和社会利益存在着交叉关系。国家是阶级统治的工具，国家利益从根本上来说是统治阶级的利益，实现对国家的有效统治是国家的首要利益，表现在国家利益上就是政治稳定，其次在国际关系中，国家利益中更强

调与主权相关的领土完整、安全等，此外还包括民事法律上的国家财产所有权利益。国家除了要满足自身利益外还肩负社会管理职责，这样国家又是社会利益的主体，然而，国家在行使职能的过程中，常常将自身利益置于首位而放弃对社会公众利益的保护，例如在国际投资协定中，国家为了吸引外商投资的技术和资本偏重对私人投资者利益的保护，牺牲东道国的环境、劳工等社会利益，此时这种国家双重身份对一种利益的追求产生了国家利益和社会利益的潜在冲突。

相对于国家利益，社会利益具有一定的地域性，有时公共利益可能会具有跨越国界，如对多国河流的开发利益所涉及的公共利益可能会具有跨国境的特点。相对于国家利益的阶级性特征，社会利益的最大特征是主体的不确定性。社会利益的主体是社会，对社会的认识存在唯名论和唯识实论①。相对于国家利益，社会利益缺乏一个统一的表意的主体，国家作为表意的主体之一，在社会利益的实现中发挥着最重要的作用，国家对社会利益的保护除了做出宪法宣示外，最主要的途径是在《民法》、《土地管理法》、《环境保护法》等部门法中确认公共利益来实现。除了国家这一表意主体之外，各种慈善团体、环保团体、追求某一种社会利益诉求的专业 NGO 团体，甚至被奉为"社会的良心"的个人在一些场合下也代表了社会的利益②，这些主体在社会利益维护中逐渐成为与国家主体并驾齐驱的利益维护主体。

个人利益与社会利益是一对辩证统一的概念。个人利益与社会利益的关系反映了个人的自我存在与社会存在之间的辩证统一，"作为一般的、普遍的和具有共性特点的社会利益，寓于作为个别的、特殊的和有个性特点的个人利益之中，而个人利益则体现着社会利益的要求，是社会利益在各个个别人身上的利益表现"③。社会利益的公共性取决于人的社会性以及物或资源

① 唯名论认为，社会不是一个客观存在，只是由各具独立性的自主和平等的个体复合构成的集合体或复合体，社会行为或社会利益都可以还原为个人行为或个人利益。社会只具有工具价值。相反，唯实论不仅视社会为一客观存在，而且把社会看作如同人一样的有机整体。经济法产生的时代及文化背景决定了其社会观是唯实论的整体主义社会观。详细参见朱晓勤主编《发展中国家与 WTO 法律制度研究》，北京大学出版社 2006 年版。

② 参见羌旭，史文仪：《概念比较视角下的社会利益界定》，载《商品与质量》2010 年 3 月刊，第 38 页。

③ 范婉玲：《经济法的社会利益探讨》，载《现代经济信息》2011 年 7 月刊，第188 页。

的稀缺性，人的社会性决定了相对独立的个人必然要相互交往形成公众，物的相对稀缺性决定了人们对共同的社会利益分享的可能。个人的利益诉求是法律价值的起点，社会利益是个人的具体利益的抽象提炼，若个人利益不能满足，社会利益和国家利益都无法实现，也失去了追求利益的动力。

四、重大利益的具体内容

（一）以国家为主体的"国家利益"概述

传统的国家学说理论是以国家利益为中心的。在国际法中，国家是国际法的最重要主体，国家作为主权者，对内享有最高权对外享有独立权，国家豁免、外交、国家责任等理论都以此为前提建立，国家利益的保护是国家对外交往等一切活动的首要目标。在国内法中，国家在维护统治阶级政治、经济利益的同时，还有对国内有效管理，促进社会福利增长、社会全面发展的社会管理职责。因此，国家利益的实现不仅是一国国内稳定和发展的前提，而且也是国家参与国际合作推进国际社会和平发展的基础。

对于国家利益的内涵学界基本上持有相同的理解，认为国家利益主要包括国家主权与安全利益、政治利益、经济利益、文化利益等。国家主权与安全利益是国家生存和发展的根本。主权是一个国家内政和外交上的最高权力，国家安全是一国主权得以维护的基本条件。在安全利益上，学者们认为，国家安全不局限于传统意义上的政治安全和军事安全，还包括经济、科技、信息、食品、生态安全等许多非传统领域。国家的政治利益体现在国家政治、经济、外交上的独立，国家荣誉和尊严获得充分的尊重和维护，其中维护一国的政体和国体构成的国家制度是政治利益的关键。

（二）以社会公众为主体的"公共利益"概述

社会公众作为一个利益群体不仅局限于各个国家管辖的范围，常常基于某种共同的利益而跨越国界，以社会公众为主体的利益用社会利益概括不够周延，因为"社会"一词仍然具有政治区分的色彩，减弱了不分国家、地域的共同利益的共通性，而使用"公共利益"能够准确地反映社会公众为主体的利益特征。

1. "公共利益"的概念及其主要分类

按照《牛津高阶英汉双解词典》的解释，"公共（public）"意味着"公众的、与公众有关的"，或者是"为公众的、公用的、公共的（尤指由中央或地方政府提供的）"在这里，公众是一个集合名词，公众组成的群体可以看做是共同体。《布莱克法律词典》对公共利益的解释没有给出概括式的定义，而是指出："（1）应予认可和保护的公众普遍利益；（2）与作为整体的公众休戚相关的事项，尤其是证明政府管制正当性的利益。"① 公共利益不仅表达的是一种共同体的整体利益，而且更指向的是一种对政府公权力的限制功能。

公共利益的主体是社会公众，社会公众这一范畴具有多数性和不确定性。因此公共利益具有社会公共性和共享性，同时公共利益又具有所有权和执行权相分离的特征。相对于个人利益，个人利益的所有人就是权利的主体，其本身就是实现这种利益的执行人，而公共利益的受益主体具有普遍性以及不特定性的特点，公共利益的受益主体几乎都不是实现这种利益的执行人，换言之社会公众都没有被授权执行公共利益，而代表公共利益的国家机关常常为了追求自身的"权力利益"而放弃"公共利益"。

公共利益依据不同的标准可以作出不同的分类。依据历史发展的时间标准可以分为传统的公共利益与现代的公共利益。宪法中的所确定的公共利益是传统意义上的②。传统公共利益在宪法文本中属于对私有权利保护防止公权力滥用的范畴。到了现代，国家之间交往加强，资金、技术在世界范围内优化配置，常常出现某个国家或者地区依据当地的资源禀赋专门从事某种经济活动，而忽视当地其他方面的协调发展的问题，生态破坏、环境恶化、劳工处境艰难、公共健康、公共安全等问题不断加重，引起国际社会包括非政府组织在内的抗议，这些关乎社会公众的重大利益才得到重视。在国家法律中，规制不同领域社会活动的部门法用"公共利益"对各种利益进行法律确认，如公共道德、公共健康、环境保护、消费者权益保护，这些使公共利益的内容空前扩展。

以公共利益所涉及的范围为标准，公共利益有广义和狭义之分。广义的公共利益有的学者认为包括：国家利益、公共利益、所有正当的个人利益。而狭义的公共利益就指社会公共利益，主要是指国家共同体中除国家利益、私人利益以外的不特定人的正当利益。广义的公共利益具有以下几个特征：（1）公共利益是不特定人的利益；（2）利益需要符合社会进步需要；（3）

---

① Black's Law Dictionary，9th ed. 2009，public interest.

② 社会契约论认为国家权力的基础是公民个人权利的部分让渡，要求代议机关统一行使权力以维护个人权利。资本主义社会强调对私有财产的绝对保护，私有财产神圣不可侵犯。到自由资本主义后期，随着国家对经济、社会生活的干预，为了一些公共目的，对私人权利如私有财产权的干预越来越频繁，这种干预的界限之一就是出于公共利益的目的。

与私人相对的利益。① 本书认为，公共利益的主体应当是区别于个人的一个群体范畴，不把属于个人利益的内容纳入公共利益，广义的公共利益仅包含国家利益和社会公共利益，将对个人为主体的个人利益单独列一类考察。

两种标准划分的公共利益所包含的内容具有交叉性。狭义的公共利益主要就是指传统意义上与保护私人利益为界限的公共利益，广义的公共利益包含的绝大部分是现代意义上的公共利益，本书也将广义公共利益探讨的视角扩展到整个国际社会范围内，探寻国际社会共存发展中重大的、逐渐达成共识的相关利益。

2. 广义"公共利益"的主要构成部分

"公共秩序"保留。基于国家主权的最高性，国家没有义务接受外国具有公法效力官方行为②。为了促进民商事活动的国际交往，国家之间基于国际礼让原则不仅接受外国准据法的在本国适用，而且承认与执行外国生效的判决、裁决，但是国家仍然能够以公共秩序保留为正当的理由予以拒绝。公共秩序保留是指法院在依自己的冲突规范，本应适用某一外国实体法作为涉外民事关系的准据法，因其适用与法院地国的重大利益、基本政策、道德的基本观念或法律的基本原则相抵触而可以排除该外国法的适用，当前公共秩序保留已经从法律适用扩大到司法协助领域。

公共秩序保留制度的争议点集中在与对"公共秩序"这一概念解释。"公共秩序"指的是维护体现在公共的政策和法律中的一个社会的根本利益，这些根本利益和法律、安全和道德的标准相关。公共秩序保留本质上是期望通过排除外国法的适用而适用本国法，最大限度地适用本国法律。目前各国对公共秩序解释已经呈现出限制的趋势，如在立法中严格限制使用公共秩序保留的情形。有的学者提出"随着科学技术的不断进步，国家间经济往来的日益频繁，国际社会所共同关注的领域必然不断增加，公共秩序保留作为国际私法上的一项传统的重要制度也必然会走向国际化"。"可以对与整个人类社会的基本利益、普遍的正义原则、国际公法中的强行法、文明国家所接受的一般道德等相违背的事项以列举的方式作出禁止性规定。"③ 但本书认为只要国家是国家内部治理的主体，对公共秩序的解释就会保留本国

---

① 参见朱维究、吴小龙：《论公共利益多元法律保护中的公法机制》，2004 年国法学会行政法学研究会年会论文集。

② 参见【英】詹宁斯·瓦茨修订：《奥本海国际法》（第 1 卷第 1 分册），中国大百科全书出版社 1995 年版，第 285 页。

③ 屈凌：《试论公共秩序保留制度的发展趋势》，载《贵州社会科学》2011 年 3 月刊，总 255 卷第 3 期，第 124 页。

利益的特定内容，公共秩序保留制度是接受公法行为的同时又保留自主权的安全阀，对公共秩序的理解虽有趋同之势，但公共秩序依然是受到当地政治、文化传统影响的一个概念。

"公共道德"保护。在法律规定中，鉴于对两者的内涵解释都受到一定的地域背景的限制，"公共道德"常常与"公共秩序"连用。公共道德的内涵在法律适用中上没有达成一致。美国博彩案的 WTO 专家组第一次对公共道德进行界定。① 在美国博彩案中，美国主张远程赌博服务带来了对公共道德和公共秩序的诸多威胁，包括有组织的犯罪、洗钱、欺诈和其他刑事犯罪活动、对未成年人的危害和对人体健康的危害。专家组首先考查了《牛津英语字典》中"公共"（public）一词的含义，公共指致力于保护一个社会共同体或者一个国家的人民的整体，字典中"道德"（morals）一词的含义是"有关行为对与错的生活习惯"，最终专家组认为"公共道德"指的是一个社会共同体或一个国家所拥有或代表着它们的关于行为对错的标准。② 由于各国的历史文化传统、宗教、社会价值观念的不同，不会存在一个为所有国家所共同接受的公共道德评价体系。在国际法的法律适用中对公共道德的解释成为一个敏感性很强的问题。这些概念的内容是因时、因地而变的，取决于包括主流社会、文化、道德和宗教价值等在内的一系列因素。

公共道德所包含的内容在公共利益诸多概念中是最为稳定的，公共道德是为社会全体成员所普遍认同、遵循的道德准则，直接决定了是非判断的标准，这种标准是社会长期发展社会准则，对公共道德的保护就是对社会准则和习惯的尊重，"公共道德"自然属于公共利益的主要构成部分。

"公共安全"保障。关于公共安全的含义，"国际上通常有广义和狭义之分，广义上的公共安全，是指不特定多数人的生命、健康、重大公私财产以及社会生产、工作生活安全。它包括整个国家、整个社会和每个公民一切生活方面的安全（从国防安全、环境安全到社会福利保障等），自然也包括免受犯罪侵害的安全。狭义的公共安全主要包括来自自然灾害、治安事故（如交通事故、技术性事故等）和犯罪的侵害三个部分"。③ 传统的公共安全可以参考刑法中对公共安全的认定："不特定多数人的生命、健康、重大

---

① 尽管在货物贸易领域出现了很多援引一般例外条款的案件，GATT 第 20 条（a）项却从未曾适用过。此处参看专家组对公共道德的解释，相对于其他解释对这一概念具有可接受性。

② WT/DS285/R，10 November 2004，para. 6. 465.

③ 郭济：《政府应急管理实务》，中共中央党校出版社 2004 年版。

公私财产安全以及公共生产、工作和生活的安全。"① 随着科技的发展，在社会的日常生活不断出现新的安全问题，如非传统安全领域的生态安全、金融安全、核辐射安全、信息安全、文化安全、突发事件、反恐防恐等。这些新的安全问题具有隐蔽性，而公共安全又具有群发性、传播快、波及范围广的特点，一旦发生难以控制，所以公共安全的保障应以预防性基础设计建设和预警措施为主。公共安全关系社会公众的基本生产和生活，是社会安定的前提，最基本的往往也是最重大的，因此公共安全既是公共利益的主要构成部分，也是重大利益体系的一个重要方面。

顾及"公共健康利益"。公共健康是"通过社会有组织的努力来实现的预防疾病、延长生命和保护健康的科学和艺术"②。首先，公共健康利益的维护涉及医疗卫生体系与制度、医疗卫生资源的分配、流行病与健康教育等在内的与公众健康相关的问题。当前，在全球范围内，许多致命的疾病伴随着贫困，正侵袭着不同的人群，造成了严重的疾病、残疾和死亡③，公共健康关系到所有社会成员的共生共存。当公共健康处于良好状态时，公共健康将维护和促进个体健康，当公共健康发生危机时，公共健康将威胁到个体健康的安全。公共健康首先是关乎国家、区域乃至全球人类健康的问题，是重大利益的主要构成部分。其次，公共健康利益的维护不仅仅涉及疾病的控制和健康保持的问题，而且越来越多的利益与公共健康问题挂钩，科技创新与公共健康利益维护的平衡问题，医疗公共资源如何分配的问题也纳入公共健康当中。公共健康利益的保护成为一个重大而又复杂的社会问题。

其他动植物生命健康为主要内容的环境保护也构成公共利益的一部分。动植物生命与健康是否构成一项权益，是否需要自然界的权益上升到法律高度与人类的权益并列保护，社会各界一直存有争议的。生态伦理学把自然权利界定为自然生物的自然权利（简称生物权利），即生物所固有的、按生态学规律存在并受人类尊重的资格。④ 每一种生物都有自己适应环境的特殊方式，都对生态系统的平衡与稳定发挥着自己的作用，在生态系统的物质循环、能量流动和信息交换中发挥着自己的特殊功能。

人和生物都作为参与自然界的一分子，人与生物之间权利义务关系是

---

① 赵廷光著：《中国刑法原理·分论卷》，武汉大学出版社 1992 年版，第 174 页。

② 朱海林、李粲：《公共健康与公民权利：艾滋病防控的价值两难》，载《大连理工大学学报》（社会科学版）2010 年第 31 卷第 2 期，第 70 页。

③ 详细参见孙皓琛：《反思 TRIPS 协议与公共健康》，载《国际经济法学刊》2004 年第 9 卷，第 104 页。

④ 刘建辉著：《环境法价值论》，人民出版社 2006 年版，第 203 页。

由人类与生物之间的利益关系决定的。人类与生物之间存在目的与手段的关系，但是人类的行为不应当致使生物物种灭绝，无论这种生物对人类无有益处，否则就是对自然权利的侵犯。自然权论者认为，强调自然物的权利，并不是说一切自然都具有和人类一样的生存权，而是要针对不同的对象来确认不同的权利。对珍稀动物和野生动物来说，他们具有生存权；对家养动植物、食用动物来说，它们具有在生存时不被虐待和最低生存标准的权利；对于森林、河流等自然环境，它们享有不丧失其功能和再生能力的权利。不能一味地认为所有存在物都完全具有同人类相同的权利、和人类一样同等保护，毕竟自然界对于人类具有工具性价值，允许适度范围内的利益侵犯。

人类利益与生物利益关系的论争是可以统一的。在权利背后的利益层面，一切法律或利益都是以人类本身为参照的。生物权提出的目的是为了解决人类的环境危机，其终极目标还是人类的利益。在国际层面对动植物生命健康的保护往往放在与人类生命健康同等保护的高度①，同时也纳入环境保护的范围之内。生态环境的保护与人类的关系类似于人类与生物的关系，人类的活动对自然界的破坏超出了自然本身的恢复能力，打破了自然界的自我平衡，可持续发展理念是当前被普遍接受的平衡维护人类利益与自然界利益的发展观。动植物生命健康为主要内容的环境保护已经成为关乎整个社会发展的重大利益，构成公共利益的组成部分。

关于社会弱势群体保护。弱势群体，也叫社会脆弱群体、社会弱者群体，它主要是一个用来分析现代社会经济利益和社会权力分配不公平、社会结构不协调、不合理的概念。弱势群体是任何时代任何社会都存在的。弱势群体主要包括儿童、老年人、残疾人、精神病患者、失业者、贫困者、下岗职工、灾难中的求助者、农民工、非正规就业者以及在劳动关系中处于弱势地位的人群。弱势群体"之弱"：一是弱势的经济基础；二是弱势的竞争力。在国际合作中，最不发达国家表现出更强的弱势群体特征，需要国际社会给予差别待遇，在实质公平的基础上促进这些国家的弱势群体的生存和发展。

弱势群体在贫富差距不断扩大的社会环境中，越来越需要特别关注。这不仅是人权中生存权、发展权的要求，而且更是维护整个国际社会持久和平

---

① GATT 第 20 条第 20 条第 b 款，GATS 第 14 条第 b 款的表述为："为保护人类、动物或植物的生命或健康所必要的措施。"

与发展的根本保障。弱势群体的保障主要是国家和社会给予弱势群体的一切支持和帮助，统称为弱势群体的社会保护。包括各种规模的扶贫活动、建立健全社会保障制度、保障弱势群体享受平等的教育机会、给予弱势群体住房保障、医疗救助、法律援助以及就业支持等。其中，社会保障制度是弱势群体社会保护最重要措施。弱势群体利益的保护最终会关乎国内、国际社会的稳定、和平与发展的全局。弱势群体的保护不仅是眼前利益、个人利益实现问题，更是长远利益、全局利益实现的关键所在。

在国际层面，整个国际社会林立的主权国家、国际组织等主体构成，南北国家之间在经济社会发展水平存在着巨大的差异，不仅仅由于制度传统不同，而且更重要的是曾经长时间被部分国家所控制奴役，在经济结构，基础设施建设等各个方面表现出脆弱性，在现代化的进程中处于落后的状态，相对于发达国家，这些落后的发展中国家和最不发达国家作为一个整体，处于弱势状态，在国际社会中可以视为弱势群体，弱势群体的发展状况终究关乎发达国家群体的进一步发展和稳定，从长远来看，若不发达国家的生存权和发展权得不到保障，则暴力和混乱将是即将为国际社会不平衡发展敲响的警钟。

（三）以个人为主体的"个人利益"概述

个人是构成国家和国际社会的最基本单元，个人利益的保护是公共利益和国家利益保护的起点，也是归宿。个人利益包含的内容众多，其中那些关乎人之为人、人之生存的权利才构成重大利益。人权法确认了关于人的生存权、发展权为主要内容的基本权利，并形成国际保护机制。人权指依自然属性应当享有的、依社会属性所确认和保障的，以制约公权力为重要手段，以追求幸福为最终目标的权利总称。[①] 人权的权利主体以自然人为主[②]，人权的终级目标是人更有尊严、更幸福地生活。在人权范畴中，自然权利是基础性的权利具有优先性，社会权利是确认性权利具有保障性。个人为主体的个

---

① 与此概念相似的有李步云教授的人权概念："人权是指依据自身的本性（包括自然属性和社会属性）所应当享有的权利。"李步云主编：《人权法学》，高等教育出版社 2005 年版，第 1 页。还有"人权就是人依其自然属性和社会属性享有和应享有的权利，它受经济和文化发展的制约。"刘年海：《不同文化背景的人权观念》，在刘楠来等编：《人权的普遍性和特殊性》，社会科学文献出版社 1996 年版，第 1 页。

② 西方学者反对集体人权的观点，将人权的主体仅限于自然人的自然权利和最基本的社会权利。发展中国家经过第二代人权和第三代人权的斗争，将国家、非政府组织、集体组织纳入到人权辅助权利主体的范围内。

人利益主要包括生命权、人身自由权、人身安全权①、财产权。"而从权利确立的关系角度看，作为人权的财产权则体现出个人与国家之间的关系，法律所保护的是权利人的权利不受国家的侵犯与损害。其价值旨趣强调的是个人的人格独立和人格完整，以防范国家权力的威胁。"②财产权是人格权充分行使的基本保障，罗马法中有古谚：无财产者则无人格。在市场经济条件下，个人财产自由是市场经济的起点和归宿。交易自由既需要国家权力保护，有需要排除国家权力的侵害，这一切的前提是个人能够合法取得与拥有财产，并能够不受外力干涉地取得财产，并从中受益。③ 保障私有财产权才能够维持市场生机勃勃、繁荣稳定。

这些权利为个人所有时，是人权保障的基本内容，为社会公众作为一群体所有时成为公共利益的主要方面，即使两者涉及渊源相同的客体权利时，公共利益也不是个人利益的简单叠加，对于群体利益实现，其价值更具有全局性、长远性的意义，也为个人利益的实现提供了外部环境。涉及个人利益与公共利益的关系问题时，本书认为个人利益并不必然在公共利益保护的价值位阶之下，要根据具体的条件区分对待个人利益与公共利益之间孰轻孰重，当涉及基本人权的个人利益与公共利益对抗时，两者同等重要，不应当顾此失彼，应置于处于同一保护层次，进行权衡保护，因为如果个人的基本生存权都不到保障，则公共利益的维护便是无源之水、无根之木。

（四）国际投资协定中诸多利益的并存

在以社会公众为主体的公共利益中，公共道德、公共秩序的判断难以脱离产生这些利益的政治、传统文化背景，虽有更多的内容不断形成了具有国际共识的基本的国际准则，但是其中仍然有非常稳定的内容独属于某些国家和区域。将个人利益放在国际人权的背景下考察，其国际认同不言而喻，但是对这些个人权利的具体解释和保障仍然要更具各国国家的政治、经济、文化条件来实施，而不是抽象的国际性权利。在重大利益中最能够达成一致和实现国际合作的是关于公共健康、动植物生命健康为主的环境保护在内的弱者权益保护，这些利益也是近来国际经济法的部门法中偏重保护某种利益引发的正当性危机的根源所在，日益得到理论和实践的重视，理论界期望在国

---

① 《世界人权宣言》第 3 条规定："人人享有生命、自由和人身安全权。"

② 张庆麟：《论国际投资协定中"投资"的性质与扩大化的意义》，载《法学家》2011 年第 6 期，第 84 页。

③ 张庆麟：《论国际投资协定中"投资"的性质与扩大化的意义》，载《法学家》2011 年第 6 期，第 89 页。

际法的价值保护体系中，将这些重大利益的保护置于适当的位置予以平衡和保护。

国际投资协定从产生到发展都是以鼓励和促进外国投资为核心的，投资保护协定的原则和规则形成法律制度设计都是以对外国人私有财产保护为中心的，保护私人投资财产为投资者提供了安全保障，增加投资者海外投资的积极性，加速资本流动，从而扩大总体社会福利的增长，但是长期以来对从制度设计到仲裁实践都一味地偏重私有财产保护，增加投资者的权利和东道国的保护义务，忽视了投资在社会协调发展中的负面影响，公共安全、公共秩序、公共健康利益、动植物生命健康以及弱势群体利益保护等，这些利益虽然不是国际投资协定所直接追求的目标，但是投资者在东道国开展长期的投资活动必然与东道国的重大利益不断地发生交互作用，在可持续发展为经济活动理念的今天，投资者个人利益、社会公众利益以及国家利益都应当进行兼顾和平衡，在不同的条件下，某种利益可能上升为最突出被保护客体，因此需要灵活的机制进行调节，例外和保留就国际投资协定中进行调节。

五、IIAs 中以"重大利益"为核心概念之例外体系

"重大利益"所形成的"例外"规定问题。在国际协定中，对重大利益主要是以例外条款或者序言总括的方式作出规定的。每一项国际协定都是国家之间为追求某种特定价值目标而展开的协商。例如，国际贸易法的核心义务是促进货物、服务的自由流动，增加贸易国的经济福利，通过关税减让、不断削减非关税壁垒提高贸易便利，旨在私人利益最大化，强调市场的作用反对政府对贸易的干预，这些都是对经济价值目标的单一追求。在与国际投资协定中，强调对投资者私有财产权利益的保护。对于单个国际协定而言，每一项国际协定所追求的价值目标最大化都是正当的，也大大促进了国际社会某方面福利的增长。但是当这种价值目标的追求走到极端不能兼顾社会发展的其他方面时，社会协调发展的利益格局就被打破，各方面失衡不断加重，这种不协调反过来会削弱单个国际协定所追求目标的实现。因此，在国际协定中以例外条款的方式规定对其他相关利益的保护，以协调协定追求此协定单一目标的片面最大化。例外条款中所包换的内容如环境保护、国家安全、人类和动植物生命健康、历史文物国宝，等等，都是在与某一国际协定单一追求价值目标的抗衡，当这些重大利益与此协定规定的某种单一利益保护产生冲突时，这些具有重大性、长久性、一旦损害就不可恢复的利益必将处于单一目标的利益之上，相关利

益对重大利益作出让步，优先保护重大利益①，如果两者处于同等重要的位阶，则需要根据具体情形而权衡，在两者之间平衡协调。各种利益都关系整个人类发展的共同利益，随着国际交往的纵深发展，这些相关利益概念所包含的内容渐渐形成一些具有国际普遍认同性的基本准则、原则，这些价值利益准则的普遍接受为国际合作共同应对全球经济、社会发展不平衡奠定了内在的可实现的基础。

依据重大利益的分类对 IIAs 中例外的分类。按照重大利益的分类，在 IIAs 中也可以分为以社会公众为主体的利益保护的一般例外，以国家利益保护为主体的重大安全例外，对个人利益的保护，伴随投资者财产利益保护的生命、人身自由等在投资协定中不断得到加强。鉴于本书的切入点是发展权，FDI 在促进发展中国家实现现代化和发展中起着至关重要的作用，一般例外和国家安全例外并不足以充分体现出发展中国家——这个在国际社会中的弱势群体的利益诉求，在以南北平衡发展，以投资促进发展的背景下，急需对发展中国家在利用 FDI 构建特定的保护机制，发展例外（发展条款）将会在这方面起到功不可没的作用。

第二节　IIAs 中的一般例外

一、IIAs 中一般例外的立法实践

尚缺乏确切的统计，但 Andrew Newcombe 教授估计仅有约 25 至 30 项国际投资协定包含有与 GATT 第 20 条相似的一般例外。② 与国际贸易协定的统一性不同，国际投资协定纷繁复杂，不仅数量庞大，而且有多种表现形式，各条约具体条款的表述和规定就更加复杂多样。就本书中的一般例外条款而言，尽管都是为了保护公共利益，但是在各个不同的条约中其具体措辞

---

① 判例法赋予了环境保护优先于贸易自由的地位，经过 WTO 上诉机构的判例法发展，第 20 条的特定目标是优先于自由贸易目标的。例如，对"可用竭的自然资源"解释，将可再生的资源也纳入其范围，这些灵活和合理的解释去除了以往 GATT 僵硬和片面追求贸易自由价值的倾向，回归了例外条款的本意。

② Marie-Claire Cordonier Segger, Markus W. Gehring Andrew Newcombe, Sustainable Development in World Investment Law, Wolters Kluwer Law & Business, Nov. 1, 2010, p. 358.

和标准不一而足。① 国际投资协定体系的主要组成部分包括双边投资条约（BITs）和区域贸易协定投资专章（RTAs 投资专章），② 下面将分别就 BITs 和 RTAs 投资专章中的一般例外条款进行陈述分析。

BITs 中的一般例外条款。在 BITs 中旨在保护公共利益的一般例外条款多种多样。根据其复杂程度，可以分为以下几种类型：其一，只要求必要性和公共目的的一般例外条款。例如，1998 年毛里求斯—瑞士 BITs 第 11 条第 3 款："本协议中的任何规定都不得解释为妨碍任一缔约方为公共健康或者动植物疾病预防而采取的必要措施。"其二，与 GATT 第 20 条要求类似，规定了非歧视、不得进行欺诈性的投资限制等要求，但针对的公共目的内容较为简单。例如，1999 年阿根廷—新西兰 BITs 第 5 条："本协定不得限制缔约一方采取任何为保护自然资源和实体资源或者人类健康所必要的措施的权力，此种措施包括对动植物的损害、财产没收或者对股票转移的强制限制等，但此种措施的采取不得构成武断或者不公平的歧视。"又如，1999 年澳大利亚—印度 BITs 第 15 条将"采取的为疾病或者虫害的预防而采取任何措施。"作为公共利益的主要内容。其三，除了必要性、公共目的等要求，还规定了事先通知义务，如 2002 年日本—韩国 BITs 第 16 条："（1）尽管本协议有其他条款，任何缔约方有权采取为保护人类和动植物生命或健康而必要的措施；（2）若任一缔约方根据前款规定采取了任何与本协定规定的义务不相符的措施，该缔约方不得利用此种措施来规避其应承担的条约义务；（3）若任一缔约方采取了前款规定的措施，该缔约方必须在此种措施生效之前，尽可能早的向缔约他方发出关于所采取措施的下列情况的通知……"其四，以 GATT 第 20 条为参考的一般例外条款，如加拿大 2004 年 FIPT 范本第 10 条规定："如果下列措施的实施不会构成任意的或者不公平的歧视，或者形成对国际贸易或者投资构成欺诈性的限制，本协定中的任何条款不得解释为妨碍缔约一方采取或者实行这些措施：（1）为保护人类、动植物生命健康；（2）确保与本协定条款不冲突的法律法规的实施；（3）保护可用尽的或者不可用尽的自然资源。"2006 年墨西哥—英国 BITs 第 5 条以及 2004 年约旦—新加坡 BITs 也包含了与 GATT 第 20 条类似的一般例外条款。

---

① 余劲松：《国际投资条约仲裁中投资者与东道国权益保护平衡问题研究》，载《中国法学》2011 年第 2 期。

② 根据 UNCTAD 的研究报告，截至 2007 年底国际投资协定的数量已经超过 5500 个，其中包括 2600 多个 BITs，占据国际投资协定总量的 47%；已经存在 254 多个 FTAs（所占百分比尚不足 10%），并且包含投资专章的 FTAs 数量近年来急剧增长。由此可见，BITs 和 FTA 投资专章是国际投资协定的主要构成部分。

此外，一些 BITs 中以"一般例外"作为标题的条款除了规定保护公共利益的例外情形，还规定了保护国家根本安全利益的例外情形。如日本—越南投资自由化与促进和保护协定第 15 条的一般例外，就同时包含了重大安全例外的内容和一般例外的内容。

RTAs 投资专章中的一般例外条款。与 BITs 相比，RTAs 投资专章在国际投资协定体系中虽然只占了很小的比例，但是近年来包含有投资专章的 RTAs 的发展速度异常迅猛，而 BITs 却渐行渐缓。① 与 BITs 中一般例外条款的多种多样相比，RTAs 投资专章中的一般例外条款具有更多的相似性，且与 GATT1994 第 20 条及 GATS 第 14 条很类似。2009 年新修订的东盟综合投资协定（ASEAN Comprehensive Investment Agreement）第 17 条就是参照 GATT1994 第 20 条而规定的一般例外条款的典型，该条款规定"如果下列措施的实施不会在情形相同的国家及其投资者之间构成任意的或者不合理的歧视，或者不会对国际投资形成的欺诈性的限制，那么本协定中的任何条款不得解释为妨碍缔约一方采取、实行以下措施：（1）为保护公共道德或者维持公共秩序所必需的；（2）为保护人类和动植物的生命健康所必需的；（3）为保证与本协定相符的法律法规的实施而必需的；（4）旨在保证对任何一方的投资或投资者公平或有效的课征或收取直接税；（5）为保护具有艺术、历史或者考古价值的国家财产所必需的；（6）与保护可用尽的自然资源相关的，并且该措施必须与限制国内生产或消费同步实施"。实际上，上述内容完全是 GATS 第 14 条的复本。2007 年东南部非洲共同市场（简称 COMESA）投资合作协定第 21 条的规定则略有不同："如果不会在同类投资者间构成随意的、不合理的歧视或导致变相的限制投资流动，那么本协定不能被解释为妨碍缔约国制定或实施以下措施：（1）保护国家安全和公共道德所必需的；（2）保护人类和动植物的生命健康所必需的；（3）保护环境所必需的；（4）经共同投资区委员会同意，缔约国随时可以决定采取的任何其他措施。"

二、IIAs 中一般例外法理基础

基于对非投资利益的保护，在重大利益体系中指向的是以社会公众为主体的利益，即公共利益。IIAs 促进跨国公司获得丰厚利润的同时加速了国际资本流动，促进了东道国和母国的福利增长，经济利益的获取是以一些国家

---

① 根据 UNCTAD 的研究报告，BITs 的数量自 2001 年以来逐年下降，而包含有投资规范的区域贸易协定近年来的数量接近翻番，并且发展势头非常迅猛。

和地区的环境、人权的牺牲为代价的，当国家基于保护环境，实行管理或者发布法律对投资者的利益造成一定损害，投资者以此为由将东道国提请国际仲裁。长期以来，国际仲裁庭依据投资协定序言中作出偏向投资者的裁决。随着可持续发展理念的深入，国家也有履行环境、劳工、卫生标准等协定的国际义务，在保护和促进投资的同时，实现多重利益保护和可持续发展上升为 IIAs 改革的重心。为了协调履行投资协定义务与其他国际协定义务的冲突，有的 IIAs 增加了环境条款、劳工条款，有的将保护人权等内容纳入序言中，不论是发达国家还是发展中国家，在投资协定的范本构建和协定的签署中，都将非投资利益的保护提上日程，其中模仿 GATT 第 20 条的国际投资一般例外最为普遍，作为平衡东道国保护投资利益和其他利益的的法律工具。

在投资利益与公共利益产生冲突时，例外条款可以依据具体情况进行协调，为国家履行公共利益管理职能方面提供一定的政策空间。在重大利益体系中，对投资者财产权的保护本质是对个人利益予以保护的法律确认，在国际投资实践中，外国人的财产由任意被践踏受到危害时可以采用个人报复，再到母国出面外交保护，发展到给予与本国人相同权利的国民待遇，对外国人财产的保护起因于国际经济交往，同时又提高了投资者的积极性，促进了资本有效配置和整体社会福利的提高，投资保护不仅是基于人权保护义务，而且更是国际投资永续进行的不竭动力。但是，东道国政府作为管理者，承担着维护经济发展、社会稳定的任务，对于投资者的财产权而言，国家的对内管理权又是基于主权，主权和人权此时具有同等重要的地位，其中包含的个人利益和公共利益处于同一效力位阶，应该获得同一顺位的保护。然而，投资协定的构建以促进和保护投资为最高目标，事实上，在在特定的条件下，当发生投资利益和非投资利益的冲突时，这种被隐藏的非投资利益保护就凸显出来，非投资利益的保护就会高于投资利益。IIAs 中的一般例外就包含众多的以社会公众利益为主体的公共利益，一般例外正是为东道国实行国家管理权提供了正当性理由，因此，一般例外条款的设定不仅平衡了非投资利益，而且也为东道国政府的管理行为提供了一定的政策空间，东道国可以依据本国的国情立法以及采取措施，自由选择政策工具。

三、IIAs 中一般例外的解释

除了遵循《维也纳条约法公约》中文本解释、上下文系统解释、历史解释等规则外，IIAs 中设立的一般例外条款，适用时最关键的问题是其解释是否也参照贸易体制 GATT 第 20 条或者 GATS 第 14 条例外的严格解释方法进行解释。鉴于国际贸易法与国际投资法律关系的差异，一般例外解释的限度也成为国际投资法理论难以定性的问题，依据一般例外在投资协定中所起的作用为考虑的出发点，形成了两种观点。一种观点认为，例外条款可以为东道国追求特定的政策目标或者履行与 IIAs 相冲突的国际义务提供一定的灵活空间，要进行更加宽松的解释。在 IIAs 中增加了 GATT 第 20 类似的例外规定是为东道国提供比传统投资协定更大灵活性的确认。IIAs 条款的设定是对已存在投资理论法理的法典化，国民待遇解释就认可国家可以基于合理的政策目标在投资之间实行差别对待。同理，给予一般例外宽松解释，可以为仲裁庭提供平衡投资保护和东道国政策目标实现的指引。另一种观点认为要对一般例外进行严格解释，可以构成对国家拥有的管理权、政策空间的限制。可持续发展国际机构，不建议模仿 GATT 第 20 条相似的例外条款直接纳入协定，就是担心按照 GATT 第 20 条的严格解释，会对东道国投资的管理权进行不适当的限制，成为可持续发展的障碍。①

　　长期的 WTO 实践已经形成适用 GATT 第 20 条和 GATS 第 14 条之类一般例外的规则，先看某项措施是否落入了一般例外所列举的事项之中，接下来考察帽子条款中"必要的"，"武断或者非歧视性的"，"对贸易造成欺诈性限制"。采用利益比较平衡的方法对一国援引一般例外的适当性进行测试。一段时间以来，国际仲裁庭采用 GATT 例外的分析方法对投资争端作出了裁决，同时依据协定序言"为投资者创造有利条件，并予以有效保护，提高投资者积极性"，采用从严的解释方法，如在 Canfor 公司诉美国案，Terminal Forest 公司诉美国案，Enron 公司诉阿根廷案等涉及例外条款适用的案件中，仲裁庭认为，即便在经济危困时期，确保投资协定保护、促进投资的目的之实现仍是东道国的条约义务，任何使东道国免除该义务的条约解释都难以与前述目的相符。② 国民待遇判断"相同情况的"时，仲裁庭已经认识到国际投资条约与国际贸易中条款适用存在重大差别，仲裁庭发现判定"相同投资"时存在着更复杂的判断因素，不仅仅是具有竞争性、可替代性等问题，而且还必须认定实行差别对待"法律政策合理性"，但是国际

---

① See A. Cosbey, "The Road to Hell? Investor Protections in NAFTA's Chapter 11, in L. Zarsky ed. , International Investment for Sustainable Development: Balancing Rights and Rewards, London, Sterling, VA: Earthscan, 2005.

② Canfor Corporation v. United States of America and Terminal Forest Products Ltd v. Untied States of America (Decision on Preliminary Question, 6 Jun. 2006), para. 187. Enron Corporation and Ponderosa Assets, L. P. v. Argentine Republic (Award, 22 May 2007), para. 331.

投资法还没有形成对"合法政策（legitimate policy）"判定的法理为仲裁庭提供指引。在不同发展水平的国家，"合法政策"所包含内容的合理性没有明确的判断标准，即使在一个国家的不同发展阶段也会呈现出不同的"合法政策"，特别是发展中国家在特定的发展时期所行使的政策和措施，从形式上构成对投资的差别待遇，不能认定为是以保护主义为目的。在 GAMI v. Mexio 仲裁庭指出：差别待遇必须确实与政策立法目标紧密相关，既不能以歧视的方式也不能成为创造平等机会的一种障碍。① N. DiMascio and J. Paulwelyn 对贸易和投资领域运用非歧视原则的差异指出，在贸易争端中，国内政策在传统上限于清单所列举的有限范围内，在投资条约的背景下，判断"相同情况"不宜限于用一个 GATT 第 20 条的可以穷尽列举的清单来审查，至少对于"事实上的歧视"的请求不应限制。在投资法律关系中，具有管理权的国家当发现 GATT20 条的解释方法过于严格时，他们会用政策考虑来为自己辩护为何给予投资差别待遇。② 国际投资体制中一般例外的解释要关注以下三个方面的问题：（1）国际投资管理的事项是否仅限于 GATT 第 20 条例举的事项，一个封闭清单能够囊括政府在投资过程中需要管理的所有方面；（2）对武断和不公正的歧视应当如何认定，与公平公正待遇的关系如何处理；（3）对投资不构成欺诈性的限制中事实歧视与法律歧视应如何解释，是纳入两者还是其中之一。③

本书持第一种观点，认为 IIAs 中设定一般例外有利于确保在投资保护的过程中，国家基于公共利益和发展战略的需要政策空间，在一定的政策范围内制定相应的法律法规，采取一定的措施，暂时背离投资协定的承诺。但是，从仲裁实践出发，提供政策灵活性的难点在于，一般例外的解释控制在何种范围内，仲裁庭认为不应当采用 GATT 第 20 条相似的具有封闭清单的严格解释方法，因为一般例外规则的适用条件在 WTO 体制下是非常严格的，不仅需要满足例外项所规定的各种条件，而且也必须满足序言中的要求。据统计，WTO 成立以来，共有 426 起提交争议解决机构裁决的案件，

① GAMI Investments, Inc. v. Mexico（Final Award, 15 November 2004），para. 114, hereinafter GAMI,（ensuring that the sugar industry was in the hands of solvent enterprises）.

② N. DiMascio and J. Paulwelyn, Nondiscrimination in Trade and Investment Treaties: Worlds Apart or Two Sides of the Same Coin"，American Journal of International Law, Vol. 102, 2008, pp. 82-83.

③ 关于事实歧视和法律歧视在投资准入章节中有专门的探讨。

引用一般例外规则进行抗辩的不过 20 起，只有 1 起胜诉。[①] 如果就此解释，则很难实现 IIAs 中一般例外条款达到的公共利益维护与提供国家管理空间的目标。

四、一般例外的适用范围

（一）一般例外适用于非歧视待遇

非歧视待遇是缔约国签订 IIAs 的重要内容，它决定了投资者受到保护的范围。非歧视待遇具体包括国民待遇、最惠国待遇，这一相对待遇标准要受到一般例外的约束，这对于保护公共利益有着重要意义。纵观国际投资协定，国民待遇和最惠国待遇条款基本都包括税收例外、政府采购例外、知识产权例外、金融审计例外以及重大安全例外在内的特定事项例外，但却未规定公共利益例外，而公平公正待遇条款的特别例外则完全缺失，[②] 这无疑是公共利益保护的一个重大缺陷和漏洞，在特定情况下，为了扶持本国弱势群体以及地区、民族工业、本国幼稚产业以及具有战略重要性投资领域，东道国就需要实行一定的差别待遇，此种公共利益的维护，在国家利用 FDI 过程中至关重要。

（二）一般例外相对独立于公平公正待遇

一般例外和公平公正待遇两则条款的立法意旨及其在国际投资协定中所起的作用决定了两者是相互独立的，但相关联的部分又有适用一般例外的必要。公平公正待遇作为一项绝对待遇标准，成为非歧视待遇之外控制国家管理水平、保障最低限度的投资者利益的规则，公平公正待遇的意旨在于规制政府的行政管理行为，包括管理性立法行为以及具体行政行为，不得以歧视、武断，反复无常、粗暴的方式行为，但是公平公正待遇并不限制东道国政府的常规性以及在特定情况下的管理行为，并不限制东道国的国家政策和立法。因此，投资者对于稳定的商业和法律环境以及合法期待的要求是有法可依并有一定客观标准的，公平公正待遇并不是一剂投资者求偿的万灵药。

---

① 　DS2/DS4/DS58/DS155/DS246/DS302/DS308/DS339/DS340/DS342/DS343/DS345/DS363/DS392/DS394/DS395/DS398/DS366/DS392/DS394/DS395/DS398, Chronologic list/ of disputes cases, available at http: //www. wto. org/english/tratop_ /dispu_status_e. htm, 转引自林一：《简论新一代国际投资协定中的一般例外规则》，载《甘肃政法学院学报》2012 年第 11 月，第 112 页。

② 　Bilateral Investment Treaties 1995-2006: Trends in Investment Rulemaking, United Nations, New York and Geneva, 2007, pp. 28-42; Investment Provisions in the Economic Integration Agreement, New York and Geneva, 2006. pp. 100-104.

一般例外条款是作为整个投资条约是以保护投资者利益为中心而提出的，维护公共利益的管理权与保障投资者利益存在冲突，旨在赋予政府维护公共利益的正当性，免除暂时背离保护投资者条约义务。从这个意义上说，公平公正待遇与一般例外是并行不悖、相互独立的。然而，公平公正待遇也是为了为保障投资者期待利益而提出的保障性条款，从突破投资者合理期待的意义上说，政府为了维护公共利益而改变立法或者采取措施使得投资者的合法期待落空具有例外的性质。但是，例外条款的前言部分，所提出的"不得武断、歧视、对投资欺诈性的变相限制"这些要求与公平公正待遇要求政府行为合理合法实施的要求是殊途同归的。

（三）一般例外适用于征收

征收条款是国际投资协定的关键条款，当然也要受到一般例外条款的约束，这种适用的具体含义是，缔约国为保护一般例外条款允许的特定公共利益而采取的正当国家管理行为构成征收的例外，即不构成间接征收。①然而，间接征收与国家管理行为的外在表现形式几乎一样，即都表现为某种政府规制措施，二者的根本区别在于法律后果，间接征收要求东道国给予及时、充分、有效的补偿，而一般例外条款项下的国家管理行为造成的投资者损失则由投资者自行承担。因此，更深层次上，该问题可以延伸为间接征收与非赔偿性国家规制措施之间的区分与界定，这也是晚近国际投资法探讨的焦点问题之一。

首先，要肯定的是国家为维护特定公共利益并基于治安权采取的规制行为和管理措施不构成间接征收，很多国际法规则都对此予以确认。例如，《美国对外关系法重述（第三次）》第 712 节固定了治安权例外原则："因为非歧视的税收、管制或者其他被普遍认为是在国家治安权范围内的行为而导致财产损失或其他经济负面影响，国家不承担责任。"《欧洲人权公约》附件一第 1 条规定："每个自然人和法人有权自由享有财产，非为公共利益、根据法律规定或者国际法一般原则，任何人不得被剥夺财产权利。但上述规定不得减损国家实施法律的权利，这些法律被其认为是为公共利益保护所必需的。"美国 2004 年 BITs 范本附件 B 第 4 条（b）款规定："除极个别

---

① 征收可分为直接征收和间接征收两种方式，前者是东道国直接把外国投资者的财产收归国有，剥夺其财产所有权，后者则是东道国对外国投资者财产权的权能实施某种干涉，通常是通过行使某种政府管理行为实现，如拒绝颁发行政许可、改变税收政策、发布行政命令等，因此东道国所作的某种政府规制行为如果损害了投资者利益，就会被投资者申诉，认为构成间接征收从而获得补偿。

情况外，缔约一方为保护合法的公共福利目标（例如公共健康、安全和环境等）而采取的非歧视管理措施不构成间接征收。"加拿大 BITs 范本附件 B 第 13.1 条也作出了相同的规定。此外，1967 年 OECD 起草的《外国人财产保护公约》第 3 条、1961 年《国家对外国人造成损害的国际责任公约哈弗草案》第 10 条第 5 款也都肯定了国家正当的管理和规制行为。其次，国际司法实践也承认国家正当的治安权管理措施不构成间接征收。例如，ICSID 在 Tecmed v. Mexico 案中表达了这样的观点："国家作为管理者在公共管理权框架内行使国家主权权力，由此导致的经济损失无须补偿，这一原则无论如何是没有争议的。"同样，在 Methanex v. United State 案中，仲裁庭认为："为公共目的而采取的非歧视管理行为，只要该行为符合正当程序，即使因此对外国投资者或者投资造成了损失，也不认为构成征收而给予赔偿，除非东道国政府作出了特定承诺放弃此种管理权。"[1]

其次，如何界定某些国家管理行为到底是非赔偿国家规制措施还是间接征收是一个复杂而棘手的问题。在国家治安权范围内为了维护公共利益的管理行为，就是不予赔偿的国家管理行为，一般例外恰恰对间接征收与管理行为初步划出了界限。二者的区分之重要意义在于国家是否应当对管理行为造成的外国投资者损失进行补偿，即特定情形下的投资风险和公共利益保护成本由哪一方主体承担。在没有例外条款的情况下，是否构成间接征收主要涉及两个要素：一是东道国政府的行为效果，即政府管制措施在多大程度上损害了投资者的财产权；二是东道国政府的行为目的，即该规制措施对于保护社会公共利益的意义究竟有多大。相应的，间接征收的认定标准就有三种："单一效果标准"、"单一行为性质标准"和"兼采效果与性质标准"，国际投资仲裁庭的做法也有较大分歧，但主张"兼采效果与性质标准"者有不断增加的趋势，[2] 这一标准要求同时考虑东道国管制措施的行为效果和行为性质，并且要适用比例原则，对维护的公共利益和损害的投资利益进行衡量，即使东道国管制措施给外国投资及投资者造成了实质性损失，但只要其因此而维护的公共利益足够重要，仍然不构成间接征收，而应认定为正常行使国家治安权的非赔偿管制措施。只有这样才能保证投资者不因东道国的强大势力而受到损害，而东道国也不会因为投资条约规定而受到主权限制。当

①　Methane Corp. v. United States of America, Final Award of the Tribunal on Jurisdiction and Merits, pdf, dec. 15, 2009.

②　徐崇利：《利益平衡与对外资间接征收的认定及补偿》，载《环球法律评论》2008 年第 6 期，第 55 页。

然，也不是说一般例外可以滥用管理权，也要受到例外条款前沿中非歧视、非武断的限制，如果超过比例原则，则仍要进行补偿或者赔偿。

第三节　IIAs 中的重大安全例外

重大安全例外又称为根本安全例外，是例外条款的一种，指缔约国采取措施保护本国根本安全利益的条款，发挥着安全阀的作用，对保护一国根本利益至关重要。安全例外条款是以维护国家利益为出发点的，在国际经济协定中，包括国际贸易协定和国际投资协定中都是普遍设定的一项条款，出现历史也较早，在 WTO、EU、NAFTA 等多边协定中包含此条款，最早可以追述至 1947 年 GATT 协议，在 BITs 范本中，不论是发达国家还是发展中国家都规定了此条款，在 2001 年联合国国际法委员会制定的《国家责任条文草案》、UNCTAD 的多份报告都对国家安全例外条款进行了阐述。

国家安全例外虽然是一项被普遍设定的条款，但是对国家安全例外的措辞、范围和内容都没有一致的结论，从早期的军事领域扩展到包括环境、经济、人道主义的广泛内容。对安全例外的范围界定不明确在争端解决中，对安全例外条款的解释就显得非常关键，"争端发生时，所要的不是抽象的清楚，而是对特殊情况的清楚，而很少条约中的国家安全例外条款的规定不能被认为他们是清楚没有问题的"。① 其次，国家安全例外条款与习惯国际法中危急情况的关系也是在投资仲裁实践中引发争议的问题，两者的适用条件是否相同，是否都有非常严苛的限制国家才有可能成功援引。最后，国家安全例外条款的援引，对国家受到安全威胁的判断是由仲裁庭来判断还是由东道国自己判断，引发的例外条款的是否自判断的问题，也是构成国家安全条款的重要法律问题。以下问题就从国家安全的范围、与习惯国际法危急情况的关系以及条款的自判断问题三个方面展开。

一、采取的措施属于国家安全的范围

引用此条款的初步条件是所采取的措施是为了应对国家安全威胁的目的，因此，对国家安全的范围界定关系到免责条款的适用范围。国家安全范围的大小是引用国家安全例外条款免责是否严苛的第一个条件。如果国家安全的范围很宽，采取广义的方法来界定，那么一国就可以在较大的范围内选

---

① 李小霞著：《国际投资条约中的根本安全例外条款研究》，法律出版社 2012 年版，第 34 页。

择应对措施应对国家安全威胁的措施，由此产生的免责情形也就越多，东道国的自由裁量空间就大，这样作对投资者而言，降低了投资条约条款的约束力和预见性，削弱了对外国投资的保护；相反，国家安全采取狭义的方法界定得很窄，东道国采取应对措施的范围就受到限制，援引国家安全例外条款免责的自由度降低，东道国维护国家主权利益的权利就受到限制，提高了对外国投资的保护。

（一）广义和狭义的国家安全

在国际投资协定中，涉及国家安全的表述不一，有的使用"基本安全利益"，有的使用"国家安全"，还有的使用"公共秩序"等，也伴随着"保护国际和平与安全"、"保护公共健康与道德"、"紧急情况"，这些与国家安全利益相关的表述使得国家安全的内涵、外延具有迷惑性，下面将国家安全分为广义和狭义两类来界定①，由此为国际投资协定中国家安全范围提供适用依据。

（1）广义的国家安全。

广义的国家安全包括这些表述："国家安全"、"公共秩序""基本安全利益"。② 不论在国际贸易法、国际投资法还是国际金融法都具有相同的内涵，均出现在对公共利益维护的目的条款中，从起源来看，这三个词起源于"公共秩序"一词。

在大陆法系和英美法系的国内法体系中，公共秩序、公共安全是一种对抗公民个体自由的正当化事由，终极目标仍然是为了维护公民个体基本利益，是维护个体权利的一种外部环境。发展到国际法层面，公共秩序、国家安全就成为维护国家这样的国际法主体基本利益的强制性规则，在国际交往中，与公共秩序具有替代性作用的术语"基本安全利益"也具有不可减损的特征，国际投资协定中的例外条款正是对这种不可减损基本利益的确认，在国际机构如国际法院、国际法委员会在国际性的法律文件中和判决中都对

---

① UNCTAD：Series on International Investment Policies for Development, United Nations, New York and Geneva 2009, p. 122, available at http：//www. unctad. org/en/docs/diaeia20085_en. pdf, visited on 22 December, 2011.

② The most frequent used three terms are "essential security interests", "public order" and "national security" in international investment agreement, see Annex of Yannaca-Small, Katia："Essential Security Interests under International Investment Law" in International Investment Perspectives 2007, OECD, Paris France, available at www. oecd. org/daf/investmet/foi., visited on October 22, 2011.

国家基本安全利益给予最高地位的确认。①

公共秩序、国家安全、基本安全利益还是存在差异的。由于公共秩序与国内法相联系，在解释时会因国而异，相比较而言，国家安全在国际范围内逐渐达成了共识，通常用来指保护国家及其国民免受一系列广泛的威胁。②尽管各国在国内法中没有规定国家安全的具体内容，但是大多数国家都有国家安全战略计划，本书从这些战略计划安排切入，得到了在世界范围内达成一致的国家安全内容，这些共识对国际投资协定中的安全例外条款达成一致奠定了基础。

在国际投资协定中，国家对由于国际资本流动带来外部效应进行风险管理，相对于发达国家，发展中国家承担着更重的社会经济管理任务，对它们而言，更需要从单向强调对外国投资的全面保护、忽视东道国经济的全面发展，向同时实现维护东道国公共利益的转变，采取必要的措施实现社会管理职能。"国际社会构建国际投资法制的根本目的是通过促进国际投资实现各国，特别是发展中国家经济的快速增长，从而推动社会发展，提高人民的整体福利。"③

（2）狭义的国家安全。

狭义的国家安全包括"国际和平与安全"、"公共健康与道德"、"紧急状况"。尽管是狭义的国家安全，也已经覆盖了各种丰富的情形，相对于狭义的国家安全而言，其解释范围被限缩很多，每个术语的内涵和外延也相对明确。如果采用这三个术语来定义国家安全，就将当前由于国家内在发展而产生的威胁排除在外了，如关键性基础设施建设、策略性产业和在一些国家仍然发生的经济、金融危机等，这些在晚近出现的威胁国家安全的情形，在国内投资实践中起着重要作用，需要纳入国际法律的规制之中。

保护国际和平与安全在最早《联合国宪章》得到了国际法确认，这是针对战后面临不稳定的外部环境而产生的，国际社会期望战争不要再次威胁人类的发展，这种期望成为国际法主体的法律共识，在国际法中由"国际和平与安全"还发展出一系列基本原则，如禁止非法使用武力，和平解决国际争端等。保护国际和平与安全，不仅在国际投资协定中成为例外条款的首要内容，而且在其他领域的国际协定中也都有形似的规定，使用非常广

---

① Id. p. 6.

② See id. , p. 15.

③ 张光：《利益平衡与国际投资仲裁中的东道国公共利益的保护》，载《国际经济法学刊》第17卷第4期，第146页。

泛。公共健康与道德是狭义的国家安全，较广义的国家安全而言，在内容上和检测方法上都相对确定性。紧急情况（extreme emergency）的范围看来很广，但是援用的门槛很高，这种情况必须达到了极端的状态才能使用，这一术语在以印度 BITs 和宪法中使用频繁①，但是印度的国内法又没有该法律术语的相关解释和判例学说，高等法院在宪法条文的表述中能看出为紧急情况的解释留下了宽松的空间。在 2006 年印度案②中，印度高等法院参考了联邦制政府委员会认为不存在统一的判定方法的意见后，指出：紧急情况必须出现了真实和迫切的要求采取极端行为的情况时才得以援引。紧急情况作为习惯国际法中的一项免责事由，引用此种情况免责有严格的条件限制。

（二）从外生性的威胁扩大包括到内在发展需求的威胁在内

国际投资领域中的国家安全以内生性经济发展安全威胁为重心。伴随国际资本流动，国家以主权财富基金的方式在外国投资，这些投资具有资本雄厚、资本集中在东道国重要的产业部门的特征，这种新特征使各国面对投资自由化的法律规制方法产生担忧。东道国很担心这些产业部门由外国投资者享有控制权后进行私有化，因为这些关系国家发展战略的部门的运行状况关乎国家安全。此外，关系国计民生的关键性基础设施部门如果不严格控制外国资本的注入，那么这些非营利性的、关乎公共利益的领域若被外国资本控制是必然会对东道国带来完全威胁的。

在国际投资领域，除了战略性产业部门受到关注外，经济、金融危机纳入国际投资法关注的视域当中。特别是 2000 年到 2003 年期间阿根廷社会爆发的经济金融危机后，阿根廷政府采取一系列的措施稳定本国经济，这些措施同时也限制外国投资者的投资活动，给外国投资者带来巨大损失，一系列诉至 ICSID 的仲裁都对经济危机是否属于威胁国家安全利益范围展开论争，申诉双方也对东道国在国内陷入经济危机时对已经在国内合法运营的外国投资造成的侵害能否以国家安全例外免除国际责任意见不一。这不仅仅是阿根廷一国关注的问题，而且所有发展中国家，乃至发达国家为应对经济、金融危机，都在关注能否采取损害外国投资者利益的措施恢复社会秩序同时又免

---

① 印度 1965 年《内陆国的边境贸易公约》第 12 条规定了紧急情况。印度宪法第18 篇是对紧急状态的专门规定，其中第 352 条第 1 款规定："如果总统认为存在严重的紧急情况，或因战争、外敌入侵、武装叛乱等威胁到印度全部或者部分领土的安全，则可以宣布全国或国家某一部分进入紧急状态。"此外，还规定了宽松的紧急情况，在出现政府机构失灵时也可以宣布进入紧急状态。

② Rameshiwar Prassad and Ors. V. Union of India and Anr. January 24. 2006 [Sup. Ct. India].

除条约义务下的国际责任。

在探讨经济危机带来的威胁是否属于国家的安全利益之前，先要证明经济利益已经属于国际社会认同的国家安全利益。事实上，将经济利益受到威胁纳入国家基本安全范围已在国际司法实践中得到了证实。

在国际法院的判决中，美国—伊朗石油平台案①对"基本安全利益"作了一定的解释，承认美国提出的基本安全利益不仅包括一国领土和军事利益，而且还包括该国的经济利益。美国在诉讼中主张国家基本安全利益包括"海湾不受干扰的贸易利益"，国家的经济安全是国家基本安全的内容之一②。国际法院完全赞同美国这一观点，认可"美国船只和船员的利益"以及"美国在海湾不受干扰的贸易利益"均属于美国的安全利益。

自阿根廷经济危机以来，外国投资者诉至 ICSID 仲裁庭的五个裁决在涉及国家安全例外条款的适用问题时，投资者一方都以"经济危机"不属于国家安全的范围和阿根廷采取措施的正当性提出抗辩。2008 年美国 Continental Casualty 公司诉阿根廷案件③中，双方针对美国—阿根廷双边投资协定第 11 条能否适用产生争辩。美国公司作为原告认为阿根廷的 2000—2002 年遭遇的经济危机不符合第 11 条的要求，首先"传统意义的安全是来自于外部的威胁，'基本'指的是'必不可少'的，一国的基本安全利益是保持一国免受外部威胁的利益，阿根廷没有处于这种外部威胁当中"。④ 美国公司又从公共秩序切入提出反对经济危机属于基本安全利益的反对意见，认为公共秩序指向的是"为保护一国国内社会定义的公共政策、法律和道德而采取的必要的措施"，阿根廷采取的措施并不是意在保护这些价值，这些价值并没有受到经济危机的威胁。而阿根廷针对被告辩称"保护公共秩序必要的措施包括确保内部安全的措施，面对如由于国家内部暴力产生的剧变、混乱、刑事抢劫等引起社会的不安，会引起根本的社会秩序全面崩溃，导致政府失去对整个领土的控制"。⑤ 仲裁庭针对国家安全是广义还是狭义解释基本安全利益的困境，仲裁庭认为原告美国公司将国家安全威胁限于外部威胁的解释过于狭窄，件中的国内紧急情势一般而言是符合依据 BITs 第

---

① See ICJ. Case Concerning Oil Platforms（Islamic Republic of Iran v. United States of America），Judgment of 6 November，2003，pp. 161-183.

② Id. p. 196.

③ ICISID Case No. ARB/03/9（Award）continental casualty company（claimant）v. Argentinen Republic（respondent），5 September，2008.

④ Id. para. 170.

⑤ Id. para. 171.

11 条的国家安全要求的，并且这种威胁包含了潜在威胁的内容。国际法并不禁止，为了保护其国民免受外部还是内部的安全、和平的威胁，国家采取维护主权利益的措施，"第二次世界大战后国际秩序中，国家安全的概念不仅包括政治和军事安全，而且包括国家及其国民的经济安全。更大范围的利益还包含环境、国家及国民的紧急情况的安全"。① 在阿根廷案的一系列裁决中，仲裁庭对国家安全也作了广义的解释，认为经济危机带来的危难属于国家安全利益受到威胁的范畴。

在国家安全的外延扩大到由于国内经济发展带来的安全威胁后，关键性基础设施也成为一国在国际投资领域控制国家安全风险的重要方面。关键性基础设施属于一国关系整个社会公共利益的领域，不仅仅是国家经济发展的基础，而且更关乎国计民生的发展。"近来，OECD 成员国和非成员国的政策变化表明，关键性基础设施成为基本安全利益的考虑重点。"② 以澳大利亚对关键性基础设施的定义为例，"关键性基础设施的被定义为：物理设施、供应链、信息技术和交流网络系统，这些设施一旦遭到破坏，或者一段时间内不能良好实施，就会严重影响国民的社会经济福利，影响澳大利益进行国家范围防御以确保国家安全的能力"。③ "关键性"是指这些设施如果被损坏就会引起灾难性的、巨大的不可估量的损害；"基础设施"是指这些具有生产能力的体系，而且这一体系带来的收入占国民收入就业很大部分④，而且关键性基础设施具有关联性的特征，一旦一个方面产生了安全障碍，体系内其他设施以及体系外的社会经济部门都会受到影响，当前一国将关键性基础设施列入国家安全考虑范围也是必要的。

（三）国家安全定义小结

从以上国家安全定义的发展来看，当前国际投资领域中国家安全在外延上不断扩大，只有对内涵准确把握才能认识国家安全的实质，这样才有利于对未来的发展着的国家安全作出判断。国家安全的基本含义包括了以下三个

---

① Id. para. 175.

② OECD：Protection of "critical infrastructure" and the role of investment policies relating to national security, available at http：//www. oecd. org/dataoecd/2/41/40700392. pdf, p3, visited on December 12, 2011.

③ Austrailia：What is critical infrastructure? Australia National Security accessed May 2007, available at www. ag. gov. au/, visited on December 20, 2011.

④ See OECD：Protection of "critical infrastructure" and the role of investment policies relating to national security, available at http：//www. oecd. org/dataoecd/2/41/40700392. pdf, p. 3, visited on December 12, 2011.

方面：（1）国家安全是国家没有外部威胁与侵害的客观状态；（2）国家安全是国家没有内部的混乱与疾病的客观状态；（3）只有在没有内外两个方面的危害的条件下，国家才是安全的，因此这两方面的统一才是国家安全的特有属性。① 不同的时代，不同的行为主体，不同的场合面对不同的问题，这个不断发展的术语在当今至少包括了以下十个方面的内容，"国民安全、国土安全、主权安全、经济安全、政治安全、军事安全、文化、科技安全、信息安全、生态安全"②。这样一个开放的社会系统，相互联系、相互作用共同影响着整个国家安全系统。

在不同的法律领域，判断国家安全的内容要结合当时的国内外形势进行。在国际投资法领域，国家安全的内涵与外延已经将国家内部经济发展的需要的安全因素纳入其中，经济危机、战略性产业、关键性基础设施成为当前各国经济发展应对国家安全威胁的主要考虑。

二、重大安全例外与习惯国际法中的"危急情况"

（一）重大安全例外中的经济紧急情况③的辨析

随着国家安全定义的发展变化，对于以经济发展带来的危急情况是否可以成功援引重大安全例外得到抗辩？危急情况与援引重大安全例外的条件是否一样？厘清危急情况与重大安全例外的关系对于确定重大安全例外适用条件具有重要意义。

1. 危急情况是否属于国家安全

国家安全例外最早是针对紧急情况而言的。紧急情况与自保权（self-preservation）联系在一起，认为当出现威胁一国自保的情形时，各国可以采取任何必要的措施来维护本国的生存，尽管在不存在自保的情形下采取这些措施是非法的。④ 早期的紧急情况通常被认为造成了两个国家权利之间的冲突，而援引紧急情况的一国由于其代表的权利比较重要，从而优先于另一方

---

① 参见扬智勇：《跨国并购中的国家安全法律问题研究》，中国商务出版社 2011 年版，第 166~167 页。

② 参见扬智勇：《跨国并购中的国家安全法律问题研究》，中国商务出版社 2011 年版，第 169 页。

③ 经济危机是否属于危急（necessity）的探讨是以这样表述 Emergency situations in times of economic crisis, emergency situations such as severe economic crisis 展开的，将经济危机视为广义国家安全中紧急情况（emergency）的一种。

④ See Roman Boed, State of Necessity as a Justification for Internationally Wrongful Conduct, Yale Human Rights and Development Law Journal,, 2001, Vol. 3（1），p. 4.

的权利。国际法委员会澄清了这一看法，认为紧急情况并没有造成两种权利之间的冲突，它实际上只涉及一种权利，而采取措施的另一国只是援引危急情况作为理由不遵守此权利而已。20世纪以来，危急情况更是逐渐被适用在军事、经济、环境、反恐、公共健康等各个领域。在一些援引紧急情况的案件中，危急情况得到仲裁庭的认可，至少未被驳回，而在另一些案件中则存在争议，甚至被驳回。危急情况得以发展的案件是1997年Gabcikovo-Nagymaros案①，国际法院虽然承认了危急情况规则，但不接受在本案中援引此规则。法院认为，危急情况的援引有诸多严格的限制条件，必须以累积方式符合满足这些条件；而不能只由有关国家自己判断是否满足了这些条件。② 法院认为，以下条件非常重要：（1）一国同其承担的国际义务相抵触的行为必须是由该国的根本利益引发的；（2）该利益必须受到严重而紧迫的危险的威胁；（3）受到质疑的行为必须是保护该利益的唯一方法；（4）该行为绝不能严重损害该义务所针对国家的根本安全利益；（5）行为国家决不能促成危急情况的发生。③ 这是国际法院首次对危急情况作出的界定，在《国家责任条文草案》④ 有关危急情况规定的基础上进行了发展，进一步明确了援引经济情况的条件，此后，这一界定被国际法委员会和国际法学者不断引用，并得到了国际法委员会2001年通过的《国家责任条文草案》的认可。从国家安全范围的发展趋向来看，从外生性的威胁扩大到包括内在发展需求的威胁在内，在发生在金融风险或经济危机时，东道国将此种威胁视为危急国家安全的紧急情况是合理的。但是，阿根廷在2000—2002年金融危机期间，阿根廷所采取的《经济紧急法案》、比索汇率调整给诸多外国投资带来利益的重大减少，阿根廷政府采取了一系列稳定经济的紧急措施，这些措施不仅对受经济危机影响的公司发生效力，而且影响到了全国的投资者，当阿根廷政府被指控这些措施违反了BITs义务，被投资者以"间接征收"提请ICSID仲裁，阿根廷抗辩称这些措施是由于经济面临了紧急情况而采取的，经济危机是否适用于紧急情况的认定涉及44个经济危机时期的投资者——国家争端的解决。仲裁庭对重大安全例外能否免责，在几个案件中意见不一，争论的焦点在于对经济紧急情况和危机情况关系，以及适用条件。

---

① Case concerning the Gabcikovo-Nagymoros Project（Hungary/Slovakia），ICJ Report，1997.

② Ibid，para. 51.

③ Ibid，para. 52.

④ 这里是指该案判决前国际法委员会讨论的《国家责任条文草案》。

2. 经济紧急情况和危急情况的关系

针对危急情况的条件问题，在 ICSID 国际投资仲裁实践中引起了讨论，不同的仲裁庭裁决采取了不同的观点。Enron 案①和 Sempra 案②用了相当大的篇幅讨论紧急情况问题，CMS 案的撤销仲裁中对这些未达成一致的问题也进行了讨论，Enron 和 Sempra 赞同 CMS 案的观点，认为阿根廷的情势没有满足《草案公约》第 25 条的要求。而 Continental Casualty 案③认为双边投资协定中的例外条款属于双方可以诉诸的"保留条款"，不同于习惯国际法紧急情况的情形，认为阿根廷的国内危机已经达到了紧急情况免责的要求，免除了阿根廷对 Continental Casualty 公司的赔偿义务。在国际经济法领域，经济紧急情况尚没有形成独立的判断标准，习惯国际法形成的判断标准仍然起到主要参考作用。《国家责任条约法草案》第 25 条的表述如下：

第 25 条　危急情况

1. 一国不得援引危急情况作为理由解除不遵守该国某项国际义务的行为的不法性，除非：

（a）该行为是该国保护基本利益，对抗某项严重迫切危险的唯一办法；而且

（b）该行为并不严重损害作为所负义务对象的一国或数国或整个国际社会的基本利益。

2. 一国不得在以下情况下援引危急情况作为解除其行为不法性的理由：

（a）有关国际义务排除援引危急情况的可能性；或

（b）该国促成了该危急情况。

该条是基于国际习惯形成的免除国家责任的条约表述，对免除责任有非常严格的限制，这样高的标准门槛对于国际经济领域是否适用是值得探讨的。下面就从使用危机情况免责的基本条件逐一分析习惯国际法和国际经济法领域的经济紧急情况的差异。

---

① ICSID Case No. ARB/01/3 （Award）：Enron Corporation & Ponderosa Assets，L. P. （Claimants）v Argentine Republic （Respondent）Award Date：22 May 2007.

② ICSID Case No. ARB/02/16 Award：Sempra Energy International （Claimant） v The Argentine Republic （Respondent），28 September 2007.

③ See ICSID Case No. ARB/03/9 （Award）：Continental Casualty Company （Claimant）v Argentine Republic （Respondent），5 September 2008.

（1）唯一方法。

唯一方法是指是否存在替代性措施，措施对东道国的救济效果和对投资者利用造成的损害的比例关系如何。关于替代性措施，阿根廷声称其所采取的措施是在严重、迫切的情况下为了维护国家安全利益的唯一方法，"如果不采取这些被质疑的措施，在 2001 年前半年，储蓄的加速外流，阿根廷的金融体系储备的损失就会引发阿根廷经济陷入全面崩溃，那么，这可能会比实际经历的还要严重"。① 国际法委员会在对第 25 条的解释中认为，如果存在其他方法，即使是代价可能更大或者较不方便的方法，则不能援引危急情况。② Continental Casualty 公司提出了一系列经济危机解决方案以证明是阿根廷的可采用的替代措施。此案仲裁庭没有采用 Enron 案 "提到危机情况适用的条件，条约是习惯法标准不可缺少的一部分" 的推理方法，仲裁庭用了另一种视角来考察危急情况，"参考已经对危急情况的概念和要求做过深入研究的 GATT/WTO 案例法更加合适，这个概念在经济措施语境中减损GATT 的条约义务，而不是依据习惯国际法中危急情况的条件作出要求"。③某种绝对必要或者不可避免的措施当然履行了第 22 条（d）项的要求，但是此处 "必要的" 指的是一个紧急范围内的措施。④ 仲裁庭用了基于条约的推理，而不是基于习惯国际法的推理方法，认定两者对必要性要求的严格程度有很大差异。

在国际投资法中判定措施必要性的标准，该仲裁庭的建议是 "依据一些平衡要素而定，通常包括以下三个要素：（1）由被指控的措施增加的利益或者价值的相对值；（2）措施对追求结果的贡献大小；（3）这些措施对国际性商业活动带来的消极影响"。⑤ 在替代措施的适当性问题上还要考虑：此种措施能够被合情合理地获得，不带来更大的困难和负担，还要有能实现目标的可能性，而不仅仅是理论上具有可行性。

Continental 案仲裁庭出于两个方面的考虑作出了裁决：第一，对从 2001

① See ICSID Case No. ARB/03/9 （Award）：Continental Casualty Company（Claimant）v Argentine Republic（Respondent），5 September 2008.

② Draft articles on Responsibility of States for Internationally Wrongful Acts, with commentaries，para. 15.

③ See ICSID Case No. ARB/03/9 （Award）：Continental Casualty Company（Claimant）v Argentine Republic（Respondent），5 September 2008，para. 192.

④ Id. para. 193.

⑤ ICSID Case No. ARB/03/9 （Award）：Continental Casualty Company（Claimant）v Argentine Republic（Respondent），5 September 2008，para. 194.

年 10 月以来采取的替代性经济危机应对措施在当时也是可行的，同时也不会违反 BITs，也会产生等价的效果；第二，是否阿根廷早些时候采取了不同的政策，就会避免因采取这些被质疑的措施而发生的情况出现呢？如果这些替代性措施不能够被合理地获得，或者仅仅是对理论效果的推测，由此可以证明采取那些被质疑的措施就是必要的，是符合 BITs 第 11 条要求具有正当性的。① 仲裁庭没有僵化地适用国际法委员会对第 25 条解释中的"代价更大或者较不方便的"解释，而是用现实可行性的标准来权衡替代性措施和已采取措施的合理性，放宽了适用经济紧急情况对"必要性"的适用条件。通过对习惯国际法的解释推进了一般国际法理论在国际经济法领域的适用性。

（2）严重和迫切。

严重和迫切指的是这种危险是客观存在的，不能仅仅担心有存在的可能，要求除了严重之外还必须是迫近的，也就是近在眼前，严重和迫切两者兼备。尽管要求是迫切的，但是不是必然马上就发生。如同国际法院在《加布奇科沃—大毛罗斯工程案》所指出的，"它不排除那种看来是长远的危险，但是一旦在某一时刻加以确立，则是迫在眉睫的，不论还要过多少时间，但总是必然无疑的，不可避免的危险"②，对于国家的发展而言，面对安全风险要采取预防原则，任何一个国家都不愿意等到危机到来，给整个社会带来不可挽回的灾难时采取措施。因此，在国际投资法中，国家在经济管理社会发展方面，安全威胁的严重性、迫近性标准不能采用习惯国际法中采取军事或者别的行动应对外来威胁那样严格的标准，此标准需要放宽。

（3）促成。

这是参考习惯国际法第 25 条适用于国家安全例外条款最不适合的、应当排除的条件。《条文草案》第 25 条要求采取措施的国家不能促成此危急情况的发生，因而外国投资者认为"政府的政策和已有的缺点严重促成了危急，外生性的因素也助长了危急，在这一点上就不能免除被告的责任"。③ 让投资者证明东道国的政策意在促成危急的发生，这也给投资者带来了不合理的证明负担。巧妙的是，Continental Casualty 案中，仲裁庭绕开阿根廷本国政策促成危急，而是认为经济政策是 IMF 的建议安排，阿根廷采取这些

---

① Id. Para. 198.

② 转引自贺其治：《国家责任法及案例简析》，法律出版社 2003 年版，第 191 页。

③ ICSID Case No. ARB/01/8 （AWARD），CMS Gas Transmission Company（Claimant）v The Argentine Republic（Respondent，）25 April 2005，para. 329.

措施是为了获得大量的借款缓解国内危机，而且也得到了美国的政治支持，这样就绕开了阿根廷作为东道国由于政府政策失误陷入危机而采取措施的不正当性。即使在考虑促成因素时，也要对这些要素进行区分。根据《条文草案》的解释：对某种危急情况的促成必须是充分的、实质性的，而不仅仅是偶然的，表面上的。这一点在评价促成因素时要给予特别的重视。因为任何经济危机都是内部和外部因素共同促成的结果，对达到起到实质性促成作用程度的要素作出要求，以排除其他次要因素的影响。①

不论 Continental 案推理方法是否合理，考虑何种因素来证明达到紧急情况条件的合法性，促成条件适用于国际投资实践已经不再有正当性。国家安全扩到由于国家内在发展安全威胁后，国家面对安全威胁采取措施，不能以由于本国政府的错误政策促成了本国的危机为借口来否定政府采取措施应对危机保持本国经济和社会的稳定权利。如果是由于外来威胁，则国家采取必要措施排除不法行为责任时，促成条件就应当要严格遵守的。促成条件在危急情况的适用针对的安全威胁是由于国内发展所需面对危机而采取应对措施，则用促成条件排除一国引用例外条款自我救济，就不恰当的了。

（二）国际投资中的经济紧急情况适用放宽的标准

国际投资领域发生的危急情况除了上述在《国家责任条文草案》第 25 条每项援引条件上的差异外，在下述两个方面，我们仍能看到国际投资协定中的经济紧急情况不同于习惯国际法中的危急情况，而不适合采用危急情况中极其严苛的适用标准：

首先，关于两者的适用顺序。在 Enron 案、Sempra 案以及 CMS 案中，仲裁庭都优先适用了习惯国际法，以《条文草案》第 25 条危急情况的标准来判定东道国采取的措施的适当性，以此标准，阿根廷采取应对经济危机的措施就没有完全满足必要性的要求。在 CMS 案撤销委员会和 Continental 案的仲裁庭均认为应当在没有条约的情况下才能引用习惯国际法，该二案中应依据美国—阿根廷 BITs 第 11 条进行判断才是合理的。在阿根廷一系列裁决中，对习惯国际法规则和条约规则的关系也存在争议，有的仲裁庭把条约条款看作是习惯国际法的"法典化"，有的仲裁庭对二者的功能进行了区分，条约的条款是原始规则，习惯国际法是由条约规则发展来的，基于条约规

---

① See August Reinisch, Necessity in Investment Arbitration, ed. by I. F. Dekker and E. Hey (eds.), Netherlands Yearbook of International Law, Volume 41, 2010, p. 155.

则，如果前提条件满足就不违反条约，危急情况就排除了不法性。① 笔者认为，在缔约国之间存在投资协定的条件下，应当优先探求投资协定条款的条件，习惯国际法规则只是补充，从条约条款优先于习惯国际法规则的角度来看，引用重大安全例外条款并不必然采用第 25 条严格的危急情况条件要求。即使是从习惯国际法规则与条约规则属于同一效力位阶的角度审视，条约规则也是特别法当优先适用，这样也应当尊重国际投资协定例外条款要求的条件。

其次，从《条文草案》第 25 条和美国—阿根廷 BITs 第 11 条的例外条款的语法结构来看，也能探知两者的立法价值和目标是有所区别的。第 11 条特别规定了适用的条件，而第 25 条用了否定的方式规定适用条件：除非某些严格的条件得到了满足，不得引用危及情况免责。相对而言，"第 11 条是一个门槛要求：如果适用，则条约的实质性义务就不需要履行；相反，第 25 条是一种理由，一种只有被决定了才会起重要作用的借口，不然就会违反实质性义务"。② 这样的语法结构也证实基于条约规则和习惯国际法对危急情况的条件要求是不同的，否定式的条件约束力比授权性条款更加严格。此外，国家享有引用习惯国际法和国际条约例外条款免责的双重权利，但两者的主要区别在于：习惯国际法在违反法律义务的行为发生后寻找理由排除其不法性；国际投资协定中的例外条款是提前排除了国家行为的不法性。这两者立法目的不同，不应当用相同的条件来认定危急情况的成立，即必要性是否满足要求。

在国际投资协定中设置重大安全例外条款的目标是为东道国管理外资享有更大的自由空间。在主权国家应对国内外由于投资活动带来的安全威胁进行自我防范和救助时，不能为援引安全例外条款设置过高的门槛，为国家行使保障基本安全利益作出过度的限制。当协定中的紧急情况是经济紧急情况时，应当对国际习惯法的紧急情况有所发展，参考但是应当放松"危急情况"的严格条件，以适应国际经济活动的变化性、国家适用例外条款维护国家利益便利性的需要。除了以上放宽适用的条件外，还有必要将安全例外条款设置为自裁决条款，进一步避开《国家责任条文草案》对安全例外适用的严格标准。

---

① See August Reinisch, Necessity in Investment Arbitration, ed. by I. F. Dekker and E. Hey (eds.), Netherlands Yearbook of International Law, Volume 41, 2010, p. 148.

② ICSID Case No. ARB/01/8, Decision on Annulment, CMS Gas Transmission Company v. The Argentine Republic, 25 September 2007. Para. 129.

三、重大安全例外条款的性质：自裁决的选择

自裁决性质与非自裁决性质的区分一般是针对不排除措施而言的，指在情势要求采取该条款所设想的措施时，条约的缔约方是决定是否采取以及采取何种措施的唯一法官，唯一的限制是仲裁庭可以用"善意"原则对争议措施进行裁定，从而解决争端。① 从文义角度出发，自裁决条款一般都明确包含有"其认为（it considers necessary）"的表述，在此种表述下，缔约方有权自己决定实际情形是否符合条约规定的特定情形，以及能否采取其认为适当的措施，即缔约方将享有充分自由裁量权。非自裁决条款并不明确包含有"其认为"字样，此时将由仲裁庭对缔约方的实际情形及措施进行全面的实质性审查，缔约方只享有极小的裁量权。严格意义上，那些并不明确包含"其认为"字样的例外条款实际上性质不明，其未明确排除缔约方的决断权和判断权，然而仲裁庭的实践已经将此种例外条款界定为非自裁决条款。

重大安全利益是主权国家最具有基础性的、关乎国家主权存在的根本利益，自主决定何时采取必要的措施维护受到安全威胁的国家利益是主权的固有内容。然而，在不断让渡主权寻求国际协作的现代国际法体系中，若要单方面突破国际协定的约束，即使是行使正当的权利，则也要考虑国际协定义务的约束，国际条约赋予违反条约的措施以正当性，需要回答对一国基于维护主权利益的管理权给予多大自由裁量权，又要受到何种程度的约束的问题，这一问题可以通过确定条款性质约束缔约方的自主空间来解决，即对条款是认定为自裁决性质还是非自裁决性质。

IIAs 中设立包含自裁决性质的重大安全例外条款已经成为国际投资法的新发展之一。当前在国际投资条约实践中，不仅越来越多的 BITs 开始规定安全例外条款，而且其中 12% 的 BITs 范本中包含自裁决性质的条款，并且大多数最新签订的包含投资专章内容的自由贸易协定也包含此类条款。② 从 1992 年美－俄双边投资协定加入自裁决条款以来，美国就越来越注重使用自裁决性质的安全例外条款维护国家的重大安全利益。"美国的立场已经在国家安全利益方面向着支持自裁决条款的立场发展，尽管不是所有的，但是

---

① 转引自韩秀丽：《双边投资协定中的自裁决条款研究——从森普拉能源公司撤销案引发的思考》，载《法商研究》2011 年第 2 期。

② UNCTAD, the Protection of National Security in Ixias, UNCTAD Series on International Investment Polices for Development, United Nations, New York and Geneva, 2009, P. 72 available at http：//www. unctad. org/en/docs/diaeia20085_en. pdf.

一些双边投资条约反映了这种变化"。① 除了在 BITs 中大力推广外，在区域性协定也得到了适用，如《北美自由贸易协定贸易协定》第 2101 条第 1 款第 2 项和第 9 项②，也采用了自裁决性质的条款来维护协定国的重大安全利益。其表述为：任何协定不得阻止任何当事方为维护与军事、为了战争实施的军火、交通等相关重大安全利益而采取"其认为必要的"任何行动。这既加强了东道国对外资的吸引也加强了东道国维护国家安全利益的管理权。"自裁决条款所赋予的条约权利不仅为发达国家所重视，而且也是发展中国家特别是弱势群体国家应该掌握的权利。"③ 那些国土面积狭小，GDP 占世界比重不大的国家，面对实力雄厚、富可敌国的跨国公司更需要充分利用这一法律机制，在国际投资条约义务约束下有充分的回旋余地。

之所以倾向于对重大安全利益条款采取自裁决性质立场，有着深刻的原因：首先，重大安全例外的解释会触及国家的政治利益。因为国家利益在国际经济交往相较于国家日常管理中保护动植物生命健康、公共道德、资源环境更具有主权利益的敏感性，国家安全利益仍然是国家利益中最基本、最重要的内容。因此国家在判断是否需要采取必要的措施消除安全威胁时，应当具有更大的自由选择空间。其次，只有亲自经历安全威胁，国家自身才能最了解本国的情势，任何其他方都不是当局者，就不是判断形势的最合适主体。对于何时危机会严重到"使社会陷入分崩离析的灾难性境地，导致社会的全面崩溃"，国家采取的某种措施是不是最有效而牺牲最小的判断，都属于国家管理社会主权之内的事情。若将国家政策、国家事务处理的判断权交给独立的第三方仲裁庭评价，有越俎代庖之嫌。因此，国家安全作为一个主权国家的根本利益，天然拥有自我判断权。即便没有明确自裁决性质的措辞，依据欧洲人权学说中的自由判断余地原则，在司法审查时，仲裁庭仅仅处于监督者的角色，不能代替行政机关作出行政裁决。对行政机关的行为和管理性立法采取遵从的态度，国家享有制定

---

① ICSID Case No. ARB/02/16（Award）Sempra Energy International（Claimant）v. The Argentine Republic（Respondent）Sempra v. Argentina，para. 379.

② Article 2102（1）（b）（i）NAFTA " … nothing in this Agreement shall be construed … to prevent any Party from taking any actions that it considers necessary for the protection of its essential security interests relating to the traffic in arms，ammunition and implements of war and to such traffic and transactions in other goods，materials，services and technology undertaken directly or indirectly for the purpose of supplying a military or other security establishment"

③ 韩秀丽：《双边投资协定中的自裁决条款研究——由"森普拉能源公司撤销案"引发的思考》，载《法商研究》2011 年第 2 期，第 19 页。

和发展其认为必要的政策措施的政策空间。因而，自裁决条款在较大程度上限制了仲裁庭进行审查的自由裁量权，而为缔约国政府保留了较大的政策空间。

第四节 IIAs 中的发展例外构建

发展例外又可以称为基于发展考虑的例外（exceptions based on development considerations），国民待遇对于外国投资者与国内企业平等竞争起着非常重要的作用，但是国民待遇会引起国内幼稚企业发展的困难，国家处于发展起步阶段的脆弱企业，很容易在竞争中被外资建立的跨国公司击垮，形式上完全平等的待遇给国内特定的发展目标和计划的实施都带来了障碍。现实中，国家会按照本国的发展计划，在促进国内企业的快速壮大方面给予国内企业专门的优惠和特权，这种基于发展的差别待遇难以在国民待遇中得到体现。下面首先对发展例外引入 IIA 的必要性和现实意义进行论述，接下来对发展例外的内容进行界定，继而考察已有的立法实践，最后尝试对此条款提出构建方案。

一、IIAs 中已有例外对发展中国家发展权保障的不足

国家负有对投资者公平公正地实施管理、给予非歧视待遇的条约义务，投资者可以通过仲裁要求东道国给予补偿和赔偿的权利。同时东道国还有权利和责任依据管理法律法规采取措施防止投资者对社会和环境造成破坏。国家的管理权源于主权，而对投资者进行保护又源于 IIAs 和习惯国际法。国际投资体制与其他规则之间的冲突变得越来越尖锐，投资者在仲裁中提出的请求很多都是针对本属于国家主权范围内政策目标实施和其他国际法义务，这些案件包括 NAFTA 下对国家社会和环境管理权提出的挑战①，美国和英

---

① Ethyl Corp. v Canada, Jurisdiction Award（24June1998），38ILM 708（1999）（proposed ban on ethyl as a carcinogenic substance）；Metalclad Corp. v. Mexico, ICSID Case No. ARB（AF）97/1, Award（30 August2000）（refusal to issue a waste disposal permit and an order establishing an ecological park）；S. D. Myers Inc. v Canada, Merits, 8 ICSID Report 4,（13 November 2000）（ban on hazardous waste exports）；Methanex Corp. v United States, Award, 44ILM 1345, 17（6）（3 August 2005）（measures to protect public ater supplies）；Grand River Enterp. Six Nations, Ltd., etal. v United States, UNCITRAL（NAFTA）Decision on Jurisdiction（20 July 2006）（tobacco settlement legislation）；Glamis Gold v United States, UNCITRAL（NAFTA）, Award（8 June 009）（measures to protect indigenous peoples' culture and health）.

国在 2001 年阿根廷经济危机爆发时发布的以稳定社会带来利益为目的的紧急法令提起了大量的国际投资仲裁。大量的国际投资案件，国家都以投资者挑战了东道国为了实现合法的公共政策目标的国家管理措施为由进行辩护。① 特别是发展中国家，在社会发展变革时期，政府在管理社会事务方面更是积极采取改革举措，发挥宏观调控的作用，相对频繁的法律法规变动都是政府行使管理权的体现，投资者在这样的国家投资，一方面，要接受发展为导向的投资监管；另一方面，要对政府的管理变革有一定的预见和容忍。

IIAs 的缔约方，不仅有发达国家，而且还包括发展中国家，虽然大多数 IIAs 建立在双边基础上，可以在谈判时依据本国的投资范本进行富有针对性的修改，但是条约实体规则本身僵化、缺乏灵活性，在发展差异较大的缔约国之间也采用统一的投资保护和自由化标准，使条约在实施中面临很多困难。当下国际社会日益重视促进发展中国家经济、社会发展，IIAs 保护国际社会达成共识的一般例外中包含的公共秩序、道德、环境、动植物生命健康、文化遗产等；重大安全例外立足于国家利益，保障国家的和平与免受安全威胁；对个人利益的保护是国际投资保护的优先目标，投资者一直以来得到偏重保护。随着个人财产的绝对保护向财产社会化相对保护的方向发展，IIAs 也开始通过其他利益保护的正当化对私人财产权设限，设置了一定的负担。在以上利益的保护中，社会中的弱势群体，特别是在国际交往中作为相对弱势的群体——发展中国家，作为一个整体对国际社会提出了发展权的要求，在其发展中遇到特定风险和困难的利益诉求在 IIAs 中没有相应的制度保障。

一些 BITs 规定了在国家在发展时期，由于国家宏观发展需要可以对一般的自由化和投资保护承诺予以突破，规定了类似于国际贸易体制中的保障措施。保障措施是指为了加入协定后应对不可预见的事件，允许当事方采取条约不允许的行动。相对于条约的例外来说，保障措施不是一种单边行动，

---

① Occidental v Ecuador, LCIA Case No. UN 3467, Award(1 July 2004)(value-added tax on oil profits); Aguas del Tunari S. A. v. Bolivia, ICSID Case No. ARB/02/3, Decision on Jurisdiction(21 October 2005)(measures to protect water services); Azurix Corp. v. Argentina, ICSID Case No. ARB/1/12, Award (14 July 2006)(measures to protect water services); Biwater Gauff(Tanzania)Ltd. v. Tanzania, ICSID Case No. ARB/05/22, Award(24 July 2008)(measures to protect waters ervices); Piero Foresti, Laura de Carliand Others v. Republic of South Africa, ICSID Case No. ARB(AF)/07/1, Registered(8 January 2007)(legislation to address the legacy of apartheid-era discrimination); Vattenfall et al. v. Federal Republic of Germany, ICSID Case No. ARB/09/6, Registered(17 April 2009)(environmental measures).

必须得到相关机构的同意或者提前做出通知，而且，还会有相关的规定对实施的时间以及可以采取的保障措施的限度作出规定。在 IIAs 中较为常见的是在收支平衡和紧急情况下的保障措施条款。例如，东盟投资区框架协定中的第 14 条"紧急情况保障措施"以及第 15 条"收支平衡保障措施"条款，第 15 条第 1 款规定"当出现严重的收支不平衡、外部金融困难以及由此产生的威胁，成员国可以采取、保持对已经做出特定承诺的限制措施，包括相关的跨境支付和转移的承诺。应该认识到成员国在经济发展或者经济转型过程中所面临的保持收支平衡的特定压力，尤其是保持一定水平的金融储备，以实现经济发展和经济转型期的项目"，第 2 款规定了提前通知的义务，第 3、4 款规定了对采取保障措施要遵循的限制性条件和时间，第 5 款规定了委员会的决定权。保障措施虽然提出了国家可以基于经济发展或经济转型而采取保障措施，但是保障措施限于收支平衡和紧急情况，并且有提前通知以及委员会裁定的要求诸多限制条件，不足以及时有效应对发展中国家的发展利益保障。

除了国际投资条约中规定的一般例外、重大安全例外以及可以处于经济发展需要的保障措施之外，对于政府拨付和贷款，虽然在 IIA 中经常作为国民待遇不符措施予以规定，但没有表达出为了国内发展目标实现，国家发展特别需要的考虑的意旨，在 IIAs 中没有专门针对保障发展中国家特定发展需求的灵活机制。鉴于国际投资在促进国家发展中的重要作用，FDI 是国家通过管理实现发展权的重要途径，在 IIAs 中设定发展例外条款是有必要性的。

二、发展例外对发展中国家发展权实现的法律意义

在 IIAs 中引入"发展条款"具有非常重要的意义，首先可以影响条约的解释。它不仅可以抑制对国民待遇的任意扩大解释，赋予条约促进发展权实现的政策目标，考虑发展中国家的特殊情况和特定发展需求，"使条约的解释和执行得以依循建立国际经济新秩序的原则，而且也便于进一步利用投资条约这种重要的国际法形式确认一个为国际社会普遍承认的原则，即经济弱国的经济发展需求应当被给予特殊的重视和认可。[1]

其次，为发展中国家东道国提供了一定的发展政策灵活空间，以条款的方式尊重东道国的国内法。增加了对东道国国内法和发展政策的考虑。在国际投资自由化进程中，一方面，许多发展中国家希望通过授予外国投资者国

---

[1] 刘笋：《国际投资保护的若干重要法律问题研究》，法律出版社 2002 年版，第 168 页。

民待遇和最惠国待遇以吸引外资进而促进本国经济发展；另一方面，又希望给予国内企业一定的优惠和特权以培养其竞争能力，而国民待遇和最惠国待遇的适用，将使这些优惠和特权为所有外国投资者享有，其结果则是强化了外国投资者同本国企业的竞争能力。从更易产生投资争议的层面讲，东道国政府在投资进入时为投资者提供了一定的法律政策环境，成为投资者开展投资活动的依据，但是基于国内发展目标的调整，法律法规的相应变化改变了投资环境，影响到了投资者的预期，这种管理性法律法规的变化是东道国政策空间的正常范围，属于政府的管理活动，而不构成管理性征收，对基于国内法和政策对国内发展目的和因素的考察是认定征收补偿的关键因素。

再次，赋予了发达国家所认为的普适性价值之外的利益保护以法律约束力。发达国家仅仅将环境、安全、健康等社会利益为非投资利益予以保护，事实上，国家获得快速发展还伴随着其他利益的保护，如土著居民生存、发展的保障，劳工利益、民族平等，这些利益的保护转换为国家政策或法律，均有可能对外资造成影响，如果不赋予国家这方面管理政策空间，则将阻碍国家的生存、发展。在争端解决中，仲裁庭首先从文义解释的角度来解释条款，在条约中以明确的语言对对发展权予以确认非常关键，发展例外或发展条款的表述将增加仲裁解释的确定性。

三、发展例外的法律界定

发展例外条款有广义和狭义之分。广义的发展例外条款包括在一般最惠国待遇和国民待遇适用之下的，为发展提供优惠的排除措施都可以视为发展例外，在已有的 IIAs 中，已经出现了给予发展考虑的例外，例如，在准入前国民待遇中，以产业为基准，采用正面清单或者负面清单的方法，对出于国家社会、经济发展考虑之内投资活动和部门排除在国民待遇之外，就是一种发展例外。此外，在 BITs 或者区域性协定中，都将国家拨付（grant）、贷款作为国民待遇例外予以排除①。但是，本书所指的发展例外是专门指向发展中国家的相对弱势的发展地位，明确提出以促进国内社会、经济发展为目的而排除一般适用的非歧视待遇原则的例外条款，可以将发展例外界定为

---

① 一些双边投资协定（BITs）排除了投资激励对非歧视待遇原则的适用，在加拿大与一系列国家签订的 BITs 采用了此种立法模式。加拿大—泰国（1996）第 4 条第 2 款、加拿大—厄瓜多尔（1996）、加拿大—巴拿马（1996）和加拿大—黎巴嫩（1997）第 3 节第 5 条 b 款规定：政府或者国有企业提供的补助或拨款，包括政府支持的贷款、担保或者保险，不适用于非歧视待遇。美国与一些国家达成的 BITs 也规定政府有权对补助和拨款给予例外，但是这种例外仅适用于国民待遇，投资激励依然适用最惠国待遇。

"在国际投资协定中，基于各缔约方尤其是发展中国家的经济发展需要，而给予缔约方的国民待遇义务和最惠国待遇义的免除的条款"。发展例外是例外条款的一种，旨在保障发展机会，在给予差别待遇，给予符合其实际发展需要的保障实质性公平的一种灵活性法律机制。

发展例外条款一般包括以下特征：（1）以适用国民待遇为原则。在社会经济发展的常态下，国家履行管理职能，对国家的经济和社会发展通过发展政策、法律和法规对国内外投资实行非歧视性的管理。（2）采取此措施出于实现国家生存和发展的目的。在管理中，对列入国家发展规划和政策目标的管理性措施给予特殊的考虑，如给予本国幼稚产业以特殊的好处和特权，"适用国民待遇时对发展中国家的发展目标予以考虑；只有在国内企业和跨国公司属于同一类型企业并且处于类似的环境下，才给予跨国公司国民待遇"。① 在特殊的发展困难时期，如面对宏观经济不平衡、汇率波动、外来经济、金融危机的冲击，国家采取维护发展稳定的措施也可以纳入发展例外的适用范围之列。（3）对外国投资者非歧视地实施。如果是基于对本国弱小企业的扶持而实施国内外差别的待遇，如果外国企业也与国内企业具有相同的发展条件，则也应当给予同等的待遇。（4）在特定发展目标实现后，该例外措施应当停止实行。

四、对已有的国际立法实践及评析

《联合国跨国公司行动指南》专门探讨了国民待遇的"发展例外"，在谈判中发达国家和发展中国家存在很大分歧。一些发展中国家认为，如果对国民待遇标准不做任何限定地统一适用，让发展中国家脆弱的国内企业与成熟的发达国家跨国公司展开竞争，发展国家的市场将被外资跨国公司控制。国民待遇条款应当受到"发展例外"的限定，"当两种企业的条件完全相同，当外国企业与国内企业的经营状况也相似时，国民待遇才得以适用"。② 在发展中国家看来，是否给予跨国公司优惠待遇是各国家主权自由裁量权范围内的事情，不可以作为一般性的国际标准。发展中国家一致要求依据国内的发展需求对国内企业给予优惠待遇。发达国家所持的态度是"如果东道国认为是正当的，则也同意以足够灵活的方法给予跨国公司以优惠待遇"。

---

① 刘笋：《国际投资保护的若干重要法律问题研究》，法律出版社 2002 年版，第 168 页。

② United Nations Commission on Transnational Corporations，1984，para. 27. Ansante，1989，p. 31.

同时发达国家认为"发展例外"的范围太广，是一种开放而无限制（open-ended）的条款，会对整个国民待遇原则的基础造成威胁。① 《跨国公司行为守则》的谈判中，经过发达国家和发展中国家的多轮谈判，1990 年最后形成的守则在国民待遇中融入了发展条款，对国民待遇的定义如下：

在符合维护公共秩序和保护国家安全的国内要求以及国内宪法和基本法律的前提下，并且在不损害与发展中国家宣称的与发展目标有关的法律所规定的措施的前提下，跨国公司实体应有权享有不低于在类似情况下给予本国企业的待遇。

从此定义中可以看出，发展中国家所要求的"发展条款"得到了一定程度的反映。最终联合国《跨国公司行动守则（草案）》第 49 条规定："……为促进本国自力更生的发展能力，或为了保护重大的经济利益，本国企业所享有的优惠待遇或特许权无须让跨国公司分享。"

真正的发展例外条款已经出现在条约当中。例如，印度尼西亚—瑞士 BITs 第 2 条规定，"鉴于印度尼西亚国民经济当前的发展阶段，允许印度尼西亚背离国民待遇义务"。然而，印度尼西亚"对瑞士联邦在相同的经济活动中授予相同或补偿性便利"。② 德国对外签订的 BITs 中，也接受了一些"发展条款"，但是其接受条件包括：（1）此种背离完全是为了发展的目的，如为了小规模产业的发展；（2）不会对德国投资者造成重大损害。③ 意大利—坦桑尼亚 BITs 第 3 条第三款规定：作为国民待遇的例外，坦桑尼亚可以只给予本国国民和公司某些鼓励措施以激励本国企业的创建，只要这些措施不对另一缔约方国民和公司的投资及相关活动产生重大影响。随着本国企业能力的增强，坦桑尼亚将逐步取消此类鼓励措施。牙买加也如此，在 BITs 中授予激励时，对增长、发展的考虑与外国投资者的需要进行协调。中国在中—日 1988 年签订的 BITs 中也规定了"发展例外"，是准入后国民待遇的健康发展例外。发展例外一般出现在经济发展差距较大的发达国家和发展中国家之间，发展例外为发展中国家依据国内法的发展需要提供了一定的灵活机制，允许基于发展的目的背离国民待遇和最惠国待遇义务，但是对发展例外的引用也让发达国家产生了担忧，担心"发展目标"的范围过宽，损害投资自由化的基础，所以做出了诸如"相同条件下给予跨国公司非歧

---

① UNCTAD, NATIONAL TREATMENT, UNCTAD Series on issues in international investment agreements, UNCTAD/ITE/IIT/11（Vol. IV）, p. 48.

② UNCTAD, Bilateral Investment Treaties in the Mid-1990s, 1998, p. 64.

③ UNCTAD, Bilateral Investment Treaties in the Mid-1990s, 1998, p. 64.

视待遇"不得严重损害跨国公司的利益"的规定。但是，已有的发展例外没有明确指出给予差别待遇的范围，不仅仅限于在给予投资激励时不适用国民待遇，而且应当包含给予国家经济宏观发展需要而采取必要的措施，以背离条约义务，而不仅仅限于对国民待遇义务的突破。

本 章 小 结

在 IIAs 调整投资者与东道国的法律关系过程中，调整的利益不仅限于东道国的公共利益和投资者的财产利益，这两者之外的其他诸多利益交织在一起。虽然 IIAs 是以保护投资者的财产利益，促进其投资的积极性，带来投资和东道国经济利益的增加为优先目标的，但是，如果在国际投资过程中，仅仅关注经济利益的最大化而忽视其他利益的存在，其他利益保护的缺失终将阻碍经济利益的实现，因此，不论在发达国家还是在发展中国家，重大利益的冲突与协调就非常有必要，而发展中国家在某些利益协调环节，由于发展能力不足，而需要予以重视和协助。对于国际经济法律体制，采用例外条款法律技术为这些利益协调提供了有益的方法，但是，究竟要设置多少种例外，其依据又如何，对这些问题科学回答才能充分实现例外条款在 IIAs 中的协调作用。

法律以调节一定范围内的社会关系为对象，国际投资协定属于国际经济协定的一种，国际社会涉及的利益保护纷繁复杂，对这些利益关系按照科学的标准划分决定了利益关系梳理的适当性，这为例外条款的设置奠定了科学的基础。对于利益关系的调整，上面以利益主体为标准，围绕国家主体、社会公众主体、个人主体三分法进行了划分，将纷繁复杂的利益归类梳理。从分类来看，例外条款中的重大安全例外是以国家利益为主体的利益保护，一般例外是以社会公众主体的利益保护，而社会发展中的弱势群体，在国内法有社会保障法、消费者权益保护法，而在国际社会，发展中国家作为发展中的弱势群体在形式统一的规则中获得足够的保护，重大安全例外和一般例外，对于维护基于发展差异现实背景下的发展权实现捉襟见肘，使发展例外的探讨以及引入 IIAs 成为必要，因此，上面对发展例外的意义、定义以及利益实践进行了探讨，文章对其论证虽然不够完备、深入，但是发展例外的完善并纳入国际立法实践，将在多元化利益协调保护中发挥重要作用。

第六章　国际投资征收制度中的发展权

征收或财富剥夺可以采取不同的形式：可以是直接地转移物理性占有、直接地转移所有权，将其转为国家或第三人所有。除了使用征收的表述外，诸如"强占（dispossession）"、"夺取（taking）"、"剥夺（deprivation）"、"丧失（privation）"。除了直接征收外，国家以较为隐蔽的方式采取的与国有化或征收效果相似、等同的措施被称为间接征收。随着行政国家的兴起，国家管理经济、生活公共事务的范围不断扩大，除了在特定时期进行大规模的征收外，国家管理公共事务的政策、法律、法规，以及相应的行政措施都可能造成对私人财产权的损害，在国际投资实践中，投资者在东道国依据当地的政策、法律法规安排投资计划、开展投资活动，东道国管理体制的变化会引起投资者投资权益的减少，近来除了资产证券化外，更多的有形和无形资产纳入到"投资"范围之内，按照传统的征收理论，国家有权对居民包括投资者的财产实行国有化或征收，但是依据唇齿条款，征收和补偿同时出现，国家有义务对个别公民的特殊负担作出补偿。但是国家如果动辄就对日常管理行为造成的损害提供补偿的话，则恐怕行政国家就必须要退回到守夜人的角色了，这与社会发展客观现实相矛盾。

对发展中国家而言，在社会转型和实现某种社会发展目标过程中，通过法律行使国家管理权，造成私人财产利益的损失，沉重的发展负担如果再加上赔偿责任，结果是进一步扩大南北国家之间的差距，在发展中国家融入经济一体化的过程中，努力承担与发达国家对等的义务，由于历史和现实原因，在国家发展造成投资者损失方面，仍有必要享有一定的差别待遇。当前理论界和法律实践对"间接征收概念以及何者使其有别于不予赔偿的规制方面，迄今尚不存在被普遍接受的、明确的界定，无论是对投资者，还是政府来说此问题都至关重要"。① 只有确定了在多大范围内和程度上认可了国家管理权，才可以进而探讨发展中国家实行管理政策和措施不予补偿的正

---

① Katia Yannaca-Small：《国际投资法中的间接征收与管制权利》，范林波译，蔡从燕校，载于《国际经济法学刊》第 15 卷第二期，2008 年，第 226 页。

当性。

下面首先论述关于征收的一般法律理论，其次对国际征收协定对征收、间接征收的认定进行分析，再次对不予补偿的管理为的认定标准进行探析，再其次探讨了治安权和投资期待在管理行为被认定为征收是的阻却作用，最后提出征收补偿中有利于发展中国家的立法途径。

第一节　征收制度是国家基于公共利益对私人财产权的限制

一、从私有财产的绝对保护到"财产社会化"的相对保护

（一）对私有财产神圣性的确认

私有财产是商品生产、市民安身立命的根本。在资产阶级革命中饱尝了封建专制王朝掠夺之苦的市民等级，把保障私有财产作为比什么都重要的条款写进了法国大革命的《人权宣言》中，宣称其"财产是神圣不可侵犯的权利"。所有权神圣曾被某些极端的思想家描述为所有权绝对，上至高空无限，下至地心。在罗马法中，以所有权为核心的财产权利具有极其浓厚的个人主义色彩。随着西方人文主义的兴起和自然法思想的传播，罗马法中关于所有权的理念得到了空前的认可和发展。在自然法学说之中，财产权与生命权、自由权一样是一种天赋人权，神圣不可侵犯。个人对其所有指财产拥有占有、使用、收益、处分的绝对自由。"人们联合成为国家和置身政府之下的重大的和主要的目的，便是保护他们的财产。"[①]这成为财产个人主义、所有权绝对思想的基石。财产权除了对抗相对人民法意义上的所有权外，宪法上的财产权表现为一种个人对国家的权利，是为公民所享有的、排除公权力干预的消极权利，属于一种"防御国家的自由"，直接体现着自由主义的国家理念和政府权力有限的宪政精神。因为只有当人们对其财产的支配可以排斥其他任何外资的力量，包括公权力干预时，拥有独立任何自由意志的现代公民才能成为一种可能。在诸多权利中，财产权是最容易遭致公权力光顾和侵蚀的一项私权，而公用征收作为公共权力机构的一项特权，也是最容易被滥用的一项权力，因此，必须用

---

① 【英】洛克：《政府论》（下篇），叶曲芳、翟菊农译，商务印书馆1964年版，第77页。

宪法规范为其套上理性的枷锁。也可以说，确认财产权是划定一个保护我们免受压迫的私人领域的第一步，① 财产权、生命权和自由权一起构筑成为公民基本权利的三大支柱。对于宪政而言，所追求的身份平等、自由，财产权都作为赖以根植和获取营养的土壤。

随着资本主义社会化进程的推进，财产权开始社会化。不加限制的财产权的绝对保护对社会发展的阻碍作用越来越明显。事实上，在近代宪政制度建立之初，在自由主义滥觞之时，共和主义一开始就与自由主义财产观对立，在共和主义看来，私有财产从属于一个更高的社会目标，它既为一个平等参与的良序社会而设立，在必要时也可为社会而牺牲。美国国父——杰弗逊在起草《独立宣言》时特意将洛克对"生命、自由、财产"等自然权利的列举置换为"生命、自由和追求幸福的权利"，并建议把财产权从"不可转让的权利"清单中排除。本杰明·富兰克林也同样强调"私有财产是社会创造，从属于社会的需要"。② 财产权的神圣性、绝对性理论于是受到了挑战，而此时才是资本主义制度刚刚诞生之初。之后，共和主义的观念毫无疑问地对近代宪法上的财产权保障制度和公用征收制度产生了实质性的影响，在早期宪法关于财产权保障和公用征收制度打上了烙印。法国 1789 年《人权宣言》第 17 条是把对财产权不可侵犯的规定与公用制度浑然天成地连在一起；1804 年的法国民法典又重申了人权宣言中的原则，并扩大了公用征收适用的范围；1810 年 3 月 8 日法律规则对公用征收做出了全面规定并为之设置了保障程序。美国宪法也一改私有财产权神圣不可侵犯的自然法基调，规定了非经法定程序，不得剥夺任何人的生命、自由或财产。不给予公平补偿，私有财产不得充作公用。这意味着在经过正当法律程序和给予公平补偿的情况下，对财产的征用便可获得宪法的认可。所以，实际上从来没有哪部宪法承认过财产权的绝对不受限制或者完全禁止政府的征收权，因为所有权被极端化时，它对社会的危害也日益明显，因此财产权的社会义务逐步广为接受。

个人的自由只有在符合正义的情况下，也就是在能满足合乎人类尊严的生存情况下，方能受到宪法保障。并且，垄断资本的出现，贫富分化的加剧、市场机制的失灵、社会矛盾的加剧等一系列问题出现，使得国家对社会

① 【英】安东尼·奥格斯：《财产与经济活动自由》，载【美】路易斯·亨金、阿而伯特·J.。罗森塔尔编：《政治与权利》，郑戈、赵晓力、张世功，三联书店 1996 年版，第 154 页。

② 陈新民：《德国公法学基础理论》，山东人民出版社 2001 年版，第 418 页。

经济的干预已经不可避免，"福利国"或"行政国"悄然成为人们不得不接受的现实，绝对的财产权理论更是显现出难以克服的弊端。因此，财产权并非一项绝对或毫无限制的权利，其使用、收益和处分应同时顾及社会公益，如违背了社会公益的要求，政府可按比例减低或者完全撤销其法律保障。这样，确认了财产权的内在界限和公共福利及社会政策对财产权的制约，淡化近代财产权的神圣性、绝对性便成为现代财产权宪法保障制度的基本特征。这样，财产权的社会化认可了国家对财产权的限制，确认了对包含财产权在内的基本权利的内在限制，因而成为财产征用的宪法基础。作为宪法上的法律标准，财产权的社会义务性主要是用来拘束立法者的立法和行政机关的管理行为的。

（二）宪法对私人财产权设置负担的规定

现代各国宪法均规定了给予财产权保障，但是为了公共利益的需要，财产权有受到限制的义务。在财产权社会思潮的影响下，1919 年德国《魏玛宪法》规定，"所有权受宪法的保障"，并同时强调："财产权伴随义务。其行使必须同时有益于公共福利。" 1949 年西德基本法规定："财产权和继承权受到保障，它们的内容和限度将由法律决定；财产权伴随着社会责任，它的使用应服务于公共福利。" "土地、自然资源和生产资料可以为了社会化的目的而转化为共有或其他形式的公共控制经济。" 日本宪法规定："财产权不得侵犯；财产权的内容，应符合公共福利，以法律规定之。" 我国 1982 年宪法第 10 条规定："国家为了公共利益的需要，可以依照法律规定对土地实行征用。" 财产权的社会性要求为了社会公共利益需要而对财产权予以限制，这为公用征收权利的存在和运行提供坚实的理论基础，并使公用征收成为一项普遍的宪法制度和政治实践。

从西方宪法对财产保障规定的内容来看，私有财产的宪法保障制度有以下三种结构：第一，保障条款（不可侵犯条款），明示保障财产权的宪法原理；第二，制约条款（限制条款），确认财产权的内在界限以及公共福利与社会政策对财产权的制约作用；第三，征用补偿条款，规定国家对私人财产征用时必须予以正当补偿。第一个层次是现代财产权保障制度的一般前提，第二层的制约条款旨在对财产权保障加诸适当的限定，第三个层次的补偿条款又对财产的制约权进行限制，从而既维护了不可侵犯条款所确立的前提规范，又为制约条款在整个规范内部提供了恰到好处的缓冲机制。这种对财产既保障又合理制约的逻辑结构使公用征收制度随着时代的发展，又不断面临新的挑战。

二、国家行使征收权的限制

国家基于公共利益的需要对个人的合法财产权进行限制，不论在国内法的征收制度还是国际法层面，都规定了国家征收要受到基于公共利益的目标，依据法定程序进行，并且对私人财产的损失予以补偿这三个条件的限制，缺少其中之一就构成对私人财产权的侵犯，个人可以给予行政行为违法而获得赔偿。

（一）基于公共利益

公共利益是现代法律约束财产权的一项原则，是行政权介入私权的最为根本的合理性理由，因此各国宪法规定征收制度时，为防止征用权的滥用，都规定了公共利益是国家行使征用权的一个条件。例如，1789 年法国《人权宣言》第 17 条规定："财产是神圣不可侵犯的权利，除非当合法认定的公共需要所显然必须时，且在公平补偿的条件下，任何人的财产不得受到剥夺。"公共利益具有客观性和社会共享性，公共利益客观地影响着共同体整体利益的生存和发展，尽管它们可能并没有被共同体成员明确地意识到。从公众的角度看，公共利益是现实的，并不抽象，他表现为公众对公共物品①的多层次、多样化、整体性的利益需求，这种需求的满足需要集体行动、有组织的供给方式才能得到满足。这两个特性决定了公共利益之于个人利益在某些条件下具有优先性，公共利益与具体的某项个人财产权具有对抗性，不可兼得时，需要放弃个人利益才以实现作为整体而存在的公共产品。在国家采取具体的征收措施时，都有具体的公共利益目标，具体的公共利益对判定采取措施的合法性非常重要。国家所采取的措施要有利于具体公益目标的实现，如果采取的措施与对私人利益施加的负担没有关联性，则证明国家滥用行政权力干预公民财产权。

（二）法定程序

征收程序是指征收的步骤、方式、顺序、手续和时限的总称。征收作为一种公权力行为，其做出必须遵守法律规定的程序，而完整、科学的征用程序作为一种制约机制，能够保障征收、征用的合法、合理地正确行使。法律程序是实现正义的必由之路，程序正义是实现实质正义的前提和基础，法律

---

① 公共物品是指社会公众可以共享的产品、服务或资源，主要包括国防、治安、法律制度、公共基础设施、重大科研成果、基础义务教育、公共卫生保健、社会保障和公共福利制度等。参见沈开举著：《征收、征用与补偿》，法律出版社 2006 年版，第 60 页。

程序通过合理分配程序主体之间的权利，控制权利的运用，可以达到限制肆意形成行政结果的目标。通过程序的时间、空间要素的合理安排，可以克服和抑制主体行为的肆意性和任意性，可以平衡社会现实中的各方面压力，保持程序过程的相对封闭性，以制造一个排除外界干扰的独立空间。更重要的是，程序正义可以排除决策者的肆意。决策者要公平地听取当事人意见并在当事人认可的情况下作出决定，这有力地制约了决策者的任意性。这样对行政主体固有的权力优势形成了对抗，营造一个平等的对话氛围，使程序参与者都有平等地表达机会和自由的选择机会，从而促进新政决定的理性化。如此，当事人才会基于对程序公正的信赖而对所输出的结果有公正和正义的信服感，相信获得了自己所应得到的正义。征收程序中的正义主要表现为决策过程的听证程序。尽管各国对财产征收的程序不尽相同，但是完整的正当程序应当包括以下内容：（1）"公共利益"的认定程序。（2）征收实施中的程序。主要包括财产评估、补偿标准公示程序、协商程序、强制程序等。（3）征用救济程序。如行政复议、仲裁等。（4）听证程序。征收听证是指，征收主体在作出严重影响相对人合法财产权的决定前，由其告知决定理由和听证权利，相对人随之提出意见的程序。外国投资者不能如同内国公民，在政治中表达自己的政治诉求，在其财产利益被干预时，投资决策的程序性权利就显得尤为重要。

（三）对私有财产权作出公共负担的补偿

国家对特定主体的合法权益的损失给予补偿有一定的理论基础，占主导地位的有特别牺牲说（special sacrifice doctrine）和公共负担说，两者的理论的起点不同，又有一定的关联，较好的解释了国家实施补偿的原因。特别牺牲说源于德国，1974 年德国法确立了国家承担补偿责任的原则，即国家为了公共利益强加于一个人的特殊义务都必须承担补偿责任；公民因公共利益而作出了特别牺牲，有权获得国家补偿。① 19 世纪末，德国学者奥托·梅耶（Otto Mayer）提出了特别牺牲理论，他认为财产权的行使都要受到一定的内在的、社会的限制，只有当财产的征用受到限制或超出这些内在限制时，才产生补偿问题。② 战后西德联邦普通法院在"个别行为"理论③基础

---

① 如国家推行牛痘疫苗注射是为了防止公众得天花，但是对因注射疫苗而致终身残疾的人，必须给予一定的补偿，因为受害人注射疫苗是为了整个社会的利益并为此作出了特别牺牲。

② 韩小平：《行政补偿制度的几个问题》，载《东吴法学》2001 年。

③ 个别行为理论为德国帝国法院裁判的理论，认为征收系公权力主体对特定人权利指个别侵害行为，特定人为公共利益而受到他人所无之牺牲，则应获得赔偿。

上做出了新的发展，认为财产之侵害，不论剥夺或是妨害，对特定人或团体如受到与他人不相同的特别之侵害，并强迫使其作出了属于是过分要求的牺牲时，即为征收，因为该特定主体受到特别且不平等的牺牲，应对该人或团体补偿。该学说是由平等原则衍生出的衡平原则。公平负担平等说是由法国学者提出的，该学说与宪法平等原则紧密结合，具体到公共生活领域，要求公民平等地享有生活的利益，也平等地承受公共生活的负担。国家在任何情况下都应以平等为基础为公民设定义务，政府为公共利益而实施的行为，其成本由社会全体成员平均分担。① 给公民、组织的合法权益造成的损失，实际上是受害人在一般纳税负担以外的额外负担，当受害人因公共利益而受到损失，如果完全由其承担由此带来的损失，就会使受害人因公共利益而承担的义务重于同等情况的其他人，受益者是社会全体成员，其成本或费用应由社会全体成员平均分担，而不能由受害人个人承担。这种分担方式是由国家以全体纳税人缴纳的金钱来补偿受害人所蒙受的损失，以达到实现社会公平的目的。特别牺牲说和公平负担平等说都反映了宪法平等保护的原则，特别牺牲说包含了公平负担平等说的合理内核，在国家财政支付补偿时可以用公平负担平等说来解释补偿的原因和数量，有人认为两个学说是相同的，特别牺牲说是因，公平负担平等说是结果，因为个别人为社会公共利益作出了特别牺牲，所以受益的社会全体成员应公平负担个人的损失，通过国库支付的形式给予特别受害人补偿，从而使社会公众之间负担平等的机制得以恢复。②

（四）公平补偿的认定

公平补偿时一个抽象的、内涵不确定的概念，不同的国家有不同的认识，在各国宪法上也未明确使用确切的概念，何为"正当补偿"的问题，一直是征收补偿理论的焦点之一，正当补偿通常可以概括为两种，即完全补偿说和适当补偿说。完全补偿说认为，对成为征用对象的财产的客观价值，应按其一般市场交易价格进行全额补偿，甚至还要补偿搬迁费、营业上的损失等附带行损失。完全补偿说适用于财产权人作出特别牺牲的情形，为了满足一般的行政管理的需要，在社会变革时期，国家基于社会政策推行大规模征收、国有化措施改变既有的社会秩序，则无法采用完全补偿规则，否则社会化的目标难以达到。发达国家宪法多采用完全补偿说，日本宪法第 29 条

---

① 姜明安主编：《行政法与行政诉讼法》，北京大学出版社、高等教育出版社 1999 年版，第 476 页。

② 马德怀：《国家赔偿法的理论与实践》，中国法制出版社 1994 年版，第 42 页。

第 3 款规定需要补偿全部损失，即补偿被征用财产的一般市场交易价格，但是将伴随社会化的立法补偿情形排除在该范围之外，即置宪法第 29 条第 3 款的范围之外，仅意味着对其他财产权的侵害要完全补偿。① 美国法律对正当补偿的确定，通常依据被征用时公正的市场价值（fair market value）对财产所有者的损失进行评估。② 公平市场价值是指买卖双方在无强迫的情况下，经验丰富、信息灵通的买方愿意付给卖方不动产的价格。法国公用征收法典规定："补偿金额必须包括由于公用征收产生的全部直接的、物质的和规定的损失在内。"

适当补偿说，又称为相当补偿说，该说认为不一定全额补偿，只要参照补偿时社会的一般观念，按照客观、公正、妥当的补偿计算基准计算出合理的金额予以补偿就足够了。台湾学者陈新民认为，法律可以规定对当事人受损权益的补偿，由法律权衡侵犯当事人权利的范围、程度以及公共意义的重要与紧迫性与否；另外，也可以考量国家财力问题，而由法律明白规定给予相当或适当的补偿，或是授予由行政机关来给予补偿。法律中如果没有明白规定补偿额度的，一般都属于裁量补偿。③ 日本学者田中二郎博士指出："何为正当补偿，必须考虑承认具体的权利侵害的法律目的以及侵害行为的形态，根据受害侵害利益的性质及程度，依照当时可以予以补偿的社会理念，从社会性正义的视角出发，来判断、决定是否在客观上是公正、合理的。"④

当前，完全补偿说与适当补偿说趋同。适当补偿说提出的依据国库能力等，这种理由并没有真正的说服力，实际上在西方国家完全补偿和适当补偿的区别是相对的，何为全额、何为适当从某种意义上来说都是一种主观判断，很多情况下，适当、公正就意味着给予全额补偿，也只有给予全额补偿才是适当、公正的。现在补偿学说一般以完全补偿为原则，只有限于社会改革立法等存在例外的合理理由时，才认为较低的额度补偿就足够了。实际上，无论是完全补偿说还是适当补偿说，在执行时往往可以本着对公正原则的理解，对受害人作出基本一致的补偿给付。对于最不发达国家和发展中国家，依据社会变革颁行的政策、法律法规，采取行政措施对私人的财产权造

---

①　杨建顺：《日本行政法通论》，中国法制出版社 1998 年版，第 606 页。

②　United States, v. 103. 38 Acres of Land, 660 F. 2d 208, 211（6th Cir. 1981）.

③　参见陈新民：《中国行政法学原理》，中国政法大学出版社 2002 年版，第 272 页。

④　【日】田中二郎：《新版行政法》（上卷）（全订第二版），洪文堂 1976 年版，第 217 页。转引自杨建顺：《日本行政法通论》，中国法制出版社 1998 年版，第 607 页。

成损害，发展中国家提供的补偿是否到达了公平标准，要参考措施的目的以及比例原则标准进行判断，不可以苛刻地要求政府做出全额补偿，这不符合国家的支付能力，也与社会改革的正当性相违背。

第二节　国际投资协定对间接征收的规定

在国际法领域，广泛认可的征收制度是，无论是否为了公共目的，未经充分赔偿不得征收外国人的财产，以上述征收的一般原理来认定征收是否发生，半个世纪前，有学者指出，在一些有名的国际案件中，已经认识到财产权可以被干预，而被质疑的国家并没有征收的意图。[1] "依据国际法，国家措施可以干预财产权，达到了被认为是征收的程度，但是国家并无意征收这些财产，而且财产权仍然属于原始所有人。"[2] 随着福利国家和行政国时代的到来，国家干预社会事务范围日益扩大，国家对私人财产权益以各种不同方式予以干预和限制。但是财产的价值在于利用，只有财产权人可以以不同的方式对其财产权利进行占有、使用、处分时，财产权对所有人才有意义。如果公权力可以任意限制、剥夺私人财产所有权以外的其他权能，那么，即使享有所有权也只是一个外壳，没有实质价值可言。原有直接征收的定义已经不能担负起为私人特别损失提供法律保障的重任。这种征收界定的问题不仅对国内宪法的规定带来挑战，而且在国际征收的界定也存在一定的挑战。

一、IIAs 对征收的规定

国内法在宪法以及部门法中对征收做出专门的规定，在国际法领域，国际投资协定比较集中地规定了征收补偿条款，征收补偿条款是国际投资保护中的核心条款，虽然各种类型的 IIAs 都对征收条款进行了规定，表达方式各有差异，但是都规定了征收的条件作为对东道国征收财产的限制。有的将直接征收和间接征收在一个条文中一并规定，有的区分了征收的两种情形，在两则条款中进行特征描述性的规定，还有的在附件中征收的认定条件作出进一步的解释性说明。

墨西哥—英国 BITs 征收条款规定："一缔约方投资者的投资不得被国有

---

① Christie GC. What constitutes a taking of property under international law? British Yearbook of International Law, Vol. 38, p. 307, 1962.

② Starrett Housing v. Iran, Interlocutory, Award No. ITL 32-24-1, 19 December 1983, 4 Iran-United States Claims Tribunal Reports 122, p. 154.

化或征收，或通过采取等同于国有化征收效果的措施，直接或间接地在另一缔约方领域内，除非为了公共目的、以非歧视为基础、依照正当法律程序、进行补偿。"① 日本—老挝 BITs 征收补偿条款规定，"一缔约方不得在其领域内对另一缔约方投资者的投资实行国有化或征收，或采取等同于国有化或征收的措施，除非（a）为了公共利益；（b）以非歧视的方式；（c）充分、及时、有效地支付了补偿，依据第 2、3、4 段的内容，（d）依照正当的法律程序和第 5 条"。②

这些 IIAs 的征收条款在表述中使用了"直接或间接征收"的措辞，但是很少明确地区分直接和间接征收，特别是对间接征收作出明确界定，多采用"等同于"、"效果上达到"、"管理性地"、"隐蔽地"和直接征收一并规定。特别是在一段时间内，缓慢地对投资者的财产进行干预，有的条款中使用"蚕食性"的表述，蚕食性征收可以被认为是间接征收的一种，是指对投资者的所有权进行扩大性干扰，最终损害（或接近全部损害了）其投资价值，剥夺了投资者的控制权。

二、管理型国家的新特征及征收分类的困境

直接征收是指通过法律或指令，转移财产权或转移全部的物理性占有给国家或第三方。直接征收会在法律或指令中明确表明通过权利转移或完全占有的方式剥夺所有人的财产，当前大规模的直接征收已经不太常见。管理性征收（regulatory takings）是指国家运用公权力对私人财产权的限制超越了私人应当承受的限度，构成了特别牺牲并依法需要予以补偿的行为。为了适应新形式的需要，国内法院已经突破征用取得财产权的形式化定义征收的概念，而是基于特别牺牲、公平负担原则来重新阐释宪法上的含义：宪法不经公平补偿即不得征用条款的目的是，"禁止政府采取某些单独承担按照公平和公正的原则本应完全由全体公众承担的公共负担"。③ 征收的概念革命性地扩张，国家对财产所有权各项权能进行的限制都纳入到征收的范围之内。这种征收表现为通过具有强制力的法规的管制作用，间接地在效果上拘束财产，而非直接转移财产的所有权，因而在美国被称为管理性征收。④ 依据国

---

① Mexico-United Kingdom BITs（2006），Article 7.

② Japan-Lao People's Democratic Republic BITs（2008），Article 12.

③ Armstrong v. United States，346 U. S. 40，49（1960）.

④ Thedore J. Novak Brian W. BLaesser Thomas F. Geselbracht，*Condemnation Property*：*Practice and Strategies for Winning Just Compensation*，Rudnick & Wolfe，p. 42.

家实践和仲裁庭的学说，间接征收有以下特征：（1）国家实施了立法或行政行为；（2）该行为干预了财产权或被保护的法律利益；（3）其程度是相关的全部权利、利益，或大部分价值得到了减损，或所有人失去了对其投资的控制；（4）尽管所有人还保留着所有权或保持着物理性占有。① 相对于直接征收，管理性征收具有隐蔽性，所有人虽保持者财产的占有和所有权，但是已经失去了行使财产权利的可能。

现代国家负有稳定和发展经济的责任，国家对基于管理公共事务的权利，除了对变化多端的经济活动进行干预外，还有对公共秩序、安全、环境以及人权保护行使管理权，更多的是通过政策、法律、行政行为对私人财产权在一段时间内缓慢地造成干预，最终所有人失去对财产的控制、充分利用的能力。在 Suer 诉阿根廷案中，仲裁庭分析 2000—2003 年经济危机期间，阿根廷采取的经济改革措施是否构成间接征收，阿根廷政府认为其采取的立法和管理性措施并没有征收的意图，这些措施并没有改变或撤销投资者对其财产的法定权利也没有剥夺投资者对资产的控制。

对产生征收效果的政府管理行为一律划分为直接征收和间接征收两类，均依据特别牺牲原理和公平负担原理对私人财产权进行赔偿，随着更多表现形式的权利纳入到财产权范围内，致使私人财产权外延的扩大，将会产生国家管理权与私人权利保护之间日益激烈的冲突，国际投资协定中的征收条款面临着区分直接征收、间接征收以及认定不构成征收的管理性措施的挑战，笼统地规定征收已经难以适用国家管理权扩大的客观形势需要。特别是在国家没有征收意图的情况下，国家非歧视地实施了产生征收的效果的措施，是否存在不构成征收的管理性措施，即不需要征收的管理行为。当前国际投资协定的缔约方在谈判时，开始关注对直接征收和间接征收作出区分并进行更加详细的规定，如多明尼加共和国—中美洲自由贸易协定②附件 10-C 对直接征收和间接征收进行了区分，更重要的是，IIAs 开始对国家管理权进行确认，并将某些善意的、非歧视的国家管理行为从间接征收的范围中排除，更加精细化、有层次地、科学合理地规定征收制度，权衡了国家管理权和外资财产利益的保护。

---

① UNCTAD, Expropriation, 2012, p. 12

② Dominican Republic-Central America Free Trade Agreement（CAFTA-DR）（2006）in annex 10-C draws a distinction between direct and indirect expropriation.

第三节　不予补偿的国家管理行为范围的扩大化

达到征收效果的国家行为是否都要进行补偿，是随着行政国家干预社会生活范围扩大提出的问题。补偿的限度有全部补偿和适当补偿，是否存在国家的管理行为造成的对个人造成损失属于国家管理行为所允许的范围而不需要补偿的情况，能否认定为国家的管理行为所造成的损失在财产义务的内在限制的范围内，如果存在这样的情况，那这个内在限制的范围在哪里？

一、IIAs 中对管理行为的规定

未达到征收管理措施的规制。近两年签订的很多 BITs 开始进一步细化规定间接征收的认定条件，旨在将政府非歧视的善意管理行为从征收的范围内排除。哥伦比亚 BITs[1] 规定，"缔约方旨在保护合法的公共福利目标，包括保护公共健康、安全与环境的非歧视性管理措施不构成国有化或征收；除了在很少情况下，这些行为非常严重，不能被合理地认定为是善意地为了实现其目标"。美国投资条约在条文中明确规定了仲裁庭在认定是否构成征收的考虑因素，"除了在极少的情况下，缔约一方旨在实现合法的公共政策目标采取非歧视的管理行为，如为公共健康、安全和环境，不构成间接征收。仅仅通过缔约方的一个或一系列行为对投资造成了负面影响，不能确认间接征收是否发生"。[2] 美国 2012 BITs 范本附录 2 在对征收的解释中规定："第二种情况是间接征收，指缔约一方具有与直接征收相同的效果，但未发生正式产权让渡或公开占领的行为。（a）决定缔约一方的行为在一个具体案件中是否构成间接征收应当逐案分析、以事实为依据并考虑以下因素：（i）政府行为的经济影响。缔约一方的行为仅仅对投资价值产生负面影响不能构成间接征收；（ii）政府行为对投资预期有明显、合理的影响的程度；（iii）政府管理行为的性质。"

二、间接征收与管理行为的界分

间接征收（indirect expropriation）、管理性征收（regulatory expropriation）与不予补偿的国家管理行为（non-compensation regulatory measures）这些术语在国际协定中一般不会同时出现，而是通过解释性的语

---

[1]　Colombia-India BITs（2009）.

[2]　Chile-US. FTA, Annex10-D, 4（b）.

言对这些术语进行界定。通过这些解释性条款对间接征收认定的进一步解释，为仲裁庭认定政府的行为是否需要补偿提供相关的考虑因素的指引，国家正常的管理行为才从赔偿性的管理性征收中得到排除。事实上，这些参考因素已经在习惯国际法中得到确认。

国家在行使行政权的过程中，不论是渐进地还是迅速地对投资者的投资价值或者控制权造成了损害，从效果上看，难以区分是间接征收还是国家正常的、不需要补偿的管理行为。《欧洲人权公约第一议定书》① 以及美国—伊朗求偿法庭的判决发展了关于管理性征收的法理，使用比例原则对一系列因素进行综合分析来认定是否构成征收还是国家不予赔偿的管理行为。这些因素被 Tecmed 仲裁庭以及美式国际投资协定所确认，主要包括以下三个因素：（1）政府行为的影响；（2）明确、合理的投资期待；（3）政府行为的特征，主要指目的。

（一）国家行为的影响

国家行为的影响指国家采取的措施对投资造成影响的部分在总投资中的占比，考察是否达到了实质性的、全面剥夺的程度，以此确定一个量化的标准来判定政府行为影响程度。如果政府行为并未实质性的对投资的全部或者大部分价值造成负面影响，则仲裁庭通常会否定构成征收，不会给予补偿。何种权利构成"投资"是判定投资总额的基础，这与投资所包含权利范围有关。投资包括有形资产和无形资产，政府授予投资者的优惠条件，许可，与投资者达成的合同，都可以成为征收的客体，在 Phillips Petroleum Co. Iran v. Iran 案中，公司请求仲裁庭认为是否认可财产包括不动产这些有形资产和合同权利这些无形资产，仲裁庭认为被征收的权利有物理性财产也包括对财产的管理权、处置权。② 从此，对可征收的财产权界定被众多仲裁庭引用，知识产权也成为无形财产的一部分。③ 有些投资权益仅仅对投资估价有意义，并不构成可以被征收的具体财产。④ 事实上，政府可以被征收的投资范围小于投资的定义，明确地排除了企业的客户、商誉、市场份额等内容。在收入主导型投资的征收认定中，产生收益的能力相对于投资者的物理性资产

---

① Protocol No. 1, Convention for the Protection of Human Rights and Fundamental Freedoms.

② Starrett Housing v. Iran, Interlocutory Award No. ITL 32-24-1, 19 December 1983, 4 Iran-United States Claims Tribunal Reports 122, p. 156.

③ 对于知识产权，依据 WTO 协定的规定，国际投资协定规定了已经普遍性地规定了强制许可不适用与征收，以确保知识产权权利人不会对此种征收提出质疑。

④ Methanex v. USA.

而言价值更高、更为重要，是否收入损失可以被视为独立的资产，是否对收入主导型投资的影响评估要将整个投资收益和物理资产作为分母来计算？一般而言，未来收益并不会被视为供未来投资规模扩大的资产，受到政府措施负面影响的估价主要考虑剩余物理性资产价值以及其他投资支出，总体而言，要以投资作为一个整体来进行估价。

政府行为的影响可以是造成了投资价值的减少，也可以是使投资者对投资的运营失去了控制。这种控制包括投资者适用和处置其投资的权利，虽然投资的所有权没有被剥夺，但是失去了对投资的管理权，在 Sempra 诉阿根廷仲裁庭指出，间接征收要求投资者不再控制其商业运营，商业活动被事实上终止。还有将企业的核心人员被开除也视为对投资运营的影响因素之一，在 pope & Talbot① 诉加拿大案中，仲裁庭将影响投资运营的因素进行了归类梳理，列出了不适当干预企业运营的清单，包括干预企业日常运营；拘留企业人员；监督企业工作，干预股东的管理活动，阻止股东分红；干预公司制定董事、管理公司事务。这个清单在一定程度上为政府干预企业运营提供了指引，并且这些因素在合营、合作性质外资企业中得到了有效应用。

政府行为的经济影响程度采用受影响的投资对总投资的比例来衡量，仲裁庭基于财产权利的干预程度区分征收与管理行为，"征收通常涉及对所有权权利的剥夺，管理行为是较轻程度上的干预"。② 在 Feldman 中，CEMSA是一家在墨西哥注册的外贸公司和香烟出口公司，声称未能获得依法享有的出口退税利益，构成了对 NAFTA1110 项下的征收，仲裁庭认为不存在征收行为，因为该管理行为并未造成申请人对公司失去控制，也未干预其内部管理或申请人的股东地位，申请人仍然可以从事其他同类业务活动。③《欧洲人权公约第一议定书》裁决中的经典案例 Sporrong and Lonnroth v. sweidden，针对申请人的财产，斯德哥尔摩市政府授权进行长期的征收许可，分别为23 年和 8 年，授权进行征收本身并没有对财产造成征收，但是赋予地方当局的征收决定权，他们未来可以采取征收措施。Sporrong and Lonnroth 诉称

① Pope & Talbot, Interim Award, 26 June 2000, para. 100.

② S. D Myers 公司案，S. D Myers 是在美国经营一家 PCB 废品回收工厂的美国公司，声称加拿大禁止 PCB 废品主要基于对财产权利的干预违法了 NAFTA 第 11 章的规定。仲裁庭还进一步指出，征收与管理的区别反映出绝大多数涉及国家经济干预的潜在诉讼，这一问题的澄清可以减少政府在管理公共事务过程中可能遭受到的诉讼风险。

③ Marvin Roy Feldman Karpa（CEMSA）v. United Mexico, ICSID Case No. ARB（AF）/99/1, Award of 16, Dec. , 2002, pp. 29-67. 本案中美国公民 Marvin Roy Feldman 代表 CEMSA 提起仲裁。

他们无法出售该财产，构成对其财产权的侵犯。然而，瑞典政府强调许可制度的公共目的以及斯德哥尔摩是为了改善普遍的公共利益。欧洲人权法院并未由于土地使用法规影响申请人财产而构成间接征收，因为尽管丧失和平享有土地所有权利的某些部分，但是其并未消失，原告在这方面仍然能够继续利用其所有物，而且，虽然该法规使其出售财产变得更为困难，但出售的可能性仍然继续存在。① 为了便于操作，美国征收法理采用了"整体打包"法则，这一规则要求财产所有人不得将其财产权分类，此种检测方法对土地管理造成影响的计算中比较适用，但是对可以分为生产、分配、市场运营各个明确部分的投资就存在不合理性，是否存在剥夺，其认定还在于仲裁庭如何认定投资的特征，所以有必要以个案和事实为基础进行分析。

单一效果说。将效果作为唯一的和排他的认定标准，抑或也要分析政府行为措施的目的与背景，是认定某项管理措施经济影响所争议的问题，较早的国际投资仲裁案例采单一效果说标准，作出的裁决较为有利与投资保护，Tippetts 案中，伊朗—美国求偿法庭指出，较之相关措施对所有人产生的影响，政府的意图不那么重要，相关控制和干预的形式不如其所造成的实际影响来的重要。对于政府的环境管理行为造成影响的认定，随着环保意识的增强和可持续发展地位的上升，仲裁庭也逐渐从"尽管可以把环保原因而实施的征收认定为基于公共目的而进行的剥夺，是正当的，但是因此而发生的财产被剥夺之事实不会应道到支付赔偿的性质和估算，换言之，为环境保护而夺取该项财产这一目的不会改变给予充分补偿之夺取的法律性质。环境保护义务制国际来源在此不起作用"。② 近些年的案件已经走向平衡论，国际仲裁开始考虑政府行为其目的的合理性，权衡效果作出判定。国际协定在条文中也明确规定了不能以造成的影响作为单一评价标准。"政府行为的影响，尽管政府的行为对投资的经济价值产生了负面影响，其单独地，不能认定征收发生。"③

（二）对投资者的明确的投资期待的干预

投资者的合理期待是投资协定中公平公正待遇的内容之一，投资者的合理期待是通过要求东道国不可以不适当地改变管理法律或者对投资者的承

---

① See Sporrong and Lonnroth v. sweidden（1982）R. Higgins, op cit n. 12 at para. 276-277.

② Compania del desarrollo de Santa Elena S. A. v. Republic of Costa Rica, ICSID Case No. ARB/96/1, Feb. 17, 2000.

③ ASEAN Comprehensive Investment Agreement（2009）Annex 2, Colombia-India BITs（2009）, Article 6.

诺，保持政策、法律体制的稳定，为投资者的投资计划和运营提供稳定的商业、法律环境。东道国的管理变化对相关主体造成影响的实质是经济风险损失的分配问题。① 合理期待促进了投资流动的持续进行和不断扩大，总体而言对稳定和发展世界经济起着关键作用，特别是对发展中国家。② 保护投资者的合理期待，特别是投资的设立和扩大是基于政府的激励行为、政府合同、发布许可证，以及依据当地法规许诺的其他行为而开展。但是，稳定不意味着管理僵化不变，不得期待法律永不改变，期待和信赖是一个程度范围内的事。③ 因此，在一定限度内，投资期待产生国家责任的本质是在实现经济自由和福利等国家利益与给予最低水平的安全与合作的外资保护之间进行调节。国际法旨在通过经济、环境、健康安全管理促进可持续发展，实现管理转型。特别是在发展中国家，虽然安全和稳定对投资者意义重大，但是国际法并不要求国家为了实现可持续发展或者使公民财产免遭损失而是国家对管理转型进行补偿。以环境政策变化为例，国家推行新能源政策，要求一定标准之下的火电厂改革或者关闭，由于更严格的环境标准而使这些投资不具有经济效率，没有经济效率的投资阻碍的可持续发展社会转型。"在发展要求之下的投资期待不值得当代国际法保护，列入此类的投资损失，此种风险应该由投资者承担。"④

　　政府给投资者带来的合理期待的方式有很多种。投资者作出投资决定时所依据的政府法律、法规或政策，政府后来对普遍使用的法律、法规等抽象行政行为进行变更，一般不构成征收。除非政府的有权机关对特定的投资者做出了具体的书面承诺，此种信赖利益保护建立在投资者认为政府不会做出与此承诺相反的政策法律改变，仲裁庭对投资者援引合理期待抗辩设置了很

　　① G. Verhoosel, Foreign Direct Investment and Legal Constraints on Domestic Environmental Policies: Striking a "Reasonable" Balance between Stability and Change, Law & Pol'y Int'l Bus. vol. 29, 1998, p. 453.

　　② R. Dolzer, New Foundations of the Law of Expropriation of Alien Property, vol. 75, 1981, A. J. I. L. p. 579.

　　③ See L. Kaplow, An Economic Analysis of Legal Transitions, vol. 99, Harv. L. Rev. 1986, pp. 520-254. Kaplow 倾向于市场机制来分配风险，社会投资者在他们投资决策时容忍政府改革，补偿阻隔了投资风险的降低，补偿可以产生道德风险，因为投资者的过度投资可以得到更多的补偿。因此，从经济效率的角度来说，对征收进行补偿是无效率的。补偿制造了全面风险的扩展，鼓励过度投资，所以说补偿是不明智的，不补偿政策反而可以不保护风险，保留适当的投资激励。

　　④ R. Dolzer, New Foundations of the Law of Expropriation of Alien Property, vol. 75, 1981, A. J. I. L. p. 587.

高的门槛，必须是对投资者特定化的、明确的书面陈述或承诺。投资条约中开始将此因素明确例举，如中国—哥伦比亚 BITs 第 4 条规定：判定缔约方政府的行为是否构成征收，要以个案和事实为基础，考虑以下，b（1）……（2）措施的范围，对投资合理的（resonable）、具体的（distinguishable）期待。①

在国际法征收领域将投资期待作为评价是否构成征收的因素是有原因的。不同于国内投资者，外国投资者在投资政策行政中不能参与决策，发出自己的声音，投资者在国家滥用权力方面表现为弱势群体，政府改变投资者期待对规模不同的公司影响差异较大，具有垄断能力的跨国公司虽然没有明确的参政权，但是其事实上的经济影响力仍然会在政府决策中有一定分量，而对于中小规模的投资者面对政府政策的变化处于非常不利的地位。因此，政府正常的管理应当通过规范的信息公布、听证等程序，在程序方面给予投资者发言的机会，程序方面的违反也会被认定为滥用行政权力，进行赔偿。

（三）国家行为的特征和目的

政府采取措施是不是与促进公认的"社会目的"的实现或"普遍福利"的国家权力有关，对认定国家措施的性质非常重要。其实公共利益的目的并不是区分征收与不予补偿的管理性措施的充分条件，国家对工业进行国有化或建造公园仍然要进行补偿，这反应了公共收益与个人特别牺牲之冲突要公共负担解决，以保护脆弱的个人财产权之原理，并不具有不公平性。根据第一部分征收原理的分析，个人对国家有义务在一定限度内，为了公共利益对个人权利作出限制，如纳税。此外，已经为习惯国际法认可的治安权之行使也不需要国家补偿，因此，不予补偿国家行为的特征认定要基于公共利益之外的其他原因进行突破。

政府的行为有时会从私人所有者手中获得了如公园、高速公路、商品或服务等公共利益，通常认为要支付补偿，有时政府作为阻止以破坏性方式使用财产使用行为的管理者，就不需要补偿。学者 Sax 在其经典论文中指出，当国家不是作为"企业"，而是冲突的财产权的"调节者"时，不给予补偿就是合法的。他还指出，作为政府获取行为的结果，当社会上的个人或者某些群体合法地获得了新的经济价值，或者提高了政府控制的企业的经济价值就要补偿。② Sax 将政府的身份区分为获得和提高公共产品的市场参与者——企业（participant and enterprise）和经济活动中的调节者（mediator）。近来，Rose-

---

① China-Colombia BITs（2008），Article 4b（ⅱ）.

② See J. L. Sax, Takings and the Police Power, Yale L. J. vol. 74, 1964. p. 36.

Ackerman and Rossi 将政府的管理角色划分为购买者（purchaser）以及政策制定者（policy maker），①政府以购买者的身份出现时，就要进行补偿，当政府作为政策制定者则无须补偿。这与传统的关于征收补偿的国家责任学说一致，但问题是，是否政府的行为可以和政府购买了市场投入相类比，如在Tecmed 案中政府撤回许可（Tener 不再享有开采准入权）可以与政府为公众建造公园的利益而购买了 Tener 投资。政府究竟是作为企业以获得公共利益还是作为政策制定者、管理者、损害的阻止者，最终还是取决于政府行为的特征。20 世纪 90 年代，Sax 修改了其分析框架，从政府行为的性质转变为财产使用的性质。具体而言，当政府对财产权进行干预，其管理产生了外溢（外部性），管理者在实行公权力，政府是不需支付补偿的；当政府对财产权的干预没有创造外部性，就需要补偿。② 在其分析中还专门指出，保护湿地之类的环境管理应该纳入提高公共福利的行列，赞同环境管理不适用补偿。不论是将政府作为购买者、企业还是调节者、管理者，其实质都要求政府收益要能归于整个大众、全体，而非少部分个人或某个共同体，如果是某部分人收益，则私人承受的负担超过了个人财产权受到限制的范围，需要补偿；如果政府所获利益可以无差别地归于整个社会，个人的特别牺牲，只要是没有达到全部、彻底被剥夺的程度，那么此种个人财产权的限制就属于个人应当受到的财产权限制范围，因而政府不需要补偿。

以上分析框架是从政府行为的外在表现来判断政府行为的性质，实际上政府的行为往往伴随多种目的。环境部长出于保护动物、人类生命健康而发布环境禁令；产业补偿会出于保护主义而支持禁令，这种伴随了保护主义目的的管理措施是否应当排除在治安权的范围之外呢。事实上，只要管理的目的落入了治安权的范围内，并且禁令决定的依据是可续评估的结论，这些管理权的行使就是不需要补偿的。

以上（1）政府行为的影响；（2）明确、合理的投资期待；（3）政府行为的特征，这三个主要的识别因素都不可以单独进行，相互结合综合地进行判断，此外还有一些标准作为三个因素之外的补充，包括正当程序、比例原则、公平公正待遇、非歧视原则。政府善意地、非歧视地行使管理政策、实

---

① S. Rose Ackerman and J. Rossi, Disentangling Deregulatory Takings, Va. L. Rev. Vol. 86, 2000, p. 1435.

② See J. L. Sax, Takings, Private Property and Public Rights,, Yale L. J., Vol. 81, 1971, p. 149; J. L. Sax, Property Rights and the Economy of Nature: Understanding Lucas v. South Carolina Coastal Council, Vol. 45, 1993, Stan. L. Rev. p. 1433; and J. L. Sax, Takings Legislation: Where It Stands and What Is Next, Vol. 23 Ecol. L. Q. 1996, p. 1496.

施法律、法律，不真对外国投资者、不进行以国籍为基础的差别对待，还包括种族、宗教、民族以及习惯国际法规定下的其他歧视方式。正当程序要求政府在管理的过程中确保措施不严重违反程序，即行政决定由有权机关作出，告知、听证等，但是行政行为的程序不合法不会影响不予补偿措施的认定，会基于不法行政而赔偿。对于滥用权力，是指国家行使权力所追求的目的与权力设定的目的不同，如果发现政府行为的真实目的与所宣称的真实目的不符，就可以认定为滥用权力。

在征收制度中，比例原则也日益得到重视。比例原则是欧洲人权法院判定公权力干预私人权利正当性的主要原则之一，要求共同体一般利益的保护与个人基本权利的保护达到一定的平衡。① 法院要求政府选择的手段对实现所追求的合法目标具有适当性，不能不符合比例。当个人承受的负担过重时，个人权利的公平保护被打破，或者说就不成比例了。比例原则实际是一系列要素的综合权衡考虑，包括干预的严重性、投资者的合法期待、公共目的的优先性、不完全补偿的适当性。国际法赋予了国家追求公共利益采取行为的广泛自由裁量权。已有的适用比例原则的投资仲裁有 Tecmed v. 墨西哥（环境垃圾许可案)②，Azurix v. 阿根廷案，阿根廷案仲裁庭指出，比例原则为仲裁庭判定国家行为是否构成征收，是否要进行补偿提供了指引和分析框架。③ LG&E v. 阿根廷案仲裁庭指出，一般而言，国家有权采取社会福利措施，此时国家不需要承担任何责任，除非国家的行为明显不合比例。④ 基于以上要素的考量，足以区分国家的一般管理行为和间接征收，但是习惯国际法认可的治安权行使，也是判定是否构成国家不予补偿的管理行为的重要方面。

第四节　间接征收认定的阻却因素

间接征收认定的考察要素中，如果国家行为属于治安权的范围，投资期待不具有合理合法性，则都可以有效地排除征收。首先，下面对管理行为进行全面的考察，考察治安权可能包括的具体内容，探究发展中国家基于国家社会、经济发展需求采取的宏观管理行为和发展措施是否可以纳入治安权的

---

① Sporrong and Lonnroth v. Sweden, European Court of Human Rights, Judgment, 23 September 1982, para. 69.

② Tecmed v. Mexico, Award, 29 May 2003, para. 122.

③ Azurix v. Argentina, Award, 14 July 2006, para. 312.

④ LG&E v. Argentina, Decision on Liability, 3 October 2006, para. 195.

范围内。其次，对投资期待作了合法性和合理性的分步探析，特别指出合理期待要置于国家的发展水平中考察。

一、治安权例外

（一）治安权的范围及发展

治安权（policy power）是指国家为了保护公共安全、健康、道德或者促进公共便利和国家繁荣而对个人自由或财产权加以限制。① 治安权被视为国家维护公共秩序的必要工具，"美国的彩票，人造黄油制造业、台球厅都被禁止了而没有任何补偿。不过最好的例子是 1926 年禁止了蒸馏酒的生产和销售，这严重损害了私人财产权，当墨西哥对这一措施提出抗议时，美国国务卿 Kellogg 回应说这是美国在履行治安权，因此墨西哥不能提出外交抗议"。② 美国法学会在法律汇编时也提到该原则。《美国（第二次）法律重述：外交关系法》第 197 条第 1 款 a 项规定，国家为了维护公共秩序、安全、健康对外国人造成损害的，不违反第 165 条的国际公正标准。③ 其第三次重述中对第 712④进行评论时提到：国家因税收、管理、没收犯罪财产、或者其他普遍认为属于治安权的行为造成财产损失或带来经济不利的，不需要承担责任，但所采取的措施必须是无歧视的、且不是为了迫使外国人放弃财产给东道国或者以低价出售给东道国。⑤ 依据治安权学说，国家在治安权范围行使的行为依据国际法是不需要进行补偿，尽管治安权还没有国际范围内普遍接受的定义，从狭义来讲至少包括以下几个方面的行为：（1）没收、限制罪犯的财产；（2）征税方式占有财产；（3）对财产适用的立法限制治安权的行使必须满足以下条件：（1）非歧视性；（2）没有违反公平原则；（3）不是为了剥夺外国财产滥用权力。⑥

治安权范围的扩大。在自由资本主义时期，人们认为最好的政府就是管得最少的政府，政府作为社会的守夜人，仅负人民安全、维护社会秩序等消

---

① Black's Law Dictionary（5th ed. 2007）.

② S. Friedman, Expropriation in International Law（1953），p. 51.

③ ALI, Restatement（Second）of the Law of Foreign Relations of the United States, 1965, section 197（1）（a）.

④ § 712 State Responsibility for Economic Injury to Nationals of Other States

⑤ ALI, Restatement（Second）of the Law of Foreign Relations of the United States, 1986, section712, commentary, letter（g）.

⑥ Brownlie, Principles of Public International Law（7th edition），Oxford University Press, 2008, p. 532.

极行为的责任，国家与社会截然划分为公权力主体与私经济主体，国家认为与社会任务绝对对立，国家是以公权力（以行政干预的方式）来实现公共利益，社会任务是以私法活动来实现个人利益。此时，个人利益与公共利益区分明确，公共利益仅限于公共设施、公共工程等公用事业。随着资本主义发展到垄断时期，自由资本市场已经充分暴露其弊端，为了缓和社会矛盾，促进经济发展，政府转变消极的角色，开始全面干预社会事务，政府变成了"从摇篮到坟墓"的全能政府，出现了福利国家、给付国家或者行政国家。此时，国家任务扩大到交通、教育、卫生、劳工、环境保护等领域，与社会任务有许多重合，导致了国家和社会的同化，个人利益与公共利益的界限不再清晰，国家成为管理性国家（regulatory state），公共利益范围已不仅限于公用，国家进行政治、经济、文化、国防建设方面的管理。当今治安权指向了国家全面的管理权，除了消极的监护、保安和保护等传统的基本功能外，开始通过以各种方法管理经济事务：阻止垄断、反不正当竞争；保护消费者权利，实施许可、授权等控制机制；保护环境和公共健康、监管公司行为，等等。虽然治安权具有消极色彩，旨在保证社会的正常运行，为社会的正常运行提供最基本的条件。但是随着公共利益范围的扩大，治安有扩大的趋势，国家在经济和社会发展中发挥着越来越重要的作用。

因此，立法、国家实践和国际仲裁实践开始关注管理权，并对管理权进行确认。国际可持续发展委员会指出，"二是明确规定国家的正当管理权条款，国际可持续发展研究院的研究报告认为，国家在公共利益方面的管理权应该在正文中明确规定，而不是规定为例外条款"①，因此该研究院提供的可持续发展国际投资协定范本第 25 条就明确规定了一国保护本国公共利益的管理权。② 三即增加保护公共利益的一般例外条款。首先国际法学家的著作为管理权的确认做了理论探讨。"作为管理经济活动的主体，国家的角色应该认定为一个管理者，为市场提供一种具有竞争力的方式发展的平等而稳定的框架，国家管理当局要确保是否国家继续履行如环境、健康、安全、市

---

① Konrad Von Moltke, A Model International Investment Agreement for the Promotion of Sustainable Development, International Institute for Sustainable Development, November 2004, p. 20.

② IISD Model International Agreement on Investment for Sustainable Development, Article 25（B）, in accordance with customary international law and other general principles of international law, host states have the right to take regulatory or other measures to ensure that development in their territory is consistent with the goals and principles of sustainable development, and with other social and economic policy objectives.

场一体化和社会政策等领域的保护公共利益的重要功能。"① 国内法实践、国际仲裁以及学术著作已经认可了国家的管理权，国家管理权的行使不受投资条约的约束。"东道国一贯存在的管理权是国家对经济事务行使永久主权的一部分……投资条约的任何言辞都不能减损国家对经济的永久主权。"② "日常的税收措施、没收罪犯的财产、出口控制并不构成需要补偿的征收。立法性的管理在发达国家更加普遍。当公共损害结果出现或者可以被预见的情况下，以立法为基础的干预不构成补偿性的征收，这些管理性征收是国家有效行使其职能所必须的。……管理功能是东道国的主权权利，对这种干预在国际法是不产生补偿和外交保护的。③ 除了美国第三次《对外关系法律重述》对国家管理权的确认外，MAI 谈判草案，欧洲人权法院，包括《哈弗国家责任草案公约》（1961），都对国家管理行为不构成征收进行了一定的阐述，"征收补偿条款旨在融入国际法规则之中……等同于征收或国有化的措施，缔约方不需要对投资和投资者由于管理、增加岁入以及其他政府采取的公共利益的正常行动而遭受的损失进行补偿"。④ 在多边立法实践中，"任何对担保人的所有权、控制权、投资的实质性的收益造成损失效果的行政、立法、可归于政府的疏忽行为，不包括一般性地实施旨在管理其领域内的非歧视的措施"。⑤

　　国际投资仲裁庭也逐渐宣告了国家管理公共利益管理权的正当性。Feldman v. Mexico 仲裁庭指出："政府必须可以通过保护环境、更新或修改税收体制，授予或撤换政府补贴、增加或降低关税水平，实施区域限制等等，自由地行使广泛公共利益的权利，如果任何受到影响的商业都寻求补偿，此种合理的政府管理是不会实现的，可以肯定地说习惯国际法对此也是认可的。"⑥ 同样地，在 Saluka v. Czech Republic 仲裁庭提及了国家的治安权

① Geiger, Regulatory expropriations in international investment law: Lessons from the Multilateral Agreement on Investment, New York University Environmental Law Journal, Vol. 11 (1), 2002, pp. 94-109.

② Lowe, Regulation or expropriation. Transnational Dispute Management. 2004, Vol. 1 (3), p. 4.

③ Sornarajah, The International Law on Foreign Investment (3th Edition), Cambridge University Press. Cambridge, 2009, p. 362.

④ Interpretative note to Article 5 of the draft MAI "Expropriation and Compensation".

⑤ Convention Establishing the Multilateral Investment Guarantee Agency, Article 11 (a) (ii).

⑥ Methanex Corporation v. the United States, Final Award, 3 August 2005, part IV, chapter D, para. 7.

和管理权，"国际法没有对外国投资者补偿义务，当正常地行使国家的管理权，以非歧视的方式善意地采取旨在一般福利的管理"。① 当国家在习惯国际法普遍认可的"国家治安权"范围内采取了一般的管理行为，国家不承担征收的义务，也没有义务对外国人进行补偿。②

在国际范围内难以找到对治安权作出明确规定的规则，即便有规定也采取了不完全例举。目前，从已有的条约实践来看，比较普遍认可的主要包括公共道德、生命健康、环境保护。虽然没有强制约束力，但是这些学说的影响力一直在扩大。

（二）国家管理行为的全面考察

按照国家所处阶段的特点，国家管理行为可以划分为社会改造行为、宏观调控行为、日常行政管理行为。按照政府的权能，将政府行为划分为行使政府参与权的行为、行使市场规制权行为、行使宏观调控权行为。③

公权力介入市场被称为干预，政府干预和参与市场的主要区别在于其身份不同，作为参与者，政府是以一方当事人的身份在行政法律关系与另一方直接发生权利义务关系，发生财产方面的流转活动，如税收机关作为税务数据的核实者开展工作，负有收取税金的职权，而公司负有缴纳税金的义务。政府作为干预者，政府是当事人权利义务的制定者和监督者，不享有当事人的权利和义务，当事人与政府之间是一种挂历性关系，不直接发生物质交换活动。④ 市场规制权时现代社会国家行使政府权能的主要方面。市场理应是资源配置的基本机制，然而，市场失灵等缺陷为政府干预留下了空间，不论是发达国家还是发展中国家，政府始终要行使市场规制权。市场规制经济法的一个核心概念，在一个规制型国家（regulatory state）的时代，现代社会事务越来越多地受到国家干预，而国家权力又受到约束，通过制定规则和标准来干预经济社会事务，代替了政府无所作为的自由放任体制，也代替了那种政府无所不包、主导一切的全能模式。⑤ 市场规制的缺位被认为是 2008

---

① Saluka v. the Czech Republic, Partial Award, 17 March 2006, para. 255.

② Ibd, para. 262.

③ 参见韩志红，宁立志等著：《经济法权研究》，武汉大学出版社 2012 年版，第 191-335 页。

④ 政府参与经济活动，可以作为行使公权力的主体和作为私权利主体，前者以征税为例，后者有投资、举债、向个人或资质提供低息贷款、提供担保、政府采购等。

⑤ 规制型国家，又称为监管国家，参见【英】克里斯托弗·胡德等：《监管政府：节俭、优质和廉政体制设置》，陈伟译，生活·读书·新知三联书店出版，管斌：《混沌与秩序：市场化政府经济行为的中国建构》，北京大学出版社 2010 年版。

年次贷危机发生的原因之一，监管原因落后于金融创新的速度。市场规制与宏观调控常常一同出现，日本经济学家植草益将政府干预经济的供的规制政策分为8种：（1）以保证分配公平和经济增长、稳定为目的的财政、税收、金融政策；（2）提供公共物品的公共投资、公共服务和福利政策；（3）处理不完全竞争的反垄断法、商业法依据民法产生的规制企业活动的政策；（4）以处理自然垄断为目的；（5）处理非价值性物品和外部经济为目的的政策，防止和缓解经济活动中产生的社会问题；（6）以处理信息不对称为目的的政策，包括保障消费者权益、公开信息、对广告和说明的制约等；（7）与多样化的市场失灵相关的政策，如产业政策、科学技术振兴等；（8）其他政策，特别是劳动政策以及与土地自然资源相关的政策。[1] 依据我国学界的通说，认为（3）~（6）是典型的微观和市场规制，其余政策是宏观调控政策，或者说是市场规制和宏观调控的交叉。总体而言，市场规制侧重对微观市场主体及其行为进行直接的调节和控制，宏观调控侧重对宏观国民经济进行总体的间接调节和控制；市场规制侧重在执行，宏观调控侧重在决策。[2] 规制的实质是政府与市场、社会的界限问题，及政府何时干预市场、何时由市场和社会自行解决所的问题。以规制的领域不同，可以分为经济性规制和社会性规制，按照 Lester M. Salamon 的归纳，经济性规制与社会性规制的区别见下表：

	经济性规制	社会性规制
理论基础	纠正市场失灵	克服法制过于机械的缺点、规避社会风险
政策目标	确保竞争性的市场条件	限制可能直接危害到公共健康、公共安全或社会福利的行为
政策工具	市场进入控制、价格控制、产量控制等	制度设置、确立标准、奖励机制、执行系统等

---

[1] 参见【日】植草益：《微观规制经济学》，朱绍文等译，中国发展出版社1992年版，第19-20页。

[2] 刑会强：《宏观调控权运行的法律问题》，北京大学出版社2004年版，第17-20页。

续表

	经济性规制	社会性规制
政策对象	公司企业行为	个人、公司企业以及底层地方政府的行为
案例	电信、航空、邮政等网络性产业	药品食品安全、控制环境污染、生产安全等

政府当前在经济性规制的同时，逐渐加强社会性规制，其核心任务是提供制度激励，为社会的可持续发展创造条件，以监督和分级制裁为内容的社会性规制为目的就是实现一个相互依赖的社会中防止那些想破坏规制的人，同时使资源遵从者确信其他人遵从。①

宏观调控行为是一种新型的国家行为，具有不可诉性。宏观调控是国家干预、调节、协调或调剂经济运行的方式之一，与市场规制一起构成国家对经济的干预。② 宏观调控权是国家进行宏观经济调控的权利，在市场经济条件下，国家为了影响长期经济发展、熨平经济周期、平衡总供给与总需求的关系、调节国家产业结构，主要通过国家规制、货币政策、财税政策等，对经济运行和发展进行总体指导和调控的权力。宏观调控行为是宏观调控权的动态表现，宏观调控行为主要包括（1）国家规划，即国民经济和社会发展规划及其他国家战略规划，（2）国家预算安排及国家财税政策的制定；（3）货币政策的制定；（4）价格总水平的调控。国家行为特指涉及重大国家利益，具有很强的政治性，排除在司法审查之外的统治行为，涉及国家重大利益和具有很强的政治性是国家行为的构成要件，排除在司法审查之外是国家行为的结果，而不是构成要件。将宏观调控行为界定为一种国家行为是因为，宏观调控满足国家行为的构成要件，首先，宏观调控行为涉及国家的重大公共利益。宏观调控行为是国家向社会提供的一种公共物品，涉及整个国

---

① 参见【美】迈克尔·麦金尼斯：《多中心治道与发展》，毛寿龙译，上海三联书店 2000 年版，第 98 页。

② 我国《宪法》第 15 条并没有提到市场监管，或市场规制，只规定了宏观调控，将宏观调控视同于所有的国家干预。主要通过国家规划、货币政策、财税政策等，影响和诱导企业经营活动的行为，而不直接干预企业活动的行为，从而保持经济总量的基本平衡，促进经济结构的优化、引导国民经济持续、快速、健康发展，推动社会全面进步。

家利益，是重大公共利益的一种。其次，宏观调控行为具有很强的政治性。传统的概念中，国家行为不包括宏观调控行为，其内容是指国防行为、军事行为、外交行为、紧急行政行为、重大国家公益行为（如国家计划的重大调整、重大建设项目的调整）。① 宏观调控作为调节和控制一国经济总体的机制和手段，一般情况下和国家主权无涉，更不会引起政治纷争……②宏观调控行为作为一种国家的管理行为，具有与一般行政行为不同的特征，首先二者的主体不同，宏观调控行为的行使主体主要是中央国家机关，其次行使的目的不同，宏观调控行使的目标在于影响长期经济发展、熨平经济周期、平衡总供给与总需求的关系、调节国家产业结构。而行政行为的目标在于保证法律的实施，维护法律尊严。最后，法律关系不同。宏观调控行使过程中，宏观调控机关不与行政相对人直接发生法律关系，而是通过国家规划、货币政策、财政政策等影响和诱导市场主体的行为，这种影响的主体是间接的，不特定的。而行政行为的行使过程是行政相对人与行政机关之间的行政法律关系，行政机关也会依据法律制定执行的法规，构成抽象行政行为。

在以上分析了行使政府参与权的行为、行使规则权的行为，以及宏观管理行为，这三类行为较为全面的概括了政府在当今社会生活中为了社会稳定、发展经济和增加社会福利所开展的行为，相应地，在这些行为行使的过程中，都有可能对公民的财产权造成一定的干预。如果按照国家所处的阶段，则政府行为可以分为日常管理型、社会改造型、宏观调控型，即会造成日常管理型的征收、社会改造型征收以及宏观调控型征收。国家宏观调控行为造成的政策、基本法律的变化属于投资者海外投资的政治风险，因其政治性很强，所以具有不可诉性，由此造成的投资者损害，一般对国内外投资者无歧视地适用，对国内公民不进行补偿的就纳入管理性征收的范围内给予补偿，视为不予补偿的管理行为。习惯国际法中的治安权应该与日常管理行为、国家规制行为相重合。国家处于某一社会发展进程中的社会改造型管理行为以及宏观调控行为，似乎很难纳入治安权的范围内，通过以上国家行使管理权的方式可见，很多国际投资争议中的大规模的国家管理措施是宏观调控行为，特别是在处于经济金融危机等紧急状态下，国家的宏观调控管理行为带来的大面积的社会变革，或者具有改造性的措施，是具有较强的政治性的主权行为，具有不可诉讼性。这种管理行为是否可以纳入治安权的范围仍然值得探讨，同时治安权是否只能指向维持社会日常秩序的管理行为也是需

---

① 胡建淼：《行政法学》，法律出版社 1998 年版，第 409-410 页。

② 胡光志：《论宏观调控行为的可诉性》，载《现代法学》2008 年第 2 期。

要从习惯国际法中探求的问题。

（三）治安权例外的评析

从以上治安权的分析来看，治安权的范围的界限还是相对明确的，主要围绕政府维持社会最基本的正常运转而展开。如果对不予补偿的管理权的排除仅限于治安权范围内的社会安全、消费者保护、市场公平竞争，就无法排除发展中国家基于提高国家发展水平、应对发展危机而采取的应对措施，因此，所谓习惯国际法上的治安权例外对发展中国家来说并不能解决其发展管理措施可以从间接征收中排除的问题，由此带来的高额补偿费将加剧发展中国家在社会变革中的负担。因此，对治安权作一探讨，试图通过对国家管理权分类的方法，探究治安权有没有扩大范围的可能，还是仅仅限于已经在一些 IIAs 所例举的安全、健康、环境。如果不可以扩大，就需要探寻其他的解决国家基于发展管理措施而不予补偿的具有正当性的路径。

事实上，以发达国家为主导建立的国际投资规则，反映了发达国家限制发展中国家发展的意图。发达国家已经达到了高度文明的水平，市场经济体制完备，自由化程度高，对外资的干预少，因经济管理措施发生的干预少，特别是社会发展目标实现的管理措施，会让投资者感到政策法律变化频繁，其合理期待遭受重大损失。许多发展中国家的市场经济仍不完善，民族经济的竞争能力有限，从经济上对外资采取正常的管理措施，显属必要。因此，从客观发展现实来看，对国家基于发展目标实现而采取的措施带来投资者损失国家行为应当进行定位。

安全、健康的环境这些客体保护的是不论发达国家还是发展中国家的基本人权、人类基本生存权、具有普适性的价值，而经济管理措施所要实现的加强某个领域的发展，其公益性似乎低于安全、健康环、环境保护。曾任美国国务院法律顾问和美国驻伊朗仲裁庭代表的魏纳教授就曾给出了这样的解释，像伊朗政府为了稳定经济、也是为了使美资企业免遭倒闭而采取的暂时接管措施，被视为不是为了出于合法的公共福利之需要。魏氏进而提出，要以"国际公认"的标准来限定"合法的公共福利"。这种提法貌似公正，但从实际解释来看，魏氏毫不掩饰其倾向性，他声称，维护公共健康和国际劳工标准等公共福利，由于得到发达国家与发展中国家的共同认可，应具有"国际公认性"；而像为了建立国际经济新秩序那样主张分配正义和集体目标的，因得不到发达国家的同意，就不是"国际公认"的合法公共福利。这样，因发展阶段不同，发展中国家实行的许多管理外资的社会措施，可能在发达国家比较少见。于是，其以促进"国际公认"的公共福利为目的，就难以证成，从而难逃被归入间接征收的命运；即便发展中国家采取的社会管理措施，表面上达到了魏氏的"国际公认"的公共福利之标准，仍有可能被解释为在本质上是不合法的。魏氏就认为，美国采取的环保措施是真正以保护环境为目的的，而发展中国家实行的环保政策，则多是推行贸易保护主义的工具，属于间接征收行为。[①]

将治安权的范围限定在一般人权、基本生存保障的范围内，也就使因治安权免责的门槛较高，难以排除某领域的经济发展、社会发展而行使管理权的国家行为。不予赔偿的管理措施认定标准高的话，发展中国家繁重的社会变革和发展任务在国际征收前面临着障碍，基于发展权理论，发展中国家当前处于发展起步、积累和崛起阶段，在适用统一的规则时，不仅要给予更大灵活空间和优惠，而且更需要给予偏重保护的倾斜，在解释方面对发展中国家的发展需要给予宽容和让步，发展中国家除了援助外，规则上的让步和优惠时培养其发展能力，授之以渔的关键所在，因此，在认定治安权行使时，除了保障所有国家生存的具有一般性的客体外，可以考虑纳入关于通过投资实现某种经济、社会发展政策的政府管理措施，这样，发展中国家政府行使的更多的管理措施将纳入不予补偿的管理措施的范围内，降低了援引不予补偿管理措施的标准。这才是从征收补偿的角度为发展中国家提供了管理空间，提供了一定的差别待遇。"其主要依据在于：发展中国家承担着更繁重的经济社会任务，国际裁判机构对它们进行间接征收的判定时，应更加慎重"；[②] 否则，就会阻碍发展中国家对外资采取必要的社会经济管理措施。就外国投资者而言，对于发展中国家更有可能采取提高经济社会福利之管理措施的态势，它们事先应当预料得到。而且，可以通过投资保险制度等风险防范措施来降低风险。

二、合理期待的认定对征收的阻却

（一）投资期待合法性的阻却

对投资者合理期待的保护源于对行政行为产生的公定力——对信赖利益的保护，在国际投资保护机制中，合理期待可以通过多种方式让投资者信赖东道国政府将会以某种方式作为和不作为，作为自己投资计划和运营的基

---

① A. S. Weiner, Indirect Expropriations: The Need for a Taxonomy of "Legitimate" Regulatory Purposes, International Law Forum, Vol. 15, No. 3, 2003, pp. 172-175.

② 参见 H. Sedigh, What Level of Host State Interference Amounts to a Taking under Contemporary International Law, The Journal of World Investment, Vol. 2, 2001, p. 641. 转引自徐崇利：《间接征收之界分》，载《福建法学》2008年第2期，第7页。

础。投资者产生合理期待可以基于投资合同、稳定条款、单方面陈述，以及国家的一般的管理框架。概括而言，合理期待的产生有两种：一种是投资协定中基于待遇条款给予的保持国家的管理性法律框架的稳定的概括性承诺；另一种是针对特定的事项，与特定投资者签订的投资合同或者单方面承诺，如投资者准入时给予某种待遇或特别的优惠，保证在特定事项上不作出损害投资者利益的不利改变。在 Continental Casualty v. Argentine Republic 案中，将可以产生合理期待的国家行为分为不同的种类，一般性立法声明（general legislative statements）和其他种类的承诺（特别是合同承诺，contractual undertakings），每个国家都拥有不可剥夺的行使立法的主权权力，国家可以自由地修改、撤销其任何一部法律，对投资者进行投资时法律的修改无可厚非。① 因此，国家管理性法律框架的变化可以不受投资协定的 FET 标准的阻碍，投资者不能期待投资进入时的法律环境不发生改变，"只要投资者未能证明法律法规的修改旨在特意歧视投资者，由管理性法律法规的变化而引起的投资利益损失不能获得赔偿"。② 但是法律不能不停地、无休止地一直变化，这样就不是稳定情形，其解释和适用也是如此。要防止管理修改的突然变化效应。③ 东道国在涉及外资利益的法律、法规修改时，应当采取正当的法律程序，特别是过渡性措施，防止过于突然的政策或管理措施转变。总之，IIAs 给予投资者保持的稳定一般性管理体制的期待，国家由于国家的发展政策或公共利益保护造成的投资者合法期待的损失，不得要求赔偿。

（二）投资期待合理性的阻却

1. 东道国投资环境的考察，特别是东道国的发展水平

投资者的期待必须是合理的④，合理的投资期待才受到国际投资法律体

---

① Parkerings-Compagniet AS v Lithuania, ICSID Case No ARB/05/8, Award（11 September 2007）para. 332.

② Ibid, para. 337.

③ PSEG GlobalInc and Konya Ilgin Elektrik Ü retim ve Ticaret Limited Sirketiv Republicof Turkey, ICSID Case NoARB/02/5, Award（19 January 2007）para. 254.

④ 合理性（reasonable）可以被认为是合法性（legitimate）的同义词，也可以认为是合法期待必须满足的额外特征。See International Thunderbird v. United Mexican States, Award, para. 147（defining legitimate expectations as 'reasonable and justifiable expectations'）; Jan de Nul NV and Dredging International NV v. Arab Republic of Egypt, ICSID Case No ARB/04/13, Award（6 November 2008）, para. 186（'reasonable and legitimate' expectations）; Continental Casualty v. Argentine Republic, para. 260（'reasonable legitimate expectations'）; Total v. Argentine Republic, para. 333（'reasonable and hence legitimate' expectations）; Grand River v. United States of America, paras140, 141（'reasonable or legitimate expectations'）.

制的保护。投资对东道国一般性管理法律体制所提供的商业环境是否会保持稳定的期待，不能抽象地以同一标准认定，要考虑投资所在国家的具体环境。近来投资仲裁庭开始考察投资者期待的具体内容，其认定要与东道国特定的投资环境相联系，投资者在社会发展水平不同的国家投资所享有的期望值有很大差异。投资者在发达国家要求的合理期待与发展中国家和新兴经济体所寄予的期待不同，特别是对政府治理的透明度和稳定性方面更是如此。[1] 在 Duke Energy 案中，仲裁庭对合理期待的评价给出了检测方法：“评价投资者合理期待的合理性与合法性时，必须考虑所有的环境，不仅包括与投资紧密联系的实施，而且还有东道国当前盛行的政治、社会经济、文化和历史条件。”[2] 很多时候，发展中国家提供的投资优惠和承诺能加吸引投资者去投资，与到发达国家投资相比可能获得更高的投资回报率，但是，更大的法律和商业环境的不稳定性将构成商业风险的重要组成部分，期待的合理性判断不得不考虑此种因素。在 Toto v. Lebanon 案中，黎巴嫩战后经济面临挑战和殖民地重建的任务，税率保持不变的期待就不具有正当性，也不构成征收。[3] 在转型经济体投资更是如此，“在转型国家的环境中，不能期待稳定的商业环境，每个审慎的商人应当通过稳定条款来寻求合法期待的保护”。[4] 此外，与发展中国家经济条件有关的风险并不是投资者评价投资环境的唯一内容，也要考察社会发展阶段、历史文化等非经济因素。

在发达国家投资也考虑到某一地区或一段时期内国家的特定政策，从而对投资环境的稳定性、管理风险作出合理评价。例如，在 Mathanex v. US 案中，仲裁庭认为投资者不应该期待加利福尼亚洲停止实行管理性法规的变化，那段时间加州的环境受到各种利益集团的监督，对环境问题的敏感举世瞩目。日本学者多而泽认为，“间接征收的构成要从三个方面考察，首先应当考察投资东道国的法律环境，因为原则上每个国家都有权利制定规制财产

---

[1] See Michele Pstesta, Legitimate Expectations in Investment treaty Law: Understanding the Roots and the Limits of a Controversial Concept, ICSID Review, Vol. 28, No. 1, 2013, p. 118.

[2] See Duke Energy Electroquil Partners and Electroquil SA v Republic of Ecuador, ICSID Case No ARB/04/19, Award (18 August 2008) para. 340.

[3] Toto Construzioni Generali SpA v Republic of Lebanon, ICSID Case No ARB/07/12, Award (7 June 2012) para. 245.

[4] Parkerings-Compagniet AS v Lithuania, ICSID Case No ARB/05/8, Award (11 September 2007) para. 345.

的措施，而投资者投资就意味着已经接受了这些限制"。① 投资环境和东道国发展水平的考量是对投资期待产生上的限制。

对于发展中国家经济发展水平不同给予不同的期待，这一考虑因素如果能在条款中确认，将会对仲裁庭的解释和自由裁量提供指引。合理期待已经被习惯国际法确认为 FET 的组成部分，但是近来的投资协定中将合理期待明确列为是否构成征收的考虑因素之一，但是没有对合理期待的认定予以明确，不同发展水平的差别对待还没有成为国际投资法律解释的一般原则，但是，在《南非共同体投资协定》（COMESA）的投资领域，在 FET 的解释规定赋予灵活处理权利，第 14 条第 3 款："为了进一步给出确切的解释，成员国应当理解不同成员国在行政、司法、立法体制方面的不同形式，不同发展水平的成员国要采用不同的标准，条款中的第 1 段和第 2 段（禁止否决公正、对外国人的最低待遇标准）在此处不构成唯一的标准。"② 对不同发展水平的国家给予具有差别的灵活考量，才能切实地给予发展中国家发展政策以尊重，培育国家的发展能力，将合理期待置于具体的国内法制和发展环境中予以认定，有利于排除征收认定的可能，给发展中国管理政策的合理性提供更大的考虑空间。

2. 对投资者行为的考察

对投资环境的全面考察作为投资者合理期待的一个方面，是投资者投资行为是否尽到勤勉义务的题中应有之意。这一视角跳出了考察投资者期待的渊源，不考察是合同承诺、单边陈述还是一般性的管理框架。投资者的勤勉义务不仅表现为对投资环境的判断，而且还表现在其他诸多方面，投资者这些义务的缺失，或者投资者自己的过失，会引起免除国家补偿义务或减少赔偿数额的法律效果。"如果投资者对调查东道国的法律尽到了勤勉的义务，就不会错误地产生期待，因为其调查可以避免投资者以此进行投资计划。"③在 ADF v. US 案中，仲裁庭否认了投资者的合理期待，因为其合理期待不是由 "官方当局的误导性陈述引起的，而是由投资者从个体咨询公司的法律

---

① 王月鹏：间接征收中的合理期待，载《法制与社会》2008 年第 12（中），第207 页。

② See Investment Agreement for the COMESA Common Investment Area（2007），art 14（3）

③ See Elizabeth Snod gr ass，'Protecting Investors' Legitimate Expectations—Recognizing and Delimiting a General Principle，vol. 21，2006，ICSID Rev—FILJ 1, 11.

意见形成的"①，投资者如果获得了正确的法律意见，就会知道不应当以此计划投资，因为会与东道国的国内法相抵触，因此，投资者的期待是不受保护的。在 MTD v. 智利案中，智利政府将允许投资者进行不动产投资纳入到投资合同之中，但是智利当时的生效法律不允许投资者获得的不动产用于商业目的，并且其投资许可合同还经过了其他当局之手。② 投资者在形成合理期待方面与其勤勉义务紧密相关，这将构成认定征收的一个次级要素。

　　3. 投资者投资前进行风险评估的义务

　　投资者在决定投资、在东道国开展运营时，对风险的评估集中反应了投资者的勤勉责任。首先，投资者要承担获得高收益而伴随的高风险，当投资者投资与社会、经济、政治形势不稳定国家时，应当合理地预见高风险的存在。仲裁庭在 Generation Ukraine v. Ukraine 案中指出：原告愿意到乌克兰投资是因为可以获得比到更加发达的国家获得更高的投资回报率，原告在乌克兰投资就应该注意到繁荣的潜在的诱惑……原告无疑遭受了各种形势的官僚主义的无能而带来的障碍和延迟。但是同时，原告也无须竞标，也不用向当局支付很多租金就获得了在 Kyiy 中心区的商业地产租赁权。③ 虽然东道国不能用投资者的获益来证明其管理缺陷，但是"投资条约也不是错误商业判断的保障"。④ Waste Management v. Mexico 案中，仲裁庭指出征收条款的功能也不是用来减少投资者正常的商业风险，或者对墨西哥政府施加投资计划失败的补偿工具。在转型国家和新兴经济体投资，这些国家的明显特征之一就是处于变革、崛起时期，其政策、管理性法规发生较为频繁的变化将是这些经济体应有的表现，投资应当有所预见。其次，投资者在形成投资期待时也应当审慎地作出判断，自己的过失形成的投资期待是不受投资协定的保护的。

　　综上所述，投资者期待要具有合法性和合理性才能得到投资协定的全面保护，认定征收给投资者带来的影响时，投资者的合法期待是考虑的重要内容之一，首先，一般性管理框架的变化，只要不是基于针对投资者歧视的善

---

①　ADFGroup v. United Statesof America, ICSID Case No ARB（AF）/00/1, Award（9 January 2003）para. 168-78, para. 242-6.

②　仲裁庭依据公平公正待遇保护投资者的合理期待，因为政府没有明确地处理投资许可，但是对其补偿减少了一半，因为投资者应当独立地评价政府行为给予的合理期待，投资者在勤勉义务的履行方面存在过失。

③　Generation Ukraine v. Ukraine, ICSID Case No ARB/00/9, Award 16 Semptember, 2003.

④　Maffezini v. Spain, ICSID Case No. ARB/97/7, award 13 November, 2000.

意的管理行为，不构成合理期待的丧失。其次，投资者合理期待的形成要从东道国的政治、经济文化、历史传统，特别是发展水平作为基本方面来考虑，因为投资环境的大背景决定了投资期待、投资计划等诸多内容，转型经济体的管理性风险将高于发达经济体，这将阻却管理性征收的成立。最后，投资者勤勉的注意义务为形成合理合法投资期待判断的关键因素，构成阻却征收的一个要素。

第五节　有利于发展权的选择：扩大对治安权的解释抑或援引例外条款

一、治安权例外的局限

在 IIAs 普遍认可的管理行为中，日常行为管理性质的行为居多。治安权不包括国家为了实现特定发展目标的措施。对于社会变革和发展为重要任务的发展中国家，治安权例外不能满足发展中国家在发展中免除补偿、赔偿的责任。很多投资条约对间接征收和不予补偿的管理措施的区分采用了解释性条款的方式，在征收条款中以一项或在附录中以专门条款解释，如加拿大—约旦 BITs（2009）、加拿大—秘鲁 BITs（2006）、澳大利亚—美国 FTA（2004）等，这些条款所指向的为了公共目的、社会目的，其目的范围隐含着习惯国际法中治安权的界限，但一旦超出了治安权的管理措施就构成了征收。发展中国家行使社会发展变革的管理措施，为了某种发展目标，如扶持民族产业、幼稚产业政策、文化保护、民族政策、扶住当地弱势群体发展的政策，通过法律修改、颁行或具体行政行为实施造成了个人财产权力的损失，这些超过治安权范围的管理行为，如果对投资者的损害并未达到实质性、全部的程度，则仍然难以获得免除国家责任的正当性。如果国家发展进程中的宏观管理行为和社会改造不能援引治安权免除补偿的可能，就需要借助于其他例外条款免责。例如，关于南非 BEE 政策的仲裁①中，南非政府发布了《2002 年矿产、石油资源发展法案》（*The Mineral and Petroleum*

---

① Piero Foresti, Laura de Carli and others v. Republic of South Africa, ICSID Case No. ARB（AF/07/1）, Award in Aug. 8, 2010, also See Luke Eric Peterson, European Mining Investors Mount Arbitration over South African Black Empowerment, Investment Treaty News（Int'l Inst. For Sustainable Dev. , Winnipeg, Man. , Can. ）, available at http://www. iisd. org/pdf. 2007/itn_feb14_2007. pdf.

Resources Development Act of 2002），将所有的矿产和石油资源收归政府所有，实现南非从一个种族隔离体制向民主社会转变。所有的自然资源开发权都要通过政府许可，政府对此颁行《黑人经济许可法》（*Black Economic Empowerment*，BEE），要求小型的以家庭股东的公司要雇佣黑人或者历史性的弱势群体，并且有义务出售其26%的股份。2006年8月，一些意大利公民和卢森堡持股公司向ICSID提起仲裁，声称南非政府违反了南非—意大利、卢森堡投资保护协定，《2002年矿产、石油资源发展法案》剥夺了其矿产资源的所有权，没有提供充分、及时和有效的补偿，其次违反了公平公正待遇，强行其转移26%的所有权给当地的黑人和弱势群体，再次南非政府的行为构成了歧视，他们受到的待遇比所谓的黑人及历史性的弱势全体低。依据传统的方法，仲裁庭会依据国际法审查是否发生了具有等同于征收效果的财产减少，仲裁虽然运用了裁量余地原则学说认可了政府发布的BBE，将矿权强行卖给当地黑人的合理性，但是并没有从实体理论上给予此种行为以正当性解释。此BBE属于国家宏观调控行为，为了由于历史原因而处于落后状态的黑人的经济状况和地位，缩小社会贫富差异，增强社会稳定性。如果南非政府援引国际投资协定中的重大安全例外，一般例外仍然不能成为免除造成投资者损失的国家责任，只有通过发展例外，或者赋予具有发展目标的管理行为以治安权同样的效力，才较为容易从征收补偿中排除。

二、一般例外和国家安全例外条款的局限性

如果说治安权是习惯国际法隐含在征收条款中的隐形例外，则重大安全例外、一般例外等条款可以视为明示的免责理由。例外条款赋予缔约国在出现条款允许范围内的情形时，暂时背离条约义务，并免除国家责任的权利。例外条款适用一般有非常严格的条件，除了条款前言中所要求的非歧视、善意，不产生欺诈的变现限制外，还要求采取的措施是条文例举的内容之一。从已有的IIAs中设定的一般例外条款来看，缔约国的管理事项范围远远宽于征收中治安权所隐含的范围，但是一般例外仅仅例举出了有限的事项的公共利益事项。"潜在地，会出现不属于所例举范围内的公共利益保护措施，但是有必要被认定为非征收，不予补偿。"①

---

① UNCTAD Series on Issues in International Investment Agreement：Expropriation，2012，p. 90.

三、例外条款与征收解释性条款的衔接

超出治安权范围的管理行为应当采用其他免责的法律工具，在制度设计和法律适用试图中实现治安权例外与其他例外的衔接。鉴于征收解释性条款和例外条款的双方局限性，可以采用例外和解释性条款相结合的表述，特别是例举出国家基于发展而采取的必要措施的款项，最好能融合安全例外、一般例外和发展例外的价值诉求和精神，由此作为间接征收和不予补偿管理性行为的澄清条款，发展中国家可以利用这种宽泛的解释空间，为其采取社会变革和发展的措施提供正当性。

即使不设置间接征收的解释性条款和例外条款的相结合的条款，也可以通过例外条款也排除某些管理行为被纳入征收。当管理行为超越治安权的范围、合理期待的认定也难以排除被认定为征收时，可以援引例外条款免除赔偿责任，这样做效果上是相同的，免除了国家因公共利益的管理行为进行补偿。但是其法律意义不同，援引征收解释条款获得成功，证明国家管理公共事务的行为属于不予补偿的管理行为，并非征收，而援引例外并不问及政府行为的性质，免除补偿可能已经将管理行为认定征收，然后援引例外而免于补偿。从立法的明确性角度来看，最好是在间接征收认定排除不予补偿的征收的解释性条款中，结合一般例外和已有的解释性表述（如附件中征收认定的解释性条款）给出界分的标准。

本 章 小 结

征收制度是国家基于公共目的对私人财产权的一种限制，为了权利分配的公平正义，对受到特别牺牲的私人财产利益，采用公共负担的方法对个人予以补偿的制度。国内法征收普遍认可的基于公共利益、正当程序、予以补偿得到了宪法和部分法的确认。在国际法层面，国家征收的国际法责任的相关制度比较集中地在 IIAs 中，然而，征收条款对征收种类的划分和界定仍处于发展阶段，不同的投资条约对征收制度规定的准确性、精细度差异很大，大多数 IIAs 对征收制度的规定仅限于直接征收和间接征收的认定，对于国家基于治安和社会发展的正常管理行为如何界定并没有详细的规定，仅仅排除有限的如安全、健康和环境利益维护的措施。Firemanis Fund v. Mexico 案仲裁庭概括了依据 NAFTA 下征收法"补偿性征收与不予补偿的管理措施的区分，通常要综合考虑一下因素：是否此措施在认可的东道国治安权范围内；公共目的与措施之影响；是否此措施是非歧视性的；手段与寻

求的目的之间存在比例关系；措施的善意性质"。① 征收条款或解释性附录中惯常采用以下表述："除了在很少情形下，某一措施或一系列措施非常严重，缔约方为了公共目的、或者为了如公共健康、安全、环境保护，可以被合理地认定为善意地、非歧视的措施，将不构成征收。"②

治安权和合法合理的投资期待都可以成为阻碍将管理行为认定为征收的考察要素，但是这些仍然难以将发展中国家基于发展权而行使的管理行为赋予合法性，国家的宏观管理行为作为一种国家行为，具有较强的政治性而不可诉，这在经济法学界已有探讨，但是仍没有成为国际法中普遍接受的理论，此种宏观管理行为仍不能纳入治安权范围内，发展型的宏观管理措施不能基于治安权被排除在征收之外。如果将一般例外作为治安权范围的扩展和明确性规定，则仍然存在国家管理措施不能落入条款列举范围内的潜在危险，因此，发展中国家较为有利的立法模式是，结合一般例外和已经有的解释性条款的表述，为间接征收认定排除不予补偿的管理性措施的考虑因素作出解释，设定较为完备的、纳入发展权保障内容的解释性条款。

---

①　Fireman's Fund v. Mexico, Award, 17 July 2006, para. 176（j）.

②　Belgium/Luxembourg-Colombia BITs（2009）provides in Article IX（3）（c）.

结　　论

一、发展权在国际投资协定中的实现是从规则层面构筑"互利共赢"国际投资合作的新体制

我国正在迈向引进外资和对外投资并行发展的开放型经济大国，着力培育国际合作和竞争新优势，不断稳步推进开放型经济新体制的构建。2015年前6个月，我国实际使用外资4205.2亿人民币（折合684.1亿美元），仅6月当月就新设立企业2332家。在保持具体政策稳定的情况下，向更多吸引外资、放开更宽领域的方向发展。2015年前8月，我国境内投资者共对全球150个国家/地区的4862家境外企业进行了直接投资，累计实现非金融类对外投资4734.3亿元人民币（折合770亿美元），同比增长18.2%。其中股权和债务投资4046.7亿元人民币（折合770亿美元），占85.5%，同比增长18.2%；收益再投资688.6亿元人民币（折合84亿美元），占14.5%，同比下降6.7%。中国对外投资的国别（地区）分布覆盖面日趋广泛，流向发达国家和新兴市场国家的比例在逐步增长。我国企业对"一带一路"沿线48个国家进行了直接投资，投资额合计107.3亿美元，同比增长48.2%，积极地促进了当地的生活现代化和经济发展。

我国海外投资主体更加多元化，中国对外直接投资由早期的国企主导模式逐渐演变为国企和民企并驾齐驱。私人海外投资占比已经过半，但是企业对外投资的市场研判和风险防范能力有限。国际投资保护协定是从国家层面对企业提供风险保障和支持的一个重要组成部分，不论是为外资进入我国境内投资，还是我国企业走出去都对投资的营造公平、透明、有序的竞争环境，推进国际投资治理向更高水平发展。企业投资最为担心的业务经营之外的诸如经济危机、战争暴乱、政治动荡、限制汇兑等风险，通过投资保护协定这一法律机制得到了风险分担和化解。我国在双向资本流动不断扩大、国际投资规则重构的背景下，一方面，要加快投资保护协定的谈判，提升政府经济合作的水平；另一方面，我国正在实施"一带一路"战略，所秉承"命运共同体"理念，面对发展经济和应对非传统安全的任务与挑战，各国

共同发展、地区共同进步；所倡导的"利益共同体"理念，立足于各国间"做互利共赢的好伙伴"的务实合作，提升利益融合，倡导将经济的互补性转化为发展的互助力，不断扩大利益交汇点；"责任共同体"理念认为，各国应共同承担责任并以积极的合作应对共同的问题与挑战。我国积极参与国际经贸规则的制定，在国际规则中亦将秉承互利共赢、共同发展的理念，这与发展权在国际投资协定中实现的法律机制直接相关。

发展权是个人、民族和国家积极、自由地参与政治、经济、社会和文化发展，并享有发展所带来的利益的权力。发展权综合了个人和国家给予生存和发展的诉求，是发展中国家为谋求发展、变革国际经济旧秩序的人权诉求。发展权的责任主体包括个人、国家和国际社会，发展权在实现过程中存在着多种物质和制度制约，发展权所包含的尊重人权、注重参与、保障主体机会平等、对发展中国家的差别待遇、负责任地行为等要素，对现有国际经贸规则的制定和发展注入了更加公平正义的要素。我国作为发展中国家的一员，中国未来的和平发展依然要依赖于大多数发展中国家的合作与支持，从规则层面体现出责任共同体的构筑理念，将加速推进国际经济新秩序的形成，由此推进我国"互利共赢"国际经济合作理念变为现实，提升国际形象和影响力。

二、发展权在国际投资协定中的具体化

发展权原则已经成为国际法的一项基本原则，在国际经济法的各个领域日益得到具体的适用。发展权在推进世界经济发展中有很高价值，发展权作为一项国际经济法的原则体现了人类共同利益的整体观、体现了保障国际经济和平有序的价值观，也体现了在差异中谋求共同进步的发展观。国际经济协定以国家经济管理为调整对象，国家管理经济重在提升本国的发展能力和综合实力，各国发展水平与经济制度的差异决定了各国在经济交往过程中的差异和冲突。不能在没有保障生存的前提下谈论规则的公平遵守，各国不论大小、强弱、贫富，都具有生存权，所以发展水平较低的国家应当承担较低水平的义务。发展权原则正是一项协调民族、国家这样社会族群间发展差异的指导原则。

发展权原则在国际投资保护机制中的贯彻和体现是匮乏的。国际投资在促进一国发展和现代化的过程中通过生产要素作用机制发挥着重要作用，而当前的国际投资法并没有将发展权原则予以确认和具体化，特别是在未来的区域性谈判中，发展水平不同的成员国，在谈判博弈中势必会将促进本国个

性化发展目标的实现纳入到议题之中。发展权原则在国际投资法制中的缺失，使国际投资协定在适用中遇到种种困难，包括投资自由化的一元高标准与差异化的发展水平不适应，国家对 IIAs 承诺的稳定性与国家发展政策变化之冲突，片面保护投资者财产利益与忽略东道国重大利益之冲突，这些问题是 FDI 流动中实现发展权的主要障碍。

国际投资协定中的发展权原则是指，在 IIAs 中，基于发展中国家和发达国家之间经济发展水平不对称的现实，发展中国家履行国际投资协议的能力有限，制定和履行协议时需要考虑成员国的特殊条件，给予发展中国家一定的灵活性、非互惠的制度安排和优惠的指导原则。在国际投资体制中对发展权实现予以认可和尊重，第一步就要将发展权原则纳入到 IIAs 的序言中作为总的指导原则，第二步通过具体化的权利、义务实体和相应的解释性规则在条约的设计中作出制度安排。在实现的制度安排中，要从以下三个方面着手：在 IIAs 中对发展中国家实施特殊和差别待遇，在 IIAs 中为东道国实现发展权提供政策空间，在 IIAs 的解释中对国内治理与国际法标准综合考量。这三个方面将作为落实发展权原则的灵魂，将会在具体的条约规则和解释性条款中落实。通过国际投资准入制度、仲裁中解释和适用公平公正待遇、构建包含发展权的例外体系、澄清征收条款等法律机制，扩大有利于发展权实现的政策空间，同时可以在 IIAs 中对母国和投资者增加提高发展能力的义务性规则，矫正长期以来投资者和母国权利、义务失衡的条约机制。

三、中国投资条约增加关于发展权的立法建议

中国具有了资本输出和资本输入大国的双重身份，所以在制定 BITs 范本时，要兼顾为投资者提供充分的保护——以激励其投资积极性，以及保留充分的政策空间——实现利用 FDI 促进国家发展的双重目标。在未来的区域投资协定中，中国谈判应坚持的基本立场是：在坚持国家经济主权、平等互利的基础上，立足发展中国家的国情，以促进投资和国家发展为目标，力图保留一定的自治权利和政策空间。

我国的 IIAs 谈判将会快速发展，展开对已有协定的升级谈判。在中—美 BITs 谈判结束后，我国将加大对外投资保护协定的谈判和签署。与美国高标准、一元化的国际投资协定范本所包含的理念相比，我国的谈判要继续秉持互利共赢的理念，注重发展权保障中所要求的基本人权保护、政策空间、差别待遇等原则和规则的具体化。截至 2015 年 5 月，我国已经签订了

147 个国际投资协定（包括 BITs、FTA 中的投资章节），其中 BITs 为 130 个①，双边层面以及区域层面投资保护协定的谈判将会加速进行，下一步中国将与不同发展水平的国家之间签订自由贸易协定，因此，构建具有前瞻性、符合中国国情、维护国家利益的投资协定范本具有重大的现实意义和紧迫感。下面在六章长篇论述的基础上，简要地针对中国 2010 年《中国双边投资保护协定范本》（草案）（以下简称 2010 中国 BITs）提出完善建议。

对于投资定义。ICSID 对投资定义的缺失，对 IIAs 予以明确化提出了要求。对经济发展的贡献可以作为投资的特征或要素被 ICSID 仲裁实践考量，但仲裁庭对这种贡献的具体内涵仍存在很大争议。已有的 IIAs 投资术语和发展问题的规定也不尽相同，有的 IIAs 或 BITs 范本规定其目的就是"促进缔约国经济合作和发展"，或者为"为了经济发展而有必要进行国际合作"②。这样的表述仍然会引发仲裁参看 BITs 和 ICSID 公约双重管辖所带来的不确定性。有的 IIAs 用模糊不清的语言界定 IIAs 的目标和目的而不涉及经济发展。譬如，2012 年 9 月签订的《中国—加拿大 BITs》仅仅在序言中规定"承认有必要在可持续发展原则的基础上进行投资；希望基于平等互利强化缔约国之间的经济合作"，与"东道国发展"的提法相差很远。类似的规定给仲裁庭保留了自由裁量空间，将继续增加投资定义标准不同解读，及东道国发展作为投资标准的不确定性。我国在投资缔约实践中，应在序言和投资定义中明确表述"促进东道国发展"，为发展权在 IIAs 中的实现奠定基础。

对于序言。2010 中国 BITs 序言中提出了，"促进保护投资有助于激励投资者积极性和增进两国经济繁荣，互相尊重经济主权，促进经济健康稳定和可持续发展"，序言对实体权利和义务的解释起到指导作用，建议增加"促进国家发展目标"的表述。

对于投资准入。中国政府正在进行准入前国民待遇加负面清单的管理方法尝试，《中国（上海）自由贸易试验区外商投资准入特别管理措施（负面清单）（2013 年）》（以下简称"负面清单"），中国开启了准入前全面自由化的管理模式，与高度自由化的国际规则接轨，这一改革对中国提出了很强的挑战，然而这将作为与美国下一步谈判的主要参考。对于履行要求条

---

① OECD：Thirteenth Report on G20 Investment Measures，12 June 2015，p. 3.

② 《能源宪章条约》的序言明确指出，宪章的基本概念就是通过能源方面的投资和贸易自由化促进经济发展。美国 2012 年序言规定，"缔约双方承认有关投资保护协定将会促进缔约国之间的民间资本流动和经济发展"。

款，当前不建议纳入中国的 BITs 范本，因为对于大多数国家而言，对履行要求条款仍然持回避的态度，要以各成员国不同的国内政策和发展目标进行谈判。但是，从中美谈判推进的态势来看，履行要求的谈判也在迫近，中国要做好研究和准备。

对于征收条款。征收是国家外资管理权的内容之一，更是重要的国家经济主权。国际社会在认可国家管理行为的正当性，尤其是在国家管理社会经济事务不断扩大的背景下，管理性征收与正常的非歧视管理行为之间的界限越来越模糊，中国也注意到对"间接征收"的澄清。2010 中国 BITs，第六条第二款界定了间接征收，与美国 2012 范本没有太大差异，值得注意的是2010 中国 BITs 第 6 条第 3 款："缔约一方采取的旨在保护公共健康、安全及环境等在内的正当公共福利的非歧视管制措施，不构成间接征收，但在个别情况下，如所采取的措施严重超过维护正当公共福利的必要限度除外。"此表述扩大了对公共事务的列举，而美国 2012BITs 范本仅限于安全、健康和环境的列举，排除了其他公共事务类型，而中国使用了"等在内的正当公共福利"的表述，在第五章的论述的基础上，本书提议将"国家发展"这一表述也明确例举出来，与促进发展权实现的宗旨相呼应，保障国家的发展权。此外，中美第 7 轮投资协定谈判中，双方在征收条款上的分歧是，美国2012 年的 BITs 范本用了"公共目的"的表述，而中国文本使用的是"公共利益"，公共目的是与商用目的对应的一个概念，公共利益在世界范围内有比较一致的认识，且范围较公共目的广泛，中国应当坚持"公共利益"的表述，这有利于中国政府的社会转型和改革。

对于公平公正待遇问题。2010 中国 BITs 范本第 5 条规定了公平公正待遇，分别用四款来表述：（1）提供充分的保护保障；（2）不拒绝司法、不施行明显武断和歧视性措施；（3）不提超过民待遇；（4）独立性。建议第3 款增加"依据国内法"的措辞，即"依据国内法采取必要的治安措施"，有这一限定，加上非歧视待遇，其实就不需要强调后半句"在任何情况下都不意味着缔约一方应当给与投资者比该缔约国国民更优惠的待遇"。"依据国内法"的表述将公平公正待遇与国内法的发展水平、政策法律相结合考虑，对仲裁庭的解释空间形成限制，保留东道国制定与发展有关政策的自主权，由此增加对发展中国家发展权诉求的考量。还有一种方案是，取消公平公正待遇条款，在第 2 条"促进与保护投资"中将以上几个层次的意思进行表述，或者只提及依据国内法给予必要的治安保障与安全。

对于例外条款。在 2010 中国 BITs 范本中没有设置例外条款，而且已经普遍设定的重大安全例外和金融审慎例外没有被提及，对于正在形成中的一般例外也没有设置，这对于中国为了管理公共事务的权利，保留必要的政策空间不利，在此基础上，进一步实施基于发展权实现的政策、法律和措施更是不利。在此建议，中国 BITs 范本设置符合我国利益的重大安全例外、一般例外条款，甚至可以考虑与一些国家谈判设置发展例外条款，通过完整的例外体系构建为国家保留充分的政策空间和发展灵活性。

中外文参考文献

英文著作

[1] The politics of international economic law, by Broude and Tomer, Cambridge University Press, 2011.

[2] Foreign Investment Human Rights and the Environment, by Shyami Fernando Puvimanasinghe, Martinus Nijhoff Publishes, 2007.

[3] The development of international investment law: lessons from the OECD MAI negotiations and their application to a possible Multilateral Agreement on Investment, by Yusuf Caliskan, Universal Publishers, 2008.

[4] International Trade and Investment, by Palpha H. Folsom, Michalel Wallace Gordon and John A. Spanogle, West Group Publisher, 2000.

[5] Developing Countries in the WTO Legal System, edited by Chantal Thomas, Joel P. Trachma, 2002.

[6] Globle justice and Sustainable Development, by French, Duncan. Martinus, Nijhoff Publishers, 2010.

[7] International Trade and Investment, by Palph H. Folsom, Michael Wallace Goldon and John A. Spanogle, West Group Publisher, 2000.

[8] The International Law on Foreign Investment, by M. Sornaraja, Cambridge university press, 2010.

[9] The multilateralization of international investment law, by Schill, Stephan, Cambridge University Press, 2009.

[10] The development of international investment law: lessons from the OECD MAI negotiations and their application to a possible multilateral agreement on investment, by Caliskan, Yusuf, 2008.

[11] Human rights in international investment law and arbitration, by Dupuy, Pierre-Marie, Oxford University Press, 2009.

[12] Calculation of damages and compensation in international investment law,

by Marboe and Irmgard, Oxford University Press, 2009.

[13] The international law of investment claims, by Douglas and Zachary, Cambridge University Press, 2009.

[14] International investment law and comparative public law, by Schill, Stephan (Stephan W.), Oxford University Press, 2010.

[15] The law of investment treaties, by Salacuse, Jeswald W., Oxford University Press, 2010.

[16] State liability in investment treaty arbitration: global constitutional and administrative law in the BITs Generation, by Montt Santiago, Hart Publishing, 2009.

[17] Yearbook on international investment law & policy, edied by Sauvant and Karl P., Oxford University Press, 2009.

[18] Damages in international investment law, by Ripinsky Sergey, British Institute of International and Comparative Law, 2008.

[19] International investment law: reconciling policy and principle, by Suvedī, Sūryaprasāda, Hart Publisher, 2008.

[20] The fair and equitable treatment standard in the international law of foreign investment, by Tudor Ioana, Oxford University Press, 2008.

[21] International investment law: understanding concepts and tracking innovations, by OECD, 2008.

[22] International investment law in context, by Young Scholars Conference in International Economic Law, Eleven International Publishing, 2008.

[23] Investment treaty arbitration and public law, Van Harten and Gus, Oxford University Press, 2007.

[24] Legal systems as a determinant of foreign direct investment: lessons from Sri Lanka, by Perry Amanda, Kluwer Law International publisher, 2001.

[25] NAFTA and the Energy Charter Treaty: compliance with, implementation, and effectiveness of international investment agreements / by Mirian Kene Omalu, Kluwer Law International publisher, 1999.

[26] Principles of international investment law, by Dolzer Rudolf, Oxford University Press, 2008.

[27] Multilateral Regulation of Investment, edited by E. C. Nieuwenhuys and M. M. T. A. Brus, Kluwer Law International, 2001.

[28] International investment law: reconciling policy and principle, by Suvedī,

Sūryaprasāda, Hart Publisher, 2008.

[29] Globalization and international investment, edide by Beveridge and Fiona, Ashgate Publisher, 2005.

[30] The politics of international economic law, edited by Broude Tomer, Cambridge University Press, 2011.

[31] PhiliP Alston, Peoples' Rights, Oxford University Press, 2001.

[32] Amartya Sen, Development as Freedom, New York, Anchor Books, 2002.

[33] Jean Tirole, Incomplete Contracts: Where Do We Stand?, Econometrica publish, 1994.

[34] A. Cosbey, "The Road to Hell? Investor Protections in NAFTA's Chapter 11, in L. Zarsky ed., International Investment for Sustainable Development: Balancing Rights and Rewards, London, Sterling, VA: Earthscan, 2005.

[35] Brownlie, Principles of Public International Law (7th edition), Oxford University Press, 2008.

[36] Christoper F. Dugan etc. Investor-State Arbitration, Oxford University Press, 2008.

英文论文

[1] Orlva Sheehy: The Right to Development and the Proliferation of Rights in International Law, Trinity College Law Review, Vol. 5, 2002.

[2] Mesenbet Assefa Tadeg: Reflections on the right to development: Challenges and Prospects, African Human Rights Law Journal, With a little help from our friends? Developing Countries complaints and Third Party Participation. Vol. 10, 2010.

[3] VED P. NANDA: The Right to Development under Investment Law-Challenges ahead, California Western International Law Journal, Vol. 15, 1985.

[4] MFN and the Third Party Economic interests of developing Countries in GATT/WTO Dispute Settlement.

[5] Economic development and the World Trade Organization.

[6] The GATS and developing Countries: Why such limited Traction? From Developing Countries in the WTO Legal System, edited by Chantal Thomas, Joel P. Trachma, 2002.

[7] Freya Daetens: The concept of equality in International Trade and Investment law: A Catalyst for sustainable development, from Global justice and Sustainable Development, by French, Duncan. Martinus, Nijhoff Publishers, 2010.

[8] E. C. Nieuwenhuys & M. M. T. A Brus: Multilateral Regulation of Investment, Legal, Political and Economic Aspects, from Multilateral Regulation of Investment, edited by E. C. Nieuwenhuys and M. M. T. A. Brus, Kluwer Law International, 2001.

[9] N. J Schrijver: *A Multilateral Investment Agreement from a North-South Perspective*, from Multilateral Regulation of Investment, edited by E. C. Nieuwenhuys and M. M. T. A. Brus, Kluwer Law International, 2001.

[10] E. V. K. Fitz Gerald: *Developing Countries and Multilateral Investment Negociations*, from Multilateral Regulation of Investment, edited by E. C. Nieuwenhuys and M. M. T. A. Brus, Kluwer Law International, 2001.

[11] M. W. Sikkel, *How to Establish a Multilateral Framework for Investment? From* Multilateral Regulation of Investment, edited by E. C. Nieuwenhuys and M. M. T. A. Brus, Kluwer Law International, 2001.

[12] Lauge Skovgaard Poulsen: The politics of South-South Bilateral Investment Treaties, from The politics of international economic law, edited by Broude Tomer, Cambridge University Press, 2011.

[13] Ximena Fuentes: The Impact of International Foreign Investment Rules on Domestic Law, from The politics of international economic law, edited by Broude Tomer, Cambridge University Press, 2011.

[14] Lauge Skovgaard Poulsen: The Police of South-South Bilateral Investment Treaties, from The politics of international economic law, edited by Broude Tomer, Cambridge University Press, 2011.

[15] Oliver Morrissey and Yogesh Rai: The GATT Agreement on Trade Related Investment Measures: Implications for Developing Countries and their Relationship with Transnational Corperations, from Globalization and international investment, edide by Beveridge and Fiona, Ashgate Publisher, 2005.

[16] Kenneth J. Vandevelde: *The Political Economy of a Bilateral Investment Treaty*, from Globalization and international investment, edide by Beveridge and Fiona, Ashgate Publisher, 2005.

［17］ Stephen Young and Ana Teresa Tavares: Multilateral rules on FDI: Do we need them? Will we get them? A developing country perspective, Transnational corporation, Vol. 13, No. 1, April 2004.

［18］ Kenneth J. Vandevelde, The Bilateral Investment Treaty Program of the United States, Cornell International Law Journal Law Journal, Vol. 21, Summer 1998.

［19］ Alec Stone Sweet, Investor-State Arbitration: Proportionality's New Frontier, Law & Ethics of Human Rights, Vol. 47, 2010.

［20］ Jose E. Alvarez, Book Review of Gus Van Harten, Investment Treaty Arbitration and Public Law, American Journal of International Law, Vol. 102, 2008.

［21］ Marc Jacob: International Investment Agreement and Human Rights, INEF Research Paper Series.

［22］ Human Rights, Corporate Responsibility And Sustainable Development, March, 2010.

［23］ Bernard Hoekman, Operationalizing the concept of policy space in the WTO: Beyond special and differential treatment, Journal of International Economic Law, vol. 8 (2), 2001.

［24］ Susan Prowse, The Role of International and National Agencies in Trade-Related Capacity Building, World Economy, 2002, vol. 25 (9).

［25］ B. Hoekman, C. Michalopoulos, and L. Alan Winters, Special and Differential Treatment in the WTO After Cancún, The World Economy, 2003, vol. 27 (4).

［26］ Anne Van Aaken, International Investment Law between Commitment and Flexibility: A Contract Theory Analysis, Journal of International Economic Law, Vol. 12, Issue 2, 2009.

［27］ Andrew T. Guzman, The Design of International Agreements, European Journal of International Law, Vol. 16, No. 4, 2005.

［28］ Richard B. Bilder, Managing the Risks of International Agreement, University of Wisconsin Press, 1981.

［29］ David P. Fidler, Foreign Private Investment in Palestine: An Analysis of the Law on the Encouragement of Investment in Palestine, Fordham International Law Journal, vol. 19, 1995.

［30］ Christie GC. What constitutes a taking of property under international law?

British Yearbook of International Law, Vol. 38.

[31] G. Verhoosel, Foreign Direct Investment and Legal Constraints on Domestic Environmental Policies: Striking a "Reasonable" Balance between Stability and Change, Law & Pol'y Int'l Bus. vol. 29, 1998.

[32] Sax, Property Rights and the Economy of Nature: Understanding Lucas v. South Carolina Coastal Council, Stan. L. Rev. , vol. 45, 1993.

[33] Michele Pstesta, Legitimate Expectations in Investment treaty Law: Understanding the Roots and the Limits of a Controversial Concept, ICSID Review, Vol. 28, No. 1, 2013.

[34] Ruldolf Dolzer, Indirect Expropriations: New Developments? New York University Environmental Law Journal, 2002 (11).

[35] See Carol Harlow, Global Administrative Law: The Quest for Principles and Values, vol. 17, European Journal of International Law, 2006, pp. 187-190.

[36] Zachary Douglas, The Hybrid Foundation of Investment Treaty Arbitration, British Ybk o Intl Law, vol. 74, 2004.

[37] Aileen McHarg, Reconciling Human Rights and the Public Interest: Conceptual Problems and Doctrinal Uncertainty in the Jurisprudence of the European Court of Human Rights, in Modern Law Review, vol. 62, 1999.

[38] Paul P Craig, Substantive Legitimate Expectations in Domestic and Community Law, Cambridge Law Journal, Vol. 55, 1996.

[39] Stephan W. Schill, Fair and Equitable Treatment under Investment Treaties as an Emobodiment of the Rule of Law, IILJ Working paper 2006/6. Gold Administrative Law Series (2006).

[40] Arechaga, Eduardo Jimnez de, State Responsibility for the Nationalization of Foreign Owned Property, 11 NYU Journal of International Law in Politics, Fall, 1988.

中文著作

译著

[1]【南斯拉夫】米兰·不拉伊奇. 国际发展法原则. 陶德海等译. 北京: 中国对外翻译出版公司, 1989.

[2]【印】阿马蒂亚·森. 以自由看待发展. 任赜, 于真译. 北京: 中国人民大学出版社, 2002.

[3] 【美】熊介. 无政府状态与世界秩序. 余逊达，张铁军译. 杭州：浙江人民出版社，2001：187.

[4] 【英】哈耶克. 法律、立法与自由（第1卷）. 邓正来译. 北京：中国大百科全书出版社，2000.

[5] 【美】德尼·古莱. 残酷的选择——发展理念与伦理价值. 高铦，高戈译. 北京：社会科学文献出版社，2008.

[6] 【美】哈特. 法律的概念. 张文显等译. 北京：中国大百科全书出版社，1996.

[7] 【美】E. 博登海默. 法理学：法律哲学与法律方法. 邓正来译. 北京：中国政法大学出版社，2004.

[8] 【圭亚那】施里达斯·拉夫尔. 我们的家园——地球. 夏堃堡等译. 北京：中国环境科学出版社，1993.

[9] 【英】詹宁斯，瓦茨. 奥本海国际法（第1卷第1分册）. 北京：中国大百科全书出版社，1995，12.

[10] 【英】洛克. 政府论（下篇）. 叶曲芳，翟菊农译. 北京：商务印书馆，1964.

[11] 【英】安东尼·奥格斯. 财产与经济活动自由，载于【美】路易斯·亨金，阿而伯特·J. 罗森塔尔. 政治与权利. 郑戈，赵晓力，张世功译. 上海：三联书店，1996.

[12] 【美】迈克尔·麦金尼斯. 多中心治道与发展. 毛寿龙译. 上海：三联书店，2000.

[13] 【荷兰】尼科·斯赫雷弗. 可持续发展在国际法中的演进、发展含义及地位. 汪习根，黄海滨译. 北京：社会科学文献出版社，2010.

[14] 【比】约斯特·鲍威林. 国际公法规则之冲突：WTO 法与其他国际法规则如何联系. 周忠海等译. 北京：法律出版社，2005.

中文著作类

[1] 苏长和. 全球公共问题与国际合作：一种制度的分析. 上海：上海人民出版社，2000.

[2] 赵长峰. 现实与理想：全球化背景下的国际合作与和谐世界. 北京：中国社会科学出版社，2011.

[3] 宋秀琚. 国际合作理论：批判与构建. 北京：世界知识出版社，2006.

[4] 叶兴平，王作辉，闫洪师. 多边国际投资立法：经验、现状与展望. 北京：光明日报出版社，2008.

[5] 单文华. 欧盟对华投资的法律框架：结构与构建. 蔡从燕，译. 北京：

北京大学出版社，2007.

[6] 张严方．有贸易有关的投资措施协定解读．长沙：湖南科学技术出版社，2006.

[7] 梁咏．双边投资条约与中国能源投资安全．上海：复旦大学出版社，2012.

[8] 中国商务部研究院亚洲与非洲司．东盟对外签订的自由贸易协定比较研究．北京：中国商务出版社，2011.

[9] 张薇．国际投资中的社会责任规则研究．北京：中国政法大学出版社，2011.

[10] 石慧．投资条约仲裁机制的批判与重构．北京：法律出版社，2008.

[11] 刘京莲．阿根廷国际投资仲裁危机的法律与实践研究——兼论对中国的启示．厦门：厦门大学出版社，2011.

[12] 张庆麟．国际投资法问题专论．武汉：武汉大学出版社，2007.

[13] 刘笋．国际投资保护的国际法制——若干重要法律问题研究．北京：法律出版社，2002.

[14] 刘笋．WTO法律规则体系对国际投资法的影响．北京：中国法制出版社，2001.

[15] 涂红．发展中大国的贸易自由化制度变迁与经济发展．北京：法律出版社，2009，10.

[16] 贾格迪什·巴格瓦蒂．现代自由贸易．钱颖一译．北京：中信出版社，2008.

[17] 高伟凯著．自由贸易与国家利益．北京：中国社会科学出版社，2010.

[18] 罗知著．贸易自由化与贫困：来自中国的数据．北京：人民出版社，2011.

[19] 郭飞，李卓等．贸易自由化与投资自由化互动关系研究．北京：人民出版社，2006.

[20] 佟家栋．发展中大国的贸易自由化与中国．天津：天津教育出版社，2005.

[21] 王花，吉敏丽．生成中的外贸管辖权．北京：法律出版社，2011.

[22] 贾海龙．世界贸易体制的非贸易之维——自由贸易与社会问题的关系．广州：暨南大学出版社，2010.

[23] 张军旗．多边贸易关系中的国家主权问题．北京：中国法院出版社，2006.

[24] 刘志云．国际经济法律自由化原理研究．厦门：厦门大学出版社，

2005.

[25] 刘志云．现代国际关系理论视野下的国际法．北京：法律出版社，2006.

[26] 高岚君．国际法的价值论．武汉：武汉大学出版社，2006.

[27] 徐显明．国际人权法．北京：法律出版社，2004.

[28] 汪习根．发展权——全球法治机制研究．北京：中国社会科学出版社，2008.

[29] 肖海泉等．实现外资良性循环的研究．南京：江苏出版社，1992.

[30] 杨泽伟．主权论——国际法上的主权问题及其发展趋势研究．北京：北京大学出版社，2006.

[31] 卢进勇，余劲松，齐春生．国际投资条约与协定新论．北京：人民出版社，2007.

[32] 李小云，唐丽霞，武晋．国际发展援助概论．北京：社会科学文献出版社，2009.

[33] 陈安．国际投资法的新发展与中国双边投资条约的新实践．上海：复旦大学出版社，2007.

[34] 汪习根．法制社会的基本人权——发展权法律制度研究．北京：中国人民公安大学出版社，2002.

[35] 高岚君．国际法的价值论．武汉：武汉大学出版社，2006.

[36] 苏长和．全球公共问题与国际合作———种制度的分析．上海：上海人民出版社，2000.

[37] 杨泽伟．主权论——国际法上的主权问题及其发展趋势研究．北京：北京大学出版社，2006.

[38] 赵洲．主权责任论．北京：法律出版社，2010.

[39] 李小云，唐丽霞，武晋．国际发展援助概论．北京：社会科学文献出版社，2009.

[40] 王传丽．国际经济法（第3版）．北京：法律出版社，2012.

[41] 肖海泉等．实现外资良性循环的研究．南京：江苏出版社，1992.

[42] 国际人权法教程项目组．国际人权法教程（第1卷）．北京：中国政法大学出版社，2002.

[43] 刘笋．国际投资保护的国际法制若干重要法律问题研究．北京：法律出版社，2002，3.

[44] 王贵国．国际投资法（第2版）．北京：法律出版社，2008.

[45] 杨慧芳．外资待遇法律制度研究．北京：中国人民大学出版社，2012.

[46] 杨向东．WTO 体制下的国民待遇制度研究．北京：中国政法大学出版社，2007.

[47] 卢进勇，余劲松，齐春生．国际投资条约与协定新论．北京：人民出版社，2007.

[48] 商务部研究院亚洲与非洲研究所．东盟对外签订自由贸易协定比较研究．北京：中国商务出版社，2011.

[49] 张严方．与贸易有关的投资措施协定解读．长沙：湖南科学技术出版社，2006.

[50] 陈卫东．WTO 例外条款解读．北京：对外经济贸易大学出版社，2002.

[51] 刘建辉．环境法价值论（第 1 版）．北京：人民出版社，2006.

[52] 李小霞．国际投资条约中的根本安全例外条款研究．北京：法律出版社，2012.

[53] 扬智勇．跨国并购中的国家安全法律问题研究．北京：中国商务出版社，2011.

[54] 贺其治．国家责任法及案例简析．北京：法律出版社，2003.

[55] 陈新民．德国公法学基础理论．济南：山东人民出版社，2001.

[56] 沈开举．征收、征用与补偿．北京：法律出版社，2006.

[57] 马德怀．国家赔偿法的理论与实践．北京：中国法制出版社，1994.

[58] 刑会强．宏观调控权运行的法律问题．北京：北京大学出版社，2004.

[59] 韩秀丽．中国海外投资的环境保护问题研究．北京：法律出版社，2013.

[60] 张辉．国际法效力等级问题研究．北京：中国社会科学出版社，2013.

[61] 吴岚．国际投资法视域下的东道国公共利益规则．北京：中国法制出版社，2014.

教材类

[1] 余劲松．国际投资法．北京：法律出版社，2007.

[2] 王贵国．国际投资法．北京：法律出版社，2008.

[3] 史晓丽，祁欢．国际投资法．北京：中国政法大学出版社，2009.

[4] 汤树梅．国际投资法的理论与实践．北京：中国社会科学出版社，2004.

[5] 胡建淼．行政法学．北京：法律出版社，1998.

[6] 赵邦宏．发展经济学．北京：北京大学出版社，2009.

[7] 曾华群．国际经济法导论．北京：法律出版社，1997.

［8］余劲松，吴志攀．国际经济法．北京：北京大学出版社，2000．

中文论文

［1］曾华群．变革时期的双边投资条约实践述评．国际经济法学刊，2007，14（3）．

［2］蔡从燕．国际投资结构变迁与发展中国家双边投资条约实践的发展——双边投资条约实践的新思维．国际经济法学刊，2007，14（3）．

［3］陈安．区分两类国家，实行差别互惠：再论 ICSID 体制赋予中国的四大"安全阀"．国际经济法学刊，2007，14（3）．

［4］徐崇利．国际投资条约中的"岔路口条款"：选择当地救济与国际仲裁权利之限度．国际经济法学刊，2007，14（3）．

［5］徐崇利．从实体到程序：最惠国待遇适用范围之争．法商研究，2007（2）．

［6］陈辉萍．多边投资协议——谈判回顾与展望．国际经济法论丛，1999，2．

［7］陈辉萍．MAI 与国际投资自由化．国际经济法论丛，1999，3．

［8］刘笋．国际法的人本化趋势与国际投资法的革新．法学研究，2011（4）．

［9］Benedict Kingsbury and Stephan Schill．作为治理形式的国际投资仲裁：公平与公正待遇、比例原则与新兴的全球行政法．李书健，袁忆峰，校译．国际经济法学刊，2011，18（2）．

［10］王彦志．国际投资法体制变革初探．国际经济法学刊，2011，18（2）．

［11］蒋健．论 WTO 特殊与差别待遇的法理基础．厦门大学硕士论文，2009．

［12］焦君义．世界贸易组织中发展中成员差别与优惠待遇的研究．中国政法大学硕士论文，2007．

［13］韩缨．国际投资协定中公平公正待遇之趋势．社会科学家，2010（9）．

［14］易显河．向共进国际法迈步．西安政治学院学报，2007，20（1）．

［15］杜康平．论 SPS 协议中的特殊与差别待遇条款．陇东学院学报，2012，23（4）．

［16］何易．论普惠制实施中的差别待遇——兼论发展中国家成员的分类问题．国际经济法学刊，2006，13（2）．

［17］韩雯．授权条款下的普惠制与全球贸易优惠制的比较研究．国际经济法学刊，2006，15（4）．

［18］曾华群．论"特殊与差别待遇"条款的发展及其法理基础．厦门大学
学报（哲学社会科学版），2003（6）．

［19］庞森．发展权问题初探．国际问题研究，1997（1）．

［20］汪习根．论发展权与宪法发展．政治与法律，2002（1）．

［21］汪习根．发展权主体的法哲学探析．现代法学，2002（1）．

［22］朱炎生．发展权的演变与实现途径．厦门大学学报（哲学社会科学
版），2001（3）．

［23］盛斌．WTO 多边投资规则谈判中的发展问题．国际经济合作，2002
（8）．

［24］单文华．"卡尔沃主义"死了吗？张生，劳志健，译．国际经济法学
刊，2008，15（2）．

［25］肖光恩．特殊与差别待遇的发展变迁．江汉论坛，2003（5）．

［26］侯怀霞．论人权法上的环境权．苏州大学学报，2009（3）．

［27］赵玉敏．国际投资协定中的准入前国民待遇．国际贸易，2012（3）．

［28］余劲松．中国发展过程中的外资准入国民待遇问题．法学家，2006
（6）．

［29］余劲松．TRIMs 协定研究．法学评论，2001（2）．

［30］余劲松．国际投资条约仲裁中投资者与东道国权益保护平衡问题研究．
中国法学，2011（2）．

［31］刘笋．投资条约中的"履行要求禁止规则"．武汉大学学报，2001
（6）．

［32］刘笋．从 MAI 看综合性国际投资多边立法的困境与出路．中国法学，
2001（5）．

［33］彭岳．双边投资保护协定中"非排除措施"条款研究．河北法学，
2011，29（11）．

［34］孙皓琛．反思 TRIPS 协议与公共健康．国际经济法学刊，2004，9.

［35］张庆麟．论国际投资协定中"投资"的性质与扩大化的意义．法学
家，2011（6）．

［36］张庆麟．论公正与公平待遇的习惯国际法特征．国际经济法学刊，
2009（4）．

［37］张庆麟．论《能源宪章条约》投资规则的可持续发展．暨南学报，
2009（2）．

［38］林一．简论新一代国际投资协定中的一般例外规则．甘肃政法学院学
报，2012，11.

［39］徐崇利．利益平衡与对外资间接征收的认定及补偿．环球法律评论，2008（6）.

［40］徐崇利．间接征收之界分．福建法学，2008（2）.

［41］张光．利益平衡与国际投资仲裁中的东道国公共利益的保护．国际经济法学刊，2010，4.

［42］韩秀丽．双边投资协定中的自裁决条款研究——从森普拉能源公司撤销案引发的思考．法商研究，2011（2）.

［43］叶兴平．外国直接投资最新趋势与中国的国际投资规则——宏观考察．法学评论，2002（4）.

［44］胡光志．论宏观调控行为的可诉性．现代法学，2008（2）.

［45］王月鹏．间接征收中的合理期待．法制与社会，2008，12.

［46］何艳．双边投资协定中的技术转让履行要求禁止规则研究．当代法学，2014（4）.

［47］朱文龙．我国在国际投资协定中对国民待遇的选择．河北法学，2014（3）.

［48］张千帆．法国行政法与行政行为的控制．法制现代化研究，2005（4）.

［49］陈辉萍．论公平公正待遇作为国际投资条约的价值取向．国际经济法学刊，2013，20（4）.

［50］季烨．双边投资条约的范本意识与差别化实践刍议．国际经济法学刊，2013，20（4）.

［51］Gus Van Harten. 中国—加拿大双边投资条约：独特性和非互惠性．国际经济法学刊，2014，21（2）.

后　记

看着即将付梓的博士论文专著，我百感交集。这绝非限于三年攻读博士学位个人的努力和心血，还凝聚了父母、导师，以及在物质上和精神上给予过我各种帮助和支持的师长、朋友的期望，同时也融合了百年珞珈——武大母校六年的陶冶和孕育。

首先，要感谢细心抚育我长大成人的父亲和母亲。他们对我和弟弟的教育和培养是许多家长所不能及的，特别是注重对学习和综合能力发展提供一切力所能及的支持。如果不是有这样善良、宽厚的父母一如既往地在经济和精神方面从不间断地支持，提供温暖祥和的成长环境，那么弟弟和我是不可能一直走到博士阶段的科学攻坚高度的。同时，父母以身作则的坚强和弘毅之精神，润物细无声地教会了儿女做人要自强不息、厚德载物。

其次，要感谢给予我学业指导的各位老师。张庆麟老师作为我的博士论文指导老师，从硕士以来的六年，在生活上学业上无微不至。不仅在法学学术之路上指引我攀登高峰，而且在职业选择和未来发展方面也帮我提出富有远见卓识的建议。在治学方面，张老师治学严谨、宽容新观点。每每与张老师探讨让我困惑许久的问题，他总是细心聆听，然后很敏锐地洞察到问题的关键点，这些充满着智慧和创新的意见让我茅塞顿开，快速地走上学术正轨深入研究。他宽容、平等探讨的学术作风，促使我敢于质疑、在学术探讨中畅所欲言，不断鼓励我将新观点和新想法向前推进，并帮助我将其孕育成型，如果没有导师不断的心理支持，我想自己是没有勇气将这一富有挑战性的研究进行下去的。从国际机构的实习申请到国内择业的探索过程中，导师依然默默地关心着我，使我不迷失方向。也要感谢张老师对我科研能力的信任，将我吸纳进导师主持的国际社科基金重大项目"外商投资负面清单管理模式与中国外资法律制度重构研究（14ZDC033）"课题组从事研究工作，使本研究也成为该项目的阶段性成果之一。

国际法研究所的其他老师也对我的学业和成长给予了不可忽视的帮助。漆彤教授总是给予我鼓励和及时的指导，他从硕士开始就不断地引导我，从触摸法学之门，逐步走向到博士攻克学术难关之路，如今我已经在工作岗位上，结合海外经济的实务，灵活地运用所学为公司、为国家献计献策。张湘兰、李仁真教授丰富的学术经验和人格魅力除了在学业外，还教育我为人做事之道。聂坚强老师的儒雅风范、一丝不苟的治学态度也让我受益匪浅。在担任《武大国际法评论》编辑期间，各位国际法所的编辑张辉、黄志雄、何其生，以及乔雄兵老师，他们对我的帮助和影响让我也没齿难忘。

再次，还要感谢学妹们的支持和帮助，没有她们在后期的繁杂劳动博士论文也不会顺利完成。

感谢中国出口信用保险公司博士后工作站及我的合作教授罗熹先生。毕业后我有幸进入与自己专业的应用有紧密联系的中国出口信用保险公司总部从事应用经济学博士后的工作和研究，进一步扩展了我对国际投资协定的认识，真正从理论和实务层面，将国际经济法的各部门法有机地形成一个整体来理解、运用。现在正值我国构建开放型经济新体制的关键时期，公司对海外经济发展的风险负担和保障发挥着举足轻重的作用。与实务需求相结合的研究，切实地让我感觉到海外投资的发展壮大，并非私人出海的一己之事，每个投资者背后都有母国的保护和支持，投资者是母国利益的延伸，因此，用法律机制进行利益再分配依然可以依托于国家之间的资源再分配。国际投资保护协定在投资者规避非经济因素风险切实地发挥着作用，中国与投资目的地是否签订了投资保护协定，投资保护协定的条款如何设置，都直接决定了投资的安全度和风险定价有关。在这两年的工作期间，我非常荣幸地在合作教授公司总经理罗熹的指导下学习和深入研究，让我切实地体验到实务和研究相结合、经世致用的巨大能量，罗熹总经理亦师亦友，其正气、胆气和灵气对我影响深远。

此外，还要感谢中国政法大学的许浩明教授，其超群的学术胆识和对发展中国家发展的关切，让我对博士论文的完成充满了责任感和学术热情。感谢中国人民大学的余劲松教授、南开大学的左海聪教授、中南财经大学的刘笋教授对论文答辩提出的精辟见解和中肯的意见。感谢海南师范大学刘宝林高级编辑、山西省投资服务中心的汤俊主任的帮助和指导，感谢武汉大学出版社钱静编辑的细致、耐心、高效的编辑工作，没有他们终将不会有专著的顺利出版。

感谢武大的灵秀和容纳百川的大气，感恩国际法研究所的深厚底蕴、法学院的学术自由之风，这片沃土的栽培，赋予了我用法学之治回馈社会的能力和勇气，我将带着武大自强、弘毅、求是、拓新的精神走向未来。

于北京丰汇园
2015 年 9 月